创意
写作课

张志强　著

团结出版社

图书在版编目（CIP）数据

创意写作课 / 张志强 著 . — 北京： 团结出版社，
2023.9
　　ISBN 978-7-5234-0292-4

　　Ⅰ . ①创… Ⅱ . ①张… Ⅲ . ①汉语－写作 Ⅳ .
① H15

中国国家版本馆 CIP 数据核字 (2023) 第 157024 号

出　　版：团结出版社
　　　　　（北京市东城区东皇城根南街 84 号　邮编：100006）
电　　话：（010）65228880　65244790（出版社）
　　　　　（010）65238766　85113874　65133603（发行部）
　　　　　（010）65133603（邮购）
网　　址：http：//www.tjpress.com
E-mail：zb65244790@vip.163.com
　　　　　tjcbsfxb@163.com（发行部邮购）
经　　销：全国新华书店
印　　装：三河市东方印刷有限公司

开　　本：170mm×240mm　16 开
印　　张：26.25
字　　数：358 千字
版　　次：2023 年 9 月　第 1 版
印　　次：2023 年 9 月　第 1 次印刷

书　　号：978-7-5234-0292-4
定　　价：68.00 元

始于技术的艺术

何建明

在西方，很难想象没有经过专业写作的训练就可以从事文学写作，而我们中国的大部分作家却都是通过不断地探险式的尝试而开始写作的。但是，这并不表明，文学创作可以不经过专业的训练就能开始。相反，实践证明，经过创作训练加上长期的创作实践的作家才可能创作出更优秀的作品，也才可能得到持久的写作动能，让创作进步、升华。

作家对于写作技能的学习有两种途径，一是通过阅读获得写作的基本方法，二是通过专业学习与训练。有些作家之所以本能地排斥专门的学习与训练，就是因为没有把阅读视为学习创作的一种方法，而只把那些由专业人员教授的技术方法视为"教写作"。实际上，一个作家如果不阅读或者不接受专业的写作训练是无法从事创作活动的。

从阅读看，通常的阅读是注重作品"写了什么"，也就是内容，而作家除了内容之外，更希望通过阅读知晓"怎么写的"，也就是形式。而形式就是写作的技术。我们的大多数作家正是通过阅读而把握文学创作的基本技能的。当然，还有一部分是天才式的写作，比如像司马迁写《史记》、吴承恩写《西游记》等，恐怕很少有先人的作品供他们阅读与仿效。这部分与生俱来的写作天才是客观存在的。我们在此不做特例介绍，而所指的是一般的作家的成长。

但是通过阅读获得的写作技术知识，有时存在着理解上的偏差。可能我们悟到的其实并不是通向正路的"那个"东西。而通过专业训练得到的技术或者写作知识却是经过选择、归纳和不断验证得来的，具有科学性和实证性，也更具有普及意义。这种训练是把无数个作家的创作成果进行研究又在实践中得到证实的理论。它明确地指出了写作的正途与方法，可以使写作者少走弯路，避开创作中的种种深坑浅洼，回避不必要的"试错"过程。如果把专业训练与经典阅读结合起来，便是提高作家创作水准的"捷径"。

如果我们承认文学是"文学艺术"的一部分，那么就要承认，文学与其他的艺术形式一样，具有可培养性、学习性，当然也是可以超越前人的。画家、舞蹈家、演员、音乐家这些艺术领域都需要从基本功学起，学习最基本的创造技术，达到一定的熟练程度才可能成为艺术家。而文学同样也是需要这样从基本的元素开始专业技术训练的。这是毫无疑问的。没有经过专业训练而写出名堂，也并不表明一个作家可以绕过基本的技术的学习而成为作家。尽管他已经成了公认的"大家"，其实他也是在不断地自我学习与锻炼中成长的。每个人的学习途径是不一样的，有的人可能是通过阅读达到学习的目的，有的人可能就是通过大量的仿写、改写或者观察其他作家的写作而学习到了写作的技能，而另一些人就需要进行专门的技术与观念的学习与训练。这就是学院式的文学创作训练。

也就是说，好的作家要从做一个好的"文学匠人"开始。当你的写作达到了一定的数量和一定的熟练程度之后，你才可能达到文学的"艺术高度"。离开基本的"文学技艺"而孤立地谈论文学的"艺术性"是偏颇的。既然是"匠人"，就要从学"手艺"，也就是基本的创作元素开始。作家首先就是个"写字匠人"，作家都是"码字的"，但是怎么"码"是需要学习的。

写作是否可以教已经不是个问题，问题是如何教，如何拿出有新意的教学方式。

目前在中国高校里设置创意写作课程的状态可以用"轰轰烈烈"来描

述。许多高校都开设了文学创作专业硕士学位，越来越多的本科院校也在展开创意写作的教学活动，这催生了许多讲义和教材。特别是中国人民大学出版社译介的众多西方创意写作教材，为创意写作教学提供了丰富的参照物，也为各个学校的创意写作教学活动提供了实用的指导。在使用过程中，似乎这批创意写作译作总有那么一点别扭，感觉有些水土不服。所以，许多高校也都花力量组织自己的研究团队，打造具有独特风格的教材和教学体系。这个势头现在很猛，是个好现象。

但，我们似乎缺乏从最基本的元素做起的"教"写作。现在高校比较热闹的"MFA"专业硕士，和上海大学的创意写作博士点的设立，起点都很高，基本都是研究式的，偏重于理论的教学，这自然是好事。但是，如果缺乏从本科，或者说从基础做起的技术训练保障，这种高层次的教学恐怕会"悬空"。正是意识到这个问题，所以，目前一些高校正在本科教学中通过不同的方式展开了"创意写作"的普及，这是非常必要，也是必需的一个过程。《创意写作课》的作者，是位既有丰富教学经验又有相当成就的作家，多年来，他在这方面做了许多努力，现在成果出来了，是值得庆贺的事情。

在中国率先开展基础创作训练的有两所学校，即在1984年同时出现的专门培养专业作家的学校。一所是由1950年创办的"中央文学讲习所"发展而来的"鲁迅文学院"，另一所就是《创意写作课》的作者所在的"解放军艺术学院文学系"。那时，这两所教育机构是非常"特殊的"，因为，在那时，或者在那之前的中国高校中的"中文系"都是不培养作家的，而这两所学校却公开打出"培养作家"的旗帜。40年来，它们为中国文坛输送了大量的作家、诗人、编剧，为活跃中国当代文坛作出了重要贡献。他们用实践证明了，写作不仅可以教，而且也可以教出诺贝尔奖。写作不仅需要训练，更需要有技术含量的专业化的训练。

《创作写作课》的作者所在的"军艺文学系"培养出了莫言、李存葆、阎连科、徐贵祥、石钟山、麦家、衣向东、柳建伟、钱钢、董保存、金辉、李鸣生、邢军纪、铁流、岳南、马娜、王龙、王海鸰、徐宝琦、余飞、祖若蒙、冯骥，贺东久、曹宇翔等一大批活跃在一线的作家，还出现了殷实、傅逸尘（傅强）等批评家。可谓遍地开花，群星灿烂，成绩斐然。这也让人不得不追问这样的问题：他们是怎么样做到的？难道他们真的有什么绝招、秘籍吗？

我以为，能够产生李存葆、莫言、徐贵祥、麦家四位中国作协副主席，能培养出诺贝尔文学奖、卡夫卡文学奖、鲁迅文学奖、茅盾文学奖获得者的"军艺文学系"，一定有些教学"招数"和训练学生的"秘诀"之类的教学绝活儿的。不然，如何理解单单从这所学校产生出如此之多的作家、诗人、编剧？阎连科曾断言"在军艺文学系插根筷子都能活"，我好奇的是，他们是"怎么插"这根筷子的？作为"军艺文学系"的教授之一，作者的这部《创意写作课》其实已经给我们解开了一点谜底。

2017年之后，"军艺文学系"这个名字不存在了，但是，文学创作专业教学活动和文学创作教学研究，以及创作实践并没有停止。志强教授就是其中比较执着于文学创作教学理论研究与创作实践的人，他所写的这本《创意写作课》和即将推出的一系列研究成果，是这其中的佼佼者。

毫无疑问，《创意写作课》就是"军艺文学系"公布出来的有着独特学院味道的"秘方"。据我了解，除了这本创意写作的基础训练课外，作者的写作计划中还有《非创造性写作课》《创作性写作课》《非虚构训练课》和《虚构训练课》等创意写作课，都是文学创作者需要长期进行的基本功训练的方法与技术课程。期待着这批具有实用价值和实践意义的新作早日推出。

这本书是作者集30余年文学创作训练教学之功而完成的。他从文学创作专业的本科生如何招生、如何出题、如何进行三次专业入学考试，每一试又是如何考、评，又是如何发现创作人才讲起，到文学专业的学生们进入校园之后，如何进行创作的基本元素训练，如何从观察、描写、片段、完整文章训练的。一部作品产生的过程，具体的训练成果，训练的基本技术要领等方面，全面细致地梳理出了文学创作训练的基本流程。

这是作者教学实践的记录，也是作者30余年教学的呕心之作，是对创意写作教学的一次全面而又具有实践意义的总结。我深表敬意，因为不管是创意写作，还是其他方法的创作，能有人这样教你技巧与方法，这对于当下"写作时代"的中国是十分重要的。

特别值得注意的是，作者既是位理论研究者，也是位作家。他没有从概念到理论地空谈，也没有抛弃理论依据、鲁莽地推进"创意写作课"，而是将经验与技术拆解相结合，用理论贯穿创作技术阐释全程，用大量的经典作品和学生的实际创作成果互文理论。读起这本书，作家或者学习写作的人有亲近感，不晦涩，很容易进入。而理论研究者也可以从中看到作者在基本理论阐释方面的良苦用心、理论深度和独特见解。

原因很简单，就是多年来作者除了在理论方面用功之外，在创作实践中也取得了不小的收获。如作者创作过《代职》《生机》《艺考》等长篇小说，创作过《沉郁的城》《大会师》《香港游击队》《1955年授衔回眸》等长篇非虚构作品，还写过电影文学剧本《黄克功案件》、话剧《延安第一案》《书店》，等等，这都为他从事创意写作教学提供了非常宝贵的实践经验，使他的理论研究成果具有了独特的创作味道，而他的作品也具有了扎实的理论滋养，互为照应。我觉得，志强这种在理论与创作两个领域游走的方式是值得从事创意写作教学的老师们借鉴的。

因此，在读这部《创意写作课》时就有了一些与众不同和新颖独特的感觉。这部书不仅可以理解为是一个批评家所写的创作训练实践理论，也可以理解为，是一位作家所写的创作训练的技术总结。这部书具有跨越文学作品与文学理论两个领域的特殊话语方式。

首先，这是用创意的方式所写的创意写作课教程。这部书的特殊写作方式——介于文学作品和文学理论之间的表达形式，就是一种创意。作者精心布局，设置场景，一边描述课堂的场景、讲课者讲课的方式，一边不动声色地把写作训练的内容浸透进去。这与总是给人以完全概念化、生涩呆板的阐释方式不同。原来理论也可以变得这么有趣。

其次，作者用"轻故事""小叙事"的方式还原"创意写作课"的流程，完整而生动地展现这门课程的组织、进行经过。除了让学习者受到生动的启发之外，也给从事同类教学的教员们以启示。这个写法很独特，并且很实用。一方面可以成为学生们获取知识的鲜活手段，激发学生主动参与的热情。另一方面，也为从事创意写作课教学工作的老师们提供了参照与启发。虽然其他的老师完全可以不这样去教写作，但是能让你感觉到创意写作也可以"这样教"，这至少为他人提供了启示。

用讲故事的方式推动情节发展，甚至采取描述人物形象的方式讲理论，是这部书的一个创新。用生动的故事情节来讲述比较难以进入的枯燥的理论学习，自然而主动。

第三，这是一部从事文学创作的基本功训练的教材。无论是虚构还是非虚构，一些基本的专业训练与专业技术是要经历的。而《创意写作课》就提供了具体而实用的方法，它明确地告诉了你该怎么做，这样做的结果是什么。书中所涉及的创意写作招生考试题，口头创作训练，静物、植物、动物、人物的观察描写训练，以及作者在书中所总结的故事创作技术、故事创作规则都是很珍贵的经验总结，也是成为作家所必备的基本技术。很经典。

因此，我向读者们推荐这部书，它是走进文学创作之门的重要课程，也是迈进创意写作大门的一把钥匙。这部书为创意写作教学提供了重要的、基本的技术支撑。

是为序。

作者：中国作家协会第七、八、九届驻会副主席
上海大学中国创意写作研究院院长

目 录

关于创意写作

不是所有的写作都可以被称作"创意写作"，只有由教授写作方法的教学活动所产生的作品才是创意写作。"创意写作"是一类写作教学方法，而不是一种文学体裁，是写作教学的过程和结果，不是一种写作方式。

如今，"创意写作"已经成为许多高校的热门专业。上海大学、复旦大学、北京大学、清华大学、华东师范大学等高校纷纷设立创意写作（MFA）硕士学位点，甚至博士学位点，本科教育更是如火如荼。由此，有些作家和从事文案活动的人也打出"创意写作"的名号，更加推动了这个学科的声誉。

如果，创意写作"就是'有创造性的'写作"（高等教育出版社《创意写作》）的话，那么每位作家的创作和几乎所有"写字的人"都是"创意写作"，因为作家的每一篇作品都是与众不同的，甚至与自己都不重复。但是，所有与"创作教育"无关的写作不能称为"创意写作"。

创意写作有四个基本条件，第一，创意写作是从写作训练出发的写作；第二，创意写作的过程是会商、研讨式的；第三，创意写作是个体创作与集体讨论相结合的创作活动，单个作家的写作不能构成创意写作；第四，创意写作的最终结果是要被推介和发表的作品。按照这几个条件，我们通常所理解的有新意有创造性的个体写作都不是"创意写作"，而是作家的独立写作。

创意写作（Creative Writing）源自美国。1880 年哈佛大学在改革文学理论教学时，提出"文学理论研究的最好结局就是文学创作"的观念，将研究性的文学系向创作性的文学系转型，并提供高级写作课程。爱荷华大学完善了创意写作教学的系统工程，招募作家、诗人从事创意写作教学活动。1922 年，爱荷华大学研究生院院长卡尔·西肖尔宣布高级学位班接受创意作品作为学位论文，学生可以凭据创作而不是学术论文获得学位。文学院制定写作课程，聘请驻校作家和访问作家担任创意写作指导，形成了科学完整的创意写作教学构架。到 1936 年逐步形成了系统化的教学体系，许多作家、诗人都参与到了教学中，形成了独特的实战式的教学特色。

"二战"以后，创意写作受到了更为广泛的关注。原因是，许多参战的军人在战争中身心都受到了伤害，并且形成了较为严重的社会问题。于是，在美国展开了一场社会教育运动，用以拯救战争创伤。同时，这个普遍的社会教育运动在黑人教育、移民浪潮、女权运动、多元文化冲突、文学创作转型中也发挥了重要作用。直到今天，创意写作也是有着较高人气的学科，是作家、记者们"上岗"之前的专业技能训练。在实际教学中，创意写作通常指的是在完成其他专业后所进行的专业硕士（MFA）学习。

最早接受创意写作训练的中国人是大戏剧家洪深（1894 — 1955）。他原本于 1916 年 9 月进入美国俄亥俄州大学学习烧磁工程专业，但对戏剧文学的兴趣更浓。遂于 1919 年改变专业方向，考取了哈佛大学贝克教授的"英文 47"，接受戏剧编剧的训练。"英文 47"是非常著名的戏剧编剧专业，每年只招收 11 位有一定创作成就的作家、记者，能够考入"英文 47"是一种荣誉，也是许多作家的梦想。洪深凭借其优异的创作才华考入，学习期间还创作了三幕英文剧《虹》并在"47 工场"演出。回国后，洪深创作出了独幕剧《赵阎王》，"农村三部曲"等众多优秀作品。

但是，中国的学术界和文学界，对源自西方的这种写作教学一直持有质疑态度。写过《巨流河》的台湾女作家齐邦媛（1924—　）晚年回忆自己因为想成为作家而考取国立武汉大学中文系时，她的老师朱光潜就曾说"学写作，毫无意义，纯粹浪费时间"，劝她转学去外文系。北大中文系主任杨晦（1952 年至 1966 年担任系主任）甚至在课堂上直接警告想当作家的中文系学生："本专业不培养任何作家，请有这种想法的同学马上转系。"语言学家王力先生也认为："文学人才其实很难养成，但倘若说文学人才可以养成的话，最适合养成文学人才的专业应该是外国文学系，而并非中文系。"

直到今天，"文学创作可不可以教"都是争论激烈的问题，"可教派"和"不可教派"针锋相对，可这并没有影响到"创意写作"这个专业的发展与壮大。虽然我们不称"创意写作"，但创意写作实际上在国内早就开展了。

1950 年由中央人民政府批准成立的"中央文学讲习所"是中国创意写作的开始。这个机构由作家丁玲任主任，沙可夫、李伯钊、何其芳、黄药眠、田间、康濯、陈企霞等 12 人任委员。第一期就招收了 53 名学员，学制两年，实际上就是后来我们称为 MFA（艺术硕士）的创意写作教学。学员基本都是活跃在文学创作一线的作家，如写出过《平原烈火》的部队作家徐光耀。资料记载，"讲习所"1952 年招收了 24 人，1953 年招生了 43 人，主要课程除了文学概论、中外文学史、语法修辞、作家作品研究、文艺批评、中共党史、世界近代史等外，大约有 2/3 的时间到农村、工厂，以及战场（抗美援朝前线）体验生活、创作作品。这批作家发表了大量的诗歌、小说、散文、戏剧等作品，引起广泛关注。工人出版社出版的"收获文艺丛书"即是文学讲习所的成果。1954 年 2 月"中央文学讲习所"改称"中国作家协会文学讲习所"。1958 年停办，前后开办过 4 期。

1984 年，创意写作活动再次成为中国作家的热门。标志就是两所创意写作教育机构的出现。一所是由"文学讲习所"发展而来的"鲁迅文学院"，另一所是"解放军艺术学院文学系"。

鲁迅文学院继承"中国作家协会文学讲习所"传统，从全国作家中筛选出有成就、有实力的一线创作者，集中在学校学习理论，创作作品，采取个别辅导和集中讨论的方式推出优秀作品。同时，还注重生活体验和社会实践活动，在文学界引起很大的轰动。直到今天，鲁迅文学院依然是许多作家引以为傲的荣耀，被称为中国作家的"摇篮"。

而同时成立的解放军艺术学院则被称为"军队作家的摇篮""军队作家的黄埔"，成为培养军队作家的重镇。在这里培养出了中国第一位获诺贝尔文学奖的作家莫言，中国第一位获卡夫卡文学奖的作家阎连科；走出了李存葆、莫言、阎连科、麦家四位中国作家协会的副主席，若干名中国顶级文学奖鲁迅文学奖、茅盾文学奖的获得者，许多知名的作家都是从"军艺文学系"出来，并活跃在中国文坛上，在小说、诗歌、散文、报告文学、影视戏剧创作中放射出耀眼的光芒。

鲁迅文学院和解放军艺术学院文学系的教学活动有着共同的特征，就是注重实践，注重研讨和"师带徒"的教学方法，这恰恰是"创意写作"的本质特性。因此，可以说，中国当代的创意写作始于 1950 年的"中央文学讲习所"，完整成熟的教学活动开始于 1984 年，而不是引进"创意写作专业硕士（MFA）"的 2008 年。

2008 年，教育部正式引进了"专业硕士（MFA）"学位，在 34 所院校中开设艺术硕士（MFA）学位教育，创意写作随之在各高校普遍展开。解放军艺术学院因艺术教育传统而成为首批 MFA 教学单位。2010 年，新增 68 家艺术硕士培养单位。目前，具有开办条件的高校都已经开设了创意写作专业的本科、硕士，上海大学还成为全国唯一一所具有创意写作博士授予点的学校。

目前，国内各高校的创意写作课程有很大的差别，但注重实践、推出作品却是一致的做法。各校除开设文学叙事理论、小说叙事研究、经典作品细读这些创作基础课程之外，还从专业创作角度开设小说、非虚构、散文、诗歌、戏剧、影视剧作等分体创作课程。采取"师带徒"的导师制，以集体讨论与会商的方式展开教学活动。

创意写作不仅仅是文学专业教学的手段，也是社会教育的重要方法。未来的创意写作要走出校园，走进部队、社区，把创意写作教育推及至更为广泛的对象上。通过普惠的形式，鼓励底层写作，建立故事工坊、小说工坊、戏剧工坊等方法，达到通过叙事表达自我，树立自信的目的。

这部书要讨论的是文学创意写作。

在这部书里，作者试图以新的方式讲述并还原一所中国大学本科文学创作专业《创意写作》教学的完整过程：从专业考试招生到教学实施，特别是创意写作的具体教学内容和手段。目的有两个：一是为目前正在探索起步的中国高校文学"创意写作"专业的教学提供一个可视的参考；二是为对文学创意写作有兴趣，并期待从事文学创作的人提供一个可操作的训练教程。

这部书是在作者多年创意写作教学实践中积累并实际操作的记载。作者所在的高校曾经培养了多位国内外文学奖的获得者，其教学经验和培养方法与思路是在实践中不断摸索、丰富和吸收中逐步积累的结果，具有一定的实战与实用性。

这部书的写作体例和写作方法也将进行一次全新的尝试：我们将模拟一届文学创作专业招收艺考生的全过程，从酝酿制定招生规划，到出题、三次专业考试，再到完成录取、进行全程教学的方式展现创意写作的全过程。

需要声明的是，作品中的"北京艺术大学（简称北艺）"是虚构的，作品中的人物是虚构的，情节也是虚构的，时间和地点都是想象的产物。但是所有的程序和所述的手法方式、过程，以及所列举的作品、讲课的场景却都是真实的，还原了一所典型中国艺术大学创意写作专业教学的真相。

这是一次探险。这是一部介于文学作品和文学创作教学实践记录之间的书，更是一部创意的"创意写作"教材与一次创意写作教学的展示。

百里挑一

二月，天气依然寒冷，飘起了雪花。

北京艺术大学的操场上挤满了考生和家长。全校各专业都同时进行报名，报名时间只有两天。表演学院、舞蹈学院、音乐学院的考生极多，只有文学院和美术学院的人少，却也排起了"长龙"。表演类的考生因为报名时就有初测，特别是考舞蹈表演的孩子们，考官们要用尺子量身材，达到基本标准才能报名。因此，尽管天气很冷，他们穿得却比较单薄。其他考表演的学生们也都穿得亮丽青春，脸上洋溢着笑意。保安们拉起了警戒线维护秩序，各专业都有在校学生帮助报名，广播里不断播放着轻松愉快的乐曲和各种注意事项。

北艺的领导想得很细，准备了姜汤、开水，座椅摆满了空地，热情洋溢的女学生穿梭往复。天南海北的考生和家长们聚集在操场中央，有的帮助考生填报表格，有的给考生拍照、录像。

喜悦，焦灼，紧张，忐忑。各种好的、坏的情绪在集结，散发，传播。

艺考季，不只考验那些怀揣梦想的考生和殷殷切切、舐犊情深的家长，也在考验社会的公平正义，政府有为无为。

热闹的不仅是学校，报纸杂志、广播电视、网络媒体，都把焦点放在艺考生身上。除了北艺外，北电、中戏、中传、北舞、民大等艺术类的院校和专业也都差不多同时展开招生工作。这是开年后全国都热闹的事。除了北京，其他地方的艺术院校也在展开招生考试。

有一种批评的声音说，过去的孩子一谈到理想，就说我长大了要当科学家，当宇航员，当医生，当解放军，当警察，当老师，现在的孩子们一开口就说要当明星。看看年年火爆的艺考就知道了，有多少人想当这个星那个星的。这还怎么得了，社会风气、理想、信念还要不要？

不过，我对此有不同的看法，说艺考反映了社会道德和理想信念败坏等的人，可能没有注意到，在想当明星的学生之外，传统的理想——科学家、宇航员、医生、老师依然存在。我们的社会没有因为有许多人想当明星而缺少科学家、宇航员和医生老师。相反，在明星成为许多青少年追求的理想时，那些想当科学家、宇航员、医生、老师的队伍也很壮观，甚至许多专业的博士毕业后都找不到工作。如果不是追求梦想的人多，怎么会如此普遍存在？只不过，成为专业人才没有像成为明星那样需要以特殊招生的方式进行而显得人数众多而已。我的意思是，一部分人想当明星、当作家并不影响其他人成为其他专业人士。这是一个自由选择的时代，也是自然淘汰的时代，用不着担心社会理想与信念因一些人想当明星而遭到败坏。

同时，演员、作家、艺术家也是职业，怎么就不能选择呢？说因为孩子们想当明星而导致社会公德、信仰堕落的那些人，我推测可能还没有从那种鄙视演员、作家的旧观念中走出来，把演员当"戏子"，与娼妓相提并论者大有人在。是他们心理有问题，而不是社会有问题。

在这里，我大声呼吁，孩子们，大胆地去追求梦想吧！

场　景

艺考也是在考验招生的学校，更是在考验参与招生的教官们。对于有些人来说，这个时期正是他们紧张、忙碌，甚至神经质的时期。外界都觉得考官权力最大，是高不可攀的，总在寻找任何可能接近他们、巴结他们的机会。从家长的角度看，所有的行为与想象都是可以理解的。但是，可能外界没有注意到作为一名考官的精神压力也是很大的，在北艺因为临考而精神崩溃的老师也是有的。

按照规定，北艺的考官是绝对不允许辅导考生的，也不能接近考生家长。不见面，不辅导，不交流，不说任何与考试有关的内容。而考官也是正常的人，也有正常的社会关系和交往，也会有同学朋友，上级下级，远亲近邻，就是你封闭这些关系，关系也不会放过你的。考试临近会谣言四起，特别是有些名望的老师被学校、家长、新闻媒体死死盯住，不敢说，不敢动，连散个步都偷偷摸摸，躲躲闪闪。这就是北艺老师们的艺考季，也是受难季。

我被系秘书李可一个电话叫到了文学院的会议室。这正是寒假时间，可是，当我来到会议室，会场已经坐满了人。个个神情严肃庄重，正襟危坐，不苟言笑，就连最喜欢说说笑笑的吴品贤也嬉容全无。正好他旁边有个空位，我便坐在他的旁边低声问，有大事要发生？我的意思是，每年都招生，年年如是，为何单单今年如此大敌当前状？我心里想的是，小题大做了。吴品贤不看我，默不作声地望着前方。我心想，死了娘了。

这时，寒院长快步走进会场。小心陪在他身后的是院办主任裴晓华。裴主任抢先一步，伸出手臂请寒院长入场。寒院长不姓寒，姓赵，本名叫赵德发，他的笔名叫寒风尽，意思是寒风尽，春风来。据称，也是找了位算命大师算出来的吉祥称号。九十年代，寒风尽因一部著名的长篇小说《守望高原》而成名，寒风尽的名字也被文坛认可，进而，在选择后备干部时，成为北艺文学院的院长。

寒院长一屁股坐在会议中心的座位上，脸色铁青，咬着牙对大家说，都把手机给我关了！今天的会不准录音，不准外传，连老婆也都不能讲。寒院长平常讲话不讲究，随随便便，大家觉得是一种平易近人的风格，但是今天这几句话讲出来，却显得有些不一般。

趁大家关手机的时候，寒院长神态庄重地扫视了一下全场，然后说，今天把大家紧急招来是想提醒在座的各位教授老爷们，招生考试是个严肃的大事，咱们被无数双眼睛紧盯着，如芒在背呀。今天我们将宣布考官、考务工作人员名单。这个名单要保密，不能对外讲，否则，我们将不得安生。

名单一经宣布，所有人都将进入状态：不接待来访，决不允许辅导，决不允许接触考生家长，一经发现要严肃处理。招生关系考生个人的命运和前途，不能有任何马虎。目前至少有 1600 双眼睛在盯着我们，初试报名的考生 800 人，我们只录取 8 人。百里挑一啊。我们要凭着自己的良知和一颗公正的心选人，不能掺杂任何私心、私欲、私情，你若是坏了北艺的名声，我就砸了你的饭碗。

随后，寒风尽院长宣布成立以我这个创意写作系主任为组长，以各教研室主任为成员的考试领导小组，由我（江南）、吴品贤、曲明亮、周志华、刘淑媛组成的出题小组。初试的古代文学部分由周志华负责，现代文学部分由吴品贤负责，曲明亮负责当代文学，刘淑媛负责外国文学，我负责戏剧影视文学和写作理论部分。每个出题专业小组都由三位成员组成，出题者一共是 15 人。

为了保密，学校给我们在远郊租借了一处民宿作为出题、组题基地。我们 15 个人组成的出题小组就这样进驻了那里。按照规定，出题时间是五天，组题时间是两天。每个专业出十套题，再由组题人员将不同专业的题组合成十套完整的试卷。纪检人员不接触试题，只抽取试题编号，然后，按照试题编号取出各专业的试题，交由组题人员。组题人员打乱顺序随机组合，完成后，在纪检人员的监督下密封签字，交由纪检人员存放在保密柜内，试题最终由四位安保员在考试前一个小时护送到考场，当着考生的面从十套题中抽取一套作为正式考卷，现场抽题，现场复印。

组题人员是从外聘专家库里随机抽出的五位专家。出题人不参与组题，也不允许和组题人见面，谁也不知道谁。出题人不能担任专业考试考官，不参与其他考务工作。他们被隔离在小山村里，不能带手机，不能与外界有任何联系，即使家里出了大事，也不行。问题是，他们根本就不可能知道家里有什么事，完全与世隔绝。

出题人出完题之后，组织大家放松游玩，直到初试考完。"放松"的过程依然不能与外界联系。虽说是"游玩"，但是每个人都不可能有游玩的心思，像囚徒。大多数人出完题之后，就窝在住所看书，看电视，最多是散散步而已。因此，这项工作对每个成员都是很大的考验。这是关系到学校声誉的大事，每年都重复的重大工作，不做还不行。

组题人与出题人的待遇一样，只是他们所经受的磨难相对少一些。他们只有两天的时间工作，剩下的时间就是等待初试考完。

不过，这个严密的程序也有漏洞，就是我。

作为系主任，我必须承担更大的风险和更多的工作量，也因此接触的考试内容和工作也都比别人多。我不但要参与专业出题，组题完成后，为了防止出现纰漏，我必须完整地过一下组合而成的试题。也就是说，只有我和组题的五个人知道全部试题内容，而组题人被封闭，只有我会继续参与接下来的考务工作。

　　我当然知道这是不对的，我多次提出要退出考务工作，或者退出出题工作。但是，文学院寒风尽院长不同意我回避，他说"用人不疑，疑人不用"，要相信每位辛苦的一线同志。其实我心里明白，寒院长之所以如此放心地让我接触这么多是因为只有我一个人知道全部情况，如果要出事，那肯定是我，追究责任也容易——但愿我是以小人之心度君子之腹吧。

　　总之，我既是判官，也是小鬼，我要出题、组题，还要主持初试的考试、考务工作。虽然，我与学校签订了保密协定，也在整个出题、组题过程中设置了限制我的步骤，可再严密的制度也有欠缺，只要你想也是有空子可钻的。好在我对此毫无兴趣，也不可能为了某种利益自毁前程。坦率地讲，现代中国，一是靠制度，二是靠良知，制度有空隙的地方是需要良知来弥补的。至于他人信不信，那是他们的事。

　　招生期间，寒假还没结束，教室都空着。我会在教学大楼里临时选择一间较大一点的教室，把那里布置成办公场所。拉一条临时保密内线电话，关闭所有通信器材，像一个战时移动指挥所。这期间我会变成谁都不理的野兽，我用的联系方法都是原始的，重要的事情都是由创意写作系秘书李可步行告诉我。小李是个值得信任的聪明能干的人。通过他找我的人很多，找他"办事"的人一定也不少。他不仅过滤掉了我所有与招生有关的电话，同时也从来不拿自己的事求我办。就连他亲妹妹考上北艺，也是在入学后我才知道的。不管你们信不信，反正事情就是这么进行的。

　　开始的时候，我晚上还是回家过夜的。后来连晚上都不能回去了。因为，有一次深夜回家，在黑乎乎的门口就有人等我。据这位固执的人说，他在这儿等了我一天，他们是两口子轮着等，一人两个小时，你们能想象出他是来干什么的。我不缺乏同情心，也并非铁石心肠。但是，你们想想，从大道天理上讲，我哪怕喝了考生的一口水，公正的天平也会失衡。对他同情了，就是对其他人的不公平。从小道私心讲，要是昧着良心干了不道德的事，我还想不想干老师这行了？不能因小失大也是人之常情。

我对那个人说，辛苦你一天等我这样一个不值得等的人。大道理我不说，相信你能理解，趁没有人发现，你现在就赶紧离开这里，我不追究。要是你还固执，我记下你孩子的名字，他就甭想进入北艺。同时，我会把这件事捅大了，当作反面典型向学校反映。我说到做到，你信不信不重要，重要的是我会这样做。我想你不会愿意这样干的。

那人吓傻了。结结巴巴地说，我走我走，再也不敢了，不敢了。他刚转过身，又回过头来不甘心地说，可是……我是 ××× 领导推荐来的……我说，就是皇帝老爷也不行，你若是想连他一起害，很容易，无非是把事情闹大。如果你立即放弃，我就当这件事没有发生过。

那位家长悻悻地进入电梯，哀怨地看了我一眼。我想，他肯定恨死我了。那位指使他来的领导肯定也记住了我这个人，幸亏我在仕途上毫无所图，他若想阻止我"进步"也很难，我就是这样一个油盐不进的臭人。但是，您说，我不如此又能怎么办？

我们国家有着几千年的人情关系史，一部分人不相信规矩公平、法律正义，只相信关系，相信所谓"人脉"，什么事都"找人"，走关系。并且在相当长的一段时间里，那些掌权者也确实"摆平"了一些事。关系学，厚黑学大行其道。虽然现在正在好转，但彻底改变不是一件容易的事。

那天，打开门回到家，吵醒了家人。妻子迷迷糊糊地埋怨，都几点了才回来？你要是再不回来，咱家就被占领了。来了一拨儿又一拨儿，还堵在家门口，非要进来不可。你干脆辞职吧，别干了，咱们又不是没地方去，可受不了！

女儿也醒了，喊了声"爸爸"，就说，今天有位叔叔到我们幼儿园去了，说是你的朋友，非要给我玩具。我说妈妈说不能要陌生人的东西。他说，他不是陌生人，是爸爸的朋友。妻子抢过来说，幸亏我去得及时，要不然，就差绑架了。

我的脑袋"嗡"的一声，多可怕的场景！

这件事让我恍然大悟，当天夜里就给妻子和女儿在网上订了机票，让她们到三亚玩去了。再以后，妻子和女儿年年去外地度假，这成了她们狂欢的季节。而我呢，就在我的临时指挥所里支起一张行军床，连吃带住，带办公，就是散步我也是在教学大楼里楼上楼下地走，站在教学大楼顶层上做做操，一切都不出教学大楼。教学大楼有保安24小时站岗，无关人员无法进入。就是有关人员也很难找到我，除非一个教室一个教室地搜查。你们说，我容易吗？

所有的事务都是通过系秘书李可传达给我的，我在那里指挥着所有考试工作，这可能也是你们无法想象的。没有什么人要求我这么做，要是想正常地工作却也只能这么做。

就是那位半夜蹲在我家门口人的孩子，后来考上了。不但考上了，还考得相当不错。那是后来他送孩子入学在学校偶遇时他介绍的，他激动地拉着我的手说了一堆话，我才想起那天夜里的事。而我早就忘了那孩子的名字，我问他叫什么，他告诉我叫"谢勇"，我才突然想到，这个考生是所有八个录取新生中排名前三的，基础极好。我反问家长，孩子这么优秀，为什么不走正路走歪门邪道？家长不好意思地笑了，都说考北艺不走关系不拿钱再好的孩子也进不来吗。我说，怎么能轻信谣言？可不能这样干了！你自己丢人不说，孩子面前也抬不起头嘛。

初 试

初试考场设在教学楼八层。从801至820的20个教室都被我们占据了。

每个考场 40 个考生。考场门上都用红纸黑字标记着号码，门口有两名在校学生守卫，监考人由学院行政人员组成，每个考场三位监考。走廊上是不断巡视的纪检人员和保安。这阵势如临大敌，胆小的都会被吓着。

初试那天，文学院的寒风尽院长亲自到主考场抽题。他的跟班，院办主任裴晓华和其他的几位常委都到场了。这是个隆重的时刻，也是个庄严的仪式。其他 19 个考场都以视频方式现场直播。党委全员到场以示对此项工作的重视，考生们在如此严谨且有些威慑力的考场中接受进入北京艺术大学的第一次考验。

先是由考场工作人员宣读考场纪律和规则，而后由寒风尽院长在主考场作了简短的讲话。寒院长说，我们非常欢迎同学们报考北京艺术大学文学院创意写作专业，我们是国内第一个开办此类专业的学院。这是一个培养作家、剧作家的专业，这个专业只培养作家，你们如果不想当作家就无须报考。创意写作专业有强大的师资力量，有良好的教学氛围，多年来培养了大批作家、诗人和一线的编剧。这是充满着挑战的专业，希望考生们都有好运，展现你们的才华，圆梦北艺。

随后，工作人员向考生们宣读了抽题方法。大屏幕上显示一个抽题程序，当工作人员按下开始抽题命令后，巨大的十个阿拉伯数字便在屏幕上快速滚动起来，抽题人背对着屏幕，只要他按下停止键，数字立即停止，停止的数字便是今天的试卷编号。

寒院长和其他六个院常委及院办主任一字排开，面对考生、背对大屏幕。寒院长面前放着一台像抢答器一样的按键器，没有屏幕，只有一个红色的按键。

庄重的时刻开始了，大屏幕上的红色数字急速滚动，几乎看不清数字。考场上气氛凝重紧张。考生们死盯着大屏幕，屏幕上滚动的数字犹如心跳，快速而机械，考生们已经被带入到了情景之中。这时寒院长悬在按键上方的手猛然用力地按下去，顿时滚动的数字停止了，大屏幕上显示"7"。

随后，紧张的氛围下，不知是谁带头鼓掌，稍稍缓和了一下紧张情绪。工作人员立即打开了四名保安人员护卫着的金属试题箱，从中取出 7 号考卷。庄重地递到寒院长面前，寒院长也仪式化地接过 7 号试卷，向全体考生全面展示试卷的密封完整度。然后，工作人员对考生说，各位同学，有谁对此密封考卷有疑义请举手。等了几秒后，工作人员说，如果没有疑义，现在就请寒风尽院长当场打开考卷。

院长接过工作人员递过来的剪刀，缓慢地剪开试卷纸袋，从中取出试卷交给工作人员。工作人员立即将试卷递给复印人员，试卷就在考生面前现场复印装订。这个过程持续了 20 多分钟。装订完成后，其他考场的试卷由纪检人员送到各考场。主考场的监控视频上显示各考场试卷都已经护送到位后，工作人员统一下达指令，各考场开始发放试卷。试卷背面朝上放置，考生不能擅自阅看。随后，工作人员又发出统一填写考生信息的指令。最后，由寒院长发出"各考场考生开始答卷"的指令。

初试的考试时间是三个小时。在这三个小时内，考生通常不准去卫生间，如果有特别需要，由考场工作人员陪同出入。

初试是一次综合考核，内容为三部分，一是文学常识，二是问答题，三是文学鉴赏文章写作。

第一部分的文学常识内容比较广泛，中国古代文学、中国现代文学、中国当代文学，还有外国文学、戏剧影视文学及写作知识，其中的重点在作品。出题的标准是"一流作家，一流作品"。内容一般为接受过系统教育的中学生应知应会的文学知识。同时有 5% 的内容将超出中学课本，因为作为一个文学爱好者，他应当在阅读面上要比普通的中学生广泛，作为写作者也应当具有一定的知识拓展。

第二部分的问答题，意在一题两考，既深入考察考生的文学基本功，又要考察考生的写作观念、对作品的把握程度。

第三部分是"文学鉴赏"，给出一篇作品，通常是小说，或者散文，读完后写一篇"文学鉴赏文章"。这个考题的目的是考察考生对文学作品的感受力，领悟力和文字的表达能力。

初试考卷

一、填空题（30 分）

1.《诗经》共_____篇作品，有_____等十五国风。

2. 发生于战国春秋时期的许多著名战役，如_____等，都是通过编年体史书《_____》的周详而生动的描写才流传下来成为我国军事史上著名的战例。

3. 陶渊明的诗歌艺术对后世的影响很大，唐代学习陶诗的有_____、_____等诗人。

4. "春江潮水连海平，_____。滟滟随波千万里，何处春江无月明。"

5. "青海长云暗雪山，孤城遥望玉门关。黄沙百战穿金甲，_____。"

6. "杨花落尽子规啼，闻道龙标过五溪。_____，随风直到夜郎西。"

7. "轮台九月风夜吼，_____。随风满地石乱走。"

8. "早岁那知世事艰，中原北望气如山。_____，铁马秋风大散关。"

9. "忧劳可以兴国，逸豫可以亡身"出自_____的《_____》。

10. "碧云天，黄花地，西风紧，北雁飞。晓来谁染霜林醉？总是离人泪。"这是元杂剧《_____》中_____的一段曲词。

11. 《三国演义》中的"单骑救主""舌战群儒",分别写的是_____、_____的故事。

12. 蒲松龄在《聊斋志异》许多作品的篇末,以"_____"的名义发表评论。"故天子一跬步,皆关民命,不可忽也"一段话见于《_____》篇末的议论。

13. 鲁迅创作的唯一一篇中篇小说是《_____》,这部小说以辛亥革命前后闭塞落后的农村小镇_____为背景,突出描绘了主人公_____的"_____",同时又表现了他性格中的许多复杂方面。

14. 巴金创作的《雾》《雨》《电》三部作品被称为_____;而他所创作的《家》《春》《秋》三部作品被称为_____。

15. 长篇小说《子夜》的作者是_____;贯穿整个作品的主线是民族资本家_____和买办金融资本家_____之间的矛盾。作者还创作了由《幻灭》《动摇》《追求》组成的小说_____"三部曲",反映了大革命时期小资产阶级知识分子的精神面貌。

16. 艾青标明是"一首忏悔的诗"的作品是《_____》,而以"假如我是一只鸟,/我也应该用嘶哑的喉咙歌唱"开头的作品是他创作的诗《_____》

17. 在小说《小二黑结婚》中,作者提到"刘家山交有两个神仙,邻近各村无人不晓",这两个"神仙"是_____和_____。

18. 《谁是最可爱的人》是_____创作的反映抗美援朝战争的报告文学作品,他还创作了反映这场战争的长篇小说《_____》。

19. "有的人活着/他已经死了;/有的人死了,他还活着",这是诗人_____为纪念鲁迅逝世13周年而创作的诗篇《_____》中的诗句。

20. "_____"是新时期出现的重要的诗歌现象,代表诗人有北岛、舒婷、顾城等。《致橡树》是_____创作的诗作。

21.《荷马史诗》指的是《_____》和《_____》两部作品。

22.《神曲》的作者是_____。《堂吉诃德》的作者是_____。

23. 意大利作家_____的作品《_____》叙述十个男女青年为躲避黑死病，在佛罗伦萨乡间一个别墅里住了十天，讲了一百个故事。

24. 拉伯雷在文学上的最高成就是长篇小说《_____》。

25. 泰戈尔因他的诗集《_____》于 1913 年获得诺贝尔文学奖。

26. 加西亚·马尔克斯长篇小说《_____》被称为"魔幻现实主义"的代表作。

27. 诗人_____被称作俄罗斯"诗歌的太阳"，长篇小说《死魂灵》的作者是俄罗斯作家_____。

28. 列夫·托尔斯泰的《_____》以 1812 年俄国卫国战争为主线，反映了 1805 年至 1820 年的重大历史事件。

29. 使俄国短篇小说登上世界文学高峰的第一位作家是_____。

30. "让暴风雨来得更猛烈些吧！"出自高尔基的散文诗《_____》。

31. 乔叟是英国人文主义文学最早的代表，被誉为_____，他的代表作是《_____》。

32. 莎士比亚作品中，代表他最高成就的四大悲剧包括：《哈姆雷特》《奥赛罗》《_____》和《_____》。

33.《无名的裘德》和《德伯家的苔丝》是英国批判现实主义作家_____的作品。

34. 巴尔扎克是法国 19 世纪批判现实主义的伟大代表。他的小说作品集《_____》被称为"法国社会的百科全书"。

二、简答题（30 分）

1. 司马迁在《报任安书》中说"人固有一死，死有重于泰山，或轻于鸿毛，用之所趋异也。"结合司马迁的生平遭遇，谈谈你对这段话的认识。

2. 杜甫《兵车行》开头有句曰"牵衣顿足拦道哭，哭声直上干云霄"，结尾写道"新鬼烦冤旧鬼哭，天阴雨湿声啾啾"，试分析这种"以人哭始，以鬼哭终"的写法。

3.《红楼梦》第 23 回有如下文字：

这里黛玉见宝玉去了，见众姐妹也不在房中，自己闷闷的。正欲回房，刚走到梨香院墙角外，只听见墙内笛韵悠扬，歌声婉转，黛玉……心下自思："原来戏上也有好文章，可惜世人只知看戏，未必能领略其中的趣味。"

请问林黛玉为什么会产生这种感慨？

4. 分析鲁迅小说《故乡》中闰土从少年到中年的变化。

5. 简要分析曹禺话剧《原野》中仇虎的形象。

6. 复述茹志鹃的小说《百合花》的情节。

7. 你认为小说应具备哪些基本要素？试举例加以说明。

8. "文学是语言的艺术"，你如何理解这句话？

9. "童话"是一种怎样的文学形式？有哪些主要特征和手法？试举例加以说明。

10. 试举一个外国作品里的人物形象，说明他（她）的性格特征和社会意义。

三、鉴赏题（40 分）

阅读下面作品，自拟题目，写一篇 600 字左右的鉴赏文章。

走 运

（波兰）雅·奥卡

我碰见了处长，他从树林里出来，老远就对我喊："你看我手里是什么？

这蘑菇太漂亮了！"

"真漂亮。"我随声附和。

"你看这斑点多好看！"

"是好看。"我同意。

"你还不向我祝贺？"

"衷心祝贺您！处长同志！"我说。

其实，这是毒蝇菌，毒性大得很，可是不能讲，讲了他该多么难堪！而且会影响我今后的提升，所以我恨不得马上溜之大吉，没想到他偏偏缠住我："你还没去过我家吧？今天我请你吃煎蘑菇。"

"我生来不吃蘑菇！"我大吃一惊，马上撒谎说，"我这些天闹肚子！"

"好蘑菇可是良药呀，"处长说服我，"连病人都可以放大胆地吃，你跟我走吧！"

"不行，处长同志，"我都要大哭了，"我有个要紧的约会……"

"你这是不愿去我家？"处长皱起眉头问，"那我可要生气了！你瞧着办吧……"

我只好跟着他去，我真后悔，没有一见面就告诉他这是毒蝇菌。现在无论如何不能再说，一说，好像我有心害死他似的。

酸奶油煎蘑菇端上了桌，处长兴高采烈，就像三岁的孩子，我虽然强颜欢笑，心里却在默默与亲人告别了。

"这么漂亮的东西，都不忍心往嘴里放！"处长一边说一边把碟子往我跟前推。

"吃了真可惜，咱还是不吃为好！"我说。

"这是怎么回事，连句笑话都听不懂，快吃吧！"处长命令的语调说，"对了，我得查查这蘑菇叫什么名字……"

他走后马上就回来了，脸都白了，对我说："朋友，我错了，这是毒蝇菌！毒大得很！"

"可是我已经吃了好几口。"我又撒谎。

"我害了你，"处长吓坏了，"真荒唐，正好还赶上要提升的关口！"

救护车来了，我被送到医院去洗胃……

处长晋升了，我也沾了光。现在，我偶尔会装装头晕。

我还得了一笔奖金呢，这是该我走运。

插　曲

寒院长在主考场抽完题之后就带着院常委们挨个考场巡视去了，这也是每年最隆重的例行公事。

我给寒院长们算了一笔账，如果 19 个考场都巡视完毕，每个考场停留 5 分钟，19×5=95 分钟，加上路上的时间，整个巡视过程，大约需要两个小时。因为在每个考场寒院长和常委都要拍照，还要秀一秀看考生答题、检查考生身份证、准考证什么的，有时，还要停下来低声跟监考人员交谈几句，这个过程没有 5 分钟也下不来。

寒院长已经 50 多岁了，我从他的身体考虑曾经劝过他，不一定每个考场都巡视。我建议他从主考场抽完试题后，就可以离开了。就是去别的考场转，也不一定把 19 个考场都转完呀，转一两个，意思一下就行了。我知道寒院长心里是同意我的看法的，但是当着那么一群随行人员，他肯定不能接受呀。不仅不能接受，还要装出一副生气的样子红着脸批评我，你怎么在这个时候犯糊涂？多么重要的时刻，我能离开吗？我要是离开，就相当于仗正打得激烈的时候指挥官临阵脱逃。我要是只转一个考场，对其他考场的考生就是不公平、不尊重。走，必须把所有考场都转完！于是，寒院长带着他的队伍就向第二个考场走去。主管教务工作的冯副院长凑到我身边低声说，江老师，别往心里去，你还不知道他吗，就是这么个直肠子，他不是在批评你，只是担心外界有意见。我苦笑着说，没事，都习惯了。我陪着他们一起向第二间教室走去。

每到一间考场都是拍照，与监考人员握手低声寒暄，看考生答题，检验考生证件什么的。学校的宣传部门派了专业摄影师负责我们这个专业的拍照，他追在寒院长和各常委们的身边，换着角度和花样给领导们拍。寒院长因为刚才对我说话声音高了点儿，并且含有批评我的情绪，可能觉得有些歉意，想弥补一下，挥手把摄影师叫到身边，低声说了几句话，又指了指我。我一下就明白了，这是想拍我呀，我在远处连连摆手，可是，摄影师却快步走向我。我转身就走出了考场。

作为这些考场的指挥官，我是真怕出点儿事，特别是考卷上出了什么纰漏，这是影响考生的大事，虽然我已经尽心了，但是，不考完就放不下心。

怕什么来什么，就在我们转到第6个考场时，问题出现了。按照正常的巡视程序大家正在拍照、看证件的时候，一个考生举起了手。别人没有注意到，我看到了，就快步走到考生面前。考生也不说话，指着讲台前的同步大屏幕。我一下就看到在主考场的画面中，正有一个考生偷看手机。我这才放心，原来不是考卷出了问题，而是考生出了问题。幸好那些官员们没心思看屏幕，否则这一下就会成为焦点的。

我走到六考场门口把在走廊里候着的秘书李可叫过来，告诉他有考生举报了主考场的几排几号，我说，你先去把这个考生叫到走廊了解一下情况，我跟寒院长说一下马上过去处理。李可便急急忙忙地向主考场走去。我走到寒院长面前，低声跟他说，主考场需要我签字，我得过去一下。寒院长挥了挥手说，去干你的事，没必要陪着我。

我到主考场时，那个看手机的女生正低着头面对李可哭呢。我看了看可怜巴巴的考生问，你们进考场之前就严令禁止带手机进来，怎么就不听话呢？李可说，她是放在内衣里带进来的，监考也没有发现。我问，监考知道她的事吗？李可说，他们还不知道，我跟他们说，这位考生要上厕所，我陪着她。我又问女生，你是抄袭吗？你能找到答案？我们的考卷是不可能有答案的，你怎么傻到查答案的地步？女生呜呜咽咽地说，我不是看答案。李可把女生的手机递给我，指着信息说，您看，她是想向人求助。我一看信息上写着：难死了！回复信息：我怎么帮你？然后就没有了。

看完信息我才长叹一口气，我说，孩子，这种考试别人是帮不了你的，也代替不了你。这考的是你的能力和素质，没有标准答案，别人也找不到标准答案。别人不仅帮不了你，而且有可能会害了你。今天这个事幸亏其他人不知道，否则你不仅考不了北艺，考其他的学校也不行，因为我们要是把你当着所有考生的面赶出去，学校会处理你的，会通报给你的学校，你的名誉就毁了，高考都参加不了。你说，何苦来呢？

我说，记住这个教训吧，我不打算处理你，你还是悄没声儿地回到座位上继续考试，只当没有发生。手机我们给你保存着，考完试找李秘书去要。

我相信，这件事会让这位女生记住一辈子，每次想起就会不安。我没有问考生的姓名，也不知道她进入没进入后面的复试，这件事我和李可都没有再提起。

夜　战

虽然考生们被分在 20 个不同的考场，但由于有同步视频，也相当于同时在一个考场里考。当结束考试的铃声响起，参加考试的 800 名考生都长长地舒出一口气。从监控室里我能看到他们放松的神态，他们的第一个挑战完成了，无论考得如何，他们可以稍稍缓和一下了。所以，离开考场走出教室的时候，考生们都有一种愉悦感。

但是，对于我们这些考官来说，真正的紧张而难熬的考验才开始。因为保密和尽快公布成绩的需要，我们必须在第二天把 800 份考卷都改完，并完成成绩的统计，列出进入复试的考生名单。我们将在当天晚上连续工作至所有考卷都改完，如果当天夜里改不完，是不准许离开的。休息、饮食都要在改卷现场。我们计划干一个半天、两个晚上和一个完整的白天。保密和运行过程一如既往，严密严格：不准把通信工具带入现场，改卷期间不准与外界有任何联系。完全封闭。

考场经过重新布置后，改为改卷现场。考场外的那些红纸黑字的标牌已经换成了改卷现场，每个专业一个房间。还有一个复核中心、纪检中心，所有的房间都被监控录像，时时有纪检人员和保安人员巡视。

我们比考生的待遇还要高。我们常常说，考试考的不只是学生，也是在考老师。我们所承受的心理和身体的压力只比考生大，不会比他们小。他们只是 3 个小时后就解放了，而我们要经受 30 多个小时的智力和体力的考验。

这期间后勤保障工作很重要。办公室为我们准备了丰富的饮品、零食、水果。还临时租用了几台按摩椅、几台室内健身器材，支起了几张临时休息的简易床，用于休整调解身体。这得感谢细心周到的系秘书李可，他比我们都辛苦。全面工作安排都是由他一手制定落实的。虽然因工作需要一些本科生和研究生提前返校帮助李可，但也得需要他自己艰苦细致的工作。忙中不乱，忙中有序。我们开玩笑说，这个系可以没有主任、副主任，但不能没有秘书，地球离了谁都能转，但没有李可创意写作系这个球却转不起来。行动力、执行力极强，快速高效。

考卷的装订是按着专业进行的。古代文学部分、现代文学部分、外国文学部分、戏剧影视文学创意写作部分、文学鉴赏文章部分各装订为一册。考官按照专业各自打分，最终把各专业的分数加在一起是考生的总分数。

改卷的程序是这样的：纪检人员从保密室内把上午由考生完成的试卷取出，由保安人员护送到改卷场。考卷当着所有改卷人员的面进行拆封，并在每一份考卷上打印临时编号。考官打分是在打分表上给这个临时编号打分，与考卷考号无关。按规定一份考卷由两个以上的人打分，两个人的打分结果除以 2 才是这个编号的得分。他们在纪检室内已经完成了打号、分科等准备工作，我们在下午 2 点正式开始改卷。为了保证不出差错，每隔 2 个小时要休息 20 分钟。这种改卷是不能用机器代替的，因为试题的主体都是主观题。既然我们期待着每张考卷都有个性，都不是千篇一律，那就需要我们自己付出更大的劳动和耐心。每一份考卷都仔细地看，在不同的答案中判断出高低。

也并非都是劳累和疲倦，也有兴奋。在紧张而又巨大的劳动量下，疼痛并快乐，享受其中。特别是这次考试，似乎考生的质量都不错，时时让我们眼前一亮，大脑兴奋异常。发现好的就有些抑制不住，又不能交流，就在心里憋着，直到中间休息，跑到休息室时才谨慎地释放出来。

初试的考卷是由 15 位老师，关了五天的时间，精心研究出来的，是有一定难度的，却也并非高不可攀，只要领会了题目用意答起来也很容易。我们的目的有相当一部分是为了淘汰，那么多人报考，只留下 48 人进入复试，这得需要优中选优，需要拉开距离。有时会出现不相上下、难以割舍的情况。如果有了难度，就能更进一步地判断考生的实力，是真明白，还是一时运气撞上了，一目了然。有的题目埋藏着考官们的良苦用心，表面的难度并不是一个问题，而是对这些难度处理的思路以及想问题的方式。

社会上流传着这样一种看法，说北艺的试题最难，比北电、中戏、中传的都难，说有些内容已经超出了一个艺考生的复习范围。有的还咒骂，说北艺也太缺德了！这简直就不叫人考。

只要不是以强制的方式结束，我们将继续以这种方式选材。多年来的经验和教学实践中对学生们的观察，我们已经检测出了这种方法在创意写作专业的招生中是管用和实用的。招生的思路和方法虽然离完美还有相当的距离，却是独特而有效的。

秘　钥

说绝大多数考生都是在陪考一点都不假。脱颖而出的那些少数人之所以被留在了榜单上，原因是他们多多少少脱离了中学教育的束缚，部分回归了天性。他们答得放松自然。在被各种条条框框压抑习惯后，他们似乎在这场比拼中获得了某种本能表达的放归。

从多年出卷改卷经验的角度，我想提醒那些怀揣梦想，努力考入北艺创意写作系的考生们一些答题技巧。这也是从考官的角度来回答，什么是我们喜欢的，什么是我们不太喜欢的。也就是说，高分艺考生到底如何被我们这些挑剔的考官接受？

最重要的是不能把"艺考"当"高考"，这两类考试目的是不同的。高考考的是基础知识，艺考考的是艺术创造的基本能力。高考注重的是考生掌握知识的牢靠度，艺考考的是考生的创造能力与潜力。考生们经常把背功当作攻克一切考试的法宝，但在艺考中，记忆力只是一个方面，在记忆力之外更注重的是发现与创造的能力。考生不要去做背诵的奴隶，而要做创造的主人。

我反对攻击高考考试的言论，几十年的经验和我们自己的经历都告诉我们，这种制度在中国这样一个人口大国是适当的。只是存在着缺陷和改革的地方，并非一无是处。高考中的背诵令许多人诟病，但背诵本身并没有任何问题呀，古代的蒙学教育基本都是背诵，先记住了再讲解，讲解之后再背诵。这种制度不也教育出了许多文学大家吗？西方教育也普遍存在背诵，学数学的要背，学物理、化学、生物、计算机的都需要背一些基本的原理、公式，一些常识性的基础知识。学英语不背吗？学驾车不背吗？学法律不背吗？一个优秀的作家并非一个大脑空空、思维简单的人，而是一个心里装着无数知识，甚至是某些知识领域的专家，逻辑思维清晰，感情丰富的人。

但的确，艺考是不能光靠背点儿常识就能应付的，还需要更多的创造性能力。记忆是非创造性的，只要把知识复制在大脑中，用时提取便可。而艺术需要的是创造性，它需要的是发现、灵感，以及独特的感受力和创作力。它不仅要把已知的世界呈现出来，更需要创作未知的世界，呈现尚不存在的新的生活与现实。

高考解决的是知识的储存和再利用问题，而艺考检测的是创造新知识的能力。这两种考试都各有其用意和价值，互相不能取代。知识是创造的基础，创造的结果形成新的知识。知识需要记忆，创造需要发现与灵动。

如果考生们简单地以为能背就行，把那些考点背下来就能考过，像高考一样，就是对艺考的误判。高考的高分有一部分的确是靠背，但也并非是全部。而艺考背诵仅仅占一小部分。因此，当一个艺考生把背诵当作万能钥匙的时候，思路就偏了。

把死题做活，给知识以活力，给答案以个性。举个例子，拿鲁迅来说吧，高考的考题一般都是考鲁迅的本名是什么？谁（毛泽东）评价鲁迅是伟大的文学家、伟大的思想家、伟大的革命家？鲁迅的主要作品是什么？鲁迅出版了几种小说集？《祝福》《阿Q正传》出自鲁迅的哪个作品集？《狂人日记》

是中国现代文学史上的第一篇什么小说，等等。这些知识，无论你读没读过鲁迅都是必知必会的。但若是艺考，就会问《孔乙己》中的那个酒店叫什么，请你来描绘一下那个空间，用你的语言来描述一下祥林嫂这个人物，描绘一下"精神胜利法"，等等。

即使像上面提到的艺考考题，在繁多的应对艺考的资料中也是有"标准答案"的，但你不能照着那个背。而且，只要你读过作品，并且真正读进去了，这些问题都不是很难，难的是你得答出不一样来。这里当然有知识在，比如说，你得知道"精神胜利法"是什么，出自鲁迅的什么作品，然后你在描绘的时候发挥你的文学描绘能力和潜力，用你自己的语言组织并给出答案。这个答案不可能是"统一"的。一千个人眼里有一千个哈姆雷特，我们要的是你眼里的那个不同的哈姆雷特，而不是已经写到复习资料里的那个。

在你看来，祥林嫂是个什么人，她的外在的内在的形象，在作品里尚未表现出来的那个她是什么样子，你是怎么看待这个人物的，等等，这才是艺考要考的内容。这里面含有两个考察内容，一是你对基本知识的了解，就是你得知道知识的出处，你得读过这些作品，二是你得在了解基本知识的基础之上有所发挥和创造，你得表现出你的能力和才华。

我想，我已经说得很明白。高考不是艺考，它们的出发点和考察的目的是不相同的，应当有不同的应考方法和思路。

在改卷的过程中，我们是不喜欢那些字迹潦草，密密麻麻的小字的。要把卷子答得字迹整洁干净。你想，谁愿意看那些乱七八糟，让人看不清，需要费劲猜测的答卷啊。也不必非得书法般的美，就是把字写得清晰大方，让人一读就懂就可以了。当然，你有书法的功底，把字写得漂漂亮亮也是好的，但无须去追逐这个。我们在改卷的过程中，感到很苦恼的是，一方面不希望把那些优秀的孩子们漏掉，得费很大的劲儿把每一份考卷都仔细地阅读完整；

另一方面对那些的确难以辨认其文字的考卷心生倦意。这个问题看似小事，却是关系考生的大事，事实上卷面的第一印象很重要。

剩下的问题也是在初试中更重要的问题就是第三部分的"文学鉴赏文章"的写作。这项考试的目的是考察考生对文学作品的感受力、审美力、判断力和写作能力，也就是综合考考生的写作基础。

这类考试都是给一篇文学作品，让你读后写一篇"文学鉴赏文章"。给什么作品是有讲究的，通常是给一篇小说，或者散文，也有可能给一篇诗歌。而在所有的文体中最难的就是诗歌鉴赏。因为诗歌，特别是那些现代诗，需要首先理解诗意，就是诗歌本身的阐释问题。虽然各人有各人的理解，但是，不能搞得南辕北辙，不伦不类，文不对题。在理解的基础之上，才能谈得上鉴赏。而小说和散文就相对容易一些，所以写文学鉴赏文章是有方法的。

首先不能把"文学鉴赏"写成"读后感"。

"文学鉴赏"与"读后感"有差别。中学生已经习惯的读后感是有一定套路的"八股文"。八股文没有什么不好，问题是，用套路来应对有创造性要求的艺考显然不对。所谓的读后感式的套路，是那些"这篇文章通过什么，表现了什么"式的结构，和"第一段说明了……第二段说明了……第三段说明了……总之，文章表达了……"的拆解式的套路，还有"表达了核心价值观""通过这个故事我们看到了资产阶级身上的……无产阶级……"之类的阶级分析法，以及只从作品的客观外在的哲学、道德的价值，而不是从作品自身的内容出发的品评。

"文学鉴赏"当然要有文学性，有审美的特质，用优美的语言，独特的文字，新鲜的发现去赏玩触摸和体悟作品。特别是对创作技巧与技术方面的发现在创意写作考试中更重要。尽量减少从作品的客观外部的"社会意义"、阶级、价值观等方面去评论作品，更多地从人物、结构、情节、语言、情趣、美学意味等作品的文学评判上去谈论作品。文学鉴赏要充分调动自己的感悟能力，去体会作品的精妙与美好，用经验性判断作出独特的文学判断。

我常常用鉴赏一件文物的方式来讲述文学鉴赏文章的写法。

就拿鉴赏一件宋代的瓷器来说吧。你手上有一件宋代的瓷器，你得向一位对此一无所知的人介绍它的美学价值，证实这件器物的美或丑，真或假，价值与意义。就得先告诉他，你对这件作品的基本判断：这是一件北宋时期的官窑作品，艺术价值和收藏价值极高（亮出你的观点）。进一步，你得证实你的观点的正确性：这件器物完全符合北宋官窑瓷器的基本特征。官窑指的是特供官府朝廷使用的用品。北宋的官窑有两种，一种是"民窑"上贡，另一种是由官府自设的"官窑"制作。因为官窑是专门为皇室制作物品，因此官窑的瓷器在造型、装饰、釉色等方面具有鲜明的特征。你看，这个是纯粹官窑特性。因为官窑的烧制技术和产品都是保密的，烧制的也少，差不多都是精品，因此其收藏价值、艺术价值很高。官窑作品极少流传到民间，只要出现就是珍贵。"你看，我手上的这件就是纯粹的官窑，世上仅存在两件，一件在故宫博物院，另一件就是这件。它流畅的线条，自然的裂纹，一点都不比故宫的那件差。"

此后就展开你对这件藏品的论证过程。论证时，不仅要证明它是什么，还要证明如果它不是什么会怎么样。至少能够提供两个以上的证据来说明你的观点，引用原文，寻找旁证，等等。在这个过程中，要用文学化的语言和个性的思维方式谈你的观点。

总结一下写文学鉴赏文章的"三大纪律、六项注意"。

三大纪律：鉴赏不是读后感，减少外部评论说技术，论据独特又充实。

六项注意：

第一，细读原文。仔细体味，从不同的角度细读，调动自己能调动的所有感观机能去琢磨文本。不要急急忙忙地大致浏览一下就动笔写，一定要多想想，想得比较清楚的时候，或者大体有个写作的意向时再动笔。

第二，找到论点。在细读中找到话题点，寻找到你的发现。这个过程也是调动知识积累的过程。你会发现曾经阅读过的一些作品，或者曾经看到过的某些类似文章。你或者躲开那些被他人谈论过的点，或者使用那些观点来证明自己的独特发现。

第三，整体论述。切忌不能把一篇完整的文章切割分段。用"第一段写了什么""第二段写了什么"的八股套路去谈一篇作品。这就像把一头牛拆解为头部、肩部、腿部、腰部，拿起其中的一块说，你们看，这就是牛。每个谈局部的论点，都是从整体中分离出来的，如果单一地谈显然欠妥。如果非要把整体分成局部，最终也得把局部组合为一个整体来说。

第四，优美朴素。文学鉴赏文章要有审美性，不能随意，即使看上去淳朴，也是在讲究基础上的素雅。也就是说，你的文章要具有文学性：文字独特，语言漂亮，布局个性化。

第五，个性语言。多用个性化、准确的语言，不使用大话、套话、官话，尽可能减少网络语言。把你对语言的领悟力加载到你的文字里。有的考生为了表现自己的独特性，有时甚至使用口水话、粗话，"哇塞""我靠""傻×""我了个去"，等等，这是不允许的。不使用谐音字、别字、错字。

第六，题目精当。为文章起一个好名字，准确生动，含蓄且能表达意图。尽量避免他人可能使用的名字，可长可短，但要确切。

6：1

初试就是一场血流成河的厮杀。

800 份考卷，初试的最终结果是按照录取名额 6∶1 的比例进行淘汰。教育部给我们的名额是 8 人，也就是说，800 个考生，初试后只有 48 人能进入到复试，752 人都是陪考的。大浪淘沙，这 800 人谁最终进入复试名单，就是一场极其残忍的博弈。

初试的改卷过程很艰难。我们的原则是不让一个好学生漏网，更不能让一个不适合的考生侥幸进入。排除各种干扰，坚持一颗公正无私的心，这需要我们每个考官的良知和责任心。

自然，因为我们的改卷是在指定地点进行，实际上是公开的，只是一般的人不可能接触到我们。楼下有保安昼夜巡查值班，楼上有纪检人员时时监控，通信外联完全中断，不能回家不能离场，可以说是天衣无缝。

但是，就在我们日以继夜、废寝忘食工作的时候，外界谣言四起。舆论作妖，有影没影地编造了许多负面故事，但这都不能动摇我们公正的心。我们坚信各个过程的严密、严谨。如果有问题出现，那也只能是百密一疏的瑕疵，并不影响公平与公正。

在连续奋战了 30 多个小时后，我们终于结束了改卷工作，也终于可以回家美美地睡上一觉了。晚上 9 点多从教学楼 8 层下来的时候，眼前的世界恍若隔世，望望天，望望周围，都有点不适应的感觉。闷在教学大楼里，忘掉了世俗生活，现在连空气都带着新鲜感出现在面前。真有那种从外地回家的感觉，我甚至有想吼上两嗓子的冲动。

就在我喜悦地看着这个可爱世界的时候，一个黑影从前方快速向我走来。走近了才看出原来是冯副院长。前面我已经有了交代，冯院长是文学院的七个常委之一，是主抓教学的副院长，比我还年轻。是近几年才调进来的，我跟他不熟，也没有太多的接触。看他笑呵呵地走来，我挥着手也笑嘻嘻地打着招呼。他说一场恶战啊。我说，总算结束了第一个战役，后面就好办多了。走近了，冯副院长说，陪你走走。我说，哪敢劳您大驾！冯副院长说，有事找你，边走边说。我们就朝着回北艺居民区的方向走。

冯副院长说，6∶1啊，很激烈。我说，是啊，很残酷，年年看着这些孩子们残忍厮杀，心如刀绞，可是，不这样又有什么好法子？

冯副院长停了半天，才吞吞吐吐地说，我本来不想麻烦您，可是学校的领导……我就不说谁了，亲自找了我，不说也不行，他想请你关照一个学生。

听了这句话，我沉默了。过了一会儿我说，这让我很为难啊，我要是直接拒绝您，您没面子，但这是纪律和规定，这个您比我还清楚。

冯副院长连连点头哈腰地说，我知道我知道，这的确是违背原则和纪律的，但是……您看这样好不好，二试不是留48个人吗？你把那个考生放在最后一名，给领导一个面子，能不能进入三试，看他的造化。

我有些不高兴地说，冯副院长，您这话是不对的，如果他能考进前48名是不需要我关照的，如果他没有进入前48名，而把他放在第48位，那么凭本事考进的第48名的那位考生怎么办？这意味着第48名考生被淘汰了，于心何忍啊？我们口口声声说的"公正""公平"怎么体现？冯副院长，我不怕得罪您，我也不是不近人情的人，但是在这个问题上，是不可能让我做出违背原则的事的，您也是一个知识分子，我们还是得讲点"良知"吧。既然我已经把话说开了，我就干脆说吧，这件事如果让我来决定，根本不可能！我拒绝您，也是保护您。这是一个雷区，谁碰谁死，我建议为了您的前途，您千万别继续找人了，我也不会说出去。

说完，我把冯副院长扔在那里，气哼哼地向家属院走去。

第二天上午要研究确定复试名单，由文学院党委确定，我作为招生考试的主考官被"扩大"进院党委会。主抓教学的冯副院长首先介绍了招生的总体情况，评价了这次考试的优点，指出了需要改进的地方。然后，冯副院长请我报告一下进入复试的情况。我就说，复试名单本不需要研究讨论的，因为排名已经出来了，就按照规矩将前 48 名考生的考号公布就完了，这 48 名是从 800 个考生中精选出来的，请党委通过一下，今天下午就可以公榜了。

寒风尽院长也讲话，先表扬了我们创意写作招生有序高效，组织严密，还特别让我转告院党委对各位考官和考务人员的问候。然后，他把话锋一转说，当然，江老师所说的"不需要研究讨论"的话，我也是不同意的，虽然排名已经出来了，你们就能保证这就是最优秀的吗？你能完全说排在 48 位之后的考生中就没有优秀的了吗？可能有些人并不适应这种考核，没有考好，而另一些人则善于考试，排进了前 48 名，我们不能因为成绩而把一些才华出众，并没有在初试中露出来的考生漏掉。我想，这正是党委会需要研究，并需要统一思想的地方。

我一听，肺都气炸了。显然，寒风尽的话与昨天晚上冯副院长说的，是一回事，就是想把那个院领导的关系弄进来。一切都是借口，冠冕堂皇。

但我按捺住火气，平静地站起身来说，我已经把创意写作专业的招生情况和我的意见都表达得很清楚了，至于党委如何决定，我无权干涉。我想那也不是我的责任，无法为此承担更大的压力。同时，我还想说一句，凭实力考入第 48 名的同学，我不知道他是谁，跟我没有丝毫关系。但是，无论你们用什么理由和借口把他挤出复试名单都是说不过去的，我想这肯定需要作出决定的人负责。其次，我提请院党委，因为连续工作一个月，身体出现了问题，我希望党委更换主考官，并允许我请病假休息。我不是党委成员，我该说的也都说完了，请党委们继续研究，我走了。

说完，我转身就向会场外走去。

寒院长有些气急败坏：怎么一点火就着啊？你得允许我们谈自己的意见嘛！小裴，把他叫回来。

我都听到了，但是，拉也拉不回来，连头也不回地走了。

我从院党委会议室出来感到很委屈，在心里恶狠狠地骂了句："×××！"然后泪如雨下。

回到家，我浑身无力地倒在床上，一个月没日没夜的工作的确被掏空了。但是，我不可能倒下就睡，思前想后，对考生，对自己，对我所生活的工作环境。

如此绝望，如此无奈。

盯着天花板，久久不能平静。就想，是不是真要考虑像老婆说的那样不干了？这的确是目前我所面临的问题。我直接把院长和副院长都得罪了，还间接地得罪了那位背后的领导，可以想象，即使我单纯地从事教学，也会遇到很多显而易见的阻碍。而我的确也不是没有地方可去，无事可做，为什么非要在这里终老一生？

快到中午的时候，朦朦胧胧听到有敲门声，我家的门铃坏了。我猜测可能是系秘书李可，就懒洋洋地说，等一会儿啊。穿上衣服，踢踢踏踏去开门，打开门发现是寒风尽！我愣在那里，没有说请进，也没有问好。只是嘟囔了一句，不是李可呀。寒风尽微笑着说，他把我带到这里，就打发他走了，我得跟你单独聊聊。我不太情愿地说，那就请进吧，我家可乱了，没有工夫收拾，您就凑合着吧。

寒院长走进室内，四下看了看，挺好的嘛。我说，您请坐吧，我给您倒杯水。寒院长说，这是给你的。我这才发现，他手里拎着一个纸袋。我说，您这么关心下属真让我受宠若惊。

寒风尽亲热地招着手，别倒水了，坐下，跟你说说。他先坐下，我才坐下来。寒风尽叹口气，苦笑着微微地摇头，你还来真的？我就说了那么几句话，你就把我这么个院长扔在那了？再不济，我还长你几岁，可以称个大哥嘛，一点儿面子都不给。唉，我们不是配合得挺好的吗？我前台演戏，你后台绷场子。

我说，这您不能怪我，招生考试关系一个人的命运，我们不能破坏规矩。

寒风尽摆摆手说，你不用说，我还不知道吗？可是，你知道，这个人是"1 号"把我叫去当面说的，不能不干呀？他是我的上级，又是老乡。实话跟你说吧，那个考生是他的亲侄女，他也是被老婆逼的，没办法的事。你说，他那么大一个人偷偷摸摸地找到我，说帮个忙，我能一口拒绝吗？

我说，您真打算把她弄进来？寒风尽苦笑着说，我哪有那个胆子？会被戳脊梁骨的！我的意思是放她进二试，给"1 号"一个面子，至于能不能留下就看她的本事，就是给她个机会嘛。

我坚决不同意，那不行！我还是那句话，放他进来，就等于判了第 48 名同学的死刑，可是凭什么？！

寒风尽突然说，我们可以适当突破嘛，就是说，我们在 48 名入围之外，再增加一个名额，把她变成第 49 名，这个，我是有权力的。这不就解决了你的顾虑了吗？

我说，这不是同样道理吗？你把第 49 名排除在外，让后面的人插队进来，也有违公平啊。

寒风尽说，你说怎么办？

晋　级

也许你们猜到了，最终，我还是失败了。那位"1 号"大人的亲侄女就以虚构的第 49 名的成绩进入了复试。

凭我一己之力的确无法跟权力斗，我甚至连自己都没有斗过。在气愤的火焰燃烧的时候，我想到了辞职、离开，甚至想回家休养算了，连那些向我招手的地方都不去了。但是，最终我还是留了下来。原因很多，其中最主要的原因是我对北艺的感情，和我对教学工作的真心热爱。我 20 多岁就来到了这里，已经近 30 年。我在这里恋爱、结婚、娶妻、生女，对这里的一草一木，一砖一石都有着感情，想让我一下子就与其断绝关系是件很痛苦的事。而且，我从少年时代的理想就是当一名老师，我实现了这个理想，又怎能轻易地放弃？不过，还有一个不好意思说出口的原因，那就是懒，我懒得走，懒得再折腾了。

一试公榜那天的情况我就不想说了，跟所有的艺考一样，有哭的，有笑的，有高兴的，有垂头丧气的。悲喜剧在教学大楼前的公告牌前上演，没有什么值得说的。

二试只剩下 49 人。这次考试似乎要轻松多了。闯入二试的考生是幸运的，或许说，能够进入复试的这些人已经是非常优秀的创意写作的料了，他们是凭借着综合能力进入这个考场的。我的看法是，无论他们最终能不能进入到三试，就凭着闯入复试这一关，我们就有理由相信，这些人是可以从事文学创作活动的，他们具有了相当的基础。

二试在三次专业考核中是最重要的一次考试，这也是考验考生专业写作能力的测试。二试只考写，给考生两个题目，从中选择一个，三个小时，写一篇虚构小说，也可以写一篇非虚构的散文，或者写一个剧本。

设计复试考核的目的是检验考生的叙事文学创作能力。一试的综合已经可以看出考生的基本能力和素质，二试是看专业能力和潜力的。那么这里就有一个如何创作作品的问题。

提醒考生二试应当引起注意的有三点：

首先，要明白创意写作的专业考试要完成的是"文学作品"，而不是像高考那样写"作文"。所有的考生都是被当作"作家"来看待的，对作品的要求就不是普通中学生都能写的"作文"，对考生的文学作品创作应当有更高的要求，考生也应当具有更专业的水平。

其次，二试考的是考生的"叙事"能力，也就是讲故事的能力，忌讳议论、抒情、景物描写、直白地表达主题。换句话说，这个考试就是想看你编故事和叙述事件，以及塑造人物的能力。即使是一篇散文，也要写一篇叙事性的散文，在散文里讲事件，讲人物，把一个完整的事件呈现出来。这里当然要求有表达的意图，但不能直白地陈述，口号式地表达。这里需要的是恰到好处的叙事与描写，委婉地表达叙事的意图。同时文字要准确，语言要美。

第三，当然不能写成八股"叙事文"，也就是中学教育中已经形成的那样惯性的书写方式。考生应当找到更巧妙和更智慧的角度与叙述方式，具有创造性的叙述会与众不同。

二试最终抽取的考题如下：

二试题目

一、题目：天堂的味道

要求：

1. 写成小说或叙事性散文（在题目下注明体裁）

2. 以一件物品和人物的关系为核心进行叙事

3. 不少于 1500 字

二、题目：召唤

要求：

1. 写成小说或叙事性散文（在题目下注明体裁）

2. 以味觉和人物的关系为核心进行叙事

3. 不少于 1500 字

考场的情况与初试相同，程序也相同。只是，49 个考生集中在一个教室，没有分场。监考和巡视都简单得多。没有太多值得记录的。

但是，复试的改卷过程却是令人兴奋的。这次改卷可以说是一次愉悦的过程，不断地看到精彩的文章，经典的语句。我说了，能够进入北艺创意写作专业复试的孩子都是厉害的，每个人都是有才华的。我想列举一篇，我认为比较出色的考卷共享。

天堂的味道

又到了返校的日子，我一个人在家收拾了行李。爸爸打来电话说爷爷的病更严重了，他没法赶回来，让我自己坐车到学校。我放下电话，心情不禁变得有些沉重。

我和爷爷之间其实说不上有多亲近。尽管我从小就和爷爷住在一起，却也是分在楼上楼下，一般也就吃饭时会见面，又因为二人都不太爱说话，交流就更少了。记忆中唯一比较亲热时，是在爷爷八十大寿时我送了一条围巾，上面简单地绣着爷爷的名字和几句祝福。爷爷感情虽内敛，却毫不掩饰对那条围巾的喜爱，只要天气凉下来就会片刻不离身地戴着。

爷爷身上一直有股味道，我没法形容，却并不难闻，也许是老人身上特有的吧。透着岁月的沧桑与沉淀，却莫名令人心安。久而久之，那条围巾上也沾上了这种味道，无论清洗多少遍也不会消失。我注意到这件事时，爷爷已经快八十五岁了，我对爸爸说等爷爷到了一百岁就由我来办寿筵了，那时爷爷的身体还很硬朗，大家都认为爷爷有很大可能活过一百岁。

谁也没有想到，病痛来得那么快，那么突然。

我升上高三没多久，爷爷就病倒了，对一个将近九十岁高龄的老人来说，是真的"病来如山倒"，在医院里一下子就躺了一个多月。明明是人老之后器官功能开始衰退，不知为何爷爷身上的皮肤也开始溃烂，看过去一片红的黄的，令人心惊胆战。爸爸找来了各种药膏每天给爷爷擦，于是，那条住院也被爷爷带在身上的围巾上又多了新的味道——溃烂处流出的脓水味和刺鼻的药膏味。

一次我终于腾出时间跟着父母去看望爷爷，在住院部的大楼里左拐右拐，四处穿梭，终于到了爷爷的病房。老人脸上满是时间刻下的深深沟壑，皮肤是那种黯淡的、泥土般的深色，整个人陷在病床里。那种肤色与白色的床单本应格格不入，却又奇异地融合在一起，似乎再也无法分离。阳光透过窗子照在爷爷脸上，看起来有种气色变好的错觉，床头柜上的围巾也隐隐反着光。

爷爷努力想和我们说话，却怎么也办不到，只能费力地张着嘴，每一次呼吸似乎都用尽了他全部的力气。爸爸忙上前为老人顺气，我拿起那条围巾，习惯性地嗅嗅，一股难闻的味道冲入鼻腔，让我有些作呕。下意识地把围巾扔开后我才发觉有些不妥，朝爷爷那边看去，还好并没有人注意到。一会儿，陈旧风箱般的呼吸声变得平稳——爷爷睡着了，神色很安详。爸爸在嘴前竖起一根食指，我们悄悄地退出去。

后来，爷爷已经无法吞咽固体食物，只能吃流食。爸爸买了台榨汁机，每天一大早就打好各种蔬菜汁、果汁送去医院，时不时还把鱼肉也打成糊状，拌在鱼汤里给爷爷吃，想尽办法为爷爷维持营养的充足。时间一长，爷爷身上又多了些味道，隐约有点像鱼肉味，但也说不出具体是什么，自然，这味道渐渐也沾染在围巾上。此时，我已经不敢再碰那条味道奇特的围巾，只看着爷爷那爱惜的样子，心里说不出的难受。

去年中秋将至时，爷爷的病情终于有了起色，食欲恢复了些，也能被人扶着慢慢走动了。征得医生同意后，一家人把爷爷接回了家里，爸爸一直紧绷着的脸也终于放松下来。中秋那天，爸爸叫了很多亲戚过来，既是庆祝节日，也是庆祝爷爷出院。

饭后，爷爷把我叫到他身边。天气虽不冷，爷爷却依然把那条围巾挂在脖子上。因为这段时间住在家里，围巾上那些在医院沾上的味道总算散了些。爷爷对我说我是家里最有出息的一个，一定要继续努力，好好学习。我有些开心和骄傲。家里同代的人学习都不太行，我虽然年纪最小，却是唯一一个能考上大学的。想到这些，我脸上的笑容又加深了几分。我没有告诉爷爷过几个月自己还要去考北京的大学，我想给爷爷一个惊喜。

说完话，爷爷甚至和大家分吃了一小块月饼。这是爷爷出院后第一次能吃固体食物，尽管只是很小的一块，我仍然觉得那条围巾沾上了月饼香甜的味道。我像以前那样深深地闻了一口，爷爷的身体应该马上就会康复了。

中秋假期过去第五天，爷爷去世了。

爷爷火化那天，爸爸本想把那条围巾跟着一起烧掉，但最后还是留了下来，给我当作纪念。我没有把围巾带去火葬场，我不想让爷爷最喜欢的东西沾上死亡的味道。

回到家里，我从爷爷的卧室里翻出那条围巾，放在鼻子下用力嗅着，却什么也闻不到。爷爷留下的，好像终于什么也不剩，我的眼泪大颗大颗地落下来。墙上还挂着纪念爷爷奶奶钻石婚的照片，爷爷脸上满是幸福，我脑子里突然闪过什么，渐渐止不住抽泣。

再把围巾拿起来嗅了嗅，我明白过来——围巾上还有味道，那是爷爷所在的天堂的味道。

49份考卷中，像这样的好作品还有不少。我想，作为一个教创作的老师，没有比看到学生们写的好文章更愉快的事了。

定　局

我们按照 49 名学生的成绩排队，最终按照 1∶4 的比例确定了 32 名考生名单进入三试。

这次确定进入三试，也就是面试名单的过程比较顺利，没有再开什么党委会议了。虽然勉强把"1 号"领导的孩子排进二试的最后一名，她却并没有利用好这次机会考出水平，给我一记响亮耳光。她考得很正常，因为她的水平就如此，怎么可能再排进前 32 名呢？复试的写作是硬碰硬的真功夫，是做不了假的。

对于考官来说，三试是比较轻松的。

三试就是面试。考试程序是这样的：考生抽取 2 道必答题目回答，再由考官自由提问。我们共有七位面试考官，都是在各专业有一定成绩和经验的作家，基本都是从创作的角度与考生进行探讨，面试内容大部分都是谈话式的考试，没有剑拔弩张感。

三试的题目比较宽泛自由，必答题目基本都是基础性创作观念、创作技术、创作现实等问题。举三个三试必答题目：

1. 2016 年 4 月曹文轩获国际安徒生奖，这个奖项被誉为"儿童文学的诺贝尔文学奖"，成为中国文学走向世界的重大事件。曹文轩很少给成人写作品，你认为给儿童写作与给成人写作有哪些区别？

2. 如果可能，你最想采访历史上的哪个人或哪种人？为什么？你会问他什么问题？

3. 请列举几位你所熟悉的目前比较知名的作家和他们的作品，就一个你比较熟悉的作家或者一部作品谈谈你的看法。

而自由问答的问题就比较广泛了，文化的、哲学的、社会的、历史的，当然最主要的是文学问题。列举几个自由问答题：

1. 描述你的"班级照"。

2. 描述你的"春节经历"。

3. 在你的阅读中，哪个人物给你留下了印象？请描述一下这个人物。

4. 描述一下你到北京参加考试的经历。

5. 描述一个童年难忘的地方。

6. 叙述一个难忘的人物。

7. 喜欢阅读什么？你喜欢的是什么？想没想过原因？

8. 描述一下此时此刻你的心理活动。

当然，这是把问题简化后的结果，现场问得比用文字记载下来的要生动得多，考官与考生的交流很顺畅。现在的孩子都善于表达，胆大，心理素质好，他们侃侃而谈，自我意识强，表现欲也很强，让我肃然起敬。

同时，在自由问答里，还有一项是提问考生在二试时创作的作品的。从构思到写作，从观念到结构，从人物到情节，都可能被问到。这部分也是考官们与考生交流最多的地方。

像往年一样，在三试的考场也出现了一些意外情况。我指的是，在创意写作的面试考场，有考生竟然要求"才艺展示"。巧的是，这次考试要求展示才艺的考生还不止一个。

有一位考生一进考场就提出：老师我能不能朗诵一段莎士比亚的《哈姆雷特》？

其实在这种情况下是无法拒绝考生要求的。我征求其他考官的意见，他们也都不反对。我说，那好吧，你尽量短一点儿。

考生见旁边有一架钢琴，就快步走到钢琴前，坐下，弹了一段序曲，作为朗诵的开场吧。然后，用英语朗诵起来，声音洪亮，吐字清晰。可惜，我们不招表演，招的是创作。她的表演还很长，我不得不打断她。我说，就到这吧，你的时间并不富裕，你最多只有 15 分钟时间回答问题。考生慌忙中断了表演。

还有位考生进来就要表演一段快板书，我想既然已经有前例了，你不能拒绝他的要求啊，就表演了一段《武松打虎》。还有一位考生要表演舞蹈，拉开架势就跳。我的天哪，创意写作考场怎么变成了表演考场。

不过，这也很正常。据我所知，考生中的一些人是兼报了多个专业和多个学校的，可能觉得自己没有机会去表演考场竞争了，因为那些考场更激烈，用你死我活来形容也不过分。我猜想，闯入创意写作三试考场对于他们来说纯属意外，就想借此展示一下没有机会在北艺展示的艺术天赋。

搞了多年的艺考招生，我想，从一个考官的角度提醒考生们在三试时应当注意的事项：

第一，第一印象分很重要，不能太拘谨，也不能太放松。你的形象差不多反映了你的教养，把你最好的一面展示给考官。

衣着得体，不需要化妆，朴素大方就可以。对考官有礼貌似乎是不用谈的话题，可是，事实上，就有一些考生过于自信，也过于放松了。有的翘着二郎腿，有的不断抖着腿，有的两手插在胸前，一副满不在乎的样子，还有的说话太随意。这都不是一个即将进入大学的有教养的学生应当有的素质。

第二，不要试图展示文学能力之外的"才艺"。这个考场你可以谈文学，可以谈艺术，但你不能动手动脚要表演什么才艺。这是在浪费时间，搞错了考场。虽然进入学校以后会有许多文艺表演的机会，可是，我们绝不会因为你会朗诵，或者会表演而录取你，我们录取你是因为你在写作方面有潜力。这一点要记住。

第三，回答问题时，不能简单地只回答是与不是，要善于抓住核心话题与考官展开对话。通过对话，我们会发现你对问题的思考角度，你的知识面，你在文学方面的观念，你的为人，等等。这些都是决定你是否能够被我们招收的因素。可是，你若是不说话，我怎么判断？要说话，当然也不能说废话，要恰如其分，要得体才好。

第 02 课

打开创意写作这扇窗

匠人精神·文学创作基本功·创作训练·实践课·终生修为·两个本子·好习惯·三种精神·三项写作·课内课外

8月14日是北京艺术大学新生报到的日子，学校经过短暂的沉寂再次热闹起来。经过千挑万选最终得到录取通知书的8名创意写作专业的学生也都到了。

学校的安排是，8月14日（周二）报到，8月15日是学校统一组织的入学教育，8月16日由各学院和系组织专业教育，8月17日开始进行两周的新生军训，8月31日返回，9月1日和9月2日是周六、周日，学生们休息，9月3日（周一）正式上课。

文学院的专业入学教育由各系单独组织，系秘书李可的安排是上午开会，下午学生们游览熟悉校园，互相熟悉，老师们去学生宿舍看望同学们。上午开会的内容主要有三个，第一是由李可宣讲创意写作专业的各种规定要求，惩罚奖励制度，专业学习所需的准备。第二个内容是初识教员，请各专业教员与同学见面简短讲话。第三个内容是由我讲话，提出创意写作教学的基本要求和预备工作等。

虽然我已经无数次对新生讲话了，但还是有第一次的感觉。为了讲好，我得先熟悉学生们的基本情况。坐在办公室里，拿着《新生入学情况登记表》反复地阅读。

这个名单我是很满意的，虽然最终录取名单由北艺校党委会决定，我们文学院没有决定权，但这个名单却是由我们创意写作系确定上报的。让我高兴的是，最终录取的学生是按照排名先后进行的。巧的是，这8个人恰好是4个男生4个女生。8个人名单如下：

赵蓬勃，男，2000年生，湖南醴陵人

张木铎，男，2000年生，河北保定人

谢　勇，男，2000年生，广东深圳人

佟　伟，男，2000年生，内蒙古赤峰人

李　媛，女，2001年生，浙江温州人

吴娅芬，女，2000年生，云南昆明人

刘　娜，女，2000年生，河南许昌人

央　金，女，2000年生，甘肃甘南人

从名单的简要信息中我惊喜地看到，这届学生全都是"00"后，去年还都是"90"后呢，时间过得真快呀，一代又一代。从这个名单中我还看出了一个情况，其中有四个南方人，一个中原人，还有三个是北方人，没有重合的省份。

接着我反复熟悉他们的名字，猜测着他们的样子。实际上，对他们我一个都没有印象，只是在面试的时候见过，但那时所有的考生都是考号，看不见名字，不能对应着每个具体的人。

新生见面会在 16 日顺利进行，寒风尽院长意外地出现在创意写作系的新生见面会上。他说他只是来看看同学们，不讲话了，还有别的系的新生要见面呢。我说您来了就要讲话，见您这个大作家也是不容易的，同学们考北艺文学院都是冲着您的名声来的，您不讲话同学们会失望的。寒院长就笑着摇头。看得出来，寒院长是客气，他准备了一肚子的话要在 8 名新生面前讲的。

我们就调整了一下原计划，首先请寒院长讲话，等寒院长走后再进行其他程序。寒院长就坐在主宾位置上环视了一下同学们便开口了。

寒院长问，你们谁读过我的长篇小说《守望高原》？

只有两位同学举了手。寒院长不满地说，你们为了考北艺也得读我的作品呀。在这里我提我的作品并不是宣传它，而是想说明一下作家怎么样来认识和对待文学创作。文学是什么？文学是人学，文学是生活，文学就是思想，文学就是人生呀。我为了创作《守望高原》这部被社会认可的作品用了 1 年的时间去采访调查。我几次到西藏，到边远的地方去。那些地方有的人迹罕至，有的寸草不生，可是就有那么一些生活的守望者坚持在那里。在地球上最不适宜生活的地方生存着，那种生存的渴望，对生命的执着让我一次次地感动。我看你们同学的名单上有一位叫"央金"的就是西藏的吧？

央金同学举起了手说，我是藏族，可不是西藏的，我来自甘南藏族自治州，我也没去过西藏。

寒院长愣了愣自嘲地说，我想当然了。我的意思是，无论创作什么题材的作品，都要向生活索取原料，向生活的深处挺进，把生活当作文学创作的源泉。我想你们从开始文学创作时就要把生活的观念牢牢地记在心头。踏踏实实地观察生活、体验生活，书写生动鲜活可爱的生活。

同学们热烈鼓掌。这鼓励了寒院长，他便兴致盎然地放开了讲，不知是忘记了自己还要到别系去的计划，还是因为终于到了他所熟悉的创作专业可以跟"自己人"说说心里话，反正打开话匣子后，他就滔滔不绝了。从生活的重要性讲到了作品的现实性，又从现实主义讲到了西方文学创作观，从文学的功利价值讲到了文学的唯美追求，讲到了文学的时代性，讲到了作家的独特性的形成，讲到了文学种种。

最后，寒院长说，总之，文学是人类精神的家园，也是人类文明的净土。我们要在这块心灵的家园里用心耕种，精心培育，让文学之树成长壮大！

寒院长激动地讲完了话，陪同他到场的院办裴晓华立即对同学们说，今天寒院长讲得太好了！希望同学们回去后好好地讨论一下，建议同学们认真地阅读寒院长的《守望高原》。

虽然对裴晓华突然插话有些意外和不满，但我还是客气地顺着他说，我们希望寒院长能够在繁忙的工作中抽出专门的时间给同学们讲讲课。他的创作经验和文学眼光是值得大家学习的。裴晓华立即说，同学们军训回来后，我来安排，一定要请寒院长给同学们传经授艺，答疑解惑。

寒院长面色红润，微笑着点头，表示他很愿意讲。随后起身走到同学们中间与每一位同学握手。同学们也诚惶诚恐地站起身来向大作家寒风尽致意。

送走大作家寒风尽，见面会的其他程序继续进行。因为寒院长过长的讲话超出了原计划，系秘书李可的文件就念不成了，他简单地把几个文件说明了一下，请同学们回到宿舍后自学。因为其中的一些规定，特别是奖惩制度是关系到同学们的成绩和大学生活的必要文件，一定要熟悉，不然，以后触犯规定或者符合了奖励政策而不知。

随后，就是请各位教员们自我介绍。在介绍的过程中，我时时插话，特别介绍他们的专业特长，性格特征等情况。像吴品贤这样的"活宝"很受同学们的欢迎，他的话总能引起大家愉快的笑声。周志华、曲明亮、刘淑媛等人也都像对自己的孩子一样讲了一些大学生活应当注意的事情，应当怎么"从中学生变成大学生""要作文先做人""从业余写作者变成职业作家""培养优秀作家的良好品质"，等等，这些话引起了同学们的共鸣，他们也很放松，给老师们提出各种问题。

当然，最后的戏码就是我的了。我首先表达了对新同学的欢迎之意，同时，讲了对同学们的期待。我说，这个会既是欢迎会，又是欢送会，你们刚刚进入北艺却又要离开，你们即将开始为期两个星期的军训生活。我们在北艺等着你们的凯旋，来开始另一种文学训练生活。创意写作系就是一座文学训练营，在这里，我们将以专业的手段和独特的方法把你们打造成有创作能力，掌握创作技术的作家。懂得热爱生活，具有发现世界眼光的作家。这个文学创作训练营从你到达的那一日就将开启，希望你们不辜负大好时代和美好时光，完成在这个训练营的所有训练项目，然后启程向着更高的目标前行。

我没有文字稿，却是经过了精心思考才讲的。后来李可秘书根据录音整理出了那天的讲话，照录于下。

养一条文学绦虫

19世纪的欧洲有些年轻的妇人们以身瘦腰细为美，在他们中间流传着各种各样的瘦身法，其中有一种比较普遍却又令人痛苦的方法就是吃绦虫。把那种有些令人恶心的虫子吃进体内，虫子就会附着在内脏上，靠人吃进的食物和人的体液生存。人们不怕多吃，吃得越多人越瘦，如果少吃或者不吃东西虫子就会吃人的内脏，人就会痛苦。这种虫子是很难从体内排出的，他们靠寄生生存，靠消耗人的营养而长大、繁殖。所以，许多人吃饭不仅是为了自己,更重要的是为了那条养在体内的虫子。她们把各种营养吃进体内,供奉着这些既让人厌恶又离不开的虫子。人类追求美是没有什么错的,为了追求美作出某种牺牲也是可以承受的。

文学就是每个作家吃进体内的绦虫,作家的生命因此与那条绦虫相联系。对于一个以写作为生的作家来说,必须为文学追求而作出某种努力。文学应当成为每个写作者的生命方式,而不仅仅是挣饭吃的手段。福楼拜提醒那些梦想成为作家的人"写作是一种生活方式。换句话说,谁把这个美好而耗费精力的才能掌握到手,他就不是为生活写作,而是为了写作而生活"。

写作应当成为每个写作者的生活习惯和存在的目的。就像那些爱美女士养在体内的绦虫,她们吃饭不只是为自己,主要是为了体内的那个东西。无论你喜欢不喜欢,既然已经养在体内,你就有责任和义务每日为其提供营养,时时刻刻想着那条虫子的生存状态。关心它,寻找一切有利于它而不是自己的营养物质去娇惯它、纵容它,把它养大养肥,让它壮大。作家对于文学这条绦虫必须精心呵护,它是我们的信仰也是我们的习惯。

中国有句俗语说"手里拎着锤子的人,满眼都是钉子"。如果我们体内装着文学这条绦虫,我们看到的都是文学的营养。同样走在路上,他人可能只是赶路,但是你却发现了路上的种种文学现象。发现一个大冬天依然花枝招展的女性走在街上,你会想到这个女性与文学创作有着密切相关的场景和故事,你的眼光就自然地注意到了他人不可能注意到的东西,你的眼里就有了独特的发现。同样是阅读一本书,许多人寻求的可能是故事的、哲学的、社会的,而莫言在阅读马尔克斯文集的时候,仅读了不多的一部分就突然开悟"原来小说可以这样写啊!""要是这样,我的生活比马尔克斯的也差不了哪去。"于是,从拉丁美洲的魔幻现实主义的马尔克斯中分离出了中国魔幻现实主义的莫言。在莫言的身上的确有一个职业的敏感嗅觉,他在阅读中唤醒了体内的那颗文学种子,他为那颗种子找到了生存和发展的方法与营养。

爱因斯坦说"热爱是最好的老师",如果你不热爱你怎么会进入呢,如果你是被动的你怎么可能写出好东西呢?要热爱文学,在体内养一条文学的绦虫,让这条绦虫折磨你,你会寝食不安,日思夜想,条件反射。让你满眼都充盈着使这条绦虫活下去,活得好一些的发现,为它的生存和长大寻找各种营养和能量。你用心了,你的文学种子就会开花结果,就会成为参天大树。

2010 年诺贝尔文学奖获得者,秘鲁作家巴尔加斯·略萨在《中国套盒》里讲道:"60 年代,在巴黎,我有一位好朋友,他名叫何塞·马利亚,是个西班牙青年,画家和电影工作者,他就患上了这种病。绦虫一钻进他身体的某个器官里,就安家落户了:吸收他的营养,同他一道成长,用他的血肉壮大自己,很难、很难把这条绦虫驱逐出境,因为它已经牢牢地建立了殖民地。何塞·马利亚日渐消瘦,尽管他为了安抚这个扎根于他肠胃的小虫子不得不整天吃喝不停(尤其要喝牛奶),因为不这样的话,它就麻烦得你无法忍受。可他吃下去的全部都不是为了满足自己的快感和食欲,而是让那条绦虫高兴。何塞·马利亚说:'咱们一道做了许多事情。看电影、看展览、逛书店,几个小时几个小时地谈论政治、图书、影片和共同朋友的情况。你以为我做这些事情的时候是和你一样的吗?因为做这些事情会让你快活。那你可就错了。我做这些事情是为了它,为了这条绦虫。我现在的感觉就是:现在我生活中的一切,都不是为了我自己生活,而是为着我肠胃里这个生物,我只不过是它的一个奴隶而已。'"

热爱文学,把文学当作自己的生命方式,这是真正进入文学世界的先决条件。正如略萨所说:"我想,只有那种献身文学如同献身宗教一样的人,他准备把时间、精力、勤奋全部投入到文学才华中去,那时才有条件真正成为作家,才有可能写出领悟文学为何物的作品。"

写《天使回故乡》的美国作家沃尔夫也讲过他体内的那条绦虫。他说那条虫子让他坐立不安："蛆虫已经进入了我的心脏，蛆虫蜷曲着躺在那里，以我的头脑、我的精神、我的记忆为食——我知道我最后已被自己的火焰燃烧着，被我自己的饥饿所吞噬，并已被挂在多年来占据着我的全部生命的疯狂的、无法满足的欲望的钩尖之上。一句话，我知道在那头脑中、心脏中或记忆中那颗闪亮的细胞现在将会永远放着光——不论黑夜还是白天。在我一生中醒着和睡着的时候，那蛆虫总不停地吃着，那光亮也会被点燃起来——这时，任何饮食、友情、运动或女人等等的安抚都不能使它熄灭，而且直到死亡使我的生命进入最后的彻底的黑暗之前我将永远也无法逃脱。""我知道我终于变成一位作家了：我终于知道了一个人如决心使自己过着作家的生活将会遇到一些什么样的情况。"①

大作家福楼拜在看了莫泊桑的最初作品后，认为，他没有进入文学的"状态"，也就是他没有拿文学当作一种生存的方式去看待，因此他就发现不了那些细节。如果一个作家眼里看到的与常人无异，那么作家又有何特殊呢？福楼拜让莫泊桑到马路上观察过往的马车，然后去写它们。但是莫泊桑蹲了一天，痛苦地觉得路上的马都是一样的，一匹马与另一匹马没什么区别。福楼拜就启发莫泊桑，豪车上的马与普通车上的马是不同的，连它们的神态与走姿都是有区别的。阴天的马与晴天的马也不同，甚至跑久了的马和刚出家门的马也是不同的。夕阳下的马与朝霞初升一片大红的马更是不同，如何没有区别？这就是文学的发现，只有那些能够潜下心来，时刻装着写作这件事的人才能够注意到。发现那些独特的、别人没有发现的东西是作家的职业习惯，而这种习惯必须日积月累地有意去培养才成。当莫泊桑开悟，创作出一篇又一篇出色的作品时，他是那一个"找着感觉"的作家。他自然从老师那里学到了观察与描写的方法，但更为重要的是，他同时在学习中触摸到了

---

① ［美］托马斯·沃尔夫：《一位美国小说家的自传》，上海人民出版社，2008 年 1 月，第 90 页。

奇妙的感觉事物的独特、只有自己才能体会到的艺术感受能力。那个微妙得几乎不能说清楚的感觉是属于艺术的，而那些观察的、描写的方法是属于技术的，这两者是不能分开来谈的。

创造了"大墙文学"的作家从维熙在"文革"结束后说过一段话，他说，被关在大墙里的那些知识分子如何想，需求什么，渴望什么，我根本就不需要去采访，因为我就是他们中的一员，他们怎么想，期待什么，正是我所想，我所期待的，我就生活在他们中间。但是同样在这个被束缚的集体中，并不是每个知识分子都敏感，虽然他对生命中经历的这些苦难心有余悸，却不是每个人都捕捉到了那些文学化的细节，生命的龃龉。而从维熙却用文学的神经捕捉到了那些生活的关键词，把他们变成了作品。

作为一个文学创作者，如果你没有把它当作你生命的一种方式，或者生活的一种习惯，那么你就缺乏必要的准备，你就缺乏一双发现的眼睛，你就不能真正地触摸这个文学的世界。或许你可能偶尔会写出一些满意的作品，但是你的文学路是走不远的。最多是个实质上的业余写手。

因此，我们必须建立起对于文学的宗教般的敬畏之心、信仰之心。把它当作我们的宗教，我们的精神信仰和生命方式。让灵魂进入这个世界，培养我们对爱与美的追求。

专业与业余

同学们瞪着大眼睛津津有味地认真听我讲，看得出来，他们听进去了。我突然点了名：谢勇。谢勇吓了一跳，条件反射地答了一声"到！"如果拿文学创作和篮球运动比，你更愿意在哪个方面投入时间和精力？

被叫到名字回答问题的谢勇有些想不到，他紧张地站起身。我说，不用站起来了。他又坐下。我说，以后我们课堂上的交流会很多，咱们的上课方式也不一定那样板板正正地，我们会使用圆桌式的教学方式，交流讨论的机会很多。

我盯着谢勇，谢勇有些拘谨地说，我会把时间花在写作上。

我说，说实话。据我了解，你最喜欢的是篮球，乔丹是你的偶像，你是这样说的吧？而从事文学创作是因为你个子矮才不得不选择的路，那你的真正兴趣点应当是篮球而不是文学创作呀？

谢勇也许没想到我对他知道得不少。他不好意思地笑了笑说，是，我很喜欢篮球，可是现在更喜欢文学创作了。我问，为什么？他说，通过入学的三次专业考试，我突然发现我在写作方面还有些才华，就想走这条路。而且，准备高考的那些日子里，我对文学作品发生了浓厚兴趣。高考结束后，我也阅读了一些作品，觉得我在这方面是有先天条件的。

不等他说完，我笑了，我说，你是移情别恋了。我研究过你们在座 8 名同学的背景资料，我知道你们中的一部分并不完全冲着创意写作这个专业来的，有的是因为考表演兼报了创意写作，有的是家长喜欢写作，也希望你们成为作家，有的是觉得普通高校难考，就想走艺考这条路，觉得艺考是好考的。可是今天你们知道了，艺考并不那么简单。

在这里，我想提醒大家四件事。第一件，无论你过去弹钢琴，还是学表演，是玩篮球还是打乒乓球的，到了创意写作系，那些过去可能是你第一专业追求的东西都将成为业余爱好。而无论你们是主动还是被动，写作都将成为你们在校和在未来职业生活中的专业。你们必须把文学创作当作自己的追求，甚至把它当作自己的生命看待。如果你们还没有这种心理准备，那么你们必须从今天起培养对于文学的爱好和追求，否则，你们在这个专业将会很痛苦和无聊。

我劝你们把一切其他的锋芒都收敛起来，你们就是写字的人。你们的目标是写作品，发作品，你们的目标就是文学创作。你们的生活也应当是围绕着文学创作展开的。这是我要求各位同学牢牢记住的事情。

第二件事，从今天起，我希望你们忘掉曾经写过东西，曾经会写东西。你们要把自己当作写作的白丁看待，从最基础的写作训练开始。扔掉过去的那些概念和左右了你们思维的中学"八股"写作习气，进入纯文学的写作训练中来。

第三件事，从今天起我希望你们忘掉自己是父母的宝贝这回事。你们来到大学就开启了作为一个成人独立生活，独自处理各种人与人之间关系的日子。我们这里没有孩子，都是大人。你们要逐步养成独立思考、独立生存的习惯，尽量不依靠他人，你们一方面要创造专业成绩，另一方面要创建全新的生活圈。

第四件事，也是特别强调的，在生活上不要攀比。北艺是个综合性的艺术大学，这里有艺术的各个专业，都是需要动感、表现、张扬和喧闹的专业。而我们的创意写作专业相反，是需要低调和沉浸的专业。需要大家朴素地对待生活，厚道地看待周围。那些文艺专业的学生们，大部分家庭经济条件都比较好，讲穿讲用，那也是专业的需要，特别是他们之间也会形成各种各样的复杂关系，我希望你们不要和搞表演的人比物质享受，也不要搅和到一些复杂的事情中去。你们有你们的专业需要。要有自我、有主见、有独立精神。

预　备

我说，我对同学们提出几点要求，请你们逐步地形成自己的习惯。

第一，请你们日常准备两个本子：一个是课堂训练本，另一个是日常札记本。

课堂练习本是课堂训练时写作用的。有同学举手问,不能用笔记本电脑吗? 我回答说,不能。课堂练习采取手写,下课以后,你们在课堂上的练习才能在电脑上完善,并提交给老师。

日常札记本是用于随时记录你的发现和你的灵感的本子。可以准备一个便携的,小巧一些的。随时放在身上,只要有新的发现和创作灵感立即记录下来。千万不要想"回去再记吧",当场记下来的,与"回去"后记的是不一样的。你的感觉可能会因为回去而失去,更何况"回去写"常常成为自己懒惰的借口,而回去后你会被其他事情占据。"随手记""随手拍""随手录"要成为你搜集创作素材的一种职业习惯。从现在起就要培养。

第二,练好两个基本功:一个是用心观察的基本功,一个是随时记录的基本功。

我们要养成职业习惯,就得从日常生活中培养。很多人总是埋怨自己没有创作素材,写不出东西来,那是因为你没有用心观察生活,没有用心体悟生活。观察需要用心的,需要你用一生的时间去做。你要对周围产生兴趣,而不是漠不关心。一切都与你有关,特别是与你的创作有关,不能忽略生活的细节和独特的东西。只要有机会就观察,就沉浸,就去记录。你身上带着的那个本子就是给你随时记录用的。观察和记录都是作家的基本功,需要坚持和养成。

第三,养成三个好习惯。

首先要养成爱看、爱问、爱想的好习惯。对那些生活中有独特价值的,能触动我们的事件与人物要养成"爱看、爱问、爱想"的习惯,是什么让我们感兴趣,为什么它们能够吸引我,事件的深处是什么。

对世界、对生活充满着好奇和关怀是每个作家的天性。你不关心周围的人和事,不关注现实,不关注自己的家人、朋友、亲戚、邻居们,又如何体察人性? 怎么能产生灵感和冲动? 要从触摸生活、感悟生活中发现生活的隐秘。从沉浸生活中获得点点滴滴对现实的认识。

世界上有一类作家，生活面很广，走遍天下，广交朋友，尝试着各种生活，作家要行万里路读万卷书，古代中国的诗人们都是游走天下的好手。在西方文学史上，行走天下的作家比比皆是。海明威就走过许多地方，非洲、南美洲、欧洲、亚洲，他的足迹遍布世界，他的作品也就充满了独特的风格。他作品中表现出的那种宁折不弯的精神，那种男人风骨，都是在对生活的观察和体验中得到的。不看，不问，不想，如何才能去体验生活？有一类作家正是边走边写，走到哪写到哪。世界最早的小说也多数来自那些见多识广的航海家、漫游的骑士，《鲁滨逊漂流记》《格列佛游记》《堂吉诃德》这些游走小说，都可以说是从一个地点到另一个地点的移动。

法国叙事学家米歇尔·德·塞托在《日常生活实践》中写道："每一篇叙述都是关于旅行的叙述——一种空间实践。""日常生活的实践"是都市生活实践的"空间故事"。"叙事结构具有空间句法的状态。"故事"每天都经过若干地点并把它们组织起来；它们选择地点并把它们联结起来；它们从这些地点中建构出句子和路线。它们是空间的轨迹"。这说的正是空间变动对作家的影响，和叙事文学的空间需求。德国有句谚语说"远行的人必有故事"，说的也是对于生活行动域的追求是作家的必修课，走的地方多了，自然会发现新奇。

互联网的出现使人类的眼界开阔了，世界上发生的事情可以在各个角落同时获知。但光靠网络看世界显然行不通，你必须去亲身经历生活的种种可能与未知，才能获得独特的发现。

当然，也有一类作家生活面并不宽广，他们甚至连自己生活的小城小镇小村都没有离开过，却是捕捉生活细节和情趣的高手。他们对眼前世界细致入微的观察体悟，使他们获得了真知灼见，让他们看到了生活的真理。写《追忆似水年华》的布鲁斯特、写《喧哗与骚动》的福克纳、大作家博尔赫斯、获得 2013 年诺贝尔文学奖的加拿大作家门罗等就是这类人。就连中国作家莫言在获得 2012 年诺贝尔文学奖之前到过的地方也不多。但他们却能从独特的视角洞悉生活与人性的本相，从一个个独特的空间角度看待世界和宇宙。

鲁迅说过，无穷的远方和无数的人们都与我有关。的确，世界是一个互相关联的村落，每一个触动我们内心的事件都是相通的，通过我可以表达和追述这个世界。

其次要养成爱拍、爱录、爱存的习惯。把看到的现场及时记录下来，那些东西都是创作时的资料。要随身带着能拍、能录、能记的器材，随时把看到的东西记录下来，那会成为我们创作时的"秘密武器"。

看了、想了、问了，就要把一切观察和体验记录下来，及时有效地把那些你看到的、思考到的，都存储下来。相信自己的"烂笔头"，相信即刻的笔录。记忆虽然很重要，但凭空的记忆也是靠不住的，事后的回忆远不如当时的记载。

在这一点上，我们有时在创作历史性的叙事作品时会遇到很多困惑，就是我们该不该相信那些回忆录，该不该相信那些后人根据前人的记忆而撰写的历史。特别是当我们看到同一事件在不同版本中有差异的时候，我们该如何选择？这就要看那些回忆性的文字与发生事件的时间距离，离事件越近的通常是越可靠的，最可靠的是那些事件当时发生时的日记，那是第一手材料。回忆之所以不可靠是因为人类的记忆缺乏稳定性。特别是关于历史的。历史是胜利者书写的，胜利者当然会本能地美化自己的过去。把自我英雄化，把对方妖魔化，甚至不惜改动历史。一个占有绝对话语权的人所叙述的历史，或许并非如此，真相有时是被"有意回顾"的。这也并不意味着说历史书写者在有意造假，而是记忆本身的生理特性决定的。

最后要养成爱写、爱说、爱改的习惯。把看到、想到的东西及时写下来。

一方面要记录，另一方面要及时形成作品。把自己想到的故事与事件跟身边的同学们去讲。跟三个以上的人讲，他们会给你提供一些有价值的建议，他们对你的故事的态度有时会改变你最初的感受。于是，你就会对自己的想法和作品进行修改，把那些不成熟的东西修改为成熟的、有价值的东西。

因此，看到的、问到的、想到的要及时记录下来，拍摄下来，存储下来，这都是日后创造的真金白银。

第四，培养三种精神：不怕麻烦，不怕出错，不怕讥笑。

一、不怕麻烦。有些你采访过的，观察过的东西，可能一次并不能解决问题。这个时候，要能够不怕麻烦，反复观察，反复去问，才能获得准确有用的信息。你的创作才可能有价值、有力量，真实的力量。你的故事要经得起行家的追问，你应当成为你所描写对象的专家，甚至你应当能够承担你所描述世界的"上帝"职责。你不仅能够创造你所构想世界中的人物、事件，而且必须能够决定他们的命运。这一切靠的是扎实的信息来源。若你创造的世界信息来源是不可靠的，那么，你所创造的世界就是不可靠的。而这一切就决定于你不怕麻烦的反复调查与核实。

优秀的职业作家可能就是一个"事儿妈"。对于一些事情要是弄不清楚就必须多问，反复调查，反复询问，直到把你认为的真相搞透才罢手。有的作者对一个对象的采访一次就完成了，但是，坐下来要写的时候就会发现材料需要进一步核实。有时，我们会选择凑合一下就行了。但是假如你再回到现场，可能会发现新的东西。一次常常完不成完整信息的收集，甚至连大部分收集工作都做不好，需要反复。你得不怕麻烦。包括对资料的调查也是，有时初次阅读获得的感受不一定准确，需要反复研究，这样的作品才可能结实。作为一个创意写作的科班学生，培养复核精神也是一项基本功。

二、不怕出错。我们在创作中，难免会出错，会说外行话。当有人指出时只要我们能够及时纠正与纠错就可以了。不怕出错并非让错误一直存在下去，而是知错就改，勇于纠错。

在调查采访记录时，也会出现失误，片面的认知。特别是当事件关联到作者时，偏见自然会产生，客观性也会退位。这时，我们得有自我反省能力，不能固执己见，刚愎自用。写作者要有勇气面对自己的过错，犯错不怕，怕的是不改正。发现错误及时纠正，及时找到根源，解决矛盾。

三、不怕讥笑。我们在现场记录时，有些无聊的人、出于各种目的的人、忌妒的人会讥笑我们。有时，你讲故事、写故事、采访当事人，都可能被人拿来当作笑料谈论。我们无法阻止别人的行为，却可以调整自己的心态，我们对此一笑了之。

有时，在采访、观察记录时也会在现场遇到他人的讥笑、嘲弄，甚至是讽刺、挖苦，有时会遭到恶意的围观。作为一个有着社会责任感和使命感的作家应当有强大的心理准备和心理素质，不仅要想办法化解这些不利障碍，还要将其转化为自己创作的动力。

第五，坚持"日功"写作：口头创作、笔头创作、日记写作。

养成良好的"日功"习惯。日功指的是每天都要做的事情，包括三项：

一是口头创作。

口头创作很重要，把你的故事说给三个以上的人听，会得到三种意见。通常听你故事的人都会有合理的建议，他们会告诉你这个故事的优长和缺陷，他们会给你建议。你也可能得不到评价，但是你能从他人的神态中得到某种判断，你可能会得到否定的意见，这些都是作品形成的重要方式。

我们的创意写作训练营在正式开课后，每一堂课都会有一个规定动作就是"热身故事"。这是每次课程的重要环节和有机组成。每个同学都要在开始训练前讲述一个故事，或者提供一个素材，让大家一起来自由创造发挥。口头创作将会被用来探索创意写作的教学实践，每个口头创作也都会最终被完成为一篇文字作品。所以，口头创作是每个创意写作学员都要做的基本功训练。

二是笔头创作。

就是动笔写作的实践。优秀的作家除非迫不得已，每天都要写作的。我们规定创意写作的成员们每天最低标准不能少于 300 字，每天都要写。这就是"曲不离口，拳不离手"。把写当作每天的习惯性动作，成为生活的一部分，像人不能缺少空气一样，成为生命中的一部分。不写就难受，不写就不能结束一天的行动。

多写、多练成为创意写作训练的重要部分。作家是靠正确的写作、大量的练习写出来的。这就像飞行员，好飞行员是靠飞行时数累积起来的，没有一定的飞行次数和里程是不可能成为优秀飞行员的。想起来写一点，想不起来就不写，有任务了就写，没有任务就不写，逼得紧了写一写，没人逼就不写了，这都不是专业精神。专业的写作是一种自觉、自愿、自动的行动，不存在被动的情绪。

三是日记写作。

作家是要写日记的。把每天的生活和思考写下来，甚至是每天的流水账都可以。有时，那些看似琐碎的流水账却有着很大的价值，或许正是由于某个流水账触发了你的灵感，成就了你的作品。

创作训练计划

我们的创意写作基础训练将用 20 周四个月的时间完成。需要特别强调的是这个文学训练课只是引导式的训练。按照常理，每项训练都应当反复地去做，等基本熟练了才能完成。而且在今后的创作生活中还要不断地反复训练，使其成为一种习惯。

经过多年的文学创作教学实践，我们的训练课基本定型，基本内容大体上有三部分：

第一部分是基本功训练。包括观察与感知、联想与演绎、想象与扩展、采访与调查、构思与设计等文学创作的基本技能与基本素质训练。这是文学创作中最基础的工作，是展开文学创作实践的起点。这是基础，必须扎实。因此，这部分内容所花费的时间会比较多。内容也会很丰富。从物到人，从实体到抽象，从现实到本质的训练都将会出现。

第二部分是故事训练，包括故事与结构、叙事与节奏、语言与章法等创作一个叙事文学作品所需要的基本技巧。如从一个素材如何变成一篇作品，从一个现象如何升华为一篇作品，等等。

第三部分是故事规则，也就是形式部分。要讲到故事的基本叙事原则和注意事项。就像交通规则一样，前面的讲述是基本的分解动作、基本驾驭技术，而这个部分就是讲交通规则，这是上路前必须要解决的问题。作为一个作家哪些规则是必须遵守的，哪些动作是不能做的。这部分既是条款也是实战。

在教学方法上，我们将采取边讲边写、边写边讨论的方式。每次课程将以一个"热身"口头故事开始，随后进入技能的讲述和训练中。这个课程的实践性极强，每日都将有写作任务，课内课外都有。

文学创作训练不仅在教学楼的课堂上讲，也要走出教室，到室外观察写作，还有大量的采访与交流。我会带着学生们去看农田，写农田；去看动物，写动物，还要去大自然享受阳光与风雨，去看落日，写夕阳；去和那些乞丐交谈，去访问各种各样的人，与他们碰撞交流；去看博物馆，去写你们感兴趣的东西。

同学们的作品会在文学公众号上公布。让同学们互相点评，也让校园外的文学爱好者们参与其中，使单一的校园教学活动成为社会的公众教学活动。让作品直接面对读者，也让读者直接对作品进行品评。

最后，我们将学员的作品进行筛选后编入作品集，正式出版。让更多的人认识我们这批经过创意写作训练成长起来的作家。

从技术修炼起步

有一种奇怪的思路，就是很多人都觉得，文学创作又不是什么音乐、舞蹈、美术，有什么可训练的？写就行了呗，写得越多就会越好，写着写着就成作家了。但问题是写和写能一样吗？莫言用了四十多年写出了一个诺贝尔，还有的人写了一辈子却什么都不是。钱锺书一部长篇小说《围城》就可以享誉世界，可是有人写了无数的作品却没有一个能让人驻足看上一眼的。这能没有区别吗？

这里，写与写不仅不一样，而且有天壤之别。写的方法和技巧起了很大的作用。用对了方法和技术，你的作品就会"对"，沿着对的路子可以一直走下去。而若是方法与思路有问题，写得越多不就越差吗？为什么有的人写出一部作品之后，就再没有什么动静了，而有些人终生都在写？这是创作技术问题。

如果我们承认文学和音乐、舞蹈、美术都属于艺术的话，为什么其他的艺术形式都可以从技能、从基础训练开始，而文学却不能呢？

在西方，一个作家如果没有经过专业的训练和磨砺是不能从事职业写作的，而我们中国的大多数作家都是在没有什么专业写作训练的基础之上开始了"半路出家"式的业余写作。不仅创作时间是业余的，创作精神也是业余的，创作出来的作品也只能是业余的。业余也就罢了，有些写手还不承认有创作训练这样的事，甚至排斥、蔑视专业的文学创作训练，认为那都是扯淡的事。因为他们就没有接受过什么训练不也一直在写吗？

可是，文学与其他的艺术形式一样，一切都得从技术起步，否则一切无从谈起。而艺术则只有个人体悟才能得来。但没有技术哪来的艺术？文学与其他艺术形式一样，也需要从做一个匠人开始，文学创作是个手艺活，不学习是不行的。

浙江有个叫东阳的地方，木雕工艺世界闻名，许多木雕大师都出自这个地方。东阳的木雕工艺细腻精湛，直接影响了中国木雕传统。当问及木雕大师的成功经验时，他们都不约而同地说，自己都是从小"学徒"成长起来的。从最基础的选料、处理木材、一刀一锤地砸下去，一砸就是许多年。最初他们干的都是木雕匠的活儿，后来一部分人就成了木雕"艺术家"，而另一部分人继续自己的"木雕匠"生涯。

成为艺术家的匠人超越了技术表现，而进入到精神层面的创作，不具有普遍性。艺术家的作品是具有独特价值的作品，是不可复制的，甚至本人都不可能复制自己，那样的作品称为艺术品。而匠人的作品做得再精巧，都是可教可学的，也是可以复制的，不仅自己可以复制自己，而且别人也可以复制自己。匠人可以带一批仿制自己手艺的徒弟，可收徒开班上课，手艺具有普遍性、可复制性。但是艺术家却是不能明确地把那些"只可意会不可言传"的绝活儿"教"给徒弟的，艺术家如果非要"教"徒弟干点什么也只能回到匠人的阶段，教一些徒弟还没有做到位的手艺，但是真正的"艺术"的确是不能教的。

这样，我们就可以把艺术分成形而下和形而上两个层次。形而上的艺术起于形而下的手艺。如果我们再辩证法一些，就可以表述为：艺术源于技术，艺术没有技巧的支撑是不可能成为艺术的。技术、技巧是可教可传的，但艺术创作、艺术精神只能去养成，不能传授。

　　因此，如果我们把这两件事儿搅到一块儿说文学艺术是"可教的"与"不可教的"实在是有些偏颇。这件事是无须辩论的，是一笔清楚的明白账。

　　作为一个作家，要在一定的时间内，甚至一生都要不断地学习不同的技术与技巧，琢磨其中的可以复制的部分。但是，只有当作品超越了那些技巧层面的可见部分时，作品才有可能进入精神层面。而这，完全有赖于作家的感悟能力、精妙的"神来"火花。那是一种天赐的、无以言说的奇妙感觉，那是一种神秘的"道"。这个道恰如老子所说的"道可道，非常道"的道，能说出来的道不是恒久的道，而只可意会的"玄之又玄"的灵动才是"众妙之门"。

　　做得好的技术活儿，叫"匠心独运"，这最接近于艺术创作的状态。这也说明一个非常重要的道理，就是技巧与艺术之间并非截然分开的，并非一定要在完成技术的训练后，才可以谈艺术。而是在技巧的修炼中就已经进入到对于艺术的体悟与坐化中。技术与艺术是相融互补的。同样，一个艺术家正是在不断的技术完善与精益求精的追求中完成艺术升华的。

　　技术与艺术是不可分的，没有一个艺术家是等着自己的手艺彻底达到顶峰之后才成为艺术家的，而是在模仿技巧、学习技术的过程中已经潜在地在感悟艺术。有的人已经在这个时候开始积累起了作为一个艺术家应当有的基本感受能力。从这个意义上来讲，把"作家可不可以教"混为一谈似乎也是必然的。

　　一个作家的培养首先是从基本的技术开始的。如何观察，如何对一个静止的物品进行描写，如何在静态的观察与描写中运用独特的视角、语言来表达？如何进行联想，如何在一个陌生人与另一个陌生人之间建立起联系？如何进行想象，如何"无中生有"地创造人物，如何把日常生活变成故事？等等，这都需要学习，大量的实践，这种技术活儿是需要有恒心的作家一生都修炼的。

无论通过什么方式，文学创作基本的、必要的技术训练是得有的。有的作家可能没有系统地进行过这种专门的训练，也没有跟随一个具体的老师学过某项写作技能。但是，只要你去写，而且写得还像个样子的作者，必然是学习过技术的。不然，你怎么能够完成作品？那是因为你看了别人写出的作品，知道了小说是这个样子的，也因为你阅读了许多这方面的书，于是你就会写了。这些作品阅读与研究不是学习吗？这是不能否定的。

"无师自通"通常被称为"自学"，恰恰因为有些自学者，对于技术的理解有问题，所以作品也就出现了问题。他认为自己的作品无比伟大，但是在读者眼里却是相当不堪。这也恰好说明，正确的把握创作的基本技术是何等重要。你所理解的可能并不是完全正确的。或者，你在实践中把自己学习到的技术使用错了，所以，你的作品可能不够成功。这就是问题所在。这就需要"专业"的学习，而不是完全的自我摆弄。

鲁迅是反对教创作的，他觉得木匠、泥瓦匠是可以教的，世界上"只有作家是不可教的"，鲁迅甚至讥笑教"小说作法"之类的教学。但是，你会发现，跟随在鲁迅后面学习他的创作方法并且被他视为学生的作家并不在少数。学鲁迅最像的一个人叫徐懋庸，被称作"小鲁迅"。徐懋庸的杂文有时连鲁迅身边最亲近的人也分辨不出是不是出自鲁迅之手。虽然后来因为"两个口号之争"中徐懋庸受人蛊惑，倒戈反击鲁迅而致使两个人的关系破裂，但是，徐氏的杂文应当说是得到了鲁迅肯定的。鲁迅的学生还有胡风、叶紫、萧军、萧红等，这些作家都得到了鲁迅的扶植与推介，他们在文学创作技术与精神上都得到过鲁迅先生的真传，这是毋庸置疑的。反对"教"创作的鲁迅实际上明里、暗中是教了许多人的，这也是不争的事实。

沈从文对于汪曾祺的"师父带徒弟"的"教创作"就更明显了。

汪曾祺在 1986 年写过《沈从文先生在西南联大》的散文，就谈到了沈从文的教创作。沈从文在西南联大的时候开过三门课：各体文习作、创作实习和中国小说史。除了中国小说史外，沈从文教的课程就是创作。

沈从文的教创作很独特："沈先生教写作，写得比说得多，他常常在学生的作业后面写很长的读后感，有时会比原作还长。这些读后感有时评析本文得失，也有时从这篇习作说开去，谈及有关创作的问题，见解精到，文笔讲究。"

汪曾祺是主张创作能教的，他自己就是被沈从文教出来的，"问题是由什么样的人来教，用什么方法教。现在的大学里很少开创作课的，原因是找不到合适的人来教。偶尔有大学开这门课的，收效甚微，原因是教得不甚得法。"

沈从文在点评汪曾祺的作品时说："你这不是对话，是两个聪明脑壳打架！"这说的是人物的对话要讲求朴素、通达，不能太哲理、太诗意，否则是不真实的。沈从文在教学生时，提出"要贴着人物来写"。沈从文教创作更为有效的方法是，在给学生的作品写了一大段点评后，他会介绍一些与这个作品写法相近的中外名家的作品，这大概也是非常独特而实用的。

沈从文登台表达能力比较弱，他的课讲得并不精彩，但是却擅长聊天，他把教学活动融入与学生的谈话中。他会极为传神地抓住大家所熟悉的人和事加以形象概括，比如说徐志摩上课时带了一个很大的烟台苹果，一边吃，一边讲，还说："中国东西并不都比外国的差，烟台苹果就很好！"再比如，沈从文谈金岳霖，金岳霖终生未娶，一人独处，养了一只大斗鸡。沈从文描述这只鸡：能把脖子伸到桌上来和金先生一起吃饭。还讲到金岳霖到处搜罗大石榴、大梨，如果买到特别大的，就拿去和同事的孩子的梨比，比输了，就把大梨、大石榴送给小朋友，他再去买。沈从文的教法是灵活的、聪明的。沈从文的教创作也是出成果的。

话又说回来了，福楼拜也好，鲁迅也好，沈从文也好，他们的教创作，的确大部分是在教形而下的技术，是从技术技法的角度指导、影响学生的创作，而那些精神的灵感体悟是无法教的。或者可以说，学老师越像的越不是艺术家，得到老师的精华又有独特发展的那些人才是真正的自我。那些形而上的艺术表达靠教是不可能的。所以，当莫泊桑成为莫泊桑、萧军成为萧军、汪曾祺成为汪曾祺，而不是成为他们各自的老师的时候，他们就完成了从匠人到艺术家的转变，他们也就真正"出徒"了。

但是，必须强调匠人精神。没有匠人之心，是成不了艺术家的。必须严格地、系统地、扎实地从最基本的文学创作训练开始，才能一步步成为真正有个性、有创造能力的、有前途的作家。最笨的办法，可能是最聪明有效的。

一个连手艺都没有学好的人，怎么可能"天才"地成为艺术家呢？

文学的零度

话题又回到了创意写作训练上。我对这批即将步入这座文学营盘的队员们说，文学创作训练就是要解决文学创作的基本技术问题的。你必须丢掉你们身上那些"业余范儿"的写作习惯，从专业的角度，开始磨炼文学创作的基本功。只有这样你们才可能有创作后劲。

这是一次从"零"开始的训练课。虽然你们在入学的时候经历了三次相当残酷的专业考试才获准进入创意写作系，但是，这并不证明你们已经成为作家，也并不表明你们已经掌握了文学创作的专业技能与基本素质。你们通过这三次专业技能的考验，证明你们有写作的潜力与能力，而且，也证明你们在对于"成为作家"这件事情上在各方面都已经具备了基本条件。但是，你们必须在接受了文学创作的基本技能与专业写作训练后才能够顺利地完成从初学写作到专业作家的过程。

　　因此，无论你们曾经写过什么，或者你们有多大的创作野心，都请你们忘掉你们曾经写过东西，暂且忘掉你们很能写，暂时把你们的野心收起来。让我们经历一次从零开始的专业写作训练。让我们从最基本的观察开始，逐步建立起一个作家应当具备的基本的训练课程。而后，等我们的这次训练结束后，再把你们所有的能量与野心释放出来，让那些在创作训练中产生的、激发的灵感变成一篇篇结结实实的文学作品。通过训练不仅具有灵敏的爆发力，而且具有绵密的后劲，这就是我们进行创作训练的根本目的。

　　无数个教学实例告诉我们，如果一个人没有经过专业创作训练与培养就想成为作家，几乎是不可能的。即使自我训练与自我修行，也要有学习的过程。而我们的文学创作训练课正是基于这样的认识才开设的。

观察与观察力

观察就是一种注意·文学创作从观察开始·从教条过渡到观察·有目的性的观察·无目的性的感知·作家的关注与捕捉能力·观察的基本原则·观察的基本步骤·观察的忌讳·观察的技巧·观察的方法

虽然有几十年的教龄，每一次上课却都有第一次上讲台的紧张感。虽然创意写作课讲过了无数次，却像第一次上一样。这唤起我对青春的某种记忆，想起初上讲台的那种难忘的临阵感。实际上，整个暑期我都在紧张忙碌地备课，设计课程的讲法，准备上课的道具。

9月3日（周一）正式开课了。创意写作训练课是四节。

不怕您笑话，告诉您一个私人秘密，多年的教师生涯，使我养成了有点奇怪的习惯。就是只要上课，我必须洗个热水澡，把自己弄得干干净净地去教室。洗澡的习惯最初是出于对上课这件事的珍视，后来逐渐变成了具有仪式感的行为，甚至还有些强制性。这个秘密我很少跟人讲，少数听我说过这个行为的人都觉得有些不可思议。有的朋友开玩笑说，这不就是沐浴更衣吗，就差焚香祷告，吃斋念佛了，你也太把上课当回事了吧？朋友这么一说，我还真在这些强制的行为中找到了那种宗教感。教师这个职业是我无上尊崇而谨慎从事的职业，每次正式上课和演讲前，沐浴更衣这种隆重仪式我是要做的。

洗过澡，特意换上一套新衣服，是妻子去云南时带回来的亚麻衣裤。蓝色的，我用"休闲式正装"形容它，随意大方又不像西装那样正式。背着电脑走向教学楼，一路上头脑中不断地过着即将开讲的内容，想象着今天的课堂会出现的场景。

我上课的教室是圆桌式的。学生们和我都围着一张大桌子，我背后是大屏幕。虽然教室里准备了台式电脑，但我还是喜欢用自己的。圆桌式的课堂有好处，一是便于平等地交流互动，二是可以防止学生犯困。那种讲台式课堂的缺陷是老师面对着所有的学生，学生之间交流起来比较困难。而且，他们可以混在台下瞌睡打盹儿，那是一对多，所有的学生面对的都是老师。而在圆桌教室，同学们可以互相看见，互相有个对照，他们之间的交流比较方便。三是教室里不可能有走神的，因为大家都互相看着监督着呢。当然，创意写作课紧凑的课堂练习和频繁的互动使学生们时刻盯着老师的节奏，也没有机会打瞌睡走神儿。

我早早来到教室做课前准备工作。接上电脑，打开投影，打开话筒，调出PPT，又调整了一下同学们的座椅。因为我们是小班上课，只有8个人，但我们的练习比较多，互相的点评也不少，朗读作品的机会更多。我心里想的是把这8个人分成两组，不能每项活动每个人都做一遍，那样会拖拉。让两个组轮流着进行，但最终完成课外梳理时，每个人都要。

7点40分的时候，8个同学就纷纷来到了教室。他们叫一声"老师好！"然后就去找位置坐。我说，同学们，你们一边坐4个人，我坐前排，正好在你们中间。大家都找到自己可心的座椅坐下。可是，我一看，这8位同学自然分组，4个男生坐在一边，4个女生坐一边。我就笑了，你们还挺封建的，男生女生泾渭分明，好像回到了我们念中学的时代。我说，不能这样，把男生和女生都分开，而且，一个男生一个女生的交叉着坐。经过调整，按照这样的顺序排坐：左边是赵蓬勃（男）、央金（女）、张木铎（男）、刘娜（女），右边是吴娅芬（女）、谢勇（男）、李媛（女）、佟伟（男）。

从同学们的表情上我看得出来，他们对这门创意写作专业的基础训练课程充满着期待，有些兴奋感，我也是。

我提议，两边各 4 人相对而坐的同学们分成两组，一边一组。我请他们首先各自推举一位组长，以便在活动时，有人牵头。同学们都很谦让，酝酿了半天才推举出组长来。左边的为第一组，组长是赵蓬勃，右边是第二组，组长选的是最小的李媛。

在调整座位分选组长的过程中，课堂气氛就开始活跃起来了。他们很放松，很好奇，说笑谦让，礼貌文明。在这个和谐的环境下，我说，各位，这样的安排是有用意的，第一组和第二组虽然是随意划分的，但是在教学过程中，你们这两个小组却是有竞争关系的。每个成员的表现都会关系到本组的成绩，你们要互相团结，互相勉励，形成团队精神，积极向上。你们要记住，在小组中，一个成员的努力虽然很重要，但是整体的努力与成绩更重要。不仅要从学业上互相关心，在生活上也要互相帮助。一个人如果对集体对他人没有什么作用，那他的成果再大也是轻薄的。你们不能只顾自己的进步，只关心自己的事儿，还要关心创作组。同时，今天分的这两个组也不是固定的，每隔 5 周要重新打乱再组合，使你们不断地适应新的团队，新的合作方式。

热身练习

"不瞒大家，上课前我是认真地做了功课的，对于每位成员的资料都很熟悉了，但是，很失望。官方提供的这些正式资料都是死的，我看不到你们生动的面孔和性格、喜好，你们的父母，你们的情感，特别是你们在他人心目中的地位，等等，所以我想，是不是先来上个人物介绍？"

同学们纷纷点头。

我又说，不过，今天的人物介绍一定是文学性的，不能像你们在军训或者在正式场合那样，做个自我介绍而已。今天的人物介绍既是个"介绍"，也是我们的第一个课堂练习。这个练习不是"自我介绍"，而是"他人推介"，我们起个名字叫"他是谁？"

自我介绍只是你心里对自我的基本定位和评价，模式固定，身份死板。人的身份不完全由自身来确定，你的"自夸"或者"自损"都不是重要的，人的身份一方面来自自我认定，另一方面来自他人。正像美国叙事学家马克·柯里在《后现代叙事理论》一书中所指出的那样"身份是关系，即身份不在个人之内，而在个人与他人的关系之中"。他强调说："我说这话的意思有二：一是我们解释自身的唯一方法，就是讲述我们自己的故事，选择能表现我们特性的事件，并按叙事的形式原则将它们组织起来，以仿佛在跟他人说话的方式将我们自己外化，从而达到自我表现的目的。二是我们要学会从外部，从别的故事，尤其是通过与别的人物融为一体的过程进行自我叙述。这就赋予了一般叙述一种潜能，以告诉我们怎样看待自己，怎样利用自己的内在生活，怎样组织这种内在生活。"

我说，因此，我们今天的练习就是请"他人"来建立你的身份，而不是由你自己来自我表述。

我这里说的"他人"不一定是谁，你们8位谁都可以对特定的同学进行一番描绘。我的要求是，基本客观，可以夸大，用独特的视角说，可以讲细节，可以说事件。

一说出我的方法，同学们就兴奋起来了。这可能是他们意想不到的，让别人说自己，而不是由自己说自己。别人会说出什么样的自己，是褒是贬，是好是坏，这让他们紧张而好奇。

我说，我不指定先说谁，后说谁，你们自己推荐一位被介绍的人物，然后由两位同学给他画像，其他同学可以随时插话补充。最后让被介绍的人给一个准确与否的定性，但被介绍人的评定却不具有权威性，不能作为结论看待，你们各人有各人的看法。

这个练习的结果就是课后（周一）的第一个作业：

1.《他是谁？》

作业要求：选择课堂练习的一个对象，写出一篇人物小传，可夸张，或虚化的描写，但须在真实的基础之上，字数在 300 字至 500 字。

2.《我是谁？》

作业要求：进行自我描述，写出自画像，字数在 300 字至 500 字。

课堂立即活跃起来，在你一言我一语中，第一个被推出当作靶子的人就是班里个头最高（190cm）的赵蓬勃。虽说赵蓬勃是湖南人，个头却不矮。这种课堂活动是不会冷场的，每个学生都会积极参与。第一个站起来说赵蓬勃的是李媛，她说，赵蓬勃是一个高高的男孩，我看他得仰着头，像看一座雕像，他外表高大粗糙，却心细如丝。军训的时候，我看到他晚餐后，在没人注意的地方给军训大院里快枯萎的花浇水，细心地养护……佟伟笑着说，你就直接说他"娘娘腔"好了。一个男孩花花草草的……李媛抢白佟伟，对花草感兴趣就是"娘娘腔"了？那是有爱心，对花草有心的人就是个有爱的人。佟伟赶紧说，我投降我投降，说错了。其他的同学补充，细心、用心和关心是赵蓬勃突出的特征，他关心他人，像个老大哥，他人缘好，是可交心的朋友等。

这种课，只要把控着气氛和节奏就可以，老师的作用就在于设计和引导学生进入规定情境。

由于篇幅所限，我们不详细描述这场热身的"他是谁？"练习了。

观　察

"他是谁?"练习进行完,用了一个多小时的时间。这个练习不仅使同学们的情绪放松下来,也打开了他们之间相互了解祖露心扉的大门。重要的是,从对人的基本观察和用心感悟周边开始,会逐渐培养起对人的敏感度。我相信从这个练习后,他们会更加细心地观察环境与人,提高他们的观察力。

而我今天讲的主要内容就是"观察与观察力"。

设计这一讲的目的是从对作家来说最基本也是最重要的观察能力的培养上走入创作训练课程。这也是此后若干内容的一个开端。我的课程设计是,先讲观察概念,而后进行各种观察训练活动。

1. 观察

何谓观察? 观察就是一种注意。观察是对事物、现象进行仔细地揣摩,通过感知、推理对事物现象作出判断的过程。

观察可以分为内视和外观。内视是自我观察,对自我的外在与心理的反省。而外观是对客观世界的注意,是对物质世界和心理世界的观察与推理,是一种专注于对象的行为。观察在大脑中形成映射,而后通过感觉器官建立起一种稳定的印象,并通过记忆存储于大脑之中。

文学创作首先是从观察开始的,而后进入联想、想象,从而创造出新的物象与事件。已有的文学创作成果告诉我们,文学创作较早的习惯是凭借经验,文学作品是经验的演绎与还原。但是,现代文学创作已经从完全的经验中解脱出来,不再是单一的经验性的结果,而是通过观察与联想、想象建立起文学创作的大厦。雨果在总结西方文学创作的经验时说西方艺术的基本特征是"从教条过渡到观察"。教条就是基于经验基础之上的认知，而观察会产生新的事物、新的认识，还原不一定是客体密实的本相，也有可能会产生新的创造性结论。

因而，观察对于一个作家来说是最为重要的行为，他可以弥补经验的不足，甚至可以超越经验，创造新的文学世界。

说到观察自然会涉及两种有益的观察行为，即"有意观察"与"无意观察"。

2. 有意观察与无意观察

有意观察指的是有目的性的观察，而无意观察是没有目的性的感知。

我们的观察是从有意观察开始的。例如，我们对于物体的注意，对于人的注意，对于现象的关注，等等。有意的观察使我们的创作有了资料储备，也使我们的创作有了生动鲜活的细节来源。有意观察是观察中最重要的，需要我们的经验参与的观察活动。

有一次坐公交车，正是高峰期，人很多又拥挤，我被挤到乘务员身边。我发现这个中年妇女在这个令人烦躁的车厢里却总是面带笑意，声音可亲可爱。再向旁边看，发现乘务员狭小的铁栅栏里居然有一盆绿色的植物摆在那里。女乘务员一下就让人肃然起敬了，这是一个热爱生活的人啊。我就问她，这花是您养的？女乘务员微笑着答，是啊，每天上班我都带一盆花，看着心里舒服，让人安静。我说您可真是个会生活的人。她就笑了，哪儿啊，我就是心大，我们家的人都心大，心里不装事儿。再大的事儿，到我这里都成了小事儿。她说，天天在公交车上是挺心烦的，同事们有时还跟乘客吵个架什么的，其实他们也都很善良。就是大热天的，心烦，谁都不容易啊，站在对方的角度想想也就没事了。您看，我就想到有盆花摆在这里，心情就会好一些。后来，我还和这个乘务员聊起了她的家人。我问她，你说你们家的人都心大，那你们家人口挺多的呗？她就兴致勃勃地说起了自己不宽裕的家庭，还说了她很争气的儿子，现在上了大专，她挺满意的。一路上跟这个乘务员聊得很开心，让我观察到了北京一个普通劳动者的乐观善良的一面，也为我存储下了一篇作品的相当丰富的素材。

因为经常坐公交车，后来在另一辆车上竟然也发现了一盆花，多肉植物。开始我还以为这盆花是乘务员养的呢，可是观察了一会儿才发现，花盆前的座位上坐着一个女孩，有时她会扶一下花盆，猜想那可能是她的花。就问她，刚买的？女孩看了一下我说，从家里带的。我问，您上班还带着花啊。她微笑着说，我是公司部门的小头目，脾气急躁，因为工作经常跟同事发生摩擦，后来我就在办公桌摆上一盆花。我发现花能减轻我的压力，后来走到哪都带着盆小花，挺开心的。

其实，生活中处处都有值得我们观察的事物，就看我们有没有观察力，有没有一双会发现的眼睛。一个作家应当有敏锐的观察能力，在平凡的生活中能捕捉有意义的现象。有一次到唐山出差，偶然从一个街道穿行的时候，听到悠扬的吉他声，顺着声音望去，发现在一个修理自行车的地摊前，修车人悠闲地在那里弹琴。那人看上去挺憨厚的农民样，穿着旧式的军装，一身脏兮兮的油腻样，但很沉醉、很投入地在弹着吉他。让人特别感动。这是一幅多么幸福知足的画面啊，这幅画面就是一个故事，再挖一挖就可能是个精彩的素材。

有意观察就是你心里总是装着创作这件事，就像前面提到的那句俗语——你手里拎着一把锤子，你的眼里都是钉子。你总是处于发现、观察的状态，你的眼睛里就会充满了故事。

有意观察是作家经验、阅读和推理判断的结果，它是文学创作的重要基础，是作家素材积累的重要途径。

无意观察，就是在没有意识状态下观察。比如梦境、非清醒状态下的感知与观察，是事物无意间闯入感官的现象。无意观察是在有意观察的基础之上，自然产生的结果，无意观察并非一种等待的结果，而是由于有意观察所提供的敏感度与反映。

人的有意观察与无意观察是相互补充的，但常常开始于有意观察。

观察力

作家的观察力指的是作家对事物进行关注与捕捉的能力，是作家通过对事物的聚焦、判断并通过认识而达到对事物进行感知的能力。作家观察力的强弱会影响到作家对事物的叙事能力与描写能力。作家在生活中有意对观察力进行训练是其创作水平提高的必要的、有效的手段。

还记得法国作家儒勒·凡尔纳的《神秘岛》吗？那个故事里讲到了一个情节，五个从城里坐热气球逃出去的人，在大海上空遭受了风雨打击，有四个人侥幸落难到一个荒岛上。只有工程师史密斯被甩到大海里，生死不明。他们本已绝望，按照常理史密斯是不可能生还的。但是，多天以后，他们竟然发现了被救的史密斯，而救他的却不知是何物。史密斯活过来之后，他们在荒岛上求生，细心的史密斯依靠超强的观察能力，发现了许许多多的迹象，表明暗中有一双神奇的手在帮助他们，那双手总是在最关键的时候悄无声息、不露痕迹地出现。史密斯注意到许多别人没有注意的现象，比如狗总是对着地洞吠叫，在大海里儒艮即将把人和狗生吞活剥时，突然有一股神奇的力量把儒艮推向空中，甚至以极快的速度伤害了那个动物，等等。

史密斯那种天生的敏感注意力，正是他天才的观察力。可以说，这些幸存者就是靠这种观察力才得以在险象环生的荒岛上生存下来的。否则，虽然有幸逃过一劫却也很难在荒无人烟的岛上有生存的可能。

观察力是作家的重要能力之一，好的作家正是观察力极强的作家。

1994 年获得东京电影节大奖的电影《天国逆子》讲的是一个叫关健的男

子状告自己的母亲，说母亲是杀害父亲的凶手。死前，当小学校长的父亲发现开豆腐坊的妻子有婚外情，殴打了妻子。可是，后来父亲莫名其妙地生了病，而且越来越严重，最后死了。长大以后，儿子想起父亲生病的时候，母亲每次熬药都要偷偷地在药里放一种东西，他认定那就是父亲死亡的真正原因，因此状告母亲。当然，经过艰难取证和心理斗争，儿子赢了这场官司。

这是一个真实的故事，编剧王兴东在创作剧本时，采访了当事人，也采访了警方和法院的人。在采访当年办案的警察时，他注意到警察的一个极微小的动作——那位警察每次抽烟都要在香烟的三分之一处掐掉，然后才点燃。这个动作让王兴东产生了疑问，他问警察，警察就说，一朝被蛇咬十年怕井绳，这是职业病。后来王兴东了解到，这个警察原来是个缉毒警，在办案时曾被贩毒者陷害，他们把毒品卷在香烟里请他去抽，结果他染上了毒瘾，戒了很长时间才把毒瘾戒掉。从此以后，只要吸烟他一定把香烟的三分之一掐掉才吸。

王兴东把这个细节写到了影片中，我们就在影片中反复地看到那位警察掐烟吸烟的动作。这个动作使警察这个人物具有了历史，有了暗示性，也成了他的标志。这让我们感受到了细节的震撼。而这个细节的获得正是王兴东敏锐的观察力起到的作用。

一个作家必须有不同于普通人的观察能力和超强的捕捉细节的能力。毛泽东就说过，观察者要"细如发丝"。经典影片《教父》里也有一句台词说，女人和孩子可以粗心，但男人必须细心，一丝不苟。这说的都是观察力。

在此前的文学创作训练课中，有个女生讲过一个"三道疤"的故事。

那还是夏天，女生举起她的右臂说，我这里有三道疤痕，你们知道是怎么来的吗？这是我用刀砍的。都是高考惹的祸。我妈妈对我的学习抓得很紧，平时就不说了，为了让我考上好大学，我妈妈规定周六、周日我必须学够七个小时才能干别的，她监督着我。可是，有个周末，我学了三个小时了，憋得实在厉害，想出去转转，妈妈就是不让我去，说我没有学够七个小时呢。

我倔得很，越不让我出去，我越要出去，跟她讲不好，我就硬要出去，就跟妈妈吵了起来。结果妈妈急了，从厨房里拿出一把菜刀，说你要是出去我就把你的手剁了，还追着我打。我跑进自己的房间使劲地把门关上，还上了锁。妈妈在外面敲门我也不开，她就使劲地敲，甚至还举起刀砍门。我实在忍受不了，猛地拉开门，拿着裁纸刀对着自己的手臂就是三刀，一边砍一边说，不用你砍我，我自己砍。鲜血直流。这就是我身上这三道疤的来历。

我说，多大的仇恨呀？！你现在还恨你妈妈吗？女生连连摇头，当然不恨，而且我那个时候也不恨她，我爱她，我就觉得她逼我太狠了。

我问同学们，你们跟她住在一起这么长的时间，有谁注意到她身上的疤痕？同学们都连连摇头，说没有。

我说，一个女生手臂上有疤痕，她身边的人却从来没有注意到，这就是观察力不够，没有敏感性。这是一个非常简单的异常现象，就摆在面前，我们却视而不见。只要你稍稍注意观察就能够发现，并且你一定会去问，只要张张口，可能这个故事早就被你写进了作品。这就是观察力不够，没有进入一个作家应有的创作观察状态中。生活中处处有故事，只是我们的观察力不够，没有找到那些故事的入口。

那天，还有一个男生也讲了一个"疤痕故事"，也是跟高考有关的。

说的是，这位男生参加北艺文学院创意写作专业考试，三试都已经过关，只等着高考成绩合格就可以被录取了。于是他就觉得没必要再学下去了，因为他觉得达到被录取的分数线对于他来说不是个问题。所以他总是想走出校园。可是，他们是住校生，得过三道关才能出去。第一道关是班主任，班主任同意了签字，然后是教务处，教务处同意了盖章再报到校长那里，校长同意了签字你才能出去。

于是，这位男生说他就去偷那些请假单，猛练班主任和校长的签字，模仿得非常像。又找了根萝卜刻章，蒙混过几次后被发现了。被迫做检讨。但是做完检讨还是想出去，于是就去跳墙。从墙上爬出去爬了几次被学校发现了，又做检讨。学校为了防止有人再跳墙，就把学校的墙加高。但是，那男生说还是想出去，就找了一架梯子偷偷藏在一个没人注意的地方，经常爬着梯子逃出去。后来梯子又被人发现了，又做检讨。学校在高墙上加装了铁丝网，这回有梯子也跑不出去了。

但是，男孩说，我就利用周六回家的时间，买了把老虎钳，再找来梯子爬上去把铁丝网给剪了，还是逃出去了。后来，学校一看没有办法了，只能找家长了，于是把家长找来，历数男孩的一次次违规与逃跑。

男孩说，我父亲了解了情况之后，跟学校领导说，请你们回避一下，我想单独跟他谈谈。老师和领导们走出之后，父亲把教室的门关好，让男孩脱掉上衣。父亲从自己的腰间抽出皮带就打他，抽一下问一句，你还敢不敢？可是，男孩紧闭双唇，一句不应，这更加激怒了父亲。把皮带的铁头朝着他的后背上抽，一下又一下，男孩强忍着，仍然不哭也不回答父亲的话。于是，他的后背上布满了皮带铁头抽过留下的深深血痕。

男孩讲这个故事时，非常平静。一个女生惊叹，你真可怕！都要打死了还撑着。

我问他们同宿舍的男同学，你们注意到他背上的疤痕了吗？你们问过这些疤痕的来历吗？

他们说，知道呀，夏天他老光膀子，谁都知道。可疤痕的故事却是第一次知道，我们还以为他后背上的疤痕是刮痧留下的呢。我说，你只要稍稍问一下，这就是一个非常精彩的故事，可惜你们没有去问。你们不仅缺乏必要的观察力，也缺乏对他人的关心。

观察力是可以通过不断的训练培养的，从生活的细节注意开始，从对周围的人和事开始，关心并观察每一个能接触的人。而观察力的确是一个优秀作家必备的基本功。

随后，我谈到，现实中我们身边有许多事情，都是因为我们的不注意，视而不见放过了。举一个非常简单的例子，你们注意到了，在北艺舞蹈系的教室外摆放着一排排鞋柜，你们注意到这些鞋柜了吗？你们注意到舞蹈系学员们在自己鞋柜前换鞋的情景了吗？这都有许多故事，她们摆放鞋子的方式，她们的习惯都是个性的反映。我们只要去看、去观察、去问就一定能获得许多故事和灵感。

只有做个"有心人"，才能捕捉到被他人忽略的细节。

原理与程序

观察当然是有规律的，观察有几个基本的原则需要注意。

首先，确定观察的目的。

在观察之前，你要明确你的目的是什么？你观察的目标是什么？心里对观察对象有一个大体的计划，观察它什么，如何观察。其次，要进行观察记录，不是看一看就行了，要反复地看，要及时记录下来。有时，观察一次还不行，那就多次地看，多次记录。甚至在最初阶段，可以像美术系的学员写生一样，拿着记录本，边看边记录。这个方法是很实用的。

第二，确立观察的顺序。

观察要有顺序，不是随意看。要确定是按照由先而后的次序还是按照由远及近的顺序，是按照由内而外还是按照由大到小的顺序，要有基本的观察程序。不能一会儿这儿，一会儿那儿，没有头绪，那样的观察效果就会不好。有了顺序对于记忆也有好处，观察之后，在描写它的时候，也是要有次序的。

第三，观察中的判断与推理。

观察的时候，要不断地在大脑中对被观察对象进行分类，让同类事物成为你观察的主要目标。比如，我们看到大街上的人，如果我们无目的地观察效果就不好，但是，我们只观察一类人，就是那些年轻的女孩。你只注意她们，注意那些 20 岁左右的匆匆行走的人，这就是分类。或者你只观察那些穿西装的男性，或者那些骑着电动车的人，你会有新奇的发现和结论。有时我们站在特殊的地点，比如医院、小学，你就会发现那里的人群是不同的，而这种不同肯定是有故事的。当你观察得多了，你会对某类人员有个大体的判断，得出一个基本的结论。

在进行观察分类的同时，还要进行分析、综合、判断，把同类事物归类进行一定理性化的逻辑推理，得出结论。此外，在观察事件时，特别要注意那些具有突出特征的部分。那些引起你注意的东西，常常是具有鲜明特征的部分，具有明显刺激性的事物，会给我们留下深刻的印象，而这些正是我们观察的重点。把局部特性、部分突出的地方联结起来观察整体，就会使我们易于把握事物的整体和部分。

一句话，观察的主要对象是异常现象，是那些引起他人关注的地方。而正常的现实不是我们观察的重点。

第四，增强敏感性。

敏感性是观察的重要素质，我们应当有对事物作出迅速反应的意识，迅速捕捉容易被忽略的信息。

敏锐性与兴趣密切相关。如果你对观察对象或者观察行为本身不感兴趣，则不会产生敏锐性的观察，只有当对象对你产生了吸引力，并且你对观察行为本身有兴趣才可能产生这种敏锐性，才能产生良好的观察结果。

同时，观察的敏锐性也是与知识经验密切相关的。当你对被观察对象一无所知的时候，你不大可能对它作出反应，只有当你对被观察对象有一些基本的认识时才可能作出反应。歌德曾说过："我们见到的只是我们知道的。"也就是说，我们对被观察的物体本身认识度是我们观察效果的一个重要因素。

第五，捕捉无意观察因素。

就是在观察中的意外发现，那些无意中闯入你视野的事物。本来你的观察目标并非在此，但是，当进入观察状态后，你却被另一种更吸引你注意力的事物所召唤，在无意中引起你的注意。

此外，在观察中，还应当对那些隐蔽特征进行观察。而这些隐藏在不太容易被人发现地方的特征，恰恰是你的独特的发现，是他者所未注意到的，具有新鲜感的东西。

观察有哪些基本程序？大体说来有以下四点：

一、确立观察目标。

要为自己确立明确的观察目标，或一个观察区域，一个观察对象。世间的事物有很多，不是每一个都是你要观察的东西，而是要有选择。每次都有一个明确的观察目标，有了目标就可以有的放矢，让我们的观察更有效。

二、制订观察计划。

有了目的，我们就对这个目的进行大体的设计，从什么地方，什么角度，什么时间对观察对象进行观察，通过观察要达到一个什么目的等。

三、进行观察记录。

观察记录最好是在现场做，看了就做。有时，看了后发现没有捕捉到关键的东西，还要在现场反复地看。因为记忆是有限的，看一遍可能记不住，那就再看，再记。如果是现场看了"回去再记"可能就会改变你的观察结果。因为人的记忆是有修改功能的，此一时的现实和彼一时的记录有一定的差异性。最好是现场记录下你所看到的，这就会获得准确的、原始的观察结果与感受。

四、对观察对象作出基本归纳与评述。

在观察的同时，要对被观察对象进行归纳总结与评判，要对对象有一个基本的描述与结论。与我们观察的目标是否一致，结论会对创作有一个导向性的作用。现场的判断与归纳会引导着我们走向我们写作的目标。

禁忌与方法

有三点是观察行为中应当避免的：

第一，忌漫无目的。

没有目标，没有计划，就会走马观花，就会无效无功，观察失去了意义。正如前面所讲，要在观察前至少给自己制订一个观察的计划。

第二，忌片面观察。

不能看了一点就得出一个结论，而是要从不同侧面、不同背景下观察对象。特别是在观察一个人物时，要把人物放在不同的环境中观察。一次不够，就多进行几次，全面地而不是片面地对对象作出一个简单的观察结论，要有全局感。

第三，忌半途而废。

没有搞清楚被观察对象就匆匆结束，没有看到事件的全程，没有看到人物的全部，就粗暴地下结论，这也是观察的大忌。对于观察行为本身，也要持之以恒，要持续地对一类对象作出观察。要有追根究底的精神，不断地追问，不断地寻找，才能得出好的全面的结果。

观察技巧

1. 从"关己性"的事物开始。

关己就是与自己有关，与自己的感受有关。"感同身受"的对象会对观察行为产生促进作用。特别是自己独立进行观察时，从关己的事物开始会有积极的效果。

　　看到的、想到的都与自己有关，就会有切身体验。但同时我们也要注意到，有时恰恰自己熟悉的东西，与自己有关的东西会影响观察的效果与观察中的判断。因为关己就会有习惯性的认识。所以我们强调，在现场观察时，看了就记下来，不要太相信记忆，要相信你的笔，一旦把观察变成了一种对记忆的回溯就会改变那些事物的本来面貌，失去了真实。

　　2. 寻找强度大的被观察对象。

　　观察中，那些特征强烈的事物，如强烈的声音、刺激的味道、尖锐的触觉感受等都会在你的观察中首先留下深刻的印痕。这样的刺激越大，观察的效果就会越好。当我们观察一个特定的对象时，首先要寻找那些物体显著的、带有某些不同寻常现象的东西。顺着这种特征观察下去，会有深刻而具体的体会。

　　3. 寻找反差大的对象。

　　与上述现象相同，观察时，也要寻找那些对比明显，有着较大反差的对象，如新与旧、善与恶、文明与野蛮的对比。一群文明的人恰恰与一群不文明的人相遇了，他们之间的冲突可以想见会有戏剧化色彩的对抗。这是我们观察的重点，也是获得良好观察效果的窍门。

　　4. 寻找活动的物体。

　　与静物相比，在独立进行观察行为时，活动的东西总会让我们产生更为新鲜而强烈的观察效果。同时，如果我们在对静的物品观察时，通过联想与感知产生了动态化的观察效果同样会使观察产生有趣的变化，也让描写变得更为深刻。

　　5. 寻找同类物体。

　　对观察对象的分类、归纳是观察产生效果的一种良好习惯，也是一种技巧。要善于把同类的事物放在同一个观察空间内，对其进行对比分析，找出他们的异同，这对观察有极大的好处。

6. 运用统合感知能力。

在观察中，要善于调动一切感知能力，专注于被观察对象，要全"身心"地投入到观察行为当中去。把我们的感官都调动起来，视觉、听觉、触觉、嗅觉、味觉等都应当在观察中充分发挥作用，运用一切感官感知观察对象，那些精微的细致的感受正是通过这种"全知全能"的方式得到的。

最后一个问题就是观察的具体方法。我想，观察的方法首要的是一个角度问题，就是我们观察的空间位置，我们应当找到一个适当的空间位置。

角度对观察的效果是非常重要的。因此，首先要选择一个恰当的视角来专注于你的观察对象。角度有哪些，总结起来有以下几种：

第一，固定视角观察。

就是站在一个不移动的位置上，去观察对象。美国作家麦尔维尔在他那部著名的小说《白鲸》里写一个杯子时，就使用了这种固定的视角，他写道：

可恶的是他那些装酒的大杯子。外表上虽然是真正的圆筒体，可是在里面，那些讨厌的绿色玻璃杯子却狡诈地往下收缩，直缩成一种骗人的杯底。在这些拦路贼似的酒杯四周，还粗拙地刻有平行的一格格。倒到这一格，只要你一个便士，再倒到这一格，又得再加一个便士，依此类推，倒到倒满一杯，使人一口气就可以喝掉一个先令。

观察一个静物，或者从单一的视角去观察人物时，多采取这种视角。这种视角的好处是专注于一个固定的角度，对细部的观察效果会精细而具有独特性。但在观察人物时，会容易产生偏差。

第二，多角度观察。

就是从多方位观察，可以通过不断地换点、不断地改变与被观察者的距离而进行观察。也可以采取仰视、俯视，等等。多角度多视点地对同一个对象的不同侧面进行观察与揣摩。

第三，聚焦观察。

集中对一个点一个核心进行观察，也即重点观察、典型观察的方法。这种观察有点有面，对事物的判断会比较准确。如老舍先生在《论叙述与描写》中写道："一笔写下狂风由沙漠而来天昏地暗，一笔又写到连屋中熬着的豆汁也当中翻着白浪，而锅边上浮云着一层黑沫。"这就是聚焦观察。

再比如，朱自清的散文《春》：

一切都像刚睡醒的样子，欣欣然张开了眼。山朗润起来了，水长起来了，太阳的脸红起来了。小草偷偷地从土里钻出来，嫩嫩的，绿绿的。园子里，田野里，瞧去，一大片一大片满是的。坐着，躺着，打两个滚，踢几脚球，赛几趟跑，捉几回迷藏。风轻悄悄的，草绵软软的。

城里乡下，家家户户，老老小小，他们也赶趟儿似的，一个个都出来了。舒活舒活筋骨，抖擞抖擞精神，各做各的一份事去。"一年之计在于春"，刚起头儿，有的是工夫，有的是希望。

春天像刚落地的娃娃，从头到脚都是新的，它生长着。春天像小姑娘，花枝招展的，笑着，走着。春天像健壮的青年，有铁一般的胳膊和腰脚，他领着我们上前去。

先是一个较大的场面的描写，而后聚焦在一个点上，进行细致和微小的描写，这就是聚焦观察。

第四，移动视角观察。

就是在运动中对事物进行观察的方法。这种观察法，有点儿像多角度观察，不同的是，这种观察是在不断地运动中，甚至是在瞬间的关注中获得观察对象细部特征的方法。这种观察考验的是观察者敏锐的观察能力和捕捉事物特征的能力。

此外，还有一些方法可以作为参考，如多层观察法、反映观察法、侧面观察法，等等，我们会在不断的观察实践中逐步积累并形成自己的独特的观察习惯。

课外训练

1. 完成一篇《他是谁？》人物描写

要求：选择课堂练习中的一个对象，写出小传，字数在 300—500 字。

2. 完成《我是谁？》自画像练习

要求：自我观察，写出一篇自传，字数在 300—500 字。

3. 观察原理练习

根据本课程所述观念原理和方法，观察一个"异常"人物，写成人物素描，字数在 500—1000 字。

静物观察

她是谁·从不熟悉的东西开始·迪吉安杜·石瓢与西施·集体的故事·课外训练

当我兴致勃勃地走向教学楼的时候，雾霾正占据着北京的天空。已经习惯这样的生存环境，对于这样的天气并没有太多的反应，反而对空气中潮乎乎的湿气有舒服、通畅的感觉。

在广西山区支教的时候，写过一篇散文叫《怀念北京》。在偏僻的大山上，看到那里的天空湛蓝，却没有太多的兴奋，因为精神的困顿感觉不到蓝天的可贵，于是就想念起了北京的生活。甚至连北京的污染、嘈杂与拥挤都怀念。在那篇文章里我说，爱一座城就像爱一个人一样，连它的丑和它的无理都要接纳并且习惯，我们要与我们所爱的城一起生存、呼吸，与它一起活着，同甘共苦。这座城的丑与美不是它自己造成的，恰恰是因为我们自己的不检点与肆意任性而致。要怪的不是城，而是我们这些生活在其间的人，我们自身的罪孽是不能推脱的，我们把它变成了一个毒气室，是不能怪罪毒气室本身的。每一个人，包括我们自己都要扪心自问，这个家园的好与坏与我们自己有多大的关系？

对这座充满了喧哗与骚动的城市每个人都应当自责与歉疚。

北京，这座正在被我们糟蹋的城市充满了雾霾，我来不及反省这罪孽的行为就拎着两个大包、背着电脑一路小跑地去教室了。今天要进行静物观察训练，因此我带了许多"宝贝"道具，请同学们观察描写。

心情很好，精神高度集中、兴奋，有第一次当老师的感觉：新鲜、兴奋、紧张。

她是谁

我对同学们说，我们上次讲了一些基本概念。有点儿枯燥，但基本概念和方法很重要，那是技术要领，是在动手前要知道的。今天我们主要是以动手练习项目为主，因此，大家准备好看和写。

在进行"静物观察"训练前，我们先"回课"。回课就是把上一节课留下的项目检测一下，看大家完成得如何。我收到了各位同学发给我的完成作品，让我很欣喜，完成得很好。我在公众号上都进行了详细的点评，指出了需要修改的地方，希望同学们按照我的批改和网上其他人对你们第一次作品的意见进行认真的修改和完善，形成一篇比较完整的作品。

上一次课的核心任务是完成一篇"他是谁"的人物素描作品，在这里我想请一位同学念一篇未经修改的作品，请大家来共同点评。你们都已经在公众号上读过了。我想请一位同学来念一篇这个作品，谁来念？佟伟举手，佟伟来自北方，性格开朗，声音洪亮。我把打印好的稿子递给他，同时，在大屏幕上打开了这篇叫作《她是谁》的作品：

当看到老师布置的课外作业《他是谁》的时候，我一下就想到了她。

她刚来到我们宿舍时，我们已是进驻到军训驻地分好班之后的第三天。我一进门看到她，下意识地便想到之前有被交代过"一定要尊重师姐"的话，心里多少有些忐忑的，生怕这个师姐很凶，很难相处。不过还好，她见到刚跑步回来的我们，抿起嘴角朝我们微微笑了一下，便继续去做自己的事，看起来并没有多难以相处。

事实也确实如此，她同我们相处融洽，经常互开玩笑，也并没有表现出类似介意之类的表情。她喜欢吃桃子，便暂且叫她桃小姐吧。

桃小姐很瘦，高挑的身材让我们艳羡不已。她模样清秀，眼睛大大的，仿佛会说话。我还是很喜欢她的，无论是开朗的性格，还是好看的皮囊，甚至掺杂了几丝微小的同情。

因为她是唯一一个因为去年受伤而从高年级下来补训的，在我们一群新生中尤为突出。所有人都关注着她，新生想从她的口中知道未来的学校生活，无不殷勤地经常穿梭在我们宿舍与她们宿舍之中。可她的表现却让人大跌眼镜。

若用教员的话来说，便是训练态度消极。

阴雨天，我们被拉到楼下加练队列。细小的雨点密密麻麻地砸在地上，很快便将地染成深色。桃小姐不知是旧伤隐隐作痛还是怎么，总是被班长点名。我用余光快速扫了四周一眼，确认没有班长在往这边看后，微微侧头看向桃小姐。她紧抿着唇，脸上写满了毫不掩饰的厌烦与不耐，还对着站在队伍侧边的班长翻了个白眼。从这开始，她对训练越来越不认真。也是从这开始，我对她开始了一点不同于之前的看法，觉得她不认真，不带好头。训练中途去洗手间的队伍里总会有她的身影，而且都是一直到再次训练的前一分钟才回来。到后来，休息的时候班长都会开玩笑般地问一句："休息了，学姐去不去厕所？"听着刺耳，却又是真实的调侃。

可我又是心疼她的。在安静站立的队伍中听到她突然提高的音量，同我们班脾气还算不错的班长快要吵起来的声音分外清晰。"我说了我会自己写退学报告，我现在痛经真的不能跑。"有几个同学小幅度地回头看去，没几秒又纷纷转回来，看他们若有所思的神情，我心里有些不是滋味。

晚上回宿舍的时候，桃小姐正坐着小木凳，趴在床上写着什么。我们推门而入，嬉笑着同她说姐姐好，她轻轻地"嗯"一声，没有像以往那般回应我们。她始终背对着我们，却能看见她的背上下浮动着，像是一抽一抽地。班里的一个同学跟我对视一眼，忙跑过去小心翼翼地拍拍她的背，语气略带焦急地询问她怎么了。她没说话，仅是摇头。我凑近一看，本子上赫然写着的"退学申请"着实把我吓了一跳。我夺过她的本子，她随之抬头，我们便直直望进了她氤氲着泪水的眼眸。

那一刻，我只觉得心疼。她只是一个受过伤的师姐，于我们班而言，她只是个姐姐，或许不该理所应当地给我们当榜样。我努力压下那点之前对她不好的看法，想让自己只剩下内疚和心疼这几种情感，搬来一个小木凳，在她身边坐下，一言不发，仅是听她哽咽着她的委屈。

后来的一节战术课上，桃小姐在卧倒的过程中旧伤复发。她当时便疼得直哭，教员怎么安慰都不行。队医面对她的病情也束手无策，又拉到医院进行专业检查，这才得知她的伤果真比去年更加严重了。等我们那晚再见到她时，她整条左腿已经完全不能弯曲了，两个拐杖倚在门边，像一个败者般缩着，却又占据一方土地而叫嚣着什么。

我对她不认真训练的看法随着她的受伤早已烟消云散，只觉得师姐太苦，便在宿舍里尽量多帮她些忙。连班长都说，对她的要求只要"活着就好"。

可很快，我又有了新的看法。

　　桃小姐行动不便，很多事情都是我们去帮她完成的，包括一些实际上让我们有些难以接受的事。比如那天她拜托我帮她把坐便器搬到厕所，我在包库面对着坐便器良久，有些不想搬，却束手无策。我大体看了下坐便器的干净情况，确定不脏才微微俯身，抓住它的两个把手，将它搬起。包库离厕所很近，可我却觉得道路格外漫长。我始终低头看着自己的衣服，尽可能地不让坐便器有哪一部分碰到衣服。渐渐地，我发现她让我做这种事的情况越来越多，而我看着她的伤腿又不好拒绝，只得帮忙。

　　随着日子的逐渐增多，我们训练的内容也越来越有趣，同样的，也累了很多。每次进屋时，我们每个人的脸上都写满了疲惫，也不知她是否留意。或许是没有吧，所以她才总是对刚进门的我们说自己今天有多疼有多累，撒娇般地向妹妹们抱怨着，发着牢骚。接着，便又让她的妹妹们帮她拿这拿那。似乎这一切都变得有些理所当然了。

　　她问："哪个小可爱可以帮我把牙缸从水房拿回来，再用脸盆打点水呀？"宿舍里一片寂静，每个人都低着头装出一副自己现在很忙的样子。我也是。我背对着她，跪在床底的柜子旁翻找着东西，刻意将翻找的声音放大，试图通过这样的"忙碌"让她忽视我。却不想或许因为我是离她最近的人，她叫了我的名字。我捏着正准备从里面拿出来的毛巾被的手一顿，仿佛整个人都被定格住了一般，苦着脸点头应答，她重复了一遍刚才的话，只是这次，这话只是说给我自己听。我轻叹一口气，在心里迅速组织可以拒绝她的语言，最终却还是帮她做好了她的事。

　　原因无他，仅是因为我觉得或许我该帮这个病号，而不是视若无睹，即使我并不喜欢她对我们理所当然的使唤。

　　桃小姐没有跟我们一起进山拉练，提前结束了军训。那天在山里，我和跟我关系好的两个班里的姑娘一起坐在海棠树下休息，我看着她给我递来的海棠果，不知怎么突地就想起了那个每次仗着去医院做理疗没人管而偷偷给我们带好吃的东西回来的桃小姐，还有那个等我们结束周六例行的拉练回来却一直等到凌晨一点半的桃小姐。

我拍了一下身边的人，努努嘴，"哎。你有没有觉得其实师姐对咱们还不错。"

她"嗯"一声，想了想，又补充了一句："人嘛，都是很复杂的。"

我得承认，有些时候我是不喜欢桃小姐的。但我内心的另一个自己却告诉我，心疼她的我不能选择不帮她。

于是这般矛盾着，矛盾着，一个我便绑架了另一个我。

读完了，教室里没有声音。我问，写得如何？刘娜说，我知道文章里写的是谁，我跟她们住在一起。如果从真实的角度来说，我觉得似乎不太符合事实，因为那位"桃小姐"在我的印象里是个喜欢生活，令人尊敬的姐姐，可是在文章里写的她似乎不太讨人喜欢。

张木铎说，虽然都在一起军训，可我不认识这位桃小姐，我的感觉与刘娜的看法有些不同。从第三者的角度看，我觉得这篇文章写得非常好。因为文章没有一味地贬低人物，也没有过多地夸大她的优点，正像文章里说的那句话一样，"人都是复杂的"，文章写出了人的复杂性。不仅文章里所描写的人物复杂，就是写文章人的心情也是复杂的，文章的最后一句话说了"一个我便绑架了另一个我"，这表示作者对于这个人物也处于困惑中。

我说，两位同学点评得非常到位，很好。说明你们认真看了文章，也在文章中看出了两个重要问题，一是真实性，二是复杂性。还有一个问题你们没有谈，就是文学性，你们觉得这篇文章的文学性如何呢？

佟伟说，我刚才在读的时候，觉得这篇文章很棒，有淡淡的焦虑，还带着那么一些"气"。谢勇也说，这篇文章虽然没有太讲究的词语，但是整体上是很讲究的。李媛也应声，我很喜欢文章的风格，有文学性。

　　我说，之所以把这篇文章拿出来回课，一个重要的原因就是它的文学性。作品里描绘出一个清晰的人物形象，从外表到内心，再到行为，写出人物的丰富与复杂的特征。刚才刘娜提出的真实性问题很重要。一个现实中的人，如何是真实的，这需要慎重思考，现实中的真实与作品中的真实是有区分的，但是现实的真实就没有区别了吗？比如，文章中的作者写的那个桃小姐，和刘娜认识的桃小姐是不同的，可是，同一个真实的人物在两个不同的人眼里却产生了差异，这种差异就是视角的不同。不仅是文学中的人物与现实中的人物不同，就是在不同的人眼里现实中的人也是不相同的，那么，哪个才是真正的"真实"？不是说刘娜看到的是真实的，央金看到的、吴娅芬看到的就不是真实的，而是每个人眼里有每个人的真实认知。

　　所以，真实是相对的，即使生活中的真实也是相对的。对于同一件事，从不同的角度出发，看法不可能统一。作家眼中的真实，应当是作家希望他人知道的真实，是作家证明给他人的真实：你看，我说的是这样的。从这个角度看，作品中的真实更是相对的。换句话说，作品中的真实，既是真的，也是假的，如果它不让人觉得虚伪，便是真实的。但因为这是从一个个体的角度看到的，所以又是片面的、虚假的，是作家希望他人看到的真实，可能从他人的角度就不见得是真实的。

　　"人是复杂的"只是对所描绘人物的一种综合认知。人当然是复杂的，但作品中的复杂也未必就一定要表现出无所适从、过于多样。相反地，有时人物的单一特征描述更能让人留下丰富的印象。复杂也不是无限的，不是"抽风"式的，复杂也会具有某种稳定性，即丰富的稳定。

　　从以上的点评中，我们可以看到《她是谁》基本可以评定为一篇不错的短文。让我们看到了一个生动、有个性的人物形象。

从不熟悉的东西开始

回课后，我们进入到了第一个观察训练项目"静物观察"。

为了这堂课，我颇费心思地准备了三个练习观察的对象。第一个观察对象是两只烟斗。第二个观察对象是两把紫砂壶。第三个观察对象是一件澳大利亚土著人用的有点像烟斗的乐器。

这三件观察物品都是离学生们的生活比较远的东西。我的训练方法与通常大家认为的"从自己熟悉的东西写起"不同，我的目的是从学员们不熟悉的物品入手进行纯粹的客观观察。从客观的视角进入观察物。通常熟悉或者有记忆的物品会使观察变成一种回忆，会失去对一个真实的、摆在面前的物件的感受能力。

我记得几年前的课堂上就曾经发生过这样的事情。老师让同学们去离学校不远处的齐白石墓观察，让他们注意前去时的"语境"和观察到的真实写一篇观察记。齐白石墓就在距校园五六百米的一个小区里，很近。当时，所有的同学都去了。那天，天气阴沉、寒冷，齐白石和他妻子的墓前摆放着已经枯萎的花。几位有心的同学特意从鲜花店买了新的花，在墓前献上。墓地在一片邻近马路的居民楼间，人来人往。站在墓地，观察墓碑，观察来看望齐白石的那些人们，观察周围的居民、马路上的行人，还采访了一些人，回来后写了一组很有质量的散文。

在阅读这些作品的时候，老师发现一位女生写得虽然很好，但是缺乏现场感和对真实物品的观察感知描写，就问她，你是不是没去？那位特别牛的女生很自傲地说，我为什么要去？齐白石的东西在我心里已经烂熟，不过是把我知道的写一篇作品而已。不去现场观察，不去实地感受，就缺少必要的创作准备。齐白石是那位牛女生所熟悉的，如果要您写一位您从来也未听说过的人，您若是不去看，不去采访，您还能那么牛吗？

有了这样的教训，我的训练从设计的时候，就使用学员们并不熟悉的，有的甚至一点都不了解的物品进行观察，避免他们"偷懒"和自以为是。例如，那件"稀奇古怪"的澳大利亚土著乐器迪吉安杜。

说到这里，我得介绍一下我精心准备的这三组物品了。这三组物品也是有些讲究的。第一组是两个茶壶，是同学们既熟悉又不熟悉的东西，距离略近。第二组是两只烟斗，同学们的熟悉程度更远一些。第三组是澳大利亚土著乐器迪吉安杜，同学们干脆就没听过更别说见过。

先介绍两只烟斗。今天的学生们对烟斗是陌生的，虽然听说过，也偶尔会在影视里见过，但是，真正近距离的接触恐怕很少。

我选择的这两只烟斗是有点讲究的。其中的一只是旧烟斗，未吸过烟，沉甸甸。烟斗的整体是用一根整的树根根瘤制作而成，栗色的斗身，古典的造型。这让我想起我的外祖父，他有一只自己用枣树根掏出来的烟斗，颜色和这个看上去很接近。他常常一边很怡然自得地叼着烟斗一边喂他那几只百灵鸟。我带给同学们的这只旧烟斗是我偶然得到的。当时买还觉得比较贵，后来却发现它是很值钱的那种。不过，当时买它并不是有意想收藏，而是觉得好玩，拿在手上沉甸甸的，表面光滑还有木纹，攥在手里很舒服。就买下了。

我记得大概是 10 多年前的事了，那是逛中山公园的冬季书市。本来，连想都没想去逛书市会买个烟斗。看书摊边上不起眼的一个角落，有几个卖工艺品的，就顺嘴搭讪了几句。我说，在书市上卖烟斗很有创意啊。那个卖烟斗的是个"京油子"，他的摊位上还放着一些别的小玩意儿，他有一搭无一搭的在那里一边晒着中午的太阳，一边懒洋洋地跟我贫嘴。他并不向我推销什么，只是接着我的话说，这烟斗可讲究着呢，你看真吸烟斗的都是文人，是真正的文人，是骨子里的那种文人。我插话说，是那种遗老遗少式的。"京油子"就应和着，对！就是那种。他说，你看我这烟斗是用石楠木的树根瘤子做的，产自意大利，是那种生长在地中海沿岸的山坡和岩壁上的。不是咱们满大街都能看见的，一到春天就开那种紫花的石楠树。我这种烟斗的材料生长得慢，很多年都长不了多长。我也贫嘴，一长出来就被您发现了，做了烟斗了。"京油子"咧了咧嘴笑了，眯着眼瞅着太阳，您瞅我像干那活儿的人吗，我就是个二道贩子，人家做好了，咱们拿来卖。

他接着说，人家那才是行家，我去过意大利见过他们做烟斗。他们选材可有讲究呢，都是懂规矩的人，只选 50 年以上树龄的料儿。一棵树只用根、茎中间的根瘤部分，那做出来才是个玩意儿呢。他随手拿起了我后来收藏的这只烟斗说，就拿这只来说，我是看着人家取材、打磨，完全是手工一点点儿弄出来的，都是好玩意儿，我都舍不得卖。市里组织书市的时候找我说不收我的摊位费，让我来摆个摊儿凑个热闹。我想，待着也是待着，就当是到这晒太阳来了，就摆上了。能卖就卖，卖不了就拿回去摆着、用着。

他打了个哈欠，伸了个懒腰，然后端起一把紫砂壶，对着壶嘴轻轻地呷了口茶。

北京的这些买卖人，我说的是那些至少三代都居住在北京城的"坐地户"，说实话，虽然嘴贫了点儿，可个个都不是俗人，都有一肚子的货。跟卖烟斗的聊了很长时间，大长见识。他还介绍了做烟斗的其他材料，比如海泡石、陶土、红檀木、老玉米芯、胶泥，等等。还有一些上不了台面的材料，如国人用麻梨木做的那种烟斗，虽然看上去也不错，但是，跟石楠木做的比就差多了。对烟斗感兴趣的人有两种，一种是玩儿烟斗，另一种是用烟斗，都是有"讲究"的人，对生活的品质有某种特殊追求的人。

卖烟斗人的神态，不紧不慢的话语和他深埋于胸的知识打动了我，我最终缠着他买下了这只烟斗。后来，朋友调侃我说，你不觉得这都是挖坑让你跳呢吗？我想了想说，看样子不像。朋友大笑，看上去越不像的就越是，你相信我的直觉。但我却挥挥手说，管他挖不挖坑的，玩意儿好就行了。

另一只烟斗是新的。我是不吸烟的，可是，有人知道我喜欢收藏和把玩烟斗，去欧洲的时候特意给我带回来一只很贵的烟斗。表面上看去很简单，却价值不菲。与上一只烟斗相比，这只的造型十分现代，用料更加华丽而奢侈。仅仅一个烟斗头上细腻如丝的木纹就让人浮想联翩。烟杆是用一种特制的有机材料制成。烟杆与烟斗头之间用一只类似戒指的特制金属环连接，整体造型简洁华贵。烟斗很轻，拿在手上立即会有一种神气之感。有时，我就拿着这只烟斗，在自己的书房里走来走去。想象着烟斗上冒着缕缕青丝，任思绪放飞、神游，那是一种享受。

不过，两只新旧、现代与古典不同的烟斗相比较，我还是最中意那只古典的、沉甸甸的，拿在手上似乎更能让我踏实。

我设计用两只烟斗做观察物是想让他们在观察物品的同时能够对烟斗文化有一些了解。什么样的人物会用烟斗、什么样的人物会吸香烟，什么样的人会吸雪茄，这是有个性特征的。一旦作品中描写到了人物的吸烟嗜好，比如，写一个指挥员脾气暴躁，除非有特别的理由，否则是不能让这个人物嘴上叼着个烟斗的。叼烟斗的人要么是个儒将，要么就是一个脾气柔和、理性冷静、从容之人。写好人物的道具对人物显然有着相当重要的作用，也会让人物塑造取得事半功倍的效果。

柯南·道尔塑造的经典形象福尔摩斯在外表上最具有代表性的就是他那只烟斗。在福尔摩斯的猎鹿帽、风衣之外，就是那只时时不离手的石楠木烟斗，我们能够深切地感受到福尔摩斯的形象与这只烟斗是密不可分的。

世界上喜欢吸烟斗的人很多，都是有深度、有理性的人。爱因斯坦喜欢吸烟斗，我们一定还记得那一头乱发的特写照片。画面上除了那双睿智的双眸、深深的抬头纹、乱蓬蓬的头发，就是那只突出的石楠木烟斗了。1953年获得诺贝尔文学奖的那位英国首相丘吉尔也是爱吸烟斗的人。我们知道会议期间，丘吉尔、斯大林、罗斯福这三大魔头的前两位嘴上叼的都是石楠木烟斗，而罗斯福虽然吸的是香烟却在香烟嘴上插了一根长长的烟嘴，这也更接近于烟袋。那是需要极端冷静与理智的会谈，三个大人物都需要这些东西与他者进行斗智斗勇的理性对抗。

萨特甚至把烟斗与其哲学思考联系起来，在他的经典哲学著作《存在与虚无》中提出，香烟是一种"虚无"，而烟斗是存在。他说："烟斗就放在那儿，在桌子上，独立存在着，平平常常。我把它拿到手上，我抚摸着它，注视着它，以使自己获得拥有感。但恰恰因为它似乎注定就是专门要给我带来拥有快感的，这会儿它反而不奏效了。我感觉手里捏着的不过是一根毫无生气的木头罢了。"

西方有个比喻说，香烟像妓女，是一次性的，用完就扔。雪茄像情妇，花费巨大、奢侈随性，可以拿出来人前炫耀，但最终也会曲终人散。烟斗像自己的老婆，一次交往相伴一生，日子越久越醇厚、浓郁。

日本大作家团伊玖磨以《烟斗随笔》为名于1964年到2000年在《朝日画报》杂志上连载过近两千篇随笔作品，在文学史上留下了重重的一笔。这本书在中国由杨晶、李建华翻译，新星出版社于2011出版过中文版。

这些都是关于烟斗的文化，可以写出精彩的文章。但是，前提是先去实际地认识一只烟斗，观察它、描写它。

第二组观察道具是两只紫砂壶。如果不是特别的家庭，如今的学生对紫砂壶了解的也不多。我带的这两把壶一把是"石瓢"，一把是"倒把西施"。

第三个观察道具，是我有意带去，作为一个"异域"怪物进行观察的对象。我是有意选择一件与学员的生活较远，有隔膜的物品进行速写，用以唤醒他们的感知能力。

虽然我精心准备了三组观察道具，由于篇幅所限，我们在这里只对陌生的迪吉安杜管的训练进行介绍。

迪吉安杜

观察描写训练一：迪吉安杜

要求：

1. 观察时间 5 分钟

2. 调动尽可能多的感官

3. 10 分钟 300—500 字

静物观察训练：迪吉安杜。

上面已经说过，我为什么要选择澳大利亚土著人的这种乐器来进行观察训练。是因为大家都陌生。不给同学们能够产生联想熟悉物品的可能，而是谁都未曾见过的陌生物，就是纯粹地观察物品写出观察到的，要的是真实的观察与感受，而不是通过联想已有生活经历进行回忆性的描述。这是一种"硬性"训练，看了就写。

我的要求是仔细观察这件乐器 5 分钟，可以摸它、闻它、吹它、研究它，调动所有的感觉器官去认知。

"调动所有感官"就不只是出于视觉的认知能力去写，而是包括视觉、听觉、触觉、嗅觉、味觉等感觉器官的综合参与的观察。我列举了莫言的作品《蛙》中的那段精彩的吃煤情节描写，那正是调动了作家所有感觉器官的精准描述：

　　堆在学校伙房前的煤堆渐渐高起来，车上的煤渐渐少了。我们不约而同地抽鼻子，因为我们嗅到了一种奇异的香味。仿佛是燃烧松香的味儿，又仿佛是烧烤土豆的味儿。我们的嗅觉把我们的目光吸引到那一堆亮晶晶的煤块上。

　　我们站在煤堆前，低头弯腰，像地质爱好者发现了奇异矿石；我们抽动鼻子，像从废墟中寻找食物的狗。说到这里，首先要感谢陈鼻，其次要感谢王胆。是陈鼻首先捡起一块煤，放在鼻边嗅，皱着眉，仿佛在思索什么重大问题。他的鼻子又高又大，是我们取笑的对象。思索了一会，他将手中那块煤，猛地砸在一块大煤上。煤块应声而碎，那股香气猛地散发出来。他拣起一小块，王胆也拣起一小块；他用舌头舔舔，品咂着，眼睛转着圈儿，看看我们；他也跟着学样儿，舔煤，看我们。后来，他们俩互相看看，微微笑笑，不约而同地，小心翼翼地，用门牙啃下一点煤，咀嚼着，然后又咬下一块，猛烈地咀嚼着。兴奋的表情，在他们脸上洋溢。陈鼻的大鼻子发红，上边布满汗珠。王胆的小鼻子发黑，上面沾满煤灰。我们痴迷地听着他们咀嚼煤块时发出的声音。我们惊讶地看到他们吞咽。他们竟然把煤咽下去了。

　　我说，你们知道这段描写有多么美妙吗，这就是调动所有的感觉器官描写。请大家现在开始进行观察。

　　他们安静地观察、触摸并试图吹响它。5分钟后，他们开始写，教室里安静极了，我猜想着他们会写出什么结果。

　　10分钟后，我说，时间到了，我们得在规定的时间内完成，这样后面的教学才能顺利进行下去。他们停下来，却都两眼紧盯着自己的作品默读。

我说请同学们把自己的作品跟大家分享一下吧，请你们都念一下。

李媛先举手，她站起来，清清嗓子读了自己的作品：

这一件由根木制成而上下通直的乐器，表面上看去暗红色的底版加上黑色的波浪条纹的勾画显得野性神秘。正中央的地方画了一只色彩斑斓的大蝴蝶，花纹规则，对称有形。这乐器远远望去，下部较弯较粗的部分上有两凸点，横放着像极了在游走的蛇头，仿佛着艳丽花纹的它随时都会从中间的小洞中喷出一根细长的舌头来。

她念完的时候，我说，非常好，细腻形象。今天是第一次写观察速写就写得这样很不容易。你们是一年级刚刚入学的学生，还没有完全从高中作文的教育中走出来，能写到这程度也是不错了。

回到家，我再读她的这篇速写，有一种清新之感。干净。我给她的批语：写得细腻，如果再加上一点"关己"的联想会更好。

"关己"就是跟自己挂上钩，有了联系就能有新的感知。

吴娅芬是那个高考考了 600 多分的"学霸"。她是最认真的一个，在她的速写本上许多地方都有涂改液的痕迹，她是如此专注地对待观察训练这件事，我非常感动。看她那专心听课、专注的眼睛，我能感觉到她未来会写出名堂来的，只要坚持下去。

还是听她写的速写：

这是澳洲土著的一种乐器，取材树根，中间被掏空。此物上部垂直向下，下端略向水平方向倾斜。下端约为上部的三分之一长度。上部垂直部分表面涂以红漆色颜料，上面绘有一只左右不完全对称的、黄白斑点成列交叉的蝴蝶，蝴蝶旁边绘有配以黑色、黄色斑点的波浪线。下端是稍加打磨过的木根原型，凹凸不平。

我简单肯定她说，很细，也很独特，你看到了物品不太被人注意的地方。之后，我在她的这段文字后的评语是：对器物的比例关注仔细，写得细，如再略放开联想一点会更生动。

上次课被李媛说成"心细"的赵蓬勃也真是位细心的观察者。他的观察速写是这样的：

这是一件工艺品，看起来像是用树根做成，因为中间被掏空了，所以拿起来感觉很轻。整个形状呈一个大号的烟斗，两侧还有小孔，或许可以用它吹出美妙的音乐。它的上端涂满了红色颜料，下面绘着一只由黑白黄三色构成的大蝴蝶，其余部分的花纹与线条看起来很随意，并且不对称，忍不住令人浮想联翩。下端保持了树根的颜色及样子，手感很粗糙，还有几个诡异的圆洞，直立起来像极了一张人脸。整件物品充满了来自澳洲土著的气息。

我给这段文字的评语：注意到了其他同学未注意到的颜色，"人脸"的发现也好。

张木铎捕捉细节的能力很不错，他的描写：

"大号烟斗"展现在我眼前，圆筒形长柱上彩绘了奇异的蝴蝶，周围点缀柔和的波浪线，而"烟斗"头部显而易见是由树根雕刻成型，上面浮着两个洞，像双眼睛，浑身散发着深厚的土地的泥土气息。

我给他的评语：好，已展开推演，不只是乐器本身。

来自甘南的央金有着独特的观察语汇，她捧着自己的课堂练习本，带着西北口音念道：

它由树根制成，中间掏空，似烟斗状的古老乐器。器身被削得十分平整，上面描绘着一只怪异的蝴蝶似的昆虫，昆虫周身是几条长短不一的波浪，像是随意地描绘上去。只有乐器末端才能看出树根的姿态，古老而粗糙的质感，不由得让我想到它的主干原来是怎样的茂盛高大。

她的这篇速写没有仅仅局限于物品自身，观察的视野伸展开了，有了一些联想。我给她的评语：展开了联想，有意就此扩展开，对路。

谢勇写得也很有特点：

整个乐器由树根制成，分成明显的两段。一段被削剪得平滑，外面用黑红涂料涂上装饰，画着牛头似的蝴蝶，波浪状的花纹。往上便是黑漆涂成的一圈，最外层（接口处）凹凸不平地涂上一层蜡质硬壳。往下一段是未加修剪的部分，并且向外偏，与另一段不在同一直线上。同时表面粗糙，微微显出人面造型。

他捕捉的特征很有个性色彩，对那些花纹的描写，对那些图案的理解也都很有味道。我给他的评语是：写得很好，如果再生动一些会更好。我的意思是，他的文字有些死板，有点像说明书。不过，正如我前面说的那样，这是同学们的第一次描写，写到这个样子已经很出乎意料了。

佟伟擅长朗读，他洪亮的声音读道：

放置在椅子上的是一件来自澳洲土著的、状如烟斗的乐器。这件乐器做工相当朴实，甚至有一种粗糙的感觉。这段弯折的树根前半部分被打磨光滑并刷上许多神秘的符号。这些符号由一个黄色的圆点和黑色的波浪线构成，点缀在辅以暗红底色的背景上，与正中央的巨大蝴蝶图案相得益彰，而后半段干脆放弃了修饰，让树根展示原始状态呈现在我们面前。

写得也很不错，我给他的评语是：看得很细、专注，如再生动鲜活一些、略联想一下更好。

我看了看学生，突然想到刘娜还没有念。就问，刘娜你的写完了吗？刘娜不好意地说，老师，我写字慢，又想听听其他同学的，没完成，回去补上。我笑了笑说，好吧。

石瓢与西施

观察描写训练二：杯子、紫砂壶

要求：

1. 观察时间 5 分钟

2. 调动尽可能多的感官

3. 10 分钟 300—500 字

我说，通过上面的练习，感觉你们的基础很好。不是当面夸奖你们，你们第一次进行课堂静物观察就能写出这样的文字实在是出乎意料。与前几届学生相比，你们的写作能力更强一些，你们在文字、句法上一点问题都没有，表达上也有自己的特色。

但是，并非没有任何缺点，相反，从你们的速写中可以看出，在描写上还有待更多的训练。比如，你们在写静物的时候，大多数只是单一去写一个"死"的物品，没有把这些物品与人、与语境联系起来。也就是你们只是在单一地写物，没有想到这些物与使用这些物的人，与放置物的人，与周围的环境的关系。

物在一些同学人的眼里，恐怕还是"悬空"的，没有给这些物找到可靠的依托。也就是说，你们的速写应当稍稍加上一句点缀的话，可能就活了。比如，你们把当时物品出现时的状态、观察这个物品时与同学交流的状态，甚至你的心境、周围的环境，物品摆放的位置等加上那么一句，就会让阅读者觉得，你的物品不是个"死物"而是个有"气息"的东西。

比如你写上这样的句子："迪吉安杜被放在桌面上时，恰好从教室外传来音乐系的学员优美的歌声。""当那根奇怪的乐器展现在眼前时……""眼前这件朴实的物品让我想到的了爷爷的那只烟斗。"等等，这些稍加装饰的语句会让你的描写产生动态的、新鲜的感觉，会发出"人"的味道，而这样的东西才能让阅读者产生亲近之意。

我建议大家去读一读汪曾祺写物的作品。特别是他的《人间草木》，写物写得好极了，有静物、动物、吃食，等等。比如他有篇《故乡的食物》写到高邮咸鸭蛋：

高邮咸蛋的特点是质细而油多。蛋白柔嫩，不似别处的发干、发粉，入口如嚼石灰。油多尤为别处所不及。鸭蛋的吃法，如袁子才所说，带壳切开，是一种，那是席间待客的办法。平常食用，一般都是敲破"空头"用筷子挖着吃。筷子头一扎下去，吱——红油就冒出来了。高邮咸蛋的黄是通红的。苏北有一道名菜，叫作"朱砂豆腐"，就是用高邮鸭蛋黄炒豆腐。我在北京吃的咸鸭蛋，蛋黄是浅黄色的，这叫什么咸鸭蛋呢！

你会觉得汪曾祺把死的东西写得有趣了、生动了，这种写法是值得大家借鉴的。当然，我们这只是第一次，后面我们还有更多的机会进一步改进。

接下来，要进行的训练是两件物品。第一件是你们大家都熟悉的，还有一件是与你们的生活稍远一些的，一近一远让你们逐步适应所观察对象的变化。

之后，我从包里拿出两只淡蓝色的玻璃杯。我跟同学们说，这两只杯子是一样的，是意大利产的杯子，今天我们的第一个观察练习就是观察两分钟杯子，写一篇速写。

这个静物练习的目的是通过观察一件日常生活中熟悉的物品写出独特的认识，要求这篇速写要有"语境"，用三到五句话写出观察的结果。

同学们认真地观察，用手摸，放在不同的位置上观看，两组同学都很投入，他们还在低声地交流着，有的还敲敲，用鼻子闻闻。他们的状态让我很高兴。而后，他们就伏在课桌上开始了对杯子的描写。

在学员们进行紧张的速写训练的时候，我忽然发现寒院长坐在教室的一个角落里，旁边坐着他的跟屁虫院办主任裴晓华。

我赶紧走到寒院长面前，低声说，不知道您来了，我视力不太好，刚刚发现。我问，这样讲行吗？寒院长不由自主地竖起大拇指，就这样！很好。他肯定地说，创作课就应当这样上。不能把创作课上成名著讲读，一个学期睡倒一大片，还没有讲出什么名堂来。就该进行这些基础训练，要不他们怎么知道怎样写呢？要强化他们的动手动脑能力。我笑着说，我的课他们是没有机会睡觉的，因为时时都处在紧张的思考与写作中，他们抽不出时间来困上一下。寒院长和裴主任都笑了。裴晓华开玩笑说，你一次拿几件收藏品，听你几次课后就能知道你家里有多少宝贝了。我们开心地笑了。

尽管只进行了两个项目的训练，上课的效果却已经初现，学员和寒风尽、裴晓华的肯定也是一种证明。但心里依然忐忑，因为真正的效果得看一年之后他们是不是真正能写作品，进入下一个单元的完整作品的创作中，他们是不是能够懂得课程设计的良苦用心。

很快就完成了，采取的方法是，由学员自己念完成的文字，再由同学互相评论，然后老师做简短的点评。

这次加上让同学进行点评的方式是想通过让他们互相评价，来认识自己的长处与不足。

可喜的是，学员们对于静物的观察已经从静态的物品关注到了对其内质的倾听，倾听静静的物品中那些"活的"东西。吴娅芬的速写里就有"它安静地站在那里，周身散发着幽幽的蓝光"这样的句子，把一个"死"的杯子写得动态起来，这是一种动态捕捉感觉。

正像菲茨杰拉德《了不起的盖茨比》里的那些对静静的道路的描写却让人惊奇地读到了那些"草坪从海滩起步，直奔大门""汽车路匆匆忙忙与铁路会合"等动起来的句子，安静的物体仿佛活了起来，那些美妙的句子，让人心花怒放，让每个懂得作家这样描写用意的人意外而叫好。

我在吴娅芬的这段描写中还读到了她对静物声音的捕捉："轻轻敲击还能发出清脆的响声。"

这是一只看似普通的玻璃杯，体积稍大，上端较粗，下端较细，倒扣过来就是几何课中所讲到的圆台。它安静地站在那里，周身散发着幽幽的蓝光平添了一份神秘色彩。杯子下半部分均匀排列着七道凸出的棱，摸上去手感很好，轻轻敲击还能发出清脆的响声。杯子底部用英文刻有"意大利制造"的字样，看起来价格不菲。

这说明学员们把感知能力与物体观察贯通了，把感官调动起来，让每一个感知部位都参与到对事物的观察中去。这就是"在状态"中的一种写，绝没有一点儿的"应付之感"。他们已经投入到创作训练的情境之中，这是最令人高兴的东西。

同样注意到声音的还有赵蓬勃的句子："杯子与桌面碰出一个略显沉重的声音。"

只见老师从提包里抽出一只玻璃杯轻轻放在桌上，杯子与桌面碰撞出一个略显沉重的声响。整个杯子呈现出淡淡的蓝色，仿佛装满了海里最澄澈的海水。占据杯子三分之一的底部均匀地分布着一圈圈波纹，形成一个个极富美感的圆。薄薄的杯壁，呈喇叭状向上延伸，形成一个晶莹的画面，闪烁着夺目的光芒。

张木铎也注意到了对于声音的捕捉，他的段落里有："两只杯子的杯底与杯口相碰，声音持续了一段又消失了"这样的句子。

老师拿出杯子，两只杯子的杯底与杯口相碰，声音持续了一段又消失了。放到桌面上声音很沉闷。杯子为淡蓝色，上宽下窄，呈圆台形。杯底有六条深痕，摸起来有些刮手，像一排鱼鳞一样，却比鱼鳞齐整。

写声音写得最好的是刘娜，她在上一个练习中因为写字慢没有参与成，所以这次她很努力地写了一段。她的那段写得非常好："我好像可以看到饮料咕咚倒入杯子里泛起的一连串气泡，听到一个方正的冰块叮叮咚咚撞击着杯壁那清脆的声音。"如果不说这是个初步入行的学生写的，可能就成为名句了——写得真好！

据说这是一款意大利产的玻璃杯，但外行的我并没看出有什么不同。杯子通体是透亮的呈淡蓝色的光泽，倒圆台体的杯型看起来中通外直，垂落大方。拿在手里，感到表面光滑莹润，手指可在玻璃外层留下一个淡淡的指纹。我好像可以看到饮料咕咚倒入杯子里泛起的一连串气泡，听到一个方正的冰块叮叮咚咚撞击着杯壁那清脆的声音。

对于杯子的外表形状、颜色的描写也很精彩。
李媛的"散发着地中海般的蓝光"那个句子很棒。

在白炽灯的映衬下，栗木桌上倒扣的圆台散发着地中海般的蓝光。这是一只产自意大利的水晶玻璃杯，毫无杂质，纤薄润滑的杯壁在桌面上形成圈圈光晕。底座 7 个平行的圆弧分割了它的完整，虽然增添了几分残缺，却更显出它的完美。

这样的描写很到位，是值得肯定与借鉴的。
央金的句子："它像《哈利波特》中的圣杯，周身散发着幽静的蓝光，好像在诉说着制造它的故乡的神秘。"也是不错的描写。

老师在桌上放了一个杯子供我们观察，杯子似喇叭状向上张开着，杯子底部像是受不住上面的重压被挤得露出一圈圈褶皱。它像《哈利波特》中的圣杯，周身散发幽静的蓝光，好像在诉说着制造它的故乡的神秘。

佟伟的那篇写得生动而有趣：

干渴的我发现了一只仿佛漏斗的玻璃杯，它透着蓝色的光，像天花板上吊着灯。杯子下端有环绕的纹线，若用手指甲轻按，会发出美妙的八音盒声。杯子里没有水，只有 10 滴水露挂在杯沿上，让我恨不得舔两口。

如此生动，佟伟善于联想，也善于捕捉那些有通感的东西，这个感觉很好。说明他的基础相当不错，要是一直这样写下去，一定会写出好作品的。他那句"让我恨不得舔两口"写得多真切。

杯子描写训练项目结束了，便开始了第二个训练项目：观察描写紫砂壶。

从包里拿出两把精致的紫砂壶，还有两个特制的用鸡翅木制作的精巧的壶座。我把第一只壶，也就是被称为"西施钮"的那把壶和壶座放在左边一组的同学面前，而把第二只壶，即"石瓢"壶和壶座放在右边一组的同学面前。我说，你们这两个组分别观察这两个不同的紫砂壶，可以触摸、闻味道、看，然后写下来。我调侃说，这两只壶很贵重，我都舍不得用，为了这次课我才特意"开壶"，泡了两种不同的茶，可千万别掉到地上。大家拿壶的动作一下就变得很轻了。

随后，我讲了两把壶的大概来历。这两只壶是我的另一种收藏品，虽然不能算是特别贵重，但也是属于不错的品相壶，放在我的柜子里，的确舍不得用。但是，紫砂壶是要用的，用它也是一种养，不用就养不好。我只是偶尔拿出来泡上一壶茶把玩欣赏一下而已。用壶是讲究的，不仅要使用，还要养护它，几道程序下来还是很费时间的，像我们这种"官家人"空闲的时候实在没有多少，所以用的机会也就不多。

西施壶这个壶型出现于明朝，又被称为"倒把西施"，最早叫"文旦壶"，是一种深受文人喜爱的壶型。因做壶者不同，其形状略有不同。"倒把西施"形态如美女的丰乳，故称为"西施乳"。壶钮像乳头，壶嘴短小，壶把如倒耳状，壶底内敛，因有人认为其名"西施乳"不雅，故改名为"倒把西施壶"。

　　西施壶的创造者是明代紫砂壶大师徐友泉。明代宜兴有著名的紫砂壶"四大名家"，即赵梁、董翰、元畅、时朋。四大名家中的时朋把技艺传给了儿子时大彬，时大彬将紫砂艺术发扬光大，成为一代大家，而徐友泉正是时大彬的高徒。徐友泉在制壶技艺过程中独创了西施壶型，成为一款流传极广、深受喜欢的壶型。

　　另一只壶叫"石瓢"，也是中国传统紫砂壶里面的经典壶型，深受行家的青睐。"石瓢"最早称为"石铫"，这个壶型的出现据传与北宋大学士苏轼有关。苏轼被贬官到宜兴蜀山教书，他喜欢喝茶，他喝茶是用水煮着喝，用的是铁壶或铜壶。到了宜兴后，发现用这里的紫砂罐煮茶比用铁壶和铜壶煮的味道都好，于是他就用宜兴的紫砂泥模仿一种叫"铫"的金属壶型捏制了一把紫砂壶煮茶，于是，就形成了最初的"石瓢"的早期形态。所以，"石瓢"壶也被称为"东坡提梁"壶。后来，经过紫砂壶大师们的进一步改进修正，历经几个朝代形成了经典的石瓢壶型，并且因制壶者不同，还有了各种流派与风格。有谚语说"壶中百变，首推石瓢"，可见，石瓢是一种深受喜欢的壶型。

　　我对同学们说，紫砂壶离你们的现实生活比较远一些，写起来稍难。但是，好在我们先不用去了解太多的专业知识，只是看其外形进行描写而已。我给大家举一篇写紫砂壶的作品，给一点启发。

　　我举了章左声的作品《替"神壶"立传》写的紫砂壶段落：

　　紫砂壶有奇妙的功用，壶壁充满肉眼看不到的亿万细小气孔，滴水不透，又通风透气。以它泡茶，茶美、味醇、气香。使用一久，壶壁似海绵般吸足了茶汁，内壁又会堆起一层茶锈。这时即使不放茶叶，冲入沸水喝时也会感到醇香扑鼻，难怪人们要对紫砂茶具爱不释手了。

章左声是个老作家（生于 1934 年），对紫砂壶有过研究。他生长在江南，紫砂的气息濡染着他的成长，所以，他的作品可以说相当地道、结实。

不过，当看到学员们在课堂上完成的速写后，却觉得从一个非专业、直观的角度观察事物或许更有亲和感。

谢勇的速写很认真，他把一篇本来要求 3 至 5 句话的训练写得很丰富。没有阻止他们随性地扩展句子，是不想把他们框得太死。写作本来就是个感性的活计，有时写作者控制不了自己。人为的限制有时会打击他们的热情。谢勇的速写细致而生动。

绛紫的缎面盒子被缓缓打开，紫砂壶和它浅棕色的专属宝座映入眼帘。壶型上窄下宽，犹如弥勒的笑靥，而壶面上几个墨写的大字更为它增添了几分禅意，让人仿佛能看到禅房中氤氲的水汽从壶盖正下端的气孔不绝涌出，溢满房间，浸湿它满布凹凸白点的壶身和它花纹密布、道道裂纹的鸡翅木底座。湿嗒嗒，更给那遍体圆润的"佛"字涂上了一层墨。在水汽迷蒙中幻化为烫金大字。茶香四溢，引人心醉。可当茶道结束，清洗干净，它又变成毫无意义的自己。壶胆内道道凹纹，壶嘴里密布的出水也快，犹如连接黑洞与白洞间的虫洞，似要把一切吞噬。而底座亦是如此，暗红、茶锈的水印，焦黑的底面，冲淡了八爪鱼状基座的美感，蒙上了层伤感的情绪。

像说赵蓬勃是个细致的男孩一样，来自温州的小女生李媛（2001 年出生）同样是个敏感而精致的人。她观察仔细，写得也很丰富，有些地方让人拍案叫好。

这个深紫色的盒子一打开，一个精致小巧的紫砂壶出现在我眼前。整个壶呈暗红色，上面布满了不规则的小黄点，左侧挂着一个环形的小壶把，右侧突出的壶嘴看起来十分可爱，好像随时会有醇香的液体倾倒出。壶盖上方有一个小小的气孔，仿佛一瞬间那里就会出现一大团缥缈的白雾，如同云海。再向下看，壶底座由鸡翅木做成，上面布满了粗糙的纹路，像是由手工制成，看起来很自然。底座上右正中央的颜色较深纹路，应该是还未散去的水印，聚成了许多奇怪的图案。底座下方的木头仿佛被烧焦了，中间刻着篆字，均匀分布着四个小圆洞。整个底座十分原生态，细细一闻还能感受到特有的木头芳香。这个小壶周身散发着古典气息，正面还印有八个烫金的大字：佛在心中，人在福中。

刘娜的文字依旧是准确而形象的，她的描写中"它实木的清香，茶水的碧透伴着木鱼的声响，化成一团水汽去洗涤空气，去洗涤人的脾肺。"让我回味无穷。

长着小足的鸡翅木底座四平八稳的放在桌面上，实木的敦实质感与它暗褐色的外表显得大方稳重。在它的上面托着一把精致细腻的扁圆紫砂壶，这把壶釉偏红，上面点着白色的小凸点。壶的把手纤细，壶嘴轻轻上翘，打开壶盖可看见一致的玉兰油细腻，并且内部的壶嘴接口处还有着做工细致的漏网。盖上壶盖，远望，"佛"字呈于正面，反面"佛在心中，人在福中"的黑色俊逸字样落在上面。似乎在云蒸梦莹的高山深树静寺之中。它实木的清香，茶水的碧透伴着木鱼的声响，化成一团水汽去洗涤空气，去洗涤人的脾肺。

赵蓬勃的描写很精确形象。

你像请我喝茶一样伸手拿出一个紫砂壶，放在扁平的底座上。底座不禁令我想到古人围成一圈坐着的茶桌，另有一番茶韵。紫砂壶头顶着一台诙谐的"帽子"，顶端附着像乳头一般的钮。远望过去，它圆滑的弧面像肉鼓鼓的包子。若将它倒过来观察，遮住嘴部，显露出的像极了卡通人物——大耳朵图图。倒茶口突出来，像小孩子任性时噘起的小嘴，十分讨人喜爱。

央金的"让人不禁有想捏上去的冲动""壶把好似西施的耳朵，弧度弯曲恰到好处，像是倒挂着贴在壶身上，轻轻地抚摸也会弄疼似的"等句子运用了触觉想象，写得很真切。

茶壶的底座似一桩盘根交错的树根，托着一个棕红色的名叫"西施钮"的紫砂壶。壶身圆润饱满，似婀娜少女丰满的乳房。乳头作为壶盖把像一颗熟透的樱桃立在壶盖上，让人不禁有想捏上去的冲动。壶嘴十分短小，像是被谁削去一大半，只留下末端的一小截。壶把好似西施的耳朵，弧度弯曲恰到好处，像是倒挂着贴在壶身上，轻轻地抚摸也会弄疼似的。整个壶的大小握在手中刚刚好，不大不小。用它来品尝茶水，嘴唇触到短小的壶嘴时，让人觉得像是在品尝着甘甜的乳汁，不禁拼命吮吸起来。

张木铎忠实于自己的感受，诚实地描绘了自己能见到的，不去联想却真实。

老师拿出一个四方的包装盒，取出茶壶与壶座放在包装盒上。茶壶名为"西施钮"，整体突显出圆润感。下部较宽，如同蒙古包。提把像一只倒过来的耳朵，刚好能够容下两根手指。壶嘴极短，微微上翘。壶盖比寻常的宽些，而且很薄，大概只有五六毫米。正对壶嘴两面都刻"丰"字，一面认不出，另一面隐隐看出一个"徐"字。透过壶嘴向里看，可以看见斑斑驳驳的圆孔，连接着壶嘴，那是过滤茶叶用的。壶底内部覆盖着浅浅一层茶垢，闻上去有柠檬味。外部则留着四个篆体字，似乎是制作人的姓名。底下是鸡翅木的茶座，上部平整地围着两个圆圈。往下却保持着木头的原样，像几条触手向外伸展，但伸展到最后却都停在了同一个地方。两部分由处处小孔连接，如同一片迷宫将茶香封锁其中，回味悠长。

佟伟的"抚摸着壶身仿佛抓着一块羊脂"捕捉到了物品的要害。

乍一看，这把紫砂壶，我不禁莞尔。真不愧是倒把西施，珠圆玉润，略带扁平的壶身将西施的柔美温婉恰如其分地表现出来。整个壶身呈朱红色，小巧精致的壶把，不禁让人担心它能否承担如此的重量。矮小的壶嘴自然向上翘起，大有"小荷才露尖尖角"的味道。将紫砂壶握在手中，令我不敢置信火焰与泥土的配合竟然能够创造出如此细腻的手感，抚摸着壶身仿佛抓着一块羊脂。将壶盖正对着我，忽然发现此时这把紫砂恰似美人的玉乳，想象着碧绿的茶水从中淙淙地流去，真是玉乳滴香。不禁又想起西施的倩影，此时我已心旌摇荡。

这一组训练进行得顺利，并且看得出，同学们越写越上路，越写感觉越精细了。

集体的故事

在进行了三组静物观察后，我们就要进行一个课堂集体编"紫砂壶的故事"的训练。

设计这个项目的目的是进行一至三个片段观察，然后把片段观察对象融入一个完整的故事。这样，在不断的训练与写作中，他们不仅会把握如何围绕一件物品编织一组人物，还会用物品来反衬人物的技巧。

另外，通过集体编创项目，互相启发，调动大家的创造性，让文学创作与训练变得有趣。由片段到完整作品，由片段作品上升到一个较高水平的作品，围绕物品，人物的描写就会被物品衬托出光泽。这比单一的人物形象的描写要省力。这是比较实用的创作方法。

我说，咱们就以紫砂壶为题，集体编一个故事吧。有使用紫砂壶的，也有做紫砂壶的，或许我们可以把做紫砂壶的人写得悲伤一点儿，而玩紫砂壶的人可以编得幸福一点儿，你们同意吗？大家高兴地说，同意。

可是，佟伟却说，我们对做紫砂壶没有什么知识，更没有什么可供参考的记忆，我们得回去查资料才能编。要是编使用紫砂壶人的故事，问题不大。

我就说，那咱们就只编一个玩儿壶人的故事。我问，什么人才玩儿壶呢？学员就说，肯定是有钱人吧？我说，好啊，那就是个有钱人。玩儿壶的人是个男人还是女人呢，一个学员就说，玩儿这东西的应当是个男人。什么样的男人？他可能是个曾经有钱的人，也可能现在也有钱，最起码是个富人。

我引导大家的联想，就像曹禺《北京人》里的那个曾文清一样的人，曾经是个大家庭，现在衰落了，可是还保留着那些遗老遗少的习惯，丢不下那些贵族气，还整天抱着个紫砂壶，哼着小曲儿，甚至还提笼架鸟，是个北京公子哥儿，你们同意吗？

有一个同学接着编：他的紫砂壶被卖了，生活拮据，入不敷出，而这个时候，他跟一个女人好上了，为了这个女人他把心爱的壶给卖了。另一人说，一把壶值几个钱？另一个人就说，那这把壶就该是一把特值钱的那种。又一人补充说，那就是祖上传下来的文物。对，这就是文物级的宝贝，要不然卖不上几个钱。

我问，是不是结局是个喜剧式的呢？让那公子哥把壶给赎回来了？大家同意，应该是个喜剧。

我说，这个故事的路子很对。一个好的故事结构就应当是"一个人掉进坑里，如何往外爬"。让人物从平静的生活状态下，一下子跌到了坑里，让他挣扎痛苦，让他翻两番，最终爬出了坑，也可以爬不出来，爬出来的是个喜剧，爬不出来的是个悲剧。

同学们的情绪高涨，积极参与，都跃跃欲试地给人物"穿衣戴帽"，他们的兴趣被点燃了。

在大家起劲儿地编着的时候，我一看表，12 点，拖堂了。我立即说，要不然，咱们就编到这里？接下来，发生了什么，或者是如何发生的，你们自己下去编，每个人都会有不同的编法。

训练课是成功的，我让课代表把课堂作业收上来。噢，对了，同学们推选佟伟当课代表。佟伟把这些练习本收上来后交给我，我要回家去仔细地阅读，给他们写出简单的评语。

课外训练

我抱歉地对同学们说，已经 12 点了，耽误了你们的中饭。但是，还要给你们留一下课外作业，否则仅靠课堂这点儿练习恐怕不行。

一、每日写一篇观察速写，字数不限，共六篇。

二、创作一篇完整的作品，以下可选择做其一：

1. 以集体编创的故事为基础，或者另起炉灶完成一篇千字以上的作品。

要求是，围绕紫砂壶写人物，要有情节。

2. 围绕一只烟斗或者杯子，创作一篇作品，小说、散文皆可。要求是，围绕物品写人物，要有情节。参考主题：（1）衰落；（2）繁盛；（3）怀念。

大家高高兴兴地散了。我也拎着两个包的教具找午饭去了。虽然有些累，却很愉快。

第 05 课

鞋柜、"阿莱夫"与"那物"

授课内容：

1. 静物描写：鞋柜

2. 静物联想：斑点

3. 室外静物：井盖

天气预报说，今天的天气很好，有点冷，适合晨练。可是，出门后发现街上依然充满了雾气，天空阴郁，或许过了早晨会好起来吧。

早早地出来是想在教学大楼前再看一看那些被选定为今天观察描写对象的井盖。这里的井盖可真不少，不过照我看都很普通，从这些普通中他们能有什么独特的观察结果吗？

来到教室的时候，没想到同学们已经到位了。吴娅芬在啃苞米，刘娜在喝饮料，央金在看手机，我问，没吃早饭吗？吴娅芬不好意思地说，路过小卖部顺便买的，就是馋。我说，反正还没上课。佟伟这个课代表挺负责的，他已经把投影打开，屏幕降下来，谢勇帮着他把我的笔记本电脑也接好了。

还没等他们进入情况，我就说，正好，你们全体现在马上去舞蹈系教室外，观察舞蹈系的孩子们换鞋、放鞋，之后等着他们上课以后，打开他们的鞋柜继续观察。这是我们今天的训练内容之一。

同学们拿起本和笔就出去了。今天的训练项目，要在静物中加入动的成分，不知道他们能否有新的发现。

课前"小餐"

上课铃声响过约 15 分钟后，观察舞蹈系学生鞋柜的学生们回来了。没有说笑，都静静地坐到他们的位置上。我也没问他们观察的情况，随后也没有提鞋柜的事。

我说，我看到同学们吃着零食，喝着饮料，我也有点馋了。我本想借此玩笑话逗大家笑一笑，感觉今天学生们似乎有些闷，同学们却没有反应。我说，今天我们来个"课前小餐"吧——从讲故事开始。我今天不预设主题，你们想讲什么就讲什么，就是想听听你们的故事。

这些小精灵们，满脑子都装着故事。这样一开场，他们的故事就来了。不过，我想，目前正是他们创造力旺盛的时候，再加上刚开学不久，新鲜感还在，亢奋劲还没有过去，尚未感觉铺摆故事的困难，慢慢他们就会搜肠刮肚了。用这种"逼"的方式每课都做，对他们来说是好事。现在还显现不出作用，时间一长，定然对他们的写作有相当大的帮助。这是毋庸置疑的。

刘娜先讲，她对我说，老师讲"观察与观察力"的时候讲了师姐、师哥身上疤痕的故事，给我的触动很大。其实，我的身上也有一道很深的疤痕。我微笑着说，看来大家都有一本血泪账啊。

刘娜笑了笑说，我这个疤痕也跟高考有关。我手臂上的这道疤痕，看到的人都以为我曾经想不开呢，其实没有那么严重。高三的时候，为了准备高考，大家都兴在外面租房住，我经过与父母的斗争，也争取到了在学校附近租房的权利。一天夜里11点多从学校回住处，一个人挺害怕的，越是害怕就越觉得后面有人跟着，结果还真有一个人在后面紧随着我。我就慌了，跑起来，很快就跑到了楼里，可是不小心，被楼梯上的一个钉子给刮住了。也顾不上疼了，就跑回了家，紧紧地关上门。第二天早上上学的时候，和租住在我楼下的一个女生遇到了，她就问我，昨天晚上你跑啥，我想跟你搭个伴儿，怎么追也追不上你。

刘娜的故事引得大家哈哈大笑。

第二个讲故事的人是吴娅芬，她讲的是高中时候的数学老师。她说，我们的数学老师喜欢打太极，他总是动员我们跟着他一起打，他的动作总是太极式的。我们都觉得没必要买保险，有一次他就动员我们买，他说，同学们买保险很重要，为什么呢，我们94级有一个同学病了，病得很重，你们猜怎么着？他居然没死！你们猜怎么着，其实学校已经给他买了保险，他不知道，他治病的钱已经给交了。所以说，同学，买保险很重要。同学们，你们看！这道题。说到这里的时候，吴娅芬做了一个夸张的动作学那位会太极的数学老师，猛回身在黑板上画了一个大圈，引得大家大笑。

吴娅芬很有表演天赋，记得在她入学考三试的时候，就额外地请求考官给她一个展示才艺的机会，考官们同意了。她坐在钢琴前谈了一段前奏，而后表演了一段莎士比亚的戏剧片段，声情并茂，获得了考官们的肯定。她的才华一有机会就会流露出来。

接着赵蓬勃讲了他考北艺时生病还是坚持考完的经历。佟伟讲了在电梯里看到舞蹈系的孩子强行挤电梯的事，觉得这是一个道德教育问题。央金讲了爷爷带着她们姐俩去幼儿园被摔，留下一道疤的故事，爷爷虽然爱她们可有时也保护不了她们。张木铎讲了一个恐怖的故事，说的是他们那里有个孩子失踪了，后来父母居然在一个暴雨天查看房顶的时候，在一个麻袋里看到了儿子的尸体，最终也没有破案。谢勇也讲了一个案件。他说，自己母亲是个警察，曾经破过一个案子，她赶到杀人现场时，有个声音喊救命，开始也挺害怕的，后来才注意到这是一个熟悉的声音，走近看却是自己的一个检察官朋友。她很快将其送到医院救了他。

课前小餐顺畅，看得出来，大家也很放松。

看到了笑脸

要说，这次课的最大收获，还不是学员们表现出的越来越优秀的写作能力，而是看到了他们的笑容。我看到了他们放松的、友善的、自然的面容。

前面的课堂训练虽然进展得很顺利，也很投入，效果很好，但是，同学们还是拘谨有礼，没有完全放松下来。没有笑意，总是怕犯什么忌讳似的。他们的表情和神态告诉我，他们放松的表面下，是紧张和不知所措。

这样的状态很不妙，我担忧的是他们在这样的训练中找不到乐趣，没有主动的意愿，只是为了维护这个课程而努力"学习"。可是，创作不是靠努力学习就能解决的事。如果他们在创作训练中享受不到乐趣，找不到幸福感，这是最糟糕的。如果我们不能从我们干的事情中获得某种精神上的主动权和享受感，那还不如不做。我怕我成了一位举着鞭子逼迫着奴隶们干活的监工和看守。那样，我也会从教学中失去乐趣，而把它变成一种生存手段。

看到了他们的笑脸，心里的喜悦是油然的。

的确我们在干很多事情的时候都不是情愿的，可能是因为生存的需要，也可能是因为客观的挤压，在多数情况下我们并不能"为所欲为"。如果不能从做的事情中得到某种乐趣，对一个人来说是痛苦的，特别是对于成长中的学生们更是如此。我们也是"过来人"，是有深切体会的。为什么要在课堂上睡觉，大概是没有兴趣吧，如何能投入进来？如果愿意并喜欢干，恐怕前天晚上睡得再晚也会主动而愉快地跟着大家一起干。

鞋 柜

我们今天的训练项目是"幕后"，就是刚才请大家去观察舞蹈系学生们的鞋柜。这些你们经常看到的物品，你们不一定了解。当你们观察这些鞋柜的时候，可以展开联想，也可以把平常你们与这些小演员们接触的点点滴滴联系起来，把这些死的东西写得生动起来。你们打开了那些柜子，看到了里面的东西，和以前一样，你们要调动所有的感觉器官去写这些物品。

特别强调的是，我们这次课后的一项重要作业就是围绕着"舞蹈演员的鞋柜"创作一篇作品。所以，你们观察的时候，心里要装着人与事，揣摩鞋柜内外的那些事物。鞋柜内的物品、物品摆放是一个人性格脾气表现的重要方面。你们看到了什么？想到了什么？

我问，刚才的观察有发现吧？他们笑而不答，我说，那就把你们的发现写出来吧。大家迅速俯在桌子上，沉浸在对"舞蹈演员的鞋柜"的描写之中。

10分钟后，我看大部分同学都停下来了，就点名让大家来朗读自己的作品。

赵蓬勃念自己的作品：

楼梯间旁的黄色大理石墙壁，背靠着一排浅灰色的铁质鞋柜。一个鞋柜分为三层，每层六个柜门，柜门上密布着六条整齐的镂空竖线，那是散味的出孔，不过更像是里面鞋子窥探外面世界的眼睛。有的把手在上，有的在下，或向上翻或向下拉，狭小幽黑的正方体里摆着一双双黑色舞蹈鞋。如果不仔细分辨，它的外形与正常的运动鞋大同小异，不同的是，鞋底中间向上高拱，似是冲破了胶底的阻碍，露出与鞋面相同的帆布材质。

我点评：很精细。抓住了这些演员鞋柜与普通鞋柜的不同，"鞋子窥探外面世界的眼睛"这样的句子很能突出物品活的一面。对于鞋柜的观察细致，细心地看到了这个鞋柜的精细部位。

张木铎读自己的作品：

摆在我面前的是两个体积庞大的鞋柜，呈长方体，浅灰色，四四方方，普普通通，冰冰凉凉，就那样安静地站在那里，等待人们的观摩。每个鞋柜被分成了十五个小格，横着五个，竖着三个，每个小格子上都有一个贴标签的位置和扶手，只不过扶手位置不同，有的在上有的在下，打开时的样子很像天窗。柜子内整齐摆放着一双双迷彩胶鞋和黑色的舞蹈鞋，十分规矩，整齐划一，让人不禁想象那些鞋的主人们在隔壁房间练功的样子。

这段静物描写很准确，把对物品温度的感觉与鞋柜主人的想象勾连在一起，不仅忠实于物件本身，还能够延伸到物品之外。可惜的是，舞蹈教室就在旁边，音乐声会飘出门外，舞蹈老师的"一二三"的声音和他们纠正动作时的那种声音，以及此时，那些正在移动着的舞鞋都没有进入这篇作品中。

央金的描写恰到好处地写到了这些背景，只是略简单了些。

　　随着舞蹈室里舒缓的音乐声，我们看到了摆放在室外的白色鞋柜。它由好多小隔间构成，像拼凑好的俄罗斯方块。每个小柜子都有一扇柜门，柜门上透着几条长条状的通气口。打开柜门，便迎面扑来一股脚臭和淡淡的尘土的气息。每个柜子中都静置着一双黑色的高跟舞鞋，或立或倒，或斜或正地放着，姿态各异。我觉得自己好像不经同意便闯入别人家似的，便"砰"的一声关上柜门，上楼来了。

　　这篇速写练习注意到了声音、气味和摆放在鞋柜中的鞋子的形态，写得很不错。抓住了物体独特的东西，特别是那种有些"做贼"的心理："我觉得自己好像不经同意便闯入别人家似的，便'砰'的一声关上柜门，上楼来了。"描写很有趣。

　　刘娜也注意到了"鞋柜的语境"问题，她的那句"伴着教室传出悦耳的钢琴声它们显得素雅又干净"很清新。

　　紧靠在米黄色墙砖上放着的是两组鞋柜。每一组有三层，每一层各有五个柜子，这些鞋柜是铁制的并漆成了浅灰色，干净利落。走近去瞧，每一扇柜门上都规则地制有排气口和卡片插放处。打开一看，里面放着黑色的现代舞蹈鞋等用品。观察了几组，摆放在一起的每两组柜子必有一组柜门从上打开，另一组从下打开。从远处望去，两组鞋柜的排气孔组成了两条线条，像是缀上了一串花边，伴着教室传出悦耳的钢琴声它们显得素雅又干净。

　　物品都是人造的、人摆的、人用的，它们自然与人有关。在描写的时候，如果把这些东西考虑进去，会让它们"不孤立"，也会让文章充满生活的气息，会闻到那些鞋柜散发出来的"生命"和动感。

吴娅芬的作品中"黑乎乎""肆意躺倒""正襟危坐着""想必鞋子的主人性格极其随和吧。"等描写很准确也很生动，捕捉特征很到位。从她的描写中，能够感觉到某种呼之欲出的创作冲动。

放眼望去，一排半米高的灰色金属铁鞋柜依靠着高墙。它像加长型的九宫格一样，将每个人的鞋柜分开来，形成独立的体系。鞋柜门下端有凹进的把手，摸上去，冰凉的。正上方有几道透气孔，像牢房里的栅栏。打开一瞧，里面黑乎乎的映着一双舞蹈鞋。鞋子一只是肆意躺倒的，像只鼾睡的黑狗，另一只是正襟危坐着的，想必鞋子的主人性格极其随和吧。

佟伟虽然不太爱笑，但是能够感受到他是一个爱观察的男生。在他的作品里写道：

刚跑到二楼，鞋柜在哪儿没看见，找了找才发现位置。四排鞋柜为一组，共有三组，中间隔了两条缝。每一个鞋柜都呈长方形，柜门有的向上翻，有的向下翻，柜子上半部分的正中央开了五个小孔，类似于天窗。打开柜子，发现门是被磁铁吸住的，两块圆磁铁像图钉似的钉在门沿上。柜子里有的放了胶鞋，有的放了舞蹈鞋，摆放的都还不算杂乱，可也算不得齐整，都是斜着摆的。舞蹈鞋我不知道是不是同样的品牌，因为很多已经把商标磨掉了，看不清楚。鞋的样子很奇怪——运动鞋的面，高跟鞋的底，但鞋底的材料还是运动鞋的。柜内积了许多灰尘，聚集在最里面。有人说气味太大，难闻，可我不知道是因为"天窗"透过了气，还是天太冷鼻子不好用，没有闻到。

只是，他的描写在细致中有"东张西望"之感，他看了这，看了那，很专注，也很细，语句轻松，很认真。

谢勇在观察之前就关注过那些活泼的孩子们，跟他们也有过一些接触，所以，他的速写多多少少有些记忆回溯感：

午饭时间到了，我匆匆下楼准备去食堂大快朵颐。经过一楼的时候我无意中瞥见舞蹈中专班的孩子们放学的情景。这些孩子们，趁着中午领导还在的工夫仿佛出笼的小鸟，可劲儿地玩着、闹着。原本整整齐齐放在鞋柜里的鞋被仍得到处都是，汗味混合着脚臭味在空气中荡漾，让人不禁皱眉。但天真的孩子们却丝毫不在意。他们穿着单薄的练功服，追着闹着，一边发出充满稚气的笑。他们有拿着别人的鞋互相追逐的，有互相穿错鞋相互争执的，有大大方方地坐在鞋柜上换鞋的……纯白色的门以各种姿势和角度被打开着，活像是一位慈祥的白发老人咧着嘴，笑呵呵地看着孩子们在他们最美的年华里欢乐地玩耍。

很有趣，把孩子们的拘谨与奔放的天性写出来了。人与鞋柜的关系，围绕着鞋柜的童趣与生活，都在这篇小速写里提到了，很不错。

有三位创意写作系高年级的学员旁听"师弟师妹"们在朗读自己的作品，也在听着我随时的点评，他们对这种随写随评的方式感到新鲜。我试探着请他们三位也念念自己的速写。他们很高兴地加入其中，自然，他们的写作量大，文笔也就略胜一筹。我知道，他们感觉到这个训练是必要的、重要的，所以才再次主动加入进来，对于他们也是一种补课。

课后，大三学生夏梦跟我谈她现在的写作状态，她觉得自己越来越对那些故事性的东西不感兴趣，对哲学、抽象的东西感兴趣。她说不知道该如何写下去了。我说，不妨去尝试写散文，略长一些的，对于目前的她可能更适合。因为她的散文化的文风和目前对诗歌的热情都可能在散文里得到发挥。后来，有两天没看到她发来的速写练习，她说自己目前正在写小说，这倒让我略感意外了。

随后，我强调今天课后需要完成的作品写作主题：《幕后》。也就是以他们今天的观察练习"舞蹈演员的鞋柜"为核心，写一篇故事，字数在500—1000字。吴娅芬就问，能不能多写？我说多写当然好了。她就说，现在写东西总是控制不住地多写，怎么办呀？我说，有写作的冲动就不要限制自己，在初步进入写作状态时，可以不加限制地任自己的情绪与文字流动，会让你有得到满足的感觉，也会在心理上鼓励你。我说，要是你这种创作的冲动能够保持下去，是个好现象。

总结的时候，我强调了一点：目前观察写作训练先不要写记忆性的东西，而是要写观察到的真实的东西。我们目前就是训练大家观察放在眼前的物品的感知能力，也就是你对物品的捕捉与描写能力。记忆虽然会让你更省力地完成这个过程，但那不是我们现在训练的主目的。我们会在以后的联想与想象训练中进行。目前我强调的是看真实的物体，去写它们，揣摩它们。

我们的"阿莱夫"

第二个训练项目：观察斑点。

观察斑点或者"阿莱夫"的目的是"从物象到虚像"。要有从表面看到背后的意识，从一种物体具体可感的那种实体再窥见其背后的某种隐喻性的东西。

写"阿莱夫"的有两位大作家，一位是伍尔夫，她的《墙上的斑点》写的就是。另一位是阿根廷的伟大作家博尔赫斯的《阿莱夫》。这两篇都是世界文学经典作品。博尔赫斯的"阿莱夫"就是伍尔夫"墙上的斑点"，都是一个点。我讲了我对"阿莱夫"的童年经历。那时我常常孤独地一个人望着天想心事，有时就是盯着一个圆点，不眨眼地长时间地看。我想看我到底能坚持多久，后来却突然发现，你要是不眨眼地盯着一个固定的物品看，会由一个点看到一片，会由一片看到整个世界，那其实就是博尔赫斯讲的"阿莱夫"，博尔赫斯的"阿莱夫"太神秘了：

这个阿莱夫的直径仅仅只有两三厘米，然而宇宙的空间却在其中，一点没有缩小它的体积。每一件事物（譬如我们说：镜子里的月亮）都是无限数的事物，因为我清清楚楚地从宇宙所有的点看到了它。我看到了稠密的海洋，看到了黎明和黄昏，看到了亚美利加洲的人群，看到了黑色金字塔中心的一个银丝蜘蛛网。

若是能够看到博尔赫斯的"阿莱夫"那得到地下室，那个不透光的地方。平躺在那里，静静地等上一会儿，才会出现。童年的记忆中，我得站在一个黑色的圆点前站上好一会儿才能看到，原来看"阿莱夫"也是有技术的。

我还举了伍尔夫的《墙上的斑点》中的开头：

墙上的斑点是一块圆形的小迹印，在雪白的墙壁上呈暗黑色，在壁炉上方大约六七英寸的地方。如果这个斑点是一只钉子留下的痕迹，那一定不是为了挂一幅油画，而是为了挂一幅小肖像画——一幅卷发上扑着白粉、脸上抹着脂粉、嘴唇像红石竹花的贵妇人肖像。它当然是一件赝品，这所房子以前的房客只会选那一类的画——老房子得有老式画像来配它。他们就是这种人家——很有意思的人家，我常常想到他们，都是在一些奇怪的地方，因为谁都不会再见到他们，也不会知道他们后来的遭遇了。

那么，我们创意写作的学员们会看到什么？

我准备了一个蓝色的"斑点"，在 PPT 上播放出来，让他们静静地看 3 分钟，然后写下来。于是，我就看到了学员们写出的他们自己的"阿莱夫"。

李媛的"阿莱夫"：

这一定是涂漆工甩在墙上的斑点，明亮的蓝突兀地挂在白墙上，把我的目光吸引过来。我盯着它，蓝紫色圆点和着它周围连接着的小渍，渐渐放大。缓缓地，有一部分蓝慢慢被白墙侵蚀，跳动着，我突然看见母体子宫内还未成形的婴儿，心脏被洁白的皮肤包裹着，正一上一下地跳动。

她看到的"母体子宫内还未成形的婴儿，心脏被洁白的皮肤包裹着，正一上一下地跳动"既是实体的，又是一个虚像的物质；既有观察的客观物像的存在，也有一种想象本能的发挥。写得很到位。

吴娅芬的"阿莱夫"就有所不同，她看到的是一个具象而真实的斑点：

白色墙壁上的深蓝色斑点吸引了我的目光。它看起来很显眼，很突兀，呈不规则形状，很像不小心溅上去的水粉颜料。周围还残留着许多由于惯性产生的圆点，呈放射状逐渐放大，自然又真实。是作画时不经意间甩上去的，但更像是一种艺术。

这可能与刚刚强调不要回忆性的话有关。吴娅芬没有发挥，老实地写出屏幕上的那个斑点，很真实。

刘娜的描写，由这个斑点推演开去，写得惊心动魄，也联想到了遥远的世界。

大大的睁着眼盯住它，再紧紧地闭上，这个蓝色的墨点围着由右上到左下的线轴转动了起来。上半体，中世纪还在依靠冷兵器耀武扬威的穿着铁甲的欧洲骑士乘着棕马扬尘而过。中半体的凸凹不平是那东非大裂谷的无底深渊与珠穆朗玛的高陡剑峰。而那无尽的蓝是常年封冻的南极大陆，企鹅立在海岸一边。这一点是无限。

相比而言，赵蓬勃的描写就简单得多，只有一句话：

一大坨紫罗兰色的颜料扒着白底不放，像初升的太阳散发着无限光芒一样延伸于周边，柔美中透着随性的气息。

央金展开了联想，似乎离开了被观察物体另打开一扇描写的门：

投影仪上放映出一团蓝紫色的污渍，我不禁看得出神，这是什么？这是一滴墨渍的渲染，还是一颗星球的缩影？这团墨渍边沿是在白纸上的印迹，还是一颗星球表层自然森林的毁坏，文明工业的建立？这是一滴墨水的绽放状态，还是这颗星球的土崩瓦解毁灭在即？

佟伟对那个巨大的斑点进行了推理与猜测。他看着大斑点，想象着那似乎是一个墨水溅点。

画面的底色为纯白，闹不清是墙还是白纸。正中央存在着一大块近乎圆的蓝黑色的斑点，从周围近似于喷溅水迹来看，应当是滴下来的墨水。这也使我相信，这底面应当是一张白纸，否则不会产生这种效果。墨水应当是垂直滴下来的，大概是白纸不平的缘故，墨水溅射出了一道斜线。

谢勇的描写就更肯定了。他说，那就是墨水，而且还有证据，整个速写是一个判断的过程。

白纸上有一个蓝色的斑点，它呈现一种杂乱的、溅射状分布在纸上，仿佛是许多行星在围绕着太阳。我想这是墨水的痕迹，是的，一定是的！只有墨水才会有这样蓝中带紫的颜色。况且，白纸边上赫然放置着一支没有笔帽的钢笔，一滴同样颜色的墨水正在笔尖上流动着。

出这样一个训练项目是想在对静物的枯燥观察之外，来一点点扩展，让他们将实与虚建立起对比。如果能意外地看到有人从抽象的角度写它，或者从形而上的角度去看待这个斑点，那么这样的描写就更有意义了。可能是我对这个训练的期待有些过高了。他们还没有进入这样的状态。

事情得一点点地来，急不得。

"那物"

训练再次回到了实体上。下一个项目最初我起的名字叫"井盖"，当时拟想的观察对象是，让所有的同学都走出教室去教学大楼外面的广场上寻找一个自己感兴趣的井盖进行物体描写训练。而且我的范文和例证也都是围绕着这个主题进行的。

我找到了许多国家的井盖图片给他们看。我说，井盖是一种文化现象，每一个国家的井盖都是不同的。比如，德国的井盖上有规范严谨而又庄重的图案，欧洲的很多国家——意大利、法国、英国等，都是把井盖作为展示国家文化的一种手段。他们充分利用了井盖的固有特性对其加以美化，与绘画，甚至雕塑都联系起来，充分发挥想象力，表达着现实中人们对生活的热爱。美国、加拿大等国家也是这样，许多中国人到欧美，给他们留下深刻印象的就是包括井盖、涂鸦等在内的那些"街区文化"。人们在看似随意松散的行为中充分流露出浪漫与情趣。日本人做的井盖最讲究，花样和品种也最多，这表明这个国家在细节上的习惯，专注于细节，处处从细微之处着手，具有非常丰富的文化内涵。

我们国家过去只是从实用的角度把井盖当作一种掩盖各种管道深坑的物品。只要盖上它，人和车掉不下去就行了，没有考虑到它的文化的、装饰的作用。其实这种"实用"的观念也是一种文化，即单纯的实用主义的文化。不过，近年来，随着"走出去"看到了许多国家在井盖上做的很多文章，深受启发，也开始在井盖上动脑筋了。我给大家看了成都的井盖，他们在井盖上铸造了马，还有一些地方铸造了花等各种图案。

我准备的例子，是夏梦速写练习作品《好玩意儿》中的关于井盖部分的。她的那篇文章里提到了四个"好玩意儿"，井盖是其中的一个。夏梦是个善于发现也善于捕捉，又勤于动笔的女孩，在被大多数人视若无睹的学员宿舍楼下那些众多井盖中，她发现了一块自己感兴趣的，于是写了下来。那是她自己的"静物练习"，写得很好玩，我给同学们读了：

第一个好玩的玩意儿就是学校的下水道井盖儿。学校的下水道井盖儿非常多，特别是宿舍楼到教学二楼的那条校道，竟然有三个井盖儿挨着排。不过，这些井盖儿虽然都是圆形的，但是它们上面的花纹根本没有重样。有一个井盖儿上面的花纹是大环套小环，又从圆心处引申出很多直线，我觉得它像蜘蛛网；有一个井盖儿上面的花纹是大小相同的长方形，竖着摆两个，又横着摆两个，如此循环下去，我觉得它像麻将；有一个井盖儿上面的花纹是菱形的，我觉得它像现在很流行的女士手提包的花纹元素；有一个井盖儿上面没有花纹，是棕色的平板，只是盖子上有两个小长方形的孔，我觉得他也许才是大地的眼睛；还有一个井盖是我最喜欢的，它的花纹和一种松饼的花纹一样，一小格，一小格，一看到它，我就馋了。

虽然本次训练内容设计的、讲的都是井盖观察，但我想到，让所有人写同一物体，可能枯燥了一些。所以，在让同学们走到教室外的时候，我稍稍改动了一下我的要求。我说，请大家走出教室去发现自己感兴趣的物品写。当然，我是希望他们中有人写井盖的。

同学们高高兴兴地走出去了。我问那几位旁听的高年级同学，这样上课的方法行吗？他们说，这样上课是有趣的、有用的，不枯燥，让创作的学生一听就一上午，如果只是老师在讲，自己只是被动地听，是没有意思的，我们希望其他的课程也要这样上。我笑着说，那可不行！每门课程都有自己的要求与内容，如果都这么上，不都改成了创作训练了吗，那更不对了。一个作家除了技术性的训练外，对于其他知识的学习有时更重要，那些东西可不是可有可无的。我的课这样上是因为这个课的性质决定的，我上《叙事学》也是满堂灌的办法，那是理论课，可是技术课不能那样上。道理是一样的。他们也认可我的观点。

到教室外观察的同学们回来了，他们兴致盎然地坐下很投入地写起来，我悄悄地走到他们身边"窥视"他们的文字，结果让我大吃一惊：他们写得五花八门，出乎我的意料。

本想把这课的名字就叫作"井盖"，可是，恐怕不行了，在我匆匆浏览的几篇中，只有两篇是写井盖的，八个人写了七样东西，根本就没有按照我的愿望走。可是，这恰恰又是我希望看到的。您想啊，当我坐到书桌前看他们的作品时，写的都是井盖，虽然有八种文字在变化着写，但"磨叨"的却都是一件东西，那该多枯燥？

于是，我把他们写的五花八门的东西叫作"那物"。"那物"就是那些物的意思啦。

他们的"那物"写得真是杂。他们写完了，抬起头来。我请坐在最右侧的刘娜来读她的作品。刘娜写的"那物"是玻璃，两种玻璃，校车的玻璃和教学大楼的玻璃：

第一块暗色玻璃嵌在校车上，那块儿暗色将车内与车外隔成了两个世界，车内人望得见窗外，而车外只能见到冷淡的黑。它藏住了我们去军训时的紧张，也把返校的兴奋封锁在了里面。另一块它镶在教学大楼的门上，每天它都被擦得干净光滑，进大门时它的身上反射出急匆匆的我。成排的我们和他们，这时我与自己对视，这块玻璃不是封锁而是呈现。

一种对比，两块玻璃在不同的空间与不同的心境下的感受。坐在去军训营地的车上的那块玻璃是"冷淡的黑"，这时她的心境是紧张以及对陌生环境的那种无法左右的怕。外面就可能有自己熟悉的人，熟悉的面孔，而自己却被这无情的玻璃隔离了，它是冷淡的，甚至是无情的。

而现在她面前的教学大楼的那块玻璃，是她在经历了严苛的两周军事训练之后，进入正常学习生活中的玻璃。因此，面对颜色、厚薄与那汽车上几乎相同的玻璃就有了另一番感受。她对着玻璃反复地审视着镜中之人：舒适，美！她感觉到的是"这块玻璃不是封锁而是呈现"。

独特的发现，写得非常好！把同样的事物放在一块儿进行了对比，这一比就形成了两个世界，两种境界，两种感受。

因为教学大楼的玻璃吸引了刘娜，她可能在教学大楼空荡荡的大厅里站得时间比较长。央金却是一步迈出教学大楼的。她一出大楼就发现了一辆"推草机"，她对这个玩意儿产生了兴趣，于是凑上去仔细地看它，写出了"推草机"。

请央金朗读自己的作品，她站起身，抿抿嘴念道：

一出教学楼大门，便嗅到被割碎的青草香。顺着这清淡的香味一路寻去，看到草地边上那棵大树下，卧着一个浑身粘满碎草的推草机。走上前去，已然看不出它的机体是红色还是橘色，它全身都被泥土和草末覆盖。黑色的加长把手高高地翘着，好像一只劳累过度的老狗正在树下安然地酣睡。

噢，首先吸引央金的是味道，是青草被割断后散发出来的那种"清淡的香味"。我能想象得出，这味道一定让她想起了家乡。味道给人的记忆是很深刻的，当我幼年时期跟着大孩子们上山割草的时候，不同种类的草味正是我对家乡想念中最好的"文字"，只要我闻到青草的味道，本能一定会让我想到我的童年。央金是否如此呢？

味道召唤着央金走近了那辆"推草机"，她把这台机器写成了"好像一只劳累过度的老狗正在树下安然地酣睡"很生动。"狗"的意象是否也与家乡记忆有关呢？我想，这篇速写的要点在草香和"老狗"这两个关键词。把割草机的要害捕捉到了。生动、有趣。

吴娅芬似乎也对机械的东西感兴趣。在她第一次写的课外作业中，开篇就写了一台挖土机，写得很好。这回她走出教学大楼，在别人四处寻觅物品的时候，她一眼就看中了不远处的"一辆破旧的手推车"。于是围着这辆车看了又看写了一篇很有意思的短文："它的车身是蓝色的大铁皮围成的，款式是拉风的敞篷式，车里堆满了刚被割下的青草苗，散发着浓浓青草香。两个大车轮承载了全部的重量……"这样的描写是否也表露出她的某种生活背景呢？

一出教学大楼门，我就被一辆破旧的手推车吸引了。它的车身是蓝色的大铁皮围成的，款式是拉风的敞篷式，车里堆满了刚被割下的青草苗，散发着浓浓青草香。两个大车轮承载了全部的重量，被压得发扁，一丝丝细纹印在车轮上，像历史的年轮经历了无数沧桑，车头伸出两条细长的扶手杆。我不禁上手尝试，猛力一拉，它却丝毫未动。

赵蓬勃是生活在深圳这样大城市的孩子，似乎下意识中，对那些与城市生活息息相关的标志物情有独钟。他走出大门看到的是路灯：

一朵八瓣的大花拔地而起，面朝着下午的太阳，骄傲地立在教学楼前甬道的开端。它是夜的使者，是夜的守护神。阳光下，它是嬉戏落寞，没有点亮的华灯，它只是一根锈迹斑斑、枯黄暗淡的路灯。八个灯泡颜色参差不齐，仰头看上去，黑色的泥垢死死地趴在灯座上，就像坏死的藤蔓，正一点点施行着温柔的绞杀。

张木铎发现的是垃圾桶，他对这个摆放在路旁的新物件产生了兴趣，是其艳丽的颜色吗？

老实说，当我第一眼见到它时并没有认出它是什么，待一走近，原来是一个垃圾桶。之所以说不好辨认当然是因为它和普通的垃圾桶不太一样。它由一个有着活泼的黄色的圆柱容器和一个深沉的蓝色容器背靠组合而成，看上去十分卡通，像极了我们小时候玩儿的玩具的放大版。这个拥有着"双重人格"的垃圾桶，我想叫它"一半明媚，一半忧伤"。

张木铎的"我想叫它'一半明媚，一半忧伤'"说得多有味道，准确而妥当，表现了他丰富的情感世界。

谢勇偶然看到了一只猫，忍不住要写它。虽然我们今天的训练项目是"物"而不是"动物"，但是，他既然对动物发生了兴趣，写一写又有何妨？

沿着大路往前走，我望向草丛。本想看看槐树树干，却望见树旁卧着一只花猫。冬季快到了，这小猫也知道给自己保暖，把毛长出些许，围得身子密密匝匝的，像个长方形面包。已至下午，东南方向的太阳正好照在它身上，让它身上的黄与白显得更加亮堂，把绒毛照得也像它身边的芳草，很柔软。猫闭着眼在打瞌睡，使得胡子是垂着的，嘴是噘着的，脸是鼓着的，像一团绒球，甚是可爱。

一个男孩观察得如此细腻也是难得。文字中透露出这个大男孩柔软而善良的内心世界，表明谢勇是个对他人知冷知热的细心而负责的人。写得准确而又形象。

终于看到了一篇写井盖的了，就是我的课代表佟伟。他在教学大楼前看到了一块他感兴趣的井盖，从普通中看到了独特。

我看到的井盖十分普通，但又十分独特。普通在它仅仅只是一个铁褐色的井盖，既没有繁复的花纹和图案，也没有在上面镌刻什么至理名言。然而，它的"眼睛"又使它十分独特。都说眼睛是心灵的窗户，一旦拥有了眼睛，人便会活了起来，井盖也不例外。分布在圆圆的井盖左右上方的进水口便是它的眼睛，正是细长的眼睛使得井盖无时无刻都饱含笑意，使人看着它便会心情大好。

我不由得想把佟伟写的井盖和夏梦写的井盖放在一起，看看它们的区别。

佟伟说："我看到的井盖十分普通，但又十分独特。普通在它仅仅只是一个铁褐色的井盖，既没有繁复的花纹和图案，也没有在上面镌刻什么至理名言。然而，它的'眼睛'又使它十分独特。"佟伟居然在井盖上发现了"眼睛"，这的确有些不一般。对这只眼睛是这样描写的："分布在圆圆的井盖左右上方的进水口便是它的眼睛，正是细长的眼睛使得井盖无时无刻都饱含笑意，使人看着它便会心情大好。"

夏梦也从井盖上看到了眼睛，她看到的是"大地的眼睛"，佟伟看到的是一双具体而微的眼睛，是井盖的眼睛，都很独到。可是，夏梦能看着井盖"我就馋了"似乎佟伟还没有，也就是夏梦的描写运用了味觉体感，而佟伟见到的是感官视角的。

我给佟伟的评语：能看出一双眼睛真是让人意外，有趣味的描写。

大有成效！

同学们的观察在一步步地进入境界，文字也在对具体物品的描写中进步了。特别是每次给他们留下的远比课堂练习多得多的课外练习，更是促进了他们的训练。

暗喜。

课外训练

原计划中有集体编一个《幕后》故事的想法，就是以他们在今天第一个练习中观察的鞋柜为核心，融入人物、人物的关系和情节，集体创作一个舞蹈演员幕后的那些动人的、辛苦的故事，核心是"台上一分钟台下十年功"。

但是，几个练习下来，却又到了午饭时间，集体创作的计划被迫停止。

课外创作训练项目如下：

1. 完成六篇观察记录。

2. 完成一篇 500—1000 字的作品《幕后》。

谋杀"老村长"

训练内容：

1. 对学员的课后作品进行点评

2. 以点评作品为例讲解"叙事"的基本要素

3. 进一步阐释"晚进早出"的观念

4. 进行"植物观察描写"

身体突然出现了状况，胃痛难忍。吃药、睡觉，折腾了整一天，第二天好了。身体好了，一切都好了，可是没有看完同学们写的课堂练习、课外作业和他们的作品。为赶在开课前完成阅读任务，清晨4点多钟就起床阅读学生们的作品，7 : 30分才批改完成，匆匆吃了一点早餐就去上课。

阅读、批改学生的作品和作业很兴奋。这届学员的确不一般，个个都有自己独特的书写方式，他们的发现很有味道。佟伟喜欢走出去发现，他的目光总是落在校外，六篇作品，五篇写的都是外面的事情，而且写得很有趣。其实我很主张让文学创作专业的学生们都走出去，去阅读并且感受世界这本大书，去体会这个复杂的冷暖相伴的人情社会。创作专业学生们的真正课堂在校园外、在社会，不是把他们关在校园里就可以了。管理者最省事也是最懒惰的管理手段就是把人关在学校里，这也不让，那也不让，学生们都被圈傻了。是啊，那倒是安全了，不出事了，圈四年，两耳不闻窗外事，世界与我无关，社会与我没联系，什么也感受不到，放归社会去工作，不幼稚才怪呢。学习好了，能力差了，是好事吗？我把这样的学生称作"学习好的废物"，我们国家善于生产这种学生。

今天的训练计划是"植物观察"。设计了两个练习，一个是让同学们走出教学楼，到外面寻找自己喜欢的一棵树观察描写，在教室里通过网络可以查阅有关所写树种的知识，以及名家所写关于树的作品。北艺校园里的植物很多，选择自己感兴趣的写，不同的学生最好写不一样的植物，写同一主题的要有所区分，抓兴奋点，要与人与事联系。第二个练习，写路，让他们去看三条路：校园里的林荫小道，教学大楼前的主干路，还要到校门外去观察那条笔直的大街。

这样想着，就赶去教室了。路过学校核心区时，看到了花园里的那棵老枣树。树上挂满了红红的大枣。这正是十月天，是北方大枣成熟的时节。树上的红枣被风一吹，纷纷落下，偶尔有行人驻足观看。安静的校园有时有鸟儿飞来飞去地鸣叫。离这个花园不远处就是北艺的著名景点忘忧湖，那里才是校园风景的核心。从那里飘过来一些潮湿的空气，我长长地吸入体内，很舒畅，一扫多日病体不快。

妻子说，我是"上课疯"，一上课什么毛病都没有了。好像真的有这个怪癖，昨天晚上还在担心今天能不能正常到教室，如何跟寒院长请假呢，大清早就全好了。还把昨天没有完成的阅读批改课外训练作品的事儿完成了，这不是"上课疯"是什么？承认吧。

热身故事

一脚踏进教室,看到笑嘻嘻的同学们才猛然想起,忘了给他们带课堂练习本了。早晨反复读着他们的课堂训练成果,一边在电脑上写出自己的意见,写完了,把本子放下了,走的时候,只顾把电脑背上,却忘记了带他们的本子。一看表,还有 10 分钟就要上课了,这个时候课代表佟伟还没有到。问同学们,谢勇说他正往教室走呢。正说着,佟伟来了,我对他说,你组织同学们进行课前故事会,我回家去取练习本。于是把录音笔打开交给佟伟,急匆匆地走了。我想,他们的故事会是很珍贵的资料,我不在现场也要录好再听。

匆匆忙忙赶回教室的时候,故事会还在进行着,张木铎正在讲故事。

我问,最后一个了吧?佟伟说,刚刚开始,张木铎是第二个。看来我的速度还是挺快的。而后,故事会继续进行。

第一个讲故事的人是赵蓬勃,听录音里他讲的是"上山路上"。他讲的是,一个司机开车上山,车陷在路上,想请一位路过扛着铁锹的老汉帮忙,把车前的坑给填上。但是,老汉不干。正在司机与老汉交涉的时候,另一辆从这里路过的车也陷进去了。那个司机跟老汉商量请他帮个忙,老汉却痛快地答应了。前一个司机就问这个老汉,你是不是嫌我的车不好?老汉也不说什么,就是不帮这个忙。司机没办法只好回到车上去等待。司机坐到车上不一会儿就睡着了。过了半天,司机被敲车窗的声音惊醒了,是那位不肯帮忙的老汉。他不耐烦地打开车门。老汉说,行了,小伙子,你走吧,我把坑填好了。司机不解地望着老汉。老汉问,小伙子你是不是喝酒了?刚才能帮你却不帮是怕你出事!

第二位讲故事的是张木铎，他讲的主题是"为什么中国的风景没有外国的好"，讲的是人多的问题。他说，小时候看风景画，外国的那风景画总是让人感到美，中国的也美，但就是不一样，总觉得哪里不对劲。长大了到国外去走走，才发现，我们的问题就是人太多，再好的风景也被人破坏了。我们的河北保定与意大利的纬度是一样的，可是，人家风光秀丽人文景观很好。我在家乡保定旅行的时候，也想拍一些美丽如画、淳朴的乡村景色，却比较难，无论你站在哪个角度都会被一些现代的楼房建筑遮挡，人也多。他还讲了城市的问题，等等。有许多对现代中西文化的思考。

谢勇讲的是小时候到农村爷爷家去放爆竹，不知道怎么点火。使用火柴点时，不小心把羊圈喂羊的麦秸给点着了，羊群乱窜，全家人跑出来救火，那些羊差点都给做成烤全羊。

央金讲的是上周四喝牛栏山二锅头的事。她说，都说北京的牛栏山二锅头如何如何厉害，我就是不服，我们藏族是很能喝酒的，那天在外面买了一瓶。回到宿舍，同学们就起哄，你真能把这一瓶白酒给喝掉，你就厉害了。她们一鼓励我就来劲了，想逞能，拿出杯子倒满，一口干下。没有什么感觉，我说，作为藏族同胞，这点酒算个啥。然后又倒了一杯，又一口喝下。开始不觉得什么，后来感觉头晕控制不了自己，又是笑又是说。第二天早晨起床的时候头痛，发现自己睡在下铺，不是自己的床。问别人是怎么回事，大家都笑。她们说我昨天喝醉后，就想到自己的上铺上去，大家觉得这样太危险了，就想让我在下铺睡，可是我就是不肯，还骂人，折腾了半天才把我按在下铺师姐的床上。她说，也许平时压抑得太久了吧，潜意识里想骂人，这回算是发泄出来了。

李媛讲的是高中时候出黑板报与自己的学霸同学发生冲突的事。那学霸很固执，听不进去意见，得出的结论，学霸就是学"霸"是有道理的。

吴娅芬讲的是她与几个同学去北京 798 时，一个男生把 iPad 丢了，怀疑这个怀疑那个，看哪个乘客都像是小偷，却最终在报亭找到了。

刘娜讲的是她们那里有一个叫"大柳树"的地方，她与自己的同学约好在"大柳树"见。可是她并不知道有个地点就叫"大柳树"，而是以为在一棵大柳树底下见，结果在一棵柳树那里等了一下午也没有见到人，闹出一个大笑话。

佟伟是最后一个讲的。他说他上高中的时候在班里学习比较好，另一个女生也学习好，经常和他不相上下，那个女孩就不服他。有一次出板报，佟伟想画一个花盆，可是，刚画好一个花盆的轮廓，老师叫他有事，就离开了。等佟伟回来的时候，发现那个花盆旁边写了几个字"五谷轮回之地"，大家就瞅着佟伟哈哈大笑，佟伟问，谁写的？女孩就笑，我写的呀，你的意思不就是这个吗？所谓"五谷轮回之地"就是屎盆的意思。

如诗如画

听完了学生们的热身故事，就开始进行今天的训练主题了。

我说，今天我们训练的主题是"植物观察"，一会儿，给你们20分钟的时间去观察北艺校园里的树，写你们的独特发现。调动所有的感官机能去观察琢磨，要把树和人联系起来，要把树和事件联系起来，写一个片段。

各位来到北艺已经两个多月了，但是你们可能还不完全了解这个充满神秘力量和产生了大量故事的校园。我会在未来的课程里陆陆续续地讲给你们听。今天我想先给你们介绍一下北艺如诗如画的风景。这也是我总是让大家在北艺的校园里寻找灵感的原因。在你们出发去发现你们自己的那棵树前，我还要给你们讲述一个悲伤的有关一棵名叫"老村长"的孤独古树的故事。

先说说北艺的美景。北艺校园里有座小燕雀山，有忘忧湖等三处大小不同的人工湖泊。在三个湖上有很多各种形态的小桥，小桥下是流水。有著名的古钟亭"风满楼"。还有断魂廊，那是一段长长的雕梁画栋的古廊，那些画已经恢复到了过去的样子，上面画了许多古典故事。"文革"时，老校长、大作曲家朱源即自缢于此。还有一个"断魂桥"，就是忘忧湖流水与钓鱼湖之间连接处，弯度很大的那座石拱桥。那是许多毕业生分手的地方，所以叫"断魂桥"。还有一座跟这座桥相对的桥，离这里较远，在北门那个地方，一进北校门就可以看到，与这座"断魂桥"差不多一样的石拱桥，现在叫"智慧桥"，其实原来的名字叫"相会桥"又叫它"七夕桥"。从名字你们就能猜出，这座桥是个约会见面之处。羞涩的男孩女孩在这里小心地见个面拉拉手，然后就跑开了。随后他们就有了彼此不分的亲密、浪漫与争吵。到了毕业的时候，地点转移到了"断魂桥"。要各奔东西了，就在那里分手离别。这个过程你们或许也会经历吧。这是一个装满了故事的地理容器，你们就在这里生活、恋爱、聚会、分手、逃离。你们自己也会制造并上演许多悲喜剧。这是一个不断复排复演的青春场。北艺还有许多大大小小的风景如画的地方，我会不断地给你们讲这些地方的典故和背景。

我想说的是在这些美景之间最普通也最不引人注意的就是那些树木植被，我以为那才是这座校园的灵魂。正是它们才让北艺校园具有仙气、灵气和雅气，他们是北艺画卷中的风骨和北艺的精灵，它们让北艺充满了美，有了它们我们才能够触摸并享受北艺的精神。如果说那些山水建筑是北艺的骨骼和肌体，那么，这些植被树木就是北艺的肉体和灵魂。

我来北艺已经近30年，对它有着深厚的情感。这里的一草一木都像自家收藏的珍宝一样，爱惜、把玩、交流，与他们共同呼吸，共享着北艺校园的阳光雨露。不仅我，许多在北艺学习工作过、与北艺有着或亲或疏关系的艺术家们都描绘过这些美景。北艺的许多画家们都画过这里的植被，许多作家也都写过这里的树林花草，有的还成为影响很大的作品。

这里的故事很多，希望你们能够写出它们的魅惑。

合　谋

说一个悲伤而充满着阴谋的故事，事件关系到一批古树的命运。这也是我一个老北艺人对一棵树的记忆吧。

大概是 20 年前，有一天，学校办公室的王秘书给我打电话，说是那天晚上有个宴席请我去。很奇怪，我根本就不认识王良，而且，我这个人很闭塞，除专业内的朋友、学生、同学、亲朋等，基本上不与外界交往。生活简单呆板，社交圈子很小，他怎么会叫我去？是什么样的宴席非拉上我这个不会喝不会抽的无趣之人参加？王良还神神秘秘地说，这是侯校长交代的，务必让我到场，有重要的任务叫我完成。

他这么一说，我就委婉地拒绝了。我说，请你转告侯校长，谢谢他的抬举和厚爱，我不喝酒，也不会说话，是个毫无趣味的人，这么高规格的场所，我就不便给校长丢脸去了。王良焦急地跟我说，我告诉您吧，不只您，校长还邀请了传媒系的刘庆老师，美术系的鲁俊也去，都说好了，您不去我……我不好交代呀！

王良提到的刘庆是个有名的导演，鲁俊是位知名的画家，画油画的。我们年龄差不多，都在这个单位干了很长时间，比较熟悉。那个时候，校长是上任没多久的侯必成，是从某部委被委派下来的官员。据说，他是个书法家，我没看过他写的字，看了我也判断不出好坏，因为我根本就不懂也不喜欢书法。反正很多官员都以书法家自居，写得好不好，字都能卖上钱。可能正因为他是"书法家"，所以他可以理直气壮地到北艺这样的艺术大学当校长吧。

不过，听王良说刘庆和鲁俊都去，再加上说是有任务布置给我，就有点犹豫。我问，你能透露一下，侯校长需要我干什么活吗？王良迟疑了一下，下决心似的说，反正你早晚也得知道，我就跟您说吧。侯校长想请你们宣传个典型，拍个电视专题片，搞个精品出来。既是个私事，也是个公事。私事呢，这个典型是个搞房地产的，跟侯校长是朋友。公事呢，咱们不是在校园东部，就是大礼堂那里要搞开发吗，证件都办得差不多了，可就是开不了工，想请这位明星房地产专家给出出主意。也算是公私兼顾吧。

我说，就这事儿啊，也没必要这么兴师动众的。告诉我，我找几个学生去采访写个脚本交给两位艺术家就是了。王良说，您得亲自操刀！这可不是一般的写，要搞出个精品来。校长说了，把你们三位组合到一起，组成一个精良队伍，一定要搞好。这位房地产商就是将来跟咱们北艺合作开发的投资者，还是全国劳动模范，人大代表，是个值得宣传的人物。

那天晚上，我如约而至。一出家属区就碰到了刘庆，和他一起去的那家豪华大饭店。我们到的时候，领导和客人们还都没到。不一会儿，鲁俊也来了，我们就在那里闲聊，我并不知道他们两个知道不知道今天召集我们来的目的，反正这活儿不是个什么大活儿，花个几天就行了。我心里想的是让几位高年级的同学也参与进来，让他们练练手。

但是，让我没有想到的是，这场宴会竟然成了图财害命的合谋现场。

侯校长陪着大美女和众人进来的时候，我们还并没有意识到那美女就是房地产商。她长得很漂亮，估摸着有30多岁。侯校长一进来就指着我们向那个大美女介绍，这个是谁，那个是谁，还说他们可都是我们北艺的大艺术家，搞过很多大动作。刘庆导过全运会，导过许多电视剧，导过专题片。我们的大画家鲁俊获过国际大奖，江南老师是个写作高手，不仅培养了许多国内知名的作家，自己还是国内有名的作家，有许多大作品在全国有影响。大美女很成熟地看了我们一下，对侯校长说，别搞得这么隆重嘛。然后，校长转过来介绍大美女，说这位美女企业家叫万红，是全国劳模，全国人大代表，也是房地产界的精英，搞过许多大项目。我们学校要搞个大工程，就是大礼堂那个地方，想拆了搞个大项目，今天请万董给支个招儿。

侯校长平常是那种傲慢、架子大的领导，他在院子里走路总是许多人前呼后拥地围着。有人讽刺他：就差有人前面拎着尿盆，后面端着屎盆子了，那谱儿摆的，跟皇上似的。他背着手，铁青个脸，眼睛要么向天上看，要么就是耷拉着眼皮，表现出一副大领导拒人于千里之外的神态，任谁不理。我们要是见到他，都远远地躲开，没有必要跟这种人认真。还有人气哼哼地说，看他今天这个土匪样，等哪天他下来了，就不会再有人这么奴才相地巴结了。能当几天官儿呀？等你下来，还不如我们这些平民呢。后来，侯必成校长被抓起来时，果然如那些神算手们所预测的那样，他的身边立即就没人了。那些把侯校长架起来的手下们，都忙着撇清跟侯校长的关系，甚至不惜把那些只有最亲密的人才知晓的秘密揭发出来，以便自救。

不过，那天，侯校长还是威风凛凛地带了一群人。校办的王良自不必说了，还有党委书记、几位副校长、搞后勤的领导，似乎还有一些什么人就搞不太清楚了。巨大的餐桌围坐了20多人。

按照尊贵等级位置落座之后，侯校长就愁眉苦脸地叹了口气。万董关心地问，校长叹什么气？莫非有麻烦？侯校长说，愁啊，这么大个家业，哪儿都用钱啊，你也知道几年前就想把大礼堂拆了盖个写字楼，就是搞不成，难哪！

万董问，问题在哪儿？侯校长答，大礼堂那地方不是有十几棵古树嘛，那是在园林部门挂了号的，都是几百年的古柏树。不能动，说一动就死了，更不能伐。树的问题解决不了，就开不了工，可难为死我了。

万董娇嗔地瞥了侯校长一眼说，就这点儿事呀？我当什么大不了的呢！侯校长说，这可是北艺几千口子人关注的大事，要是你能帮我们把这件事解决了，我代表全校教职员工感谢你！侯校长举杯，可万董却不举，她说，我可不能白给您干，我是要回报的。侯校长说，把这个难题解决了我请客，你说怎么消费就怎么消费。万董还是不动声色地说，正如您说的，这可是几个亿的大项目，你们学校这个地段可是寸土寸金呀，多好的位置！侯校长说，你不是也要做这个项目吧？万董说，这是块肥肉，都盯着呐！校长其实心知肚明。只要能动土了，什么都好说。大家举杯。我是不饮酒的，就用茶杯。

侯校长似乎不放心，他问，你有什么好办法，能给我透露点秘密吗？万董晃动着柔软的手臂说，你找了园林部门，他们都告诉你们什么情况下才能动那几十棵古树吗？侯校长说，他们说除非我们躲开那些古树，只要那些树还活着，我们就不能动工。万董说，躲得开吗？侯校长说，怎么躲得开，那十几棵树占了一大片地，大礼堂占地并不多，要是躲开了，这个项目就没有什么可做的了，必须叫那些树让路，这个项目才能成。

万董说，既然古树活着就开不了工，那就让古树死呗，让它们"自然死亡"你的工程不就成了吗？侯校长为难地说，怎么可能呢？这些树都活了几百年了，等它们"自然死亡"，那还不要再等几百年？何况要是我们保护不好，死个一棵两棵的都是要被追责的，甚至要判刑，何况几十棵啊。现在政府和百姓环保意识这么强，如果一下子伐这么多，无论是公开的，还是秘密的，都是不能掩盖的。

万董说，您放心，我有秘方，我那个秘方屡试不爽，就没有失败过。我让它们半年内都得"怪病"自然死亡，这个事情交给我就行了，不过，我是要投资这个项目的啊。

听着他们的对话我心惊肉跳。要知道，那几十棵古树在我们这些老北艺人心里有多么重要！从这里出去的作家们把这些树组成的浓荫部落称为"村庄"，而那棵最粗最老的古树被大家称为"村长"。在这个文学的村庄里我们播种、耕耘、收获，在这个村庄里，我们谈论梦想，争论文学，读取人生，那么稀缺的一片古树林呀，怎么可能说把它们干掉就干掉呢？

我是个古板固执的人，心里想着这件事，就不痛快，又不能发难，很郁闷。他们却推杯换盏，渐入佳境。这时，忽然有一队美女服务员抬着一个大锣，唱着歌，兴高采烈地走进来，走到侯校长背后，唱起了生日歌。侯校长立即笑着制止道，弄错了，弄错了！主角在这里。侯校长指着万董。万董立即脸红了，还搞突然袭击！你怎么知道今天是我的生日？侯校长可能也喝得有些多了，说我是神机妙算！

我趁乱假意去卫生间，溜出这个异常扭曲的宴席，回家了。

后来，大家都知道了，半年内，那几棵国宝级古树"自然死亡"，"老村长"和他的"村民们"集体被谋杀，被称作"北艺大厦"的 30 余层的写字楼也在三年后建成。但是，北艺并没有赚到什么钱，北艺是以"白给"的地价转让土地，只是盖成之后分割了地产的其中五分之一。侯必成校长因其他事情被举报，其中北艺大厦就是贪腐证据之一。虽然学校没能因房产开发而赚钱，但他自己却发了财。后来还查到侯校长和校办秘书都在远郊有大别墅，几位相关的副校长也都各有所得，正是这个项目的回报。

北艺的灵气

讲完了"老村长"的故事，学生们都很震动，原来北艺大厦底下还埋着那么多的秘密呀。我说，这是我记忆中的古树故事，我建议你们去写一写北艺随处可见的枣树，枣树很好认，也与我们的关系近。当然你们也不一定要写枣树，其实北艺院子里的树种很多，比如松树、梨树、梧桐树、石楠树、杏树，等等，你们可以出去观察它们，选一棵你们感兴趣、能够引起你们种种联想和感叹的那棵，今天的文章可以稍长一点。平时我们要求大家观察后用三至五句话进行描写，这回可以稍放开写得长一点，今天的风、今天的云、今天的心情和今天的想象都可入文。

然后他们都到教室外看树去了，只有旁听创作训练课的夏梦没有动。她说，她写过北艺的很多植物了，因为现在正在写一批散文。我就跟她聊起了北艺"树的故事"。

在现任的陆宁院长上任之前，这里的树干上被缠满了绳子一样的装饰灯，好端端的校园成了"红灯区"。许多教员对此都提意见，认为北艺的院子很幽静，风景很美，却突然劳民伤财地给树上挂满这小灯，一下就变得躁动、热闹起来，也很土。而且已经有那么多明亮的路灯了，缠绕这些灯一点必要都没有，不仅浪费电，还让这些植物承受着巨大的痛苦，又非常难看，坚决反对。尽管反对的人数多，但是，某大领导独断专行，充耳不闻，就这样坚持着。一些人因此再也不到院子里散步了，看着闹心。后来换了领导之后，第一件事就是把这些该死的、象征着特权与傲慢专制的小灯给拆掉了。灯拆掉了，大家的心里却亮了。

一棵树不是一种简单的植物，这里有太多的故事了。

20分钟后，看完树木的学生们回来了。似乎每个人都沉浸在对刚刚观察完的植物的记忆中，安静地回来，安静地坐到座位上，安静地写了起来。

从外面回来的佟伟说，看了院子里的树是有很多的想法，可是有些树却叫不上名字来，还拿出用手机拍的照片给我看，问我这叫什么树。其实我也不太知道，但是他说的这种树似乎叫石楠。不过，我建议他马上查查互联网，那上面会有，要是查不出来，就不要提树名，可以写它。

而后，大家就安静地写起来。我的想法是，今天主攻这一个练习，写得稍长一点，然后扩展为一篇较长的文章，就作为今天留给大家的作业。

很快作为课堂练习的文章就写出来了。我请佟伟先念了他的作品，写得很好：

　　教学大楼门口的几棵树我都不太叫上名字，唯一认得的就是两棵松树却分不清是云松还是雪松。快到下午，太阳却刚刚探过公寓楼的楼顶，留给门前一小块阳光，一棵松树也只是被它照耀到树顶的零星一点，树下便是阴影，发冷。我站到那块阴影中抬头看，树干稀稀落落，不像我印象中针叶稠密的松树。零星一点的针叶处有些发黄的白色，也不同于家乡的松树。然而，一颗颗松果却格外分明，绵延整个树干，每一小块间隙映得很清楚，有层次且弯成一道弧线。地上落了一颗松果，我捡起来，却干燥松脆，使劲一捏便如同细沙。我摇了摇树干，想再摇下几颗松果，松树却丝毫未动。手却感觉隐隐刺痛，是因为树皮太粗糙，如同撒了一层粗沙粒。记得儿时故乡，每天与朋友上学放学，经过一条小路时总能看到一棵松树，虽然松冠很低，也看不到枝头有松果，但松针是密的，也是苍翠的，树下总能捡到几颗松果。而如今眼前的树虽然很高，松果也不少，但却找不到当初的苍翠和密集的松针了。

　　因为是秋天了，所以才"找不到当初的苍翠和密集的松针了"。其实校园的松树与家乡的松树并没有什么区别，而是看树人长大了，时间变了，空间也不一样了。秋天是一个容易想念的季节，也是一个容易陷入伤感的季节，隐隐约约地感到佟伟想家了。一个想起童年的人，也是有孤独感的人，所以，他看到的树木就有着别样的滋味。从校园的松树想到了家乡的松树，是一种由 A 至 B 的思维联想，是由此及彼的通感。特别是在观察同样的一种物品时，把眼前的看得轻，故乡的看得重，这段文字里暗含着某种情意与孤独感。

　　伤感是否来自他们观察的时候刮起的大风呢？

　　吴娅芬就写到了风。

在一片秋风萧瑟中，似乎连阳光也更偏爱它。幻化成一束聚光灯，让那抹黄绿直直地射入我的眼眶。枝干似乎快要承受不住茂密的树叶的重量，被压得打横。伞状叶的叶脉紧紧地贴牢，就像初生的婴儿，是极怕凛冽的寒风会让它离开母亲的怀抱。秋风起，密密匝匝的叶连成一片，形成一座天然的城墙。举头仰望，碧蓝的天空轻轻摇晃，没有一片浮云，就连耀眼的阳光也渐渐飘散了。

吴娅芬的这段描写很松散，却也很有力。她从树的自然状态中捕捉到了一种压力感，找到了意象生成的点。那些随性得来的感觉甚至比描写的句子本身更为重要。作家对物象的感应能力是一个作家潜力的后劲。经常有"鬼附体"般的奇妙感受力将其文字呈现出一种自然的欢舞，用不着使劲地挤就会喷涌出佳句妙构来。

你不觉得"举头仰望，碧蓝的天空轻轻摇晃，没有一片浮云，就连耀眼的阳光也渐渐飘散了。"这样的描写很神奇吗？闭着眼睛听这样的描写会觉得是在听一首让人沉醉的小曲，睁开眼你会惊讶于朗读者竟是如此年少的姑娘。

写"一半明媚，一半忧伤"的张木铎又把那种独特的感受带到了这篇写树的作品里来了。

远远地就看见了它，在阳光的照耀下是那么的明媚，那么动人，好像在闪闪发光。慢慢地走近它，捡一片金黄落叶，踏一地斑驳树影，一棵高大的银杏树出现在了我眼前，它一半藏在阴影里，一半暴露在温暖的阳光下，一半明媚，一半忧伤。一缕缕阳光透过叶缝打在我的脸上，使我禁不住去探寻、去欣赏。粗糙的枝干像一个饱经沧桑的老人，在向人们诉说着它的经历。待我走近，似乎还能听见低沉的叹息声，再向上看，一片片的扇形的叶子背靠着背挤满了细细的枝条，中心是嫩绿的颜色，逐渐向外由浅黄过渡到深黄，像刚刚洒上去的颜料，在阳光的变幻下反射出金黄的光。那是智慧的光芒，在净化着我的眼睛，洗涤着我的心灵。

张木铎的文字清秀而温婉，多情而敏锐。他把银杏树写得神奇隽永"它一半藏在阴影里，一半暴露在温暖的阳光下，一半明媚，一半忧伤"，他是能够听到植物"心跳"的捕猎手。他是用心在观察物象的，我们可以从他的文字中看到他高抬轻放、生怕惊动了树木的那种小心翼翼的姿态。他手里的那把追索事物灵魂的钩子准确地套住了他想要的事物唇吻上，轻轻一挑那些精妙之物就掉进他的文字里，很快就融化了。自然、清新，毫无扭捏之感。

听刘娜念自己的作品也是一种享受，她很投入。

今日的天空瓦蓝的像一捧水，澄澈明净万里无云。初来乍到的冬风把我的身体吹得团成一团。而在这干净又明亮的深秋，地上堆起的一簇黄叶以暖色在眸前燃起一朵灿烂的菊，而这叶落着也飘着。抬起头来迎着阳光，顺着朔风辗转飘零的叶子像舞动的精灵，像金波笔下的小绿人，它们在生命的最后一刻以最美的姿态去迎接大地的怀抱。细碎的枝叶来自枣树，剥光了叶子的枝丫阻挡不住的阳光晃了眼睛，顿生空白，而空白里的枣树郁郁葱葱。垂涎的小枣红润的缀在枝头，风一吹，阳光一打，渗出了清甜的汁水。下落在空气中散成一缕清风，下落在我的舌尖，甜蜜溢满了唇齿之间，下落在松软的泥土间，瞬间唤醒了熟睡的草籽、打盹的蚂蚁。睁开眼，空自闪去，那北方天空特有的蓝，被已是空枝的绿色木枝勾勒，分划成几个小的空间，顺着光流淌下来，轻揉着我额前的碎发，又被一阵初来乍到的冬风吹散，变得透明。

  刘娜的描写充满了诗意和趣味，让你感觉文字的透亮和纯净。那一连串的排比句，让描写有了层次感。她写的落叶"下落在空气中散成一缕清风，下落在我的舌尖，甜蜜溢满了唇齿之间，下落在松软的泥土间，瞬间唤醒了熟睡的草籽、打盹的蚂蚁。"如此细腻而生动。那句"地上堆起的一簇黄叶以暖色在眸前燃起一朵灿烂的菊"形象传神。被一种清秀的文字打动的机会并不太多，她把那种通常埋藏在神经内的触感亮出来了，把隐秘的通感推到了文字里，很美。她写的是枣树，写的是"垂涎的小枣红润的缀在枝头"却没有完全陷落于枣的海洋里，而是把枣树摆放在语境中，让枣树与环境融为一体。

  李媛也写落叶，她把自己与落叶放在一起写，仿佛她是随着那些落叶一起降落在地面上似的。

  还没来得及走出教学大楼，一阵凛冽的寒风猝不及防地钻进我的鼻孔、眼睛、耳朵里，不禁打了几个寒战。不远处的阳光闪烁地投下来，光是看着就温暖不已。我快步走去，仿佛走进一个天然的浴室，抬头让阳光肆意打在脸上，感受寒风与阳光的激烈碰撞。睁开双眸，是一片墨绿的叶，其中还掺杂着许多泛黄的枯叶。它们挣扎在阵阵寒风之中，终究逃不过叶落归根的命运，飘飘然打着旋飞舞下来，像秋天派来的使者。顺着树叶往下瞧，粗壮的枝干在恰到好处的交会点结合成一体，融成粗糙的树桩，它表皮像被磨砂几番后似的，诉说着沧桑的过往。

  阳光给了她勇气，让她在骚动的风中看到了温度。阳光是她的导师，引导着她走进了落叶。李媛对事物的特征描写很独特，比如她写风"寒风猝不及防"，写阳光"投下来""肆意打在脸上"，她还写到"寒风与阳光激烈碰撞"都是很生动而奇妙的。这段描写也说明她下了工夫，看似轻描淡写，却也惊心动魄。

央金对风的感觉更深切。

出了教学楼，一阵冷风就"呼"的一下朝我袭来，我不禁打了个哆嗦，像个顽皮的孩子般将衣服紧了紧，便缩着脖子，蜷着身体向前走去。太阳一路上跟着我，在树隙间来回跳跃着，偶尔有阳光洒在身上，也感受不到充足的暖意。又一阵风呼过，走到办公楼左侧的那条路上，将视野延伸到路的那头，惊讶地发现路旁两排高大的树像步入暮年的老人，佝偻着枝干，干瘪地立在那里。想到刚来北艺时走在这条道上，两旁还是绿树成荫，挺直着腰杆想将天空遮蔽。而现在枝干狰狞的伸展，像是濒临死亡之人的手，想抓住生命般极力地张开着。一片枯叶孤零零地挂在枝头，挣扎了两下，突然与茎干断裂，飘荡下来，落在我眼前。深秋到了。

被风袭击了，她还很享受，被在树隙间"来回跳跃"的阳光"跟踪"了她还很高兴。自然在召唤着她，于是她便融进了这片无语却喧闹中。她感受到的是时间流逝的无奈与残忍。这个刚来校园时"两旁还是绿树成荫，挺直着腰杆想将天空遮蔽"的绿色世界却在突然间变得不可理喻了。"现在枝干狰狞的伸展，像是濒临死亡之人的手，想抓住生命般极力地张开着。"生命本来就是这么无奈与正常，可是，她却从中发现了悲剧的意义。叶落了，风起了，"深秋到了"。悲悯沉静。

赵蓬勃写的是一棵小树。

突破雪松与绿柏的合围，我找到了它，这棵小树。

是的，它真的很小。它最粗的主干也不及绿柏的一个分支的十分之一。纤细的树枝让人觉得仿佛一场夏雨、一场冬雪便能将它浅褐色的身躯全部压垮。身处在周围许多高大威猛的松柏中央，它显得格外滑稽，有一种不自量力的感觉。

然而，真真切切，它时时刻刻都在努力生长，变得强大。在这个阳光明媚，天气微寒的上午，造物主独独将一束阳光赐予了它，使它细长的树叶反射出华丽的金黄色，让周围身处暗淡的庞然大物们成了它的配角。

寒风吹彻，我不禁感觉到第一次初冬来临的信号。而那棵小树，甚至平凡到丧失了别人知晓它姓名的权利的小树，借着这阵风，甩甩自己闪烁着耀眼光芒的头发，静静完成着自己的生长。

赵蓬勃从树写到了生命本体，他捕捉到了生命中那些被人忽视的恰恰是其生命力的可贵的力量。在众声喧哗与竞相争艳的世界里，那些不起眼的，被掩盖在众生背后的存在恰恰是这个世界的普遍。赵蓬勃从中发现了有些哲学意味的感受，他甚至感受到了"造物主独独将一束阳光赐予了它，使它细长的树叶反射出华丽的金黄色，让周围身处暗淡的庞然大物们成了它的配角。"这让人想起契诃夫的那句名言："有大狗，也有小狗。小狗不该因为大狗的存在而心慌意乱。所有的狗都应当叫，就让它们各自用自己的声音叫好了。"世界是多元的，是多义的，存在的形式也就是多样的。

同学们在快速地进步着，从这些观察与描写中，我们感觉到了他们的活力与旺盛的创造力。

动态捕捉技术

学生们不约而同地使用了文学描写中的一项技术"动态捕捉"。他们字里行间都使用着动态的描写，拟人化的语句，让人觉得生动形象，细腻而有现场感。于是我就讲起了"动态捕捉技术"。

"动态捕捉"是美国作家菲茨杰拉德在二十世纪二十年代创作《了不起的盖茨比》时发明的一种描写技术。他在作品中运用反现实主义的手法描述植物、道路，使用了令人惊叹的"人格化"描述。通常，我们把菲茨杰拉德这种静态空间动态化的描写方式称为"动态捕捉技术"。这种手法模糊了动态与静态的界限，创造了一种奇特的叙事效果。

作品中有一段这样描述：

草坪从海滩起步，直奔大门，足足有四分之一英里。一路跨过日晷、砖径和火红的花园——最后跑到房子跟前。仿佛借助于奔跑的势头，爽性变成绿油油的常春藤，沿着墙往上爬。

我们理解的草坪、常春藤这样的植被应当是一种静态的、在没有外力推动的情况下基本不动的物体。但是，在菲茨杰拉德的这段描述中，我们看到的分明是一个动态的，正在不停地行走着的植物。完全用一种动态的描述表现静态的空间，这就是"动态捕捉技术"。作品由静写动，而写静又是由动写起，叙事者甚至连处于运动中的人都不理睬，而是直接用这种动态的描写，跳跃着描述那些处于静态中的事物，让事物处于动感中。

在《了不起的盖茨比》的第二章中还有一段更精彩的描写：

在西卵和纽约之间大约一半路程的地方，汽车路匆匆忙忙与铁路会合，它在铁路旁边跑上四分之一英里，为的是要躲开一片荒凉的地方。这是一个灰烬的山谷——一个离奇古怪的农场，在这里灰烬像麦子一样生长，长成小山小丘和奇形怪状的园子。在这里灰烬堆成房屋、烟囱和炊烟的形式，最后，经过超绝的努力，堆成一个个灰蒙蒙的人，隐隐约约地在走动，而且已经在尘土飞扬的空气中化为灰烬了。有时一列灰色的货车慢慢沿着一条看不见的轨道爬行，叽嘎一声鬼叫，停了下来，马上那些灰蒙蒙的人就拖着铁铲一窝蜂拥上来，扬起一片尘土，让你看不到他们隐秘的活动。

这里的静态道路不仅被动态化了，而且还被人格化了。这个静态的空间被赋予了繁衍、生长、创造的能力。在静态中，叙事者已经赋予了事物以巨大的隐喻性。我们在静态动化的过程中，在那些奔跑的道路、那些变成灰蒙蒙的人类的灰烬的山谷中感受到了某种意向。

许多作家都运用这种"动态捕捉技术"达到了奇特的叙事效果。第6届鲁奖获得者徐则臣在其获奖作品《如果大雪封门》里也使用这种技术：

宝来被打成傻子回了花街，北京的冬天就来了。冷风扒住门框往屋里吹，门后挡风的塑料布裂开细长的口子，像只冻僵的口哨，屁大的风都能把它吹响。行健缩在被窝里说，让它响，我就不信首都的冬天能他妈的冻死人。我就把图钉和马夹袋放下，爬上床。风进屋里吹小口哨，风在屋外吹大口哨，我在被窝里闭上眼，看见黑色的西北风如同洪水卷过屋顶，宝来的小木凳被风拉倒，从屋顶的这头拖到那头，就算在大风里，我也能听见木凳拖地的声音，像一个胖子穿着四十一码的硬跟皮鞋从屋顶上走过。宝来被送回花街那天，我把那双万里牌皮鞋递给他爸，他爸拎着鞋对着行李袋比划一下，准确地扔进门旁的垃圾桶里：都破成了这样。那只小木凳也是宝来的，他走后就一直留在屋顶上，被风从那头刮到这头，再刮回去。

徐则臣还写过一篇散文《风吹一生》，把风都写绝了：

天真的冷了，连风也受不了了，半夜三更敲打我的窗户，它们想进来。

这种节奏的敲打声我熟悉，这些风一定是从我家乡来的。所有的风都来自北方的野地和村庄，我家在城市的北面。我掀开窗帘，看到风在闪烁不定的霓虹灯里东躲西藏，它们对此十分陌生。风的认识里只有光秃秃的树，野火烧光的草，路边的草堆，孩子们头上的乱发和整个村庄老人的一生。风不认识城市的路，一定是谁告诉了它们我在这里，才会爬到五楼上来找我。

这些描写如此美妙而令人惊叹，如果同学们有意向这样的方向努力去写，当然照样能写出好东西来。

等待你们的满载而归。

课外训练

我不得不再次提到课堂训练之外的独特阅读经历。我说的是阅读学生们第一篇作品的感受。

在我们做的那次"舞蹈演员的鞋柜"的观察练习后，我曾经给同学们布置了一篇根据自己对鞋柜的观察写一篇完整作品的作业。我的要求是，作品要围绕着鞋柜来写，要设计出人物、情节、事件来，要构思一个完整的结构。于是，我陆陆续续收到了他们的作品，每看一篇就对他们另眼相看一次。

集中反复阅读这些学生的作品更是有些惊异，甚至有些激动。那时，我在房间里不断地走动，有时还不由自主地夸赞"真是不错！"家人听到还问，怎么了，什么真的不错，我这才意识到自己的失态。

是的，读这些初入写作道路的学生们的文章的确让我感到意外，虽然有些作品还存在着这样那样的问题。但是，从文章的整体来看，他们大都有独特的构思，文字顺畅，有想法，这说明他们的基础相当了得。看他们的文章让我满足而且享受。我再次称赞，写的真是好。

本次课外创作训练项目如下：

1. 完成六篇植物观察描写片段。

2. 以一种植物为核心，完成一篇 500—1000 字的作品。

第

07
课

落叶、阳光和声音

授课内容：自然观察

1. 观察并描写落叶

2. 观察并描写阳光

3. 倾听并描写鸟鸣

4. 倾听周围并描写声音

这是一个阳光灿烂的日子，不过初冬已经降临，早晨的寒气已经初显峥嵘。

看见一只野猫叼着一只麻雀匆匆地跑过街道，背着电脑轻手轻脚地跟着。野猫见有人跟着很快钻进草丛躲在密处，透过小叶黄杨木的缝隙虎视眈眈地望着我。我想，麻雀是有翅膀的，怎么会被一只地上跑着的猫给捕获了呢？肯定是在地上觅食时见到了可口的东西放松了警惕，不然，一个天上一个地上，如何做到？

做事要专心，却不能大意；做事要专注，却不能不管不顾。

可能因为上次课程后过于劳累，身体再次出现了问题，不得不停了一次课。而今天似乎有些不太顺利，到教室后，发现设备也出现了问题，投影仪不能开机。同学们楼上楼下地跑去找教学保障人员修。

昨天跟系秘书李可商量，近期安排一个时间，把上周耽误的课程补回来，反馈的结果是明日接着再上一次训练课。李可说，主任别太玩命了，您连着干两个半天，身体能撑得住吗？要是再出问题，不是还得耽误课吗？得不偿失。我说，感觉还行，怕课耽误多了，影响教学进度。我说，只要学生们愿意，我看我也是没什么问题的。李可就说，您可得悠着点。

在等修电脑的过程中，我问同学们，你们想补课吗？大家都很愉快地说，愿意！我心里想的是如果学生们不喜欢甚至厌恶补课，那就告吹。可是，同学们给我面子，我也就心甘情愿地补一次课，其实如果我不吱声，不补也说得过去。

实际上，此前课代表佟伟就在微信里问过我什么时候补课。那时他听说我病了，代表全班同学问候我，就觉得挺对不起他们的，我也不愿意因我个人的原因给他们拖后腿，心里很歉疚。如果不坚持把他们的课上满，我那些费了很多心思设计的训练项目就没有机会进行。更何况因为国庆放假，集体出行什么的，耽误的时间太多了，教学计划总是被干扰，对于正常的运转不是件好事。

热身故事

正式开课前，还可以暂不用投影，一边等维修人员修理，一边开始了课前故事热身。由课代表佟伟主持故事会。他问同学们，先从谁开始，大家说从你们那排吧。他就说，那就从李媛开始吧。

　　李媛讲的是国庆节回家时的事情。她说，她特别喜欢吃妈妈做的栗子。可是，那天妈妈做的时候，忘记给栗子划口儿，栗子就在锅里噼噼啪啪地爆响。我妈妈赶紧关了火，抱歉地说，我忘了一道工序，没有把栗子切开口，现在有的爆开了，有的没有，你就吃那些没爆开的吧。可是，我剥不开栗子皮，我妈妈就说，我给你剥皮吧，她就从锅里拿出一个给我剥。可是，这时那栗子爆了，把她的嘴烫出一个大泡来。我特别心疼。

　　央金讲的是汶川大地震的时候，她们那个地方也有震感，那个时候谣言不断，说什么时候还有地震。有一天晚上一点多了，我姨奶奶给我妈妈打电话说，地震局的人说今天晚上有地震。当时，我爸爸去了西藏，家里就我、我妹和我妈三个人。我妈就把睡在上铺的我摇醒了说，可能要地震，你下来睡，下面可以躲，我们三个就挤在下铺上睡。过了一会儿，我妈又把我们摇醒了，她不放心，告诉我说，要是一会儿地震了，你就往厕所跑，那里小，不会被砸死。我问，那你咋办，妈妈说，你别管我了，我把你妹妹保护好就行了。我说，你不会也往厕所跑，我妈说你别管我了。然后我们就睡了。可是，我妈却不敢睡，就一直在床上坐着，就怕地震。到了夜里两点了，我妈又把我叫醒了说，你穿上衣服到下面去吧，那里安全。我就问，你咋办？我妈就说，要是地震来了，我就趴在你妹妹的身上，把你妹妹压在底下，给她挡着。那天晚上我在楼下等了很久，也没有地震，实在太冷了，就回来了。我就觉得母亲真的很伟大，虽然没地震，要是真有地震，这种考验生命的时候到来的时候，她总是会把生的机会放在孩子身上，只要孩子活着，她就满意了。

　　前两个女生讲的故事都温情脉脉。到了谢勇的时候，却有些感伤的情绪。

　　谢勇说，我艺考的时候住在北太平庄那里。每天吃饭都到一家山西夫妇开的刀削面面馆那里吃。可是我没点他们的刀削面，就点他们的西红柿盖饭吃，不贵，也是他们的招牌饭。因为一吃就吃了一个星期，他们也就认识我了。有时，我还跟他们聊，后来我说，能不能给我多加点，有时一份吃不饱。那对夫妇很善良，就给我多加一些，我很感动。后来艺考完了，就跟他们告别走了。我说，要是能考上，上学的时候，一定还来吃你们的饭。考上之后，前几次训练观察，要看灶君庙，可是，走着走着就走迷路了。我想，反正也走迷路了，就到北太平庄那里再看看，再吃一次那儿的饭。结果走着走着就走到了，可是走到那里之后却发现那个店没了，被一家卖杂货的店给取代了。我就打听，也没人知道去了哪里。再后来就在附近一家店里吃饭，也是点了一份西红柿盖饭，但是那个味道可没有那家的好。很失落、伤感。

就在谢勇快讲完的时候，教学保障人员来修电脑了，打断了一下谢勇。但是，维修人员鼓捣了半天也修不好，我很担心今天的课因为投影仪打不开而不能顺利进行。就建议维修人员去请学校网络中心的专家们来帮忙。不久，来了两位电脑专家，他们可真是高手，几下就弄好了。这才放心。我对佟伟说，继续进行我们的故事吧。然后就是赵蓬勃讲。

赵蓬勃讲的是高中逃课的事。他说，在高二的时候，经常补课，我们很累，有一天就想逃课出去。我跟我的一个朋友，又叫上一个女生一起出去。我还问其他的同学，谁想跟我们去，大家都说不敢，就我们三个人走了。到了门口，门卫还问我们，你们这是放学了？我说，是呀，他就放我们出来了。我的朋友说，上我家去玩儿吧，我们就去了他家。在他家刚刚待了一小会儿，他妈妈就给他打来电话问，你是不是逃课了？赶快回学校去，你们班主任已经给我打电话了。我一听这话，就说，可能也给我家打电话了，可我没带手机，我得回家一趟，可能我妈妈也给我打过电话。回家一看，座机上有好多未接电话，都是我妈妈打来的。我就给妈妈打过去，我妈妈就说，你怎么能逃课呢？你们的班主任给我打电话，你现在赶紧给我回去！我在学校等你。我就跟朋友们赶紧跑回学校了。到了学校一看，我妈妈和他妈妈，以及那位被我们硬拉出来的女生的妈妈都在办公室里。那个女生是校长的孩子，我妈妈是我们的高中老师，现在好了，班主任和年级组长都在那里等我们。那两个老师把我们的妈妈送走了，就开始给我们三个进行政治思想教育，跟我们一直说一直说。最后，让我们三个一人写一份"认识"，我们问，老师这是让我们写检查吗？她们说，不是检查就是"认识"，后来写了"认识"，以后就再也不逃课了。

吴娅芬说，我和我的表哥在同一所中学，我是初二，他是高三。我们两个的关系不是很好，从小总是吵嘴。他到了高中后就跟我说，你不要跟我说话，我们就装作不认识。有一天，我在半路上，被一个高三的男生给截住了，问我，你叫什么名字，你的手机号码是多少？我就都告诉他了，因为我心里有数，他打不通我的电话，没事儿我的手机从不开机。这个男生在学校见到我总是问我去干什么，我都告诉他了。有一天，我在小卖部又看见了那个男的，他就在我后面，我就跟我的同学说，那个男的有病，他老是跟着我。奇怪的是，从那次后，那个男孩再也不找我了。后来才知道，就是在那天，我哥就在那个男生的背后，那个男生对我哥说，我看上了前面那个女生，我哥说，那是我妹妹，以后不准这样了。原来他在背后保护着我。

刘娜讲的是高中时班主任的事。有个男老师，特别年轻，长得特别帅，还是未婚，教地理的。我们班的女生都特别喜欢他。有一回上公开课的时候，校长和其他的老师都在，我们的班主任就提问，一个女生举手回答说，老师，我喜欢你！当时，校长和年级主任全在，我们班主任就吓傻了，就站在那里挠头、傻笑、不动。课后校长把他叫去了。我们班主任当时留的是长发，第二天再来的时候，就变成了那种军校里看到的板寸。但是，女生还是特别喜欢他。有一天，他到了班里突然跟同学们说，同学们，我要结婚了。他出去以后，班里的女生稀里哗啦哭了一大片。

佟伟讲的是国庆假期回家的故事。他说，因为时间不合适，又买不到机票，坐的是 10 个多小时才能到的那种火车。没有卧铺，就找列车长，列车长找了半天才找到个铺位。但是是上铺，空间比较小。我就去了那里，发现那里住的是一家人，有一个特别小的小孩，不住中铺，跟着大人住下面，中铺就放行李。我就跟他们商量说，我给你们一些钱，你们把中铺给我，上铺你们放行李吧。他们斜着眼看了我半天说"不行！"我没办法只好这样了。我就想在列车上转一转，走到第一节车厢，可是，那里味道十分难闻，受不了。又去第二节车厢，过道上却有一对情侣在那里拥抱着，过道本来就特别狭窄，他们站在那里抱着过不去，我就在那里等他们抱完了再过去。可是，他们愈演愈烈，没完没了，我实在等不了了，就跟他们商量，能不能让我过去。他们连理都不理我，就往窗户那里挤了挤，继续在那儿腻乎。我就挤过去了。我是夜里九点钟上的车，那个时候很多人都睡着了，我就走在过道上，很奇怪的一种感觉。我也饿了，想到餐厅那里去。感觉自己走在每个人的梦境里一样。到了餐车，我一眼就看见了我们舞蹈系的一个学员，我高兴坏了。他也没买到票，他很聪明，一上车就到了餐厅，他要在承德下车。我们就在餐车里聊了起来，还买了很多东西，一边吃一边聊，我们买了方便面、火腿肠、橘子、苹果。聊到一点多的时候，都困了，我说到我那里睡吧，我们就来到了我的车厢，那么窄的一个床铺我们两个就挤在一起睡了，怕掉下来，互相搂着睡了。

我接着佟伟的话题也讲了我在 2009 年到新疆采访时的经历。那一次，我是从新疆的库车去乌鲁木齐。本来可以坐飞机的，可是，被采访的对象李志民说，你要想体验我当年来新疆的经历，你可以坐坐长途汽车。我一听觉得对，这是一次机会。但是，李志民说，你可能体验不到我那时被扔在沙漠上的感觉，现在的车况都很好，也不会出什么问题。我就说，没有那么真切，多多少少体验一下也挺好。于是，晚上八点左右在等了近一个小时后，我坐上了一辆从库车去乌鲁木齐的车，到达目的地需要 8 个多小时。因为等待的时间花去了一个多小时，真正出发时已经快夜里 10 点了。这样，按照这个出发时间正常的行走，早上 6 点左右也就到了。

可是，本来是八九个小时的路，我们却走了 14 个多小时。或许是命运的安排，那一次让我真正体验到了当年明星企业家李志民被扔在沙漠里的感觉。不过，我是被扔在了戈壁滩上了。我们走出大概一半路的时候，突然汽车抛锚了，司机下车修车，却怎么也修不好。这在当时是一件非常罕见的事，我还跟那位司机聊，我说，你的车经常出问题吗？这是辆老车吗？他说，这辆汽车才用了一年左右的时间，从来没出过问题，一停下来就检修，按理说，不该出问题，就是出点问题，修一修也就好了。可是，现在的情况是，这辆车出了大问题，是不能开走了，只能把乘客们转移到路过的其他车上。但是，每辆路过的车上剩下的空位都是有限的，所以，不能把全部人员带走，有一些人得留下来，继续等待下一辆车的到来。

后来，大家就商量，让妇女和儿童、老人们、有急事的先走，青壮年留下来，最后走。好在大家的觉悟都很高，就按照商量好的办法，把全部乘客都排了一个队，有序地站在穿行于这个荒凉戈壁的公路上等待。虽然已经是 4 月，但是夜晚站在荒无人迹的地方，还是冷得很。等了两个多小时后，来了一辆车，第一批妇女儿童们上去了一些，又等了近两个小时，大部分人都上去了，然后就剩下七八个青壮年，当然也包括我。可是，这一下，就坏了，一直等呀等呀，望眼欲穿，那么冷的天，在戈壁上，四周漆黑一片，远处还能看到鬼火般动物的眼睛。司机说，那是野狼，它们就在不远处的丘陵一带活动，虽然不多，却也挺危险的。听司机这么说，胆小的就跑到车上去了。

就这样，我们从夜里 12 点多，一直等，等到早上 7 点多了，还是没有车路过。到了早上 8 点了，内地这个时候天色早就大亮了，可是那里还在黑暗之中，然后就看着东方渐亮的天空，天更加寒冷。都怕错过了车，跑到路边等。等啊等啊，天亮了，大亮了，太阳渐升了，然后暖和了。终于，在上午快 11 点的时候，等来了一辆车。虽然那辆卧铺车已经满员了，但是，剩下的这些人，宁肯站在卧铺车的过道上挤着也不愿意再等了。就这样，我们又经过了 5 个多小时才到达了乌鲁木齐。

我讲这段经历的时候，同学们都瞪大了眼睛听。这就是我能理解佟伟在拥挤的火车里的那段奇特经历的原因。虽然在当时很可怕，过后想想，这也是不错的一段经历。

我差不多已经相信"一切都是最好的结局"这句颇有禅意的话了。

柿子红了

课程开始的时候，我说，你们都已经观察过落叶了吧？得到肯定的回答之后，我说，我们今天的训练课，在落叶的基础之上，再加上一个元素就是阳光。我们以"落叶""阳光"两个关键词进行描写。先请你们去教室外看看阳光和落叶，把这两件事物联系起来，观察它们，展开联想写写它们。

同学们纷纷走去了，教室里只剩下旁听训练课的夏梦。

夏梦没有出去，我猜测她可能有自己的主意，没必要干涉她。不过，我倒是忽然想起她的那篇让人吃了一惊的文章《柿子红了》。她总是跟着低年级的同学们一起练，而且很认真地完成。就对她说，夏梦，你的那篇《柿子红了》的文章我看了，写得很不错啊。有悲伤，有愤怒，有激情，也有理性，很有张力。

夏梦就嘻嘻地笑，她也有些意外我这样评价她的文章。是吗？那篇作品里写的东西可都是真实的感受。我们宿舍下面的那些拆迁工程，天天就在我们楼下没完没了地吵着，让人睡不成觉。更让人受不了的是，他们居然把那些柿子树也毫无情感地砍掉了。

我接过她的话说，你的作品里写的那些情感与梦境，写得很奇妙。特别是这样一篇差不多可以归结为"拆迁"题材的作品，居然有那么大的活力，是少见的。可以窥见你是多么投入，全身心参与到对于现实的描写，挺打动人的。

我接着谈了对她那篇文章的意见。我说，那篇文章写得很好，我很喜欢，就像喜欢你写的那篇《树》的散文一样。那篇文章就让我很兴奋，这篇同样让我想了很多。虽然你的这篇文章没有明确写出你的意思，但你却引导了阅读者的意识。用真实的感受、情绪化的描写、流畅的语言写出了深意。

夏梦说，我写的时候可没想那么多，就是把这事和我的感受写出来了。我说，你事后如何解释并不重要，重要的是文本自身所透露出来的多义的隐喻性。就是说，对于文本自身的理解与阐释最有发言权的是读者，读者的理解才是最重要的。从你的文本中，不同的读者产生了不同认识，这就是作品的魅力所在。

落叶和阳光

去观察落叶和阳光的同学们纷纷回来了，他们神情不一，有的沉默，有的说说笑笑，有的若有所思地走回来。我说，你们看完了，就写吧，给你们10分钟的时间。于是他们安静地坐在座位上开始了今天的训练写作。

教室里很静，各种电化教学设备的"嗡嗡"声显得更加突出。我一边等他们的写作，一边开始翻阅他们的课后作业。这些课后作业已经积累了两次，每人应当是 12 篇，8 个人加在一起是 96 篇，虽然每篇都不长，加在一块儿却也不少。

先大体翻翻，为后面的评语做个准备。翻着翻着，就高兴起来，明显的又有新的进步。他们的文字感觉和对事物的捕捉能力都有不小的变化。我曾经不止一次地对他们说，这种文学创作训练，一方面是用在写作技术上的，另一方面可能更为重要，就是培养你们的一种习惯和状态，就是见到什么都有写的欲望。我说，俗话说"拳不离手，曲不离口"，讲的都是一种习惯和意识。写作也是这样，我们总是处于创作的意识中，生活在你身边就不会那么被轻易地放过，你就会成为"有心人"，成为一个对事物敏感的人。专业作家就应当有专业作家的素养，观察与写作的意识就是最重要的素养。现在看来，同学们对周围事物的敏感度正在增强，这是可喜的。

过了一会儿，见台下的同学们有的已经在审读自己的作品了，就说，大家都写得差不多了，那咱们共享一下吧。请大家念念自己的作品。

央金读了自己描写的"落叶、阳光"：

太阳像一个被浸泡的圆球挂在雾蒙蒙的空中，看起来湿嗒嗒的，仿佛已经被冰凉的秋风洗涤透了似的，洒下一片没有丝毫暖意的金色。日光缓缓流动着，穿过已没有多少树叶的枝干，被过滤成一片片金黄的残渣，依附在将要凋落的叶上。一阵风扫过，树叶抖落着随着落下，在空中转起圈来，然后安静地躺在地上，被一只脚踩了一下，"咔嚓"一声破碎了一地。

她的描述中"太阳像一个被浸泡的圆球挂在雾蒙蒙的空中，看起来湿嗒嗒的，仿佛已经被冰凉的秋风洗涤透了似的"感觉很独特，太阳是湿的！这是她的独特感受，非常毒！虽然后面的"日光缓缓流动着"没什么可说的，但是"被过滤成一片片金黄的残渣"一句却如此劲道。写得很好。还有最后的那几句用声音所描写的"'咔嚓'一声破碎了一地"的通感也好。

谢勇的文字又体现出一个男性对事物的不同感觉：

天气不算好，下去的时候太阳也刚刚爬过楼顶，没能放射出它最强的魅力。路这边多是松与梧桐。松不必说了，不仅松针未落，松果也都依旧挂在枝上。满地都是梧桐叶，淡黄，脚踩上去也没什么声响。太阳过矮，地面上也就星星点点地映着几束，颜色如同落下的梧桐叶，也是淡黄。只是两株淡黄加在一起的颜色却愈发明亮，显出金黄来。跟只有一层淡黄的落叶比起来更明显。太阳从房顶探出来，头上的树枝遮挡着，看不真切，但往前走走就能遇见一大片空白，使得太阳最大限度地透过来，模糊了头顶梧桐的轮廓和四角天空。

他发现的自然世界的确与女生的不同，他是一种"统领式"的发现，发现的是那些自然的外观。虽然缺乏央金那样对自然"内部"通感的精微感受，却也在对自然之物的外在状态的观察中发现了那些纯静与美感。

佟伟的描写加入了想象，他的描写不仅有自然，还有了人物"驹子"。他说他加入了一个影片的情节片段，写得有意思。

漫天飘飞的金黄色树叶为驹子脚下的路铺上一层厚厚的地毯。她的手抚摩在灰白色的白桦树干上，不时地抬头仰望一下头顶上亭亭如盖的树冠。阳光透过枝杈间的缝隙打在她白皙的脸颊上折射出一片柔和的光影。这时，带些凉意的风驶过驹子的身体，她跑了起来，皮靴带起的落叶与尘土让她的轻影变得模糊。"砰"的一声凄厉的枪响打破了一切，艳丽的血花绽放在驹子的前额上，她的身体可笑地打了一个转，落在地上，沉沉地睡去了。嘎嘎的乌鸦声散去后，一切又复归于宁静。

李媛的描写延续了她一贯的细腻特点，写得很绵密而扎实。

深秋，校园里一派萧索，道路两旁落满了黄棕相间的树叶，厚厚一层。随着寒风的吹拂，不断把新的叶子从树上摇下来，打着旋飘落，和同学并肩走在这铺满落叶的路面上，百无聊赖地踩着脚下地毯似的软软的叶子，鞋底与叶子摩擦发出的清脆响声在这寂静的时节里格外悦耳。偶尔，一两片叶子还顽皮地爬上我的脚，无论如何都不愿意下去。或许快到冬天了，阳光很浅很淡，高大的树木挡住了它，使它无法温暖此时的我们和一地的落叶。周围的一切全都陷在阴影里，在雾霾的笼罩下，呵气成霜，真的好冷！

她的描写有一种淡淡的情绪在里面，有点感伤也有点无奈。这段文字中那句"偶尔，一两片叶子还顽皮地爬上我的脚，无论如何都不愿意下去。"写得好，精细有趣。

吴娅芬很聪明，她捕捉那些"异常"的感觉。

明媚的阳光在空气里无数看不见粉尘的作用下，像是困在迷宫中的小钢珠，在天地间化为一片混沌的光亮，躺在泥地里连成片的枯枝败叶上粗壮的白色树干挺立在一片泥泞之中，挥舞着秃枝，似乎正在享受腐败带来的养料。枯黄，深褐，落叶的中央积了一摊水，在边缘留下些许黑印和一抹突兀的阳光弹进去，秃枝化为魔鬼的舞蹈，似是在召唤树枝上所剩无几的绿叶，跟它一起化为腐朽。

她用"躺在泥地里连成片的枯枝败叶上粗壮的白色树干挺立在一片泥泞之中，挥舞着秃枝。""秃枝化为魔鬼的舞蹈，似是在召唤树枝上所剩无几的绿叶，跟它一起化为腐朽。"这样的语句来描写阳光与落叶实在是有些令人惊讶，写得好！

刘娜的文字总能让人感到一种与众不同，她写道：

　　晴冷的日子里，北风阵阵地吹着。走在水泥板地上，阳光透过已成空枝的枝丫落在地面上，落叶丛里，就那么一缕却让干冷的空气变得些许温暖和温馨。那些落叶像是小孩子手里的剪纸灵巧可爱。黄色的带着红色叶尖的，由叶根至叶尖由绿渐黄的，还有那通体橙黄色的都零星地躲在地面上，像是汇成了一条落叶的小河，在阳光下波光粼粼。我在这条小河里渐行渐远，脚底粘上了叶子，把我的足跟染成了金黄。阳光散在头上，把发丝铺上金黄。在阵阵风里静默的树根，然后昏昏沉沉的在这片明朗澄静的秋日里睡去。

　　在阳光里找到冬天的"温暖和温馨"没什么奇怪的，但是把落叶写成"躲在地面上"，把落叶群体写成"在阳光下波光粼粼"的小河，"我在这条小河里渐行渐远，脚底粘上了叶子，把我的足跟染成了金黄。阳光散在头上，把发丝铺上金黄。"就非得有想象力和创造意识的参与。她的文字透着那么几分的灵气和自信，这让我很感动。

　　赵蓬勃的写作总是在简短中透露出几分独特性。

　　树叶已然离开属于它们的母体，纷纷落在了大地上，仿佛铺了一层厚厚的地毯，使我几乎忘却地面的模样。光秃秃的树枝仍桀骜不驯地在寒风中摇摆，微弱的阳光经过雾霾的层层侵蚀之后漏在枝头，少了一份刺眼的光芒，多了一点无助的苍凉。

　　深秋已然悄悄地变成了初冬，季节在隆重的换防后，让人感时伤逝，那种不同季节下的场景总能勾起人们的情绪变化。这就是赵蓬勃想告诉我们的"多了一点无助的苍凉"。

声　音

原本设计是先做两个自然之声训练，也费了很大的劲找到一个鸟鸣声MP3资料，准备在课上放给同学们听，让同学们描写这些声音。还有一个流水声音的 MP3。可惜的是，教室里的电脑不给面子，怎么也放不出声音来，设备似乎有问题。只好作罢。另一个预案就是不用听课件里的声音，只是坐在教室里听教室周围的声音，来描述这个声音、音源，以及此时的自然状态下偶然闯入的声音，这会让他们进入一种很自然的放松与理解声音的状态中去。这个预案成了今天训练的主要内容。

我说，既然我们用不上我精心准备的声音资料了，那么，我们做一个经典的自然声音描写的训练项目吧。请你们放松下来，闭上眼睛，仔细地倾听周围的声音，用三到五句话来描写你倾听到的声音、捕捉到的感觉。

而后，我走到教室门边，把门打开。我说，我把门打开，把更多的声音放进来，你们开始进入状态，体会、描写并感受声音带给你的联想。

同学们很认真地按照我的引导开始倾听声音了。而我，还是想把那些声音播放出来。于是，我就趁着同学们静静地倾听的时候，开始鼓捣电脑中的声音文件。我所以不厌其烦地说这些细节，是因为，在此后同学们的描写声音的练习中，竟然把我这些走到门口、打开门、又走回到讲台上的声音和鼓捣电脑时发出的种种声音也都写到了他们的练习中去了。

他们观察和描写得真够细的！

央金的描写中不仅把"分内"声音写进文字中，而且把这种"额外"之声也写进去了。她用声音词汇描写她倾听到的声音：

"咔嚓""吱啦"，门被打开了，木地板上踏过一阵脚步声。门外传来唢呐的尖细的声音，带着浓郁的东北二人转的感觉。一个女人短促地咳了几声。讲台上老师"哑"了一声，有几声鸟鸣轻微地叫着，想必是老师又在调试着鸟叫的课件了。

当时，在音乐系的教室里，一个学员正在用功地吹着唢呐，这种声音的确是最突出的声音了。但是，不是每个人都喜欢这种有些尖锐的声响的。在张木铎的描写中似乎对这种声音就不太接受，他写道：

门"咔啦"一声敞开了，刺耳的唢呐声叽叽歪歪地破门而入。缓缓的脚步声越来越近，仿佛我一睁眼就能看到这个人。一阵急促的咳嗽声打破了这和谐的氛围，又戛然而止。

他用"刺耳""叽叽歪歪""破门而入"这样的词句来描写听到的唢呐声，可见他并不喜欢这种声音。同时，从他的文字里我们多多少少都可以听出来，他今天的情绪似乎不太好。

后来，跟夏梦聊天的时候，她说道，文字这个东西很奇妙，我们可以从中感觉到很多文字没有能够表达出来的东西。我说，那就是文字的"味道"。文字是有"味道"的，单独一个词语或许看不出什么情绪化的东西，但是，当把一组词语放在一个特定的句式里时，那种由文字散发出来的特殊气息就会飘散出来。写这些文字的人自己可能都不会意识到，他的情绪其实已经被他自己的文字暴露出来了。这就是文字背后的"气味"，有人把这叫作"场""气场""文字场"，是优秀的作家应当而且必须关注的东西。

是的，张木铎这短短的几句话已经把他的情绪表露无遗。

好像，其他的同学情绪还都不错，谢勇的描写中就说：

教室里只有放映机的"嗡嗡"声，门"咔嚓"一声打开，唢呐声一阵接一阵地传过来。先是一级级往上走，随后渐渐低下去，低下去。远处有人边走边咳嗽，方向该是从东向西，咳嗽声也从东向西地遮住了唢呐声。

佟伟更是写到了我开门的动作，似乎是我把声音放进来的，他写道：

"咚"的一声闷响，江老师推开了教室的门，一时，嘹亮的唢呐声，叮叮淙淙的钢琴声，从四楼各个琴房里扑面而来。身边的同学平稳的呼吸声与耳边的乐音形成一种奇妙的和谐。

佟伟是学小提琴的，对声音有着独特的感受力，也有他个性的表达。

每次李媛的描写都很细、很用力，这次也不例外，她写声音的感觉是这样的：

闭上眼睛，我首先听见了离我不远处老师的电脑里不停地发出的低沉的响声，好像噪音。紧接着，是从门外传来由远及近的唢呐声，音调又喜庆又欢快，在最后，我清晰地听见了旁边同学翻开本子时纸页的哗哗声和笔与纸面不断摩擦而发出的奋笔疾书的声音。

看来，李媛是喜欢唢呐声的，她从中听出了欢快，与张木铎正相反。

谢勇的描写里加入了他颇具特点的想象的成分，并且使用了我前面已经讲述过的动态捕捉方法。他写唢呐声"在走廊里拐了几个弯，冲进我的鼓膜"，让声音变得生动而有特点。

机器"嗡嗡"地叫着，似乎成了课堂永不止息的背景音乐，强调着它的存在。尖锐喜庆的唢呐声穿过密封性极好的琴房，在走廊里拐了几个弯，冲进我的鼓膜。"咚咚"似是隔壁传来的钢琴伴奏，几个沉重的低音和弦成为这一切声音的大贝斯，化为一首和谐的交响乐。

刘娜同样使用动词，用动态的描写来达到陌生化的效果，她写钢琴的声音"穿过几重关上的门"，鼠标的响声"紧张又急促地在教室里穿行"，皮鞋声音"在门打开时啪哒一声里响起又止"，写得细腻而有弹性。

一阵钢琴的乐声穿过几重关上的门，沉重而又单纯地进入我的耳中了。手指轻敲鼠标，"啪啪"的响声紧张又急促地在教室里穿行。皮鞋落在木地板上，一连咚咚的脚步声在门打开时啪哒一声里响起又止。

依然没有鼓捣好声音资料，我想时间也不早了，虽然跟平时比有点早，但是，我们开始得早，所以今天就下课得早。

任何素材都有用

下课以后，夏梦接着跟我聊着我们在课间没有进行完的话题。她说，她觉得自己对于素材还是没有什么把握，就是不知道该写什么？我说，你有那么多想法，也有那么多的观察，怎么会不知道该写什么呢？她说，正是因为我自己的想法太多了，反而不知道该写什么，不知道什么该写，什么不该写，什么素材有用，什么素材没有用。

我说，我一直认为，素材并无有用、没用的问题，所有的素材都有用。甚至生活中一些很不起眼的细节，这要看我们怎么使用。再小的题材，再无足轻重的素材，只要它放对了地方就是起作用的，就是好的。而一个好的素材，丰富的细节如果没有找到一个好的方法使用它，把它发挥出来，那它就不会是个好东西。也就是说，素材本身不是个问题，而使用素材的人却是个大问题。从什么角度用、怎么去用，这是作家要想的问题。

课外训练

今天的课外训练项目：

1. 观察描写六篇自然描写（太阳、月亮、阴云、雾霾、雨雪、风雷）。
2. 以"落日"为题创作一篇作品（小说、散文）。

有的直有的弯

授课内容：道路与街区

1. 回课点评《鞋柜》

2. 观察并描写北艺院内道路

3. 叙事的基本概念

4. 写与改

今天的创作训练课主要有两个，一是对"鞋柜"主题作品进行点评与解析。我的想法是，通过分析同学们的作品讲解叙事的两个基本问题：叙事的要素、作品的修改。

训练课的第二项任务是完成"路"的训练主题。请同学们观察四条道路：一、北艺主干道；二、北艺教学楼前的花园小径；三、走到北艺大厦前的天桥上去观察那条大街；四、观察万寿寺路文化长廊。选择一条路进行描写。这个描写训练的目的是通过对空间的观察与描写观察人在空间的运动与观察者对空间的感受。

来到教室的时候，猛然间看到寒院长带着院办主任裴晓华来了。我开玩笑说，院长大人这是督导来了？寒院长也笑着说，什么督导不督导的。上次听了你的课没有过瘾，还想听，就是这个会那个会的没有时间，今天刚好没什么事，就来听。

他夹着个本子，笑呵呵地问我，没讨厌我吧？寒院长就是个艺术家的脾气，挺可爱的，平时很平易近人，从来没什么架子。我说，怎么敢讨厌？巴结还来不及呢。寒院长撇了撇嘴，就你？拿枪逼着也不会讨好别人，还巴结。

说着，寒院长走到座位的后排坐下了。

于是，我们的课开始了。

热身故事

课前故事是学生们自己组织，我坐在台下听。

课代表佟伟主持这个故事会。课前故事会虽然仅仅是个热身活动，但是很重要。这是口头创作的重要环节，提高同学们编创故事的能力，也是了解同学们进度的手段。有的故事很受启发。

第一个讲故事的是刘娜。

刘娜讲的是"我与父亲"的故事。虽然没有那么感伤，却也让听到的人有些心酸。说的是，有一次父亲去接她，她调皮，想吓唬一下父亲。那时，父亲站在一个台阶上，她便从后面悄悄地接近他，然后突然使劲地跳起拍了他一下肩膀，结果父亲从台阶上掉了下来，摔得很重，把脚给崴了。本来是骑自行车来接她的，骑不上去了，只好一瘸一拐地推着车把她接回家。到家后脚肿得很厉害，她就觉得很愧疚，就想帮着家里干点事，以弥补自己的过错。那时，母亲出差了，父亲躺在床上休息，衣服没人洗，堆了一堆，我就想帮家里洗衣服吧。我把一袋洗衣粉都倒到盆里，洗呀洗呀，怎么也洗不好。后来父亲起来，看盆里那么多洗衣粉，也没有办法，只好自己蹲到地上，一点一点地洗起来。我站在旁边更愧疚了。

吴娅芬和李媛讲的都是"变态"的事儿。吴娅芬说她放学一个人回家，低头想事，突然一个男的闯到她面前对她说，我刚刚撞了一个人，你帮我"挡一下"，别让警察抓到我。说着那个男的就搬着我身子让我帮他"挡"，我也不知道怎么回事，就这样帮他"挡着"一直往前走，到了一个红绿灯，要过马路，我没再理他，自己就走了。后来，她把这件事跟一个同学讲了，同学说她也遇到过这样一个男人，说的是同样的话。同学说，也看到那个男的穿的是开裆裤，拉着那个同学向僻静的地方走，把同学吓得撒腿就跑。吴娅芬的结论是，一个女孩千万别跟陌生男人走。她还补充说，到了高中的时候同班的另一个女生也遇到了那个变态的男人，也是穿着开裆裤。吴娅芬说，我当时并不知道是怎么回事，因为视力不好，也没有看到那个男的做了什么，可是，那两个女生却什么都看到了。

李媛的故事讲的是在一个下大雨的晚上，去离家不远的地方买书，就在市立医院附近。一个女的被淋得浑身湿透了，裤腿挽得高高的，光着脚，头发乱蓬蓬的，问她市立医院怎么走，李媛就给她指路。看她被淋成那样就说，我有伞也顺路，要不我把你送到市立医院吧。不过她的样子实在令人生疑，我送她的时候她说，你身上有钱吧借我点。我正好买书剩下了一些钱，我问她要借多少，她就说，你有多少就借我多少吧。我想了想，就把钱都给她了。可她也没有说怎么还钱，只是说声谢谢就走了。回家之后跟妈妈一说，妈妈说以后千万别再跟陌生人接触，你就是遇到了个骗子！李媛的结论是，我还是认为我做得对。

李媛差点遇到骗子，而谢勇却是真的遇到了骗子。他说，他上中学的时候，有一次骑自行车在路上遇到了一个收废品的人，他的车子在旁边放着，看到谢勇就说，小伙子帮我推下车吧，陷进去了。他一看，那车的轮子在一个坑里，就把自己的自行车放在一旁帮着那个人推。费了很大的劲把他的车推出来了，那个人骑上车说"谢谢!"然后快速地离开了。当谢勇再去骑自己的自行车时，发现车没有了。很泄气地回到家，跟家里人一说，他们说，他们也遇到了同样的事，那是一个团伙作案，你把车支在旁边帮他推车的时候就会有人从旁边把你的车推走，都发生了好多次了。看来好人有时也不好做。

央金也讲了一个被骗的事。说的是，自己高三的时候放学回家，在校门口遇到一对穿得特别破烂的爷爷和奶奶。他们看上去虽然很寒酸，几天没吃饭的样子，可是看起来很健壮。那个爷爷走上前来可怜巴巴地说，我们有好几天没有吃饭了，给点钱吃顿饭吧。我就从兜里拿出四块钱，还带出一个十块钱的纸币，把四块钱给了他们。那个爷爷却要抢我手里的十块钱，边抢边说，你看，我们两个这么久没吃饭了，给四块钱不够吃的。我就跑了，边跑边说，四块钱够了，你们两个买烧饼够了。过了一个星期上学的时候，我的同桌很悲伤地坐那里叹气，我问她怎么了，她说，今天遇到可怜的爷爷奶奶，我给了他五十块钱，真可怜呀。我问她，那两个人长得是不是什么样什么样，她说是呀，你怎么知道的? 我说，他们已经骗过我的钱了，骗你骗得更狠。

张木铎讲的是他父亲的一个朋友，夫妻恩爱却不能生育，收养过三次孩子两个都夭折了。他们收养的第一个孩子是个男孩，这个男孩却在二三年级的时候因为淘气在大街上被车撞死了。两个人伤心死了。后来又收养了一个男孩，一直养到这个男孩高三的时候，男孩交了一个女朋友。有一天到湖边玩，两个人在湖边打打闹闹，结果那个女孩失手将男孩推到了湖里，给淹死了。他们两个伤心死了。有人就劝他们说，那个女孩也不是故意的，你就不要告她了，你要是不告她，你可以把她收为养女，你要告了她，她就会去坐牢，她的一辈子也就毁了。但是，那个人太伤心了，已经把孩子养到了十七八岁了，就这么死了，他们不甘心，坚决要告她。结果那个女孩被判了刑，现在还在坐牢。后来两个人都信了佛，找了一个大师给他们算命，大师说，他们命里担不起男孩，说他们应该再领养一个女孩。于是他们又领养了第三个孩子，大师还说，不要让女孩叫他们爸爸妈妈，而是叫叔叔阿姨，他们就这样做了。现在那个领养的女孩才三岁，我们都祝愿她健康茁壮地成长。

佟伟讲的是自己的小提琴老师的故事。那是一对老夫妇，佟伟从四岁开始跟着他们学琴，那个时候他们已经 84 岁了，比他大整整 80 岁。

他们讲完了自己的故事，我总结说，今天的故事都带有某种感伤的情绪，当然也有比较轻松的。是不是秋天来了，叶子黄了，天气转凉了，大家都有些伤感了？大家都会心地笑了。

我问，让大家观察的那些道路都看了吧？大家纷纷说，院子里的那两条路都观察了。我说，我们今天的写作训练任务只有一项，就是把你们观察到的道路写一下。既然没有出去，就写你们观察到的，不过，我们先不急于去写。我们今天的另一项任务就是对你们已经完成的作品进行解析与点评，就是以"鞋柜"为主题的作品的写作。你们的作品都已经发给我了，而且我已经做了认真的批改，我们就此来谈谈这次作品的写作。

因此，我们先进行作品的解析与点评，而后进行"道路"的写作训练。

叙事基础

我的作品点评开始了。我说，我想通过对你们作品的分析与点评讲一讲叙事的基本要求。比如，一篇叙事作品的要素是什么？什么是叙事，什么不是叙事。叙事的基本规矩在哪里？

什么是叙事？简单地讲，叙事就是讲故事。叙事的本质，就是对时间序列中两个或两个以上虚构及现实中已经发生、正在发生或可能发生的事件或状态的呈现。

果戈理的小说《鼻子》叙述的是一个八等文官柯瓦廖夫的鼻子神奇丢失、急切寻找、失而复归的故事。小说中这个丢了鼻子的文官柯瓦廖夫是一个虚荣、好色有着在官场上普遍存在的各种恶习的典型机关公务员。一天早上起来，忽然发现鼻子没了，这真是五雷轰顶。他"裹紧斗篷，用手帕捂住脸，装出一副鼻子出血的样子。""飞也似的跑去见警察总监了。"

路上他居然遇到了自己的鼻子。于是，柯瓦廖夫便跟踪鼻子到了喀山大教堂，他低三下四地请求正在装模作样祈祷的鼻子，请求它回到自己的脸上来，却遭到了冷冷的拒绝。一转身，鼻子不见了。他只得去警察总监的家里，但是总监不在，他又去警察署，又担心他们再拖上一个月，最后他决定去报馆发行署登个广告。负责登广告的官员打着官腔套出了柯瓦廖夫所有不愿意说出口的秘密之后，拒绝登广告。在经历了种种奚落、嘲笑、挖苦、曲折之后，一天早晨柯瓦廖夫醒来的时候，突然发现鼻子回来了，没事似的，好好地站在自己的脸上。

这是一个典型的完整的叙事过程。小说存在着一个时间序列：柯瓦廖夫到理发店去刮脸、早晨起来鼻子没了、柯瓦廖夫寻找鼻子、鼻子回到了脸上。这个时间序列有着明显的前后顺序，这个顺序又是不可逆的。这就是叙事的"时间序列"。

在叙事中，时间的序列通常是指时间的先后，但也不排除时间的倒退、循环、并置、停顿、混乱等形态，其表现与话语方式存在着密切的关联。

同时，我们注意到叙事中的"事件"是持续的，存在着两个或两个以上的状态，柯瓦廖夫刮脸、鼻子没了、寻找鼻子、鼻子回到了脸上等事件构成这个叙事的完整要件。

也就是说，叙事的基本条件是：时间、两种以上状态、转折。

讲到这里，我说，你们写的"鞋柜"作品我都仔细阅读了，并且写了许多意见和建议，随后我会发给你们，请你们进行修改，并再次传给我。在这里我想对三篇作品进行分析。第一篇作品就是吴娅芬的《红舞鞋》，第二篇是刘娜的《舞鞋》，第三篇是谢勇的《换衣间》。之所以把这三篇作品单独拿出来分析，原因正是我今天给大家说的核心话题：它们有的符合叙事作品的通常要素，有的却不完全符合。

吴娅芬的作品《红舞鞋》：

红舞鞋

打开，关上，打开，关上……

小叶的柜门洞开着，就像是故意的，那双专属于领舞的红色芭蕾舞鞋骄傲地躺在那儿，在幽暗的小方格里像太阳般灿烂。真漂亮，想想我那双群舞穿的白色舞鞋，和周围鞋柜里随意丢弃的同样黯淡的它们，怪不得小雅会那么做。

我的心痒痒的，可握在小雅柜门上的右手总是不自觉地开了又关，关了又开。

真窝囊！中午大家吃饭的吃饭，午休的午休，连在教学楼值班的老大爷都关上窗户，不理会教室里正在发生和即将发生的一切。小雅此刻肯定正在开心地庆祝，根本不会过来偷着排练的。我如果现在做，肯定不会有人知道。

教学楼旁大树上的知了叫个不停，像是刻意强调它们的存在。

明明空调好好的，可我浑身上下都湿透了。

今天早上排练的时候，小雅神秘兮兮地告诉我，作为 A 角的小叶明天的演出上不了，而身为 B 角的她会顶替她的位置，担任领舞。我不信，接着在排练的时候，小叶在一个快速连转中突然跌倒，怎么爬都爬不起来，被男班两个同学抬着去了医务室。

"我在她舞鞋木桩的前头放了颗黄豆。跟我斗，她还嫩了点儿。"

小雅一脸的得意，就好像做了什么惊天动地的大事。

我讪讪地笑笑，今天的她，画着浓妆，好漂亮，好陌生。

作为班上资历最深的三个，小叶、小雅和我是从中专班直升上来的。如果用一出芭蕾舞剧来说我们三个人的特点，小叶是白天鹅，小雅是黑天鹅，而我则是那个从没出场、从未被提及的国王的女儿。她俩的专业水平不相伯仲，远在我之上，不过似乎每个人都更喜欢小叶一些。我也是这样，即使小叶并不如小雅那般喜欢我。

小雅喜欢我。应该是这样，不然她为什么每天追着我，哪怕减肥也要看我吃饭？

不过从昨天起，我这个坚定的信念动摇了。

不知道为什么，昨天中午我特别不想午休，就想去教室活动一下。小雅也在，她平时就喜欢趁没人的时候自己练。她在练领舞的舞步，我闲的无聊，也开始跳领舞的舞步。本来嘛，大家一块儿练舞，互相看着，谁的舞步都会跳，可小雅看到我在跳，突然关掉音乐，露出我从未见过的可怕嘴脸，像看怪物一样地看着我："怎么，看不出来啊，这么想当领舞？"

她突然的举动，让我一个没站稳，摔到地上。

她俯视着我，也不把我拉起来："当得上吗？"说完，像只骄傲的孔雀，一扭一扭地出了教室。

我坐在地上，听着教室外传来的带着愤怒火焰的开关柜门的声音，脚踝扭得生疼。

区区一个领舞 B 角有什么了不起，我一定要当回 A 角让你好好瞧瞧！

窗外知了的叫声渐渐平息，化作一支和谐的协奏曲。我把左手攥了好久的红色舞鞋扔到自己的鞋柜里，然后拿出那双黯淡无光的白舞鞋，穿在脚上，"砰"地关上柜门。

我做不到，右手重复地开关柜门，让我的小臂都微微有些发酸了。我恨我自己，一个多么绝佳的翻身机会，就这样被我搞砸了。眼看着同学们一个个走进教学楼，找到自己的鞋柜，拿出属于自己位置的舞蹈鞋，我只能缴械投降。柜门以各种角度呈现着打开的状态，小伙伴们喧闹着，嬉笑着，穿舞鞋，关柜门，转眼间，又只剩下小叶的柜门洞开着，那双红红的舞鞋黯然地待在午后阳光的阴影里，没有主人的它显得格外落寞。

"小雅，给，舞鞋。"老师在包里翻了半天，走出教室，回来的时候，手里多了一抹红。

小雅的眼睛发着兴奋的红光，她立刻甩掉脚上的白舞鞋，穿上它，嘴咧得老大，那双脚似乎也不知道该怎么放了。

音乐响起，开始排练。

我在后排，一边跳，一边看着那双红舞鞋像火一般的跳跃着。

"啪——"这是小雅摔地的声音。

"啊——"这是小雅吃痛的声音。

明天的演出，A 角、B 角都上不了场，我终于当上了领舞。离开教室的时候，我看到小叶的柜门紧闭，打开一看，里面空空如也，就像一个能吞噬一切的黑洞……

这篇作品写得很细，有画面感，它的第一句"打开，关上，打开，关上……"简单地重复使用了两个动词就把羡慕与犹豫的那种心理表现出来了。非常巧妙而准确，心理的描写十分到位，且合情理。我给她的评语是"文字老到。漂亮！从这一篇开始，你将开始不凡的写作生涯——我有这个预感。"

作品最突出的优长就是结构设计。

她的故事中有意设计了一粒黄豆的情节。B 角小雅为了让自己能上场，在 A 角小叶的漂亮而令人忌妒的红舞鞋里放了一粒黄豆，让 B 角具有了代替 A 角上场的可能。A 角因那粒黄豆摔伤，不能上场，小雅如愿以偿得到了 A 角位置。可是没想到自己使的坏却在自己身上也产生了效果：她也被自己放在舞鞋里的那粒黄豆给摔伤，也不能上场了，机会给了"我"这个根本想不到的人物身上。

这就是结构设计，虽然很简单却很恰当而有效。一粒黄豆把三个人物串起来，也由此产生一种极佳的叙事效果。

此外，这篇作品具备了一篇叙事作品必备的最基本的两个条件："两个以上状态"和"转折"。就是说，一部叙事作品要描写至少两个以上的状态，最好是三个状态，正如古人所说的"一波三折"，一个完整的故事要具有不同的三个状态。《一千零一夜》的故事也是如此讲述。

《一千零一夜》中的第二个故事《渔夫与魔鬼的故事》说的是一位很老很贫穷的渔夫每天撒四次网，他靠此生活，很辛苦。这一天，渔夫撒下第一网，往上拉网时很重，渔夫充满了期待，可是拉上来一看是头死驴，老人很失望。第二网撒下去，拉网的时候又是很重，渔夫再次充满了渴望，费了很大的劲拉上来后发现是一个大陶罐，里面充满了淤泥，渔夫又失望地把陶罐扔回到海里。把第三网撒下去之后，拉上来的是陶瓷碎片和一些瓶子。最后一次拉上来的是一个铜瓶，铜瓶很沉，渔夫很高兴。心想，这个铜瓶拿到市场上怎么也得卖上十个第纳尔吧。铜瓶盖上贴着苏莱曼封条，铜瓶很重。渔夫很好奇，它怎么会这么重，想打开瓶子看一看。于是，他打开了瓶子，一股浓烟跑了出来，随后一个巨大的魔鬼现身，要杀死渔夫。

这个故事遵循的正是"三番四抖"，或者说"一波三折"的叙事规则。

第一次撒网，第二次撒网，第三次撒网，到了第四次出现了一个魔鬼，叙事发生了转向。

　　与吴娅芬的《红舞鞋》形成对比的是刘娜的《舞鞋》，她的作品很详细地描写了人物的一种状态，而当涉及第二种状态的时候，却停止了叙事。

舞　鞋

　　当暗红色帷幕徐徐拉开，坐在台下的观众被台上的万千繁华、异彩纷呈吸引得目不转睛，瞠目结舌。而又有谁知当演员转身下场的那一刻，关于舞台真正的故事才刚刚开始。

　　紧靠着大厅米黄色瓷砖的走廊，放着一排整整齐齐的鞋柜，在透过窗帘照进的阳光里显得格外的安静，这排浅灰色的小方格的柜门每天不知道被这群小舞蹈演员们开开关关了多少次，也难得在这阵轻快的钢琴声中好好地休息一下。

　　不久，随着一阵下课铃响，从旁边的练舞厅里冲出了一帮孩子们，他们穿着黑色的练功裤和贴身的白色T恤，看起来清爽干练极了。最先出来的是个子瘦小的明明，他出来后麻利地甩下鞋子，塞进书包套上外套后就奔到了大门口东张西望。接着个头较大的棒棒也出来了，他摇摇晃晃地走到鞋柜旁边，轻巧的一跳跳到了鞋柜上坐着，擦擦额上细细的汗珠稍事休息。然后一阵泉水般叮叮咚咚清甜的笑声传了出来，一群抱着新舞鞋的女孩子优雅地走了出来。她们都有着细长的眉眼，纤细的四肢，高高盘起的发髻和光洁的额头。在她们明亮的眼睛里看到了与普通孩子不一样的神采。而就在这片白色的小杨树中间一双红色的舞鞋点缀在中间，红色显得特别耀眼。一个清瘦的女孩子抱着一双崭新的红色舞鞋昂着头走了出来，阳光打过来，长长的睫毛在她的眼睑处投下美丽的影子。她叫丹。

　　丹默默地走到鞋柜旁，小心翼翼地把那双美丽的红色舞鞋放在鞋柜上端，用右手打开右边右下第二个柜子，再小心翼翼地把红色舞鞋放了进去。这双红色舞鞋，是老师发给即将到来庆典活动舞蹈的女主角的，在一排排黑色的纤足中一双红色的舞鞋翻转跳跃起来自然会格外的闪烁耀眼。关上柜门之前她又仔仔细细地看了看，好像才放了心似的离开了。浅灰色的鞋柜还是那么安静地放置在原处。

往后的排练课上，老师的眼睛似乎就长在了丹的身上，哪一个大跳的开度不够，哪一次脚背没有绷直都被老师看在眼里。丹的名字一下成了课堂里的高频词，她也希望自己能像白天鹅一样在舞台上展开自己透明的羽翼，缓缓飞起。于是丹起床越来越早，每天第一个跑到排练厅从鞋柜里拿出红色舞鞋，喜悦地抱在怀里，然后开始练早功。晚上放学以后她最后一个离开教室，在环境空旷的排练厅里一遍遍地踩鼓点，将自己的身心湮没在巨大的音乐声里，沉浸在举手投足的兴奋与喜悦之中。她想快点迎接庆典的到来，就像羽翼渐渐丰满的小鸟渴望飞出巢穴一样。

直到那么一天……

"一嗒嗒、二嗒嗒……"舞蹈老师口中轻快地吐出一串拍子，丹站在一群女孩的中间的最前面，神采奕奕的她就是为舞蹈而生。而就在一瞬间，空手前翻的那一瞬间，丹一个不小心摔倒在了地上。排练厅光滑的木地板发出"哐当"的一声巨响，几粒黄豆大小的泪珠滑出了丹的眼眶。老师和同学们迅速地围了上来把丹送到了医院去。一路上那双红色的舞鞋颠颠簸簸……结果可想而知，丹因为跟腱受伤而不能继续参加排练。当她脱下那双红色舞鞋，又再次小心翼翼放进柜子里时，她仔细看着看着，突然发现有一只真正的白天鹅从她的长长的睫毛上飞过，在浅灰色的鞋柜上留下一只美丽的身影。

"丹"这个人物的形态出来了，她的用功，以及老师对她的偏爱，是她成为主角的基础。很细，对其一种状态的描写中展现出了一名优秀舞蹈演员的素质。文字也很好。问题出在对于叙事性的认识上，她写了"丹"这个人物的第二种状态，就是丹的受伤，但与前一种状态比较起来，还没有展开就结束了，显得简单而匆忙。也就是第二个状态——出事，写得很不充分，因而显得不饱满。谢勇的《换衣间》就不同了。他充分地写了三种状态，写人物找不到衣服了，一次找不到，二次找不到，第三次才让其找到，这样便形成了叙事的段落。

换衣间

　　换衣间寂静无声。一切被码得井井有条。鞋柜里，一双双鞋把头歪向一边，可是也算整齐有序。门被封得死死的。

　　舞台快要结束第一个节目了，音乐的声响逐渐变低，主持人准备报幕了。一会儿，演员们做完最后的动作，向观众致意，便从右侧下台了。

　　"张彦，过来！"老师把最末的一个演员叫过来。"跳的什么玩意儿？幸亏没出大错。"张彦唯唯两声。"下一场再有问题，你瞧着办。"张彦点点头，退下去了。

　　舞蹈演员换衣服的时间很短，大概只有几十秒。张彦到了换衣间，发现大家都往前台跑了，留下一地换下的衣服，鞋柜也都大开着，露出里面歪歪斜斜的舞蹈鞋。本来平常时间就不够，现在被老师喊去训话，更紧张了。无奈，张彦只得用更快的速度换下衣服，却听到一阵撕裂的声响，是把衣服扯破了。

　　换完衣服，张彦急急忙忙往前赶，等到了台前，发现一丝诡异。老师正在安排，看到张彦过来，先是一愣，随即说声"怎么搞的？！"

　　张彦的衣服换错了。

　　老师刚想发火，舞台上主持人已经准备报幕了。可是这种情况下上台纯粹是闹笑话。老师急得直跺脚。有两位歌唱演员已经在场边做好准备了，于是他找到主持人，要求换一下节目。经过协商，两位歌手先上场，节目照常进行。

大概有半个小时时间让张彦换衣服。张彦急急忙忙跑回去，找该换的衣服。可是从衣柜里找了找，没有。再找一遍，还是没有。他想，应该是衣服反面朝外了。舞蹈演员的衣服常常两面都可穿，而张彦的衣服应该穿黄面，里面是黑面。他再找一遍，果然有一件黑色衣服。他急忙翻过来，可是那反面还是黑色的。

怎么回事？自己明明放在柜子里的。他想了想，突然想起自己昨天在二楼训练时往柜子里放了几件衣服。于是他又跑到二楼，找到昨天的柜子。然而，那柜子是锁着的。管理员都去看演出了，不知道钥匙在哪儿。张彦觉得天要塌下来。他开始想哪里有可能会有钥匙、有管理员。一楼大厅有一个保卫处，但是不怎么管理钥匙。可是现在只有这最后的地方了。张彦抱着最后的希望来到一楼，发现确实有人值班，一番询问，找到了二楼柜子的钥匙。张彦道过谢，拿起钥匙冲回来，打开了柜门。然而，柜子里，只有一双舞蹈鞋。

张彦觉得这次演出要砸了，留给他的时间只有十分钟。无奈，他再一次回到舞台候场。时间正值腊月，剧场暖气效果不好，张彦还穿着单薄的表演服装，身上一阵发冷。

老师和其他同事看到他回来，依然穿着那件出错的衣服，一阵别扭。张彦不知道该给老师说什么，沉默许久。老师也没说什么，有点发愣。一会儿他看着领舞的孙宇，问了问："你估计今天咱们还有什么办法吗？还能补救吗？"孙宇摇摇头。老师叹口气，又随便问他："你的衣服怎么有些臃肿？"

孙宇看看自己身上的衣服，确实有些肥大。张彦看了看，发现孙宇领口有块黑色挺明显。孙宇再一看，发现自己多套了一件衣服。再一看，里面那件衣服略略透着一点黄。那就是张彦的服装，孙宇觉得冷，刚才就顺手多套了一件。

　　从叙述中，我们可以明显地看到，谢勇的情节意识很强。衣服找不见了，一次找不见（快上台了，却没有看见该穿的），二次找不见（返回再去找依然不见），三次找还是不见（想到了二层的衣柜，但却仍然不见），最后在领舞者的身上发现了。故事似乎很简单，却在层层推演中把故事推向了高潮。

　　吴娅芬的那篇文章是由两个状态构成的，也就是"翻一番"，做了一个基本的完整动作。所以，把两种状态以上的段落放在一起才能构成叙事的一个基本过程，这是完整叙事的前提。而刘娜的作品，虽然对于"丹"的描写很细，却没有造成叙事的效果，虽然在文章的后面也"出了事儿"，但是事件却简单到了可以忽略的地步。因此，如果把结尾的"出事儿"写完整，再延伸一下，一篇好的作品就成了。就这么简单。

夏梦的树

　　我对同学们说，在你们开始"路"的训练写作之前，我特别想跟你们分享一下我昨天读到的一篇非常好的散文。然后，我对坐在台下的夏梦说，夏梦，请原谅我事先没有征得你的同意，我想把你那篇散文给大家念一下。你反对吗？她有些羞涩地说，不。

　　我说，我读到这篇散文心里很不平静，作品让我联想到许多，所以我有些迫不及待地想跟你们分享。

　　双击我自己的笔记本电脑，可是，不幸电脑不给力——它死机了！它居然在我情绪亢奋、跃跃欲试的时候死机了！

我抱歉地说，对不起，我的电脑死机了，请大家稍稍等一下，我重启一下。好在这个时候，夏梦救场了，她在台下举起自己的手机说，不要紧，我的手机上有。我说太好了。她说，那我来读吧。我说更好，你会读出色彩来的。我说，那么就请夏梦来给大家读一下这篇让我激动的散文，这是一篇值得大家借鉴的好文章。

在同学们的掌声里，夏梦站起身，举着她那个带着一个小兔子外套的手机开始念了起来：

树

世上的树很多。在街上，在校园里，在小山上，在大山上，都少不了树。我见过不少树，有的叫得出名字，有的叫不出；有的长得好看，有的长得扭曲；有的树大了，被人砍倒，有的树小着，被人护着；有的树在春风里，有的树在夏日骄阳下，有的树在秋风里萧瑟，有的树在冬天盖了白雪的被子。总之，你看那树是长在那儿，一动不动的，可是别的东西全在动。我就认为，那树也是跟着动的了。四季轮回，各个季节有各个季节的风景。而树，在四个季节里都会呈现不同样子。

那还是儿时，在乡里，在春天。我和小伙伴们脱下臃肿的棉袄，应了桃花、嫩叶、鸟儿的召唤，走出门去。我们顺手摘下树上一朵不知名的紫色花朵，把花蕊抽出半截来，夺拉在耳朵上，当耳环，荡啊荡；又或是花瓣展在石头上，又用另一块小石头碾磨它。花瓣榨出的棕黄色汁水，被我们的手指头蘸了，点在脸上、身上，我就以为这是"香水"，香喷喷了。有时，会碰上某户人家的玉兰树开花，我们站在树下，仰着头，看那大朵大朵的花，纯白的不夹杂一点儿污渍，真是过瘾极了。一片花瓣落下来，我们像拣着宝似的。那花瓣又大又厚，黄色的花粉在底部，反射着阳光，真是一种勾引。可一片花瓣只能满足一个孩子，这便有孩子铤而走险，爬树，摘花。

　　那个孩子就是我。那次，我看上了玉兰树的最高处的大花，我觉得那就是"王"，当然要把它拿下才能显示我的威风。树下的孩子们就小声地帮我指导着，生怕吵到了这户人家的土狗："右手，上面有个树枝，抓稳……""对对，是的是的……""好好好，快到了，看准，掰下来……"孩子们的声音虽然小，但是人人一句，音量就大了。

　　大狗来了，"汪汪汪！"黄色的狗奔过来，白色的牙齿清晰可见。"快跑！"树下的孩子大声喊，撒腿就跑。我心下一急，就在掰花的那一瞬间，我的手掌攥住了"花王"，却也失足坠下。顿时，树在我眼前变得恍惚，纹理分明的树干本来是纵向延伸的，却在我眼前打了网格，我以为我必死无疑了。可是，我落了地，却没感到什么疼痛，只是脑子有些发蒙。等了一秒，才意识到我大腿近屁股的地方热乎乎的——我以为我是流了一摊热血，低头一看，却是腿搁在了狗的身上。所以，摘下了玉兰花的我没有逃跑，忙招呼着跑远的朋友，来帮狗检查一下它是否受伤。一切安好，从那时起，我就知道——动物比人更经得起折腾。

　　一晃就到了夏天，我也长大了。那时候读了初中，学校有一片小小的竹林，那里的竹子根数并不多，竹子杆儿也细，但是叶片茂盛，叶子偶尔打着长形的旋儿，像小梭子一样栽到泥土上，叶尖儿却还弹着。竹子外层还种了一圈葱茏的万年青，这万年青的叶子从没稀疏过。又没人修剪打理，就会有树枝和竹子相连接，织了一面翠绿的大网。

　　这网是一圈圈的围墙，隔断了坚硬的校纪校规，阻住了严厉凶狠的老师的眼神，把在夏季躁动的我们安全地裹在里面。那一捧树荫中会有几缕小小的阳光悠闲而乖巧地射进来，它们的确是明亮，但是也不夸张，那似乎是小树林里纷纷的秘密所闪烁着的光：某个男孩喜欢上某个女孩，便托朋友把那女孩叫进小树林，递上情书；某个同学看不惯某个同学，便各自带了拉帮结派的兄弟，干上一场，过几天却又还是兄弟；学校突击检查违禁物品，同学们便用塑料袋包好了打火机、管制刀具、手机，像埋宝藏一样，在小树林里挖坑，把那些东西埋进去；至于我，那是我逃课的好去处。

那时，我是学校的音乐艺术生，很多次我既不想上文化课的晚自习，也不想上专业课。便跟班主任打个假报告："老师我去艺术楼找专业老师视唱练耳。"然后，又跑到专业老师面前，说："老师，今天班主任要考试，我就不练了。"两边搞定，便买了一大袋零食，猫着身子和一起逃课的几个同学进了小树林。

七八点钟的夜晚，小树林的气氛特别好，黑洞洞的，见不到星月，我们闭着眼睛说鬼故事。到了最惊悚的地方只能揪衣服，不能叫出声来，怕让人发现。尽管如此，我们也乐意，尽管这日子要胜过竹子的空虚，但我们就是这么放纵不羁——对比在教室里痛苦的学习的同学们，我们这简直是天大的享受。只是，我们终究要把小树林腾出来，拱手让给下届的同学，我们就这么离开了那个肆意撒野的小世界。

秋天到了，整个季节里都弥漫着成熟的金黄。还记得上次，我和爸爸带去老家的鱼塘的树苗，那鱼塘的四周种下了一百棵桂花树。丹桂的香味在那个秋天里烂漫地飘着，可是一棵棵的树却还是规规整整的，树干被麻绳一圈圈地捆着，动弹不得。那似乎很无情，因为这些从外地移过来的树还是"人生地不熟"。可是，这毫无办法。因为，只有它们稳定了，我们的日子才会稳定。

我从未想过大自然的树会让我们霸占，成为家业的一部分。"以后，你长大了要结婚，要买房子，我们就把这些树卖掉。"爸爸这样告诉我。真是神奇又可悲——这些树在我们的身旁站着，在我们的对话间，便已知了自己未来的命运。它们剩下的生命就要在这方天地里度过，也不知道它们是否会厌倦，或是寂寞呢？

我看着那些桂花树，它们微微粗壮而沉稳，带了锯齿的叶子在枝头上很挺阔，在这秋天里也坚定地不落下，坚强得很。我只是抚摸着那些粗粝的枝干，看着眼前平滑的鱼塘的水面。水映着那些树，于是树的粗粝的皮也被水俘获了，它在水里终究不会那么粗粝，那么有个性了。看来看去，终于知道，这些桂花树的的确确是比以往的玉兰、竹子、万年青都老成的，就像是在社会上摸爬滚打了多年的老伙计。而我，也没了在树上折腾、摘花，在树下打闹玩耍的闲情逸致了。

现在，我的人生已经到了秋天，是需要成熟，且必须成熟的年纪。我似乎是要与桂花树并肩成熟，并肩作战了。我的爸爸希望，桂花树亭亭如盖的时候，我也能在社会上扎稳了根基。我终于知道，树于我而言已经不是一个玩物了，而是一种依附，一种经济，甚至是命运的承载。幸好，这树是有生命的，虽然这一百棵树或许会在某个狂风、暴雨的夜晚，会在蚁虫暴发的日子里一不小心死去，不是绝对的安稳。但是，它们也绝不会像是那些会涨价，会跌价的房子、黄金，冷冰冰。所以，我也能认为这样的依附也算是相互取暖了。

但是，人会暖，也会凉。到了冬天，在下小雪的一个清冷的上午，我站在种了一棵青松的墓碑前，祭奠我死去的亲人。褐灰的墓碑、灰色的天、惨白的雪，和深绿的青松，它们颜色分明，也都不说话，也不在冷风中有什么别的动作。只是，墓碑上红色的字一个个刻在那里，每一笔每一画都是一种诉说，却也是一种沉默，一切的一切都像是一个看透了红尘的老者。

其实，话说回来，周遭的一切是无所谓什么沉默，也无所谓什么波动的。特别是明明还有生命的松树，它虽然在这冬季依旧青翠着，它的松针依旧有力，针尖处有深刻而神秘的黑棕色。可，这样的它绝不是在故意显现自己不老的能耐；也无意于什么清高冷傲。它觉得自己在冬天依旧如此，也没有什么了不起，都是顺其自然。它在坟墓旁种着，或许它也悟得了很多：人死了，都到了这个份上，一切都是过眼云烟。所以，那松树也就是树最本质的样子了。哪里有什么玩乐？哪里有什么青春？哪里有什么为了生活不停地颠簸，而被动的成熟？其实，最后的结果都是归于这里。

这就是树，四季的树，虽然有很多品种，但也是独属于我的：我以前的，现在的，未来的。它们有的是春天的树，顽皮淘气；有的是夏天的树，躁动不羁；有的是秋天的树，稳重成熟；还可能，是冬天的树，冷静至死。"十年树木，百年树人。"我的成长，也像树的生长。如果，一圈圈的年轮是树的记忆，那么我的记忆其实也存在树里，甚至我的未来也是被树所象征着：有一天，我会死去，会变成泥土，那捧泥土会滋养又一棵小树，直到它长大、死去，这兴许就是轮回？

她很有感情地读完了这篇3000多字的文章，大家热烈的掌声表示认可。我再次上台问大家：文章好吗？大家纷纷称赞，好。我说，散文就这样写，你们的散文就该照着这样的标准去写作。

曲曲弯弯

空间总是被人认为是"盛装"故事的容器，故事发生在其间，空间是了无生气的，是被动的，是不能创造生命的。事实上却相反，空间对叙事是起重要作用的，它不仅不是呆板的被动容器，反而是创造故事的场所。我们常说的"一方水土养一方人"，就是因为生活空间的不同造成不同人类的语言，不同的生活习惯，不同的宗教信仰，不同的行为。南方人与北方人为什么不同，是因为空间的不同，这充分说明，空间对人产生了重要影响。

道路就是空间形式，因为人要行走，所以才有了一条路，而不同的道路对人物是有影响的。对于道路描写的训练就是对空间形式的一种表现。对路的观察描写，恰是对空间观察与利用空间创造叙事的训练。

空间不仅能够为叙事提供场所，而且能创造叙事。独特的空间必然生成独特的故事。

学生们已经对不同的道路进行了充分的观察，在进行练习时写得比较顺畅。先听听吴娅芬的现场朗读：

走出幽暗昏惑的教学楼，晴空下宽阔的主干路一下子唤醒了我麻木的知觉。两根没有插国旗的明晃晃的铁杆，像年老却忠诚的护卫，从高台阶望下去，似乎与我比高。走近些，敞亮不再，路两旁茂密高大的乔木即使在秋日里依然保持着盛夏的绿意，遮挡住晴空万丈，万里无云。可还偶有几道阳光冲破那屏障，在红、灰砖镶嵌的甬道上建立自己的领地。无意间闯入，它便会淘气地跑到你的脸上，留下一份暖意，一份明媚。主干路并不长，三五分钟便从旗杆处走到校训墙的背面，举头仰望，太阳的光辉被高大的宿舍楼遮住，在它的末端投下一片片阴影。

吴娅芬对道路的描写充分形象，在她眼里这里的道路肃穆严整，似乎在自然的外表下有一种庄重感。从她描述的场景上，能让人感受到这是一个无人的空旷却神秘的地方。

李媛把路周围环境交织在一起写：

寂静的午后，和同学一起来到这条幽静的小道上，心里总有一种别样的感觉。深秋，微冷，无处不在的风静静地穿梭在这条林间的小路上，平添了几分清冷与安静。弯弯曲曲的小路一直向前延伸，仿佛看不到尽头，果然是"曲径通幽"呀。沿着小路慢慢地向前走，踏着一地金黄的落叶，感受着小路两边不断后退的风景，像是在欣赏一幅流动的画卷。百无聊赖地踏着灰色路面上的小石子，寒风掀起我的衣角，两侧高大的树木依旧不畏寒冷，傲然挺立。停下来，闭上眼，我听见了树上叶子掉落的声音，我听见了地上花草凋零的声音，我还听见了自己的心跳声。

深秋的路上落满了叶子，人走在这样的小道是伤感的。还有风的陪伴与"穿梭"，这样的捕捉很有特色。不仅人在道路上走过，还有落叶和风，还有"小路两边不断后退的风景，像是在欣赏一幅流动的画卷。"这个描绘很有诗意，呼应了这个季节。

刘娜的文字略多了点，但很细：

一道以石板铺成的小路，穿过了爬满青草的绿地，它弯曲着，每一转弯处都有一棵挺拔的大树守在那里。在地面上投下斑驳的树影，它延伸着，延伸着秋天的黄叶堆，延伸着树隙间的光。最后被枝叶遮蔽着，铁制的带着靠背的座椅躺在小路的身旁，静候着每一个驻足的人，每一个经过的人。从远处望去，这条小路似乎是从画中延伸出来，从这头走到那头，拨开枝叶就能看见桃花源。夜里走过去，那被树木遮蔽的小径似乎成了一条通往暗夜森林的迷途。手触冰凉的铁椅，在幽暗的月光下，远处摇晃的枝叶成了魔鬼的脸，而我像是躲在巫师的斗篷下，进行了一段奇妙的旅行。

像一幅油画，这条路我们都是经常走过的，可是在刘娜的文字里让人感到了陌生。这条路看上去，既是我们熟悉的，也是刘娜创造的，她把这个空间形式用文字留下来，不知多年之后，道路被改造了，消失了，凭借着她的文字我们还能否找到那条丢失的路。最后那一句"而我像是躲在巫师的斗篷下，进行了一段奇妙的旅行"是种奇妙的感受。

张木铎的作品写的是校外的那条大路：

俯瞰深夜的路，伴着"哗""哗"的汽车扬尘而过声。身边过街天桥的行人擦身而过。他们身上浮着不同的味道，有浓烈的香水味，有恶心的汗臭味，还有清新的体香。我孤零零安静地站在天桥中央，感觉时不时有异样的目光投来，或许把我看成抑郁已久的病人，仿佛下一秒就要跳下去似的。路旁有两列唯美的路灯，发出暗淡的光线，衬着柔和的月光显得分外亮丽。前方的路延伸到我无法确定的走向，直至最后与天相交，融为一体。

他是站在天桥上观察那条车来车往的大路的，那条路上演着无数的行走故事。张木铎不仅注意到大路，还精细地关注到了人来人往的天桥上那些陌生的人，他们的体味似乎是张木铎特别注意的："他们身上浮着不同的味道，有浓烈的香水味，有恶心的汗臭味，还有清新的体香。"这似乎影响到了他的观察行为。同时，他的观察行为也引来了路人的注意"我孤零零安静地站在天桥中央，感觉时不时有异样的目光投来，或许把我看成抑郁已久的病人，仿佛下一秒就要跳下去似的。"空间不是有物，就是有人，如果真的孤零零地只写纯粹的大路，似乎就缺乏了生气，正是因为把味道、行为加入对道路的描写中，使这条路才有了生气。

央金的感觉总是独特而具有透彻力：

枯黄的叶子零零散散地挂在干瘪的枝上，仿佛在安静地等待着死亡。一阵秋风拂过，像是死神般将枯叶从枝头拽下，叶子伴着秋风的哀号旋转着，飞舞着，以一种临近死亡的美丽姿态落在那条棕色的石道上。这条小路就这样出现在我眼前。它被层层枯死的树叶覆盖着，若隐若现，又缓缓地，像小溪般席卷着暗黄色的枯叶蜿蜒地向主干道上扭动。我顺着它的走势一路跟上去，踩在那层干瘪扭曲的叶子上，发出清脆的"嘎吱"声，像是小路的哀叫，我怕踩痛了它，便轻轻地向旁跨了一步，躲到草地上去看着，它便又安静地向前流去。

　　她没有直接写路，而是先从与路有着邻近关系的叶子写起，指东打西，先营造了一种带有"秋气"的环境，再去写这条安静而寂寞的路。她用"干瘪""安静地等待着死亡""死神般""哀号"来写道路上方的枯枝败叶，伤感不是通过慷慨的哀叹表达出来的，而是通过对那些有形的物体的描绘预示着。这段写得很好。后面这几句写得很厉害："踩在那层干瘪扭曲的叶子上，发出清脆的'嘎吱'声，像是小路的哀叫，我怕踩痛了它，便轻轻地向旁跨了一步，躲到草地上去看着，它便又安静地向前流去。"让死物有了痛感，有了人情的东西在里面，这与前面对落叶的描写形成了特别的关系。不长的文字里包裹着很多意味。

　　谢勇的描写文字比较长，却也是值得的：

　　站在学校的主路上，望向图书馆前那条曲径，总感觉有些别扭。毕竟是造路人刻意地模仿油画当中"小径通幽"的景象，不伦不类。毕竟，学校面积太小，分给这块挖于"花园"的场地也就更少，因此除了几棵大梧桐紧密地遮盖，以及横卧于路两旁的长椅，那条小径着实看不出多少韵致。时间正是下午四点，太阳穿梭于服务楼与办公楼的空隙之间，向这条小路洒下一片难得的阳光，照亮了梧桐叶片，并在叶片缝隙之间漏下来，静止于路两旁的泥土当中。我突发奇想，将身体正对着太阳，直视，阳光便模糊了我的视线。此时，那"小径通幽"之感慢慢涌上来，我似乎看到梧桐叶婆娑着互相拍打，映着阳光，时而发出金黄，时而隐没于黑暗，地面上的芳草竟带了盛夏的苍翠，落满了的枯枝败叶也借了金色的光芒转成了松软的木屑，就像落满芳草的杨柳絮。那长椅似乎有了生气，亮亮的，油油的，使我不免猜测何时有对伴侣坐于其上，谈论着人生，谈论着眼前这片秋色。

　　他是从"反向"开始描写的，对这条不长却有些做作的"曲径通幽"的小道"总感觉有些别扭"，觉得是"造路人刻意地模仿""不伦不类""那条小径着实看不出多少韵致"。但是当他细细地观察，想象体悟后，却发现了这条路的美感和它的可贵。让他流连忘返，也让他的观察有了正面的好感。这段文字有意地用反转的方式写，是费了心思的。

　　看课代表佟伟如何描绘他的那条路：

　　独自漫步在松林间的小径上，我总有一种忽略远处建筑物，幻想自己身处一片原始森林的冲动。不得不说，设计这条小径的人可谓煞费苦心，在如此逼仄的地方努力为人们创造出一片宁静小径。两旁的每一棵雪松站立的位置都恰到好处，总是能在午后阳光明媚之时，合力让一束束光线柔和地打在路边长椅上。我静静地在长椅上坐下，将手轻轻放在扶手上去感受那一份微凉，任凭扶手吸去我身体里的一份温暖。我毫不吝惜那一份温暖，因为我知道下一个在深秋的午后来到这条长椅的朋友会真切地感受它，传递它。凝望着曲曲折折的小径，想象着过去或未来无数前人后辈们的鞋跟与石板相撞发出的轻响，在我耳边"叮叮咚咚"。

　　佟伟把观察与联想结合起来，把对物的直观接触推及至那些设计路的人，那些"站立"在一旁的树林和阳光。不仅用视觉的方式复写这条路的外观，还用心去感受这条路的种种微观的知觉"我静静地在长椅上坐下，将手轻轻放在扶手上去感受那一份微凉，任凭扶手吸去我身体里的一份温暖。"在温度里感觉温情，很有想象力。更有想象力的是最后的这句："凝望着曲曲折折的小径，想象着过去或未来无数前人后辈们的鞋跟与石板相撞发出的轻响，在我耳边'叮叮咚咚'。"他的文字充满着乐观与享受。

读三遍改三遍

阅读点评之后，我说，在谈了同学们若干片段练习和完整作品后，有一种明显的感觉，就是有的文字过于粗糙。观察和描写虽然都很用心，却夹杂着一些令人不快的东西。不仅是语言的问题，还有描写的角度问题。

我判断出现粗糙和语言口水化的情况是因为你们大多数只是"完成作业"，而没有认真地去读，没有认真地去推敲。很显然，你们的语言文字的基础是扎实的，没有问题，但怎么会出现这个问题？正是你们写完了一扔，连第二遍都不去看。你们说我说得对不对？

同学们有些不好意思地纷纷点头承认，有的微笑着说，老师看得真准。我一般都是写完了就不再看了，有时是因为没有时间了，有时是因为忙其他的事，兴趣转移了，就不看了。

我说，我们是专业写作，应当有专业精神。专业精神有很多，反复阅读，不出现病句、错句，不出现谐音字、错别字是最基本的吧。"写正确"就是普通人也应当做到的，我们这些专业写作者更应当做到呀。

因此，我建议大家，无论是长的作品还是短的片段练习，每次写完后都至少读三遍改三遍。鲁迅先生在《答北斗杂志社问——创作要怎样才会好？》里就说过："写完后至少看两遍，竭力将可有可无的字、句、段删去，毫不可惜。"我要求你们更高一些，就是三遍。你们记住"读三遍改三遍，作品才完善"。

　　有些问题，只要你反复读一下，自己就会发现问题的。你们都是聪明的学生，也是对文字敏感的人，你们会很容易发现作品中存在的文字、语句、语法问题，还会发现描绘上的偏差，把偏差纠正了，你的作品才会完善起来。我希望你们以后交给我的作品应当是没有文字问题的基本过关的东西，否则，我要花很大的气力去帮助你们改句子，这可是不应当的。

　　再一个问题，属于技术上的。我发现一些作品在讲故事的时候，总是用"交代"式的方法来写。这里强调，作为专业写作，交代也是个"大忌"。请不要告诉我"他曾经是个好人，后来变坏了"，而是要讲给我他是如何变得，用"现场"去"讲述"而不是用"交代历史"的方式去写。我举一篇作品，就是我们在座的一位同学写的，你们看看他是这样讲故事的：

　　孩子临高考还有一个半月，我们家里已经进入"战备状态"，平时我和爱人连大声说话都不敢，更不要提看电视了。邻居王太太搬走之后来了一个酒吧伴奏，白天睡觉，晚上练琴，一直到凌晨两三点，才出去上班。墙不隔音，我们在家里听得清楚。所以第二天上午我去找他。费了老大劲才把门敲开，那人出来，头发又乱又长，睡眼惺忪。我向他表明来意，说清孩子要高考的状况，希望他能理解，晚上到别处练琴。我走之后，头两天还好，可之后又响起了钢琴声。无奈这人太不讲理，我得想个办法轰他走，一开始我偷偷把他们家电闸关了，再开再关。谁知他练得更起劲了，声音越来越大。无奈我找到房东王先生，希望他把房子转租给我。起初他有些为难，不过我答应付三倍的价钱，他便承诺试一试。给了那人一笔遣散费之后，楼道安静了许多。高考成绩出来时全家都很满意。我祝贺孩子的同时又感慨当初转租的正确性，顺便聊起那伴奏师和琴声。谁知孩子十分茫然，根本不知我所言何物。我张张嘴，说了几句无关的话，搪塞过去了。

你们觉得这样讲好吗？通篇基本都是交代，没有现场感，这样的文字就没有吸引力，也不生动。虽然是个具有完整情节和人物的作品，但是却只能是个素材堆积在这里，我们看不到文学性在哪里，叙事性在哪里。原因就出现在交代上，他用交代来写，用交代讲故事，写人物，就没戏了。

事情还是这个事情，我们试着用现场描写的方式把这段文字修改一下：

"砰砰砰"门快被敲烂了，那个头发又乱又长，睡眼惺忪的乐手才懒洋洋地打开一条缝。强忍着内心的怒火，我平静而又礼貌："我是您的邻居，孩子要高考，能不能麻烦您晚上早点结束？关照一下。谢谢啦！"门"砰"的一声关上了。我愣在那里。

"可人家是歌手，工作性质就是白天睡，晚上闹。"房东无奈地摇着头。快要气炸了，可是还得忍着：

"天天大半夜的又弹又叫，孩子复习不好，休息不好……""我能理解。可你也是房客，他也是房客，我不能把他赶走吧？""对，就是让他走人。他的房子我租了！"

"人家住得好好的，说让人家走就走？我们是有合同的。"

"我出三倍的房租！"房东看着我伸出的三个手指犹豫了：

"这个……我跟他合计合计……你也不用急。"

"爸爸为你骄傲！"查到成绩的那天，我们在好伦哥给儿子开庆功宴。

"要不是你爸爸果断地将那个歌手赶走，你怎么可能考这么好？来，谢谢爸爸！"妻子举着酒杯，自豪地等着儿子。儿子愣住了：

"什么歌手？""天天大半夜鬼哭狼嚎的邻居呀？"儿子迷惑地说："我怎么不知道？没感觉过吵啊。"

我们两个也迷惑了："你没感觉受影响？！"

　　这样一改跟原作比起来，哪个更好看，哪个更有趣？这是叙事的基本方式，"现场"是个很重要的概念，希望大家能明白。

　　我们再举一篇作品你们看看如何：

　　这就是我的宿命。他蹑手蹑脚地推开房门，把每扇窗户紧闭。深夜里，爸爸、妈妈安详地睡在房子尽头的主卧室，即便屋门大开，也听不见他的动静，依旧安然地发出均匀的呼噜声。妹妹却像只机警的看门狗，当他把煤气阀门打开的刹那，两只眼球正无辜地盯在他身上。他吓了一跳，一股臭鸡蛋的味道迎面扑来。"我带你去个地方。"他抱起妹妹娇小的身体，凭窗而立，30层的高度有种与星辰比肩的幻觉。"哥哥，就是这儿吗？"妹妹显然不满意。"再等等。"客厅里的钟表滴答滴答地走着，一道道刻在他的脑海里，星星渐渐被云层遮盖，缭绕的雾气模糊了他的视线。"滴答、滴答、哔——"耳朵鸣叫得让人欣喜，他无力地捅捅妹妹，软绵绵的身体了无知觉，他感到自己的大限终于就要到了。他双手一松，任由怀中的妹妹重重摔在地上，麻木的胳膊费力抬上去，用尽最后一丝力气拨开窗户上的锁扣。火光！他内心狂喜，刹那间，一股强大的热浪将他挤出钢筋水泥外，大火吞噬了他的躯体，他狂笑，大叫，宇宙将他撕碎，他也要将宇宙毁灭！

　　这篇作品同样是我们在座的一位同学所写，阅读起来就大有不同。作品完全是用还原"现场"的方式写作的。虽然作品里也有一些交代和议论，也有一些情绪化的描写，但却是生动的，有趣的。我再告诉你们一句话"纸现场留印象，靠交代走过场。"用叙事说话，而不是介绍、交代来讲故事。

　　这样，我给你们总结一句顺口溜：

　　"读三遍改三遍，作品才完善。纸现场留印象，靠交代走过场。"

课外训练

本单元的课外训练项目如下：

1. 完成一篇以"路"为核心的完整作品。

2. 完成六篇道路观察描写练习。

第 **09** 课

开心果

授课内容：感知力训练

1. 听音乐《夜深沉》描写感受

2. 闻檀香味道写出闻到的感受

3. 触摸物品，描写这种触摸感

4. 品尝食物，描写品尝的感觉

进入到了感知能力的训练。我想先解释一下感知这个概念。

感知是人的生理机能，是人与动物通过感觉器官接收判断外界信号的过程。感知能力是与生俱来的，是认知与生存的基本能力。由于人的个体差异，人的感知能力是有区别的。作家通过特殊的训练可以提高感知能力与感知效果，从而达到对客观事物的准确判断与描述。

今天的训练课比较有趣，同学们可能没有想到，我相信他们肯定会很喜欢。上次训练课结束前，我跟学生们说，下次你们得带点零食过来。我一说，他们都兴奋起来。我说，你们每个人下次带两种食物，小吃、零食，进行训练用，他们很高兴。他们可能会忘记课本和文具，但是只要想到上我的这堂课，他们就不会忘记要买零食。

这可能是北艺教学中破天荒的事，让学生们公开在课堂上吃东西。通常我是不会把他们老老实实地关在教室里的，我会让他们不断地走出教室，去"窥视"其他系上课，看美术系素描绘画课，去听音乐系的视唱练耳课、指挥课，去舞蹈系的练功房观察、体验。这在别的课上是不可能做的，而这，可能正是他们喜欢这门课的原因之一吧。在这种课上，学生是真正的"主体"。

我准备的东西也不算少。一把檀香，还带着一些练习"触摸"的物件。为了让檀香立起来，我找到一些小的茶叶盒，里面装上玉米碴，用来插檀香。

还找到十多种用来练习触摸用的物品：三对不同材质的手把件，还有四块从新疆带回来的石料。一块是尚未打磨的玉石料，也就是一块原始玉石，玉料已经露出来，但上面还有石头。这是2009年采访在新疆塔克拉玛干沙漠大面积种枣树治理沙漠的一群人时，那位治沙好汉李志民送给我的。

当时，那块玉石就放在李志民在阿克苏办公室的大办公桌上，我很专注地盯着看还仔细地抚摸。其实我那时对这块"石头"的质地有些好奇，怎么看着有些像石，里面还包着一大块很剔透的玉料？李志民看我很投入就觉得我喜欢，走到我身边，有些慷慨也有些不舍似的笑着说，我看你是看中了这块东西了，这块东西是一个维吾尔族老乡送给我的，是在天山脚下捡到的。我也不懂，可能很值钱，也可能一文不值，可这是个纪念，现在它归你了。我笑着连连摆手说，我只是欣赏一下，你看你还当真了，是不是我多看几眼的东西你都要送我？他哈哈大笑，这东西放在我这里也没用，你是识货的人，送你了！我连连摆手，我说，我可不是什么识货的人，我还不如你呢？不过，最终还是拗不过这固执的李志民，他还是让助手在我走的时候悄悄把那块玉石放到了我的行李中。这个物件，到了今天，倒成了我对那段生活的一种纪念了。

剩下的那三块看似普通的石头，却也有来头。那是 2012 年秋天，在经历了一次大手术后，我第一次远行，去的也是新疆。当时去采访一批国宝级的种棉专家李尔文等人，在采访的间隙，当时我们在行走的路上，看到车外有一大片金黄的树林，我激动地问司机，那是什么树，这么好看？美得惊人！

司机见我这样激动，有些意外，他说，那就是胡杨林啊。这可是南疆一带最有名的胡杨林了，林子那头还有一个快干的湖呢！

我一听就兴奋地说，这就是大名鼎鼎的胡杨林呀？！快停车，快停车，我一定要看看。司机就笑了说，您也不用下车，我把车开进去就行了。这片胡杨林很大，你走进去怕是出不来了，而且这个地方是保护区，你一个人是进不去的，得我带你去。我说，为什么你能进我就不能进？他说，巧得很，看这片林子的人是我一个同学！

我感到很意外，高兴地说，这就是天意！

我们很快就走进那片林子，见到了那位护林员，还聊了许多，后来他带着我们到了那个湖边（后来在我的《棉魂》那本书里写过）。

更幸运的是，就在湖边远远地我们居然看到一群正在湖里觅食的黑天鹅。那一天在我的记忆里实在太深刻了，现在想起来都很甜蜜。那三块看似普通的石头正是在黑天鹅站过的地上发现的，这是我养成的"坏习惯"，只要是到了一个能够给我留下深刻印象的地方，我一定会想办法带点实物回来。在地中海边上我会带回一些沙子，在罗马住在古老的旅店时，我会带回几页那个特色住地的信纸、信封回来。那次我还带了几株新鲜的棉桃，还有几棵水稻，还有就是带回了这三块在黑天鹅站过的胡杨林的湖边捡到的有些"血丝"的石头。

扯得有些远了。还是接着说我们的训练课吧。

我的包里就塞满了这些"奇奇怪怪"的物品和学生们的一大批训练作品本、讲义匆匆忙忙去了教学楼。

同学们已经习惯了我的上课方式，他们早早地来到教室，并且，因为有买零食的任务，出来得早。可是，太早了商店还没开门，他们又无功而返，只有前一天已经买好的同学得意扬扬，而没有买到的同学就有些失望了。我说，不用着急，就怕你们忘记或者买不到，我给你们准备了一些，没有的同学可以到我这里领。"哗啦"一下，我把一大包食物倒在了桌子上。同学们早跟我不分你我了，有几个同学就高兴地来选。

无意间，发现教室门外站着几个高年级的学生正在向教室里张望，我就叫他们进来。男生高飞小心地问，老师能听您的课吗？今天上午的当代文学课因为老师去参加学术会议停了，我们想听听您的课。我说，可以可以，快进来吧，你们也选点吃的。高飞、宋玉莲、潘红霞、李玉珠等七八个高年级学生都进来了，我说你们别不好意思，都来选点零食，这是今天的课要进行的一项训练，要是不拿你们就参与不了练习了。那几个学生这才兴奋地选了几样他们感兴趣的食物，找座位坐下。蹭课还能有吃的，这是他们想不到的吧。

加上已经到来的夏梦等人，今天的教室听课的人可真不少。夏梦还给我准备了一些声音资料，就是上次没有播放出来的乐曲和这次要用的音乐。姑娘很认真，也很细心，提前来到讲台上把电脑打开调试那些音乐。她发现放不出声音的问题，是有人使用了自带的电脑，把一个转换按键打开忘了关掉，而那正是阻止使用教室电脑声音的一个开关，她很高兴找到了毛病。

趁夏梦在辛苦拷贝资料的时候，我们的热身故事也就开始了。

热身故事

课代表佟伟问我，老师，今天的课前故事会还有吗？我说，有啊！

"那么"，佟伟说，"就从谢勇开始吧"。谢勇是挨着佟伟坐的，所以，这就意味着谢勇讲完了，他自己也要讲了。

谢勇想了想说，我就讲个"被人看老"的故事吧。他说，我冬天的时候喜欢穿一身黑，这就容易引起别人对我年龄上的错误估计。考北艺的时候坐火车，从武汉站上来一位 50 多岁带着大包小包的人坐在我对面，聊起了天，知道他是广东农业大学的一位老教授。一路上跟他聊历史、文学、哲学，什么都聊，到了河北的一个地方他要下车了，我就送他，他包多。送到门口分手的时候老教授说，小伙子，跟你聊得很高兴，找到年轻的感觉了，你今年有三十几？我说我 18 岁，老教授抱歉地说，看不出来，看不出来！同学们哈哈大笑。

佟伟接着讲了自己相似的经历，说他出发的时候被看成大学毕业几年的成年人，也被看老了。不过，佟伟接着讲了一个有些伤感的故事。

佟伟说自己上过两个高一学校。第一个高一的时候，那个学校比较差一些，但是班上有个女孩，我很喜欢，那个女孩也喜欢我。开始恋爱了，但是两个人都对外"打死也不说"。就在两个人的关系很好的时候，另一个男孩出现了，经常纠缠女孩。开始也没太往心里去，但是这个男孩经常来纠缠。有一天晚饭后，那男孩又来找女孩，当时我就火了，问，你来干啥？当时旁边有很多人，我声音很大，那个男孩脸上有些挂不住，就跟我顶起来了。我当时很冲动，一把揪住了他的头发，往旁边一个玻璃门上撞，玻璃碎了，他的头上全是血，我的手也被划破了。那是我第一次看到伤口上的血是如何出来的。那伤口一开始是白色的，没有血，过了大约十几秒血才"哗"地流下来。血流了一地。后来，那个同学的伤口被缝了 20 多针，我的手被缝了 8 针。这件事也是后来我转学的原因。但是，后来想一想，这件事很不值得，那男生也没什么错，当时太不懂事。直到现在我内心里还是有很多愧疚，毕竟我给他身体带来了永远不能抹去的疤痕。我转学了，后来跟那个女孩也没有什么来往了。

张木铎讲的是小时候跟自己的三个表哥烤玉米的故事。奶奶家旁边有一片玉米地。有一天，四个人一起玩，大哥提议，我们今天吃烤玉米吧。三个哥哥去偷玉米，而我的任务是放哨。结果，我没发现有人来，他们三个在掰玉米时被主人抓到了，还被拎到奶奶面前挨训。哥哥就埋怨我，叫你放个哨你也放不了。我却很委屈，我是特别特别认真地看着，还埋怨我。我就哭了，从此，我与哥哥就产生了隔阂。

央金说，听了谢勇的故事有些感触，她说，我在西北，皮肤被晒得很黑，也很少用化妆品，有时也会被看大，甚至性别都被看错。她说，我上初中的时候，有一回坐公交车，有位妇女带了很多东西，很吃力，我正好坐在门口，就帮着她把东西拿上来。她特别感激，就说，谢谢你！小伙子！可我是女孩呀！

李媛讲的是假期的最后一天，要急着赶回学校点名报到时，家里的门打不开了，如何如何费劲。

他们还没有讲完，旁听课的几位同学也举手，想讲讲自己的故事。我说好啊，在我的课上，没有阶级、等级、先后、正偏之分的，只要想，谁都能参与。

第一个讲故事的是夏梦。

她说她初中的时候有一个不爱学习的同学，有一天中午与自己的两个同学去游泳。她们商量好说，如果老师问了，就说去我家吃饭了。结果老师发现中午她们不在就把她们三个叫到办公室，问她们，中午不在教室里睡觉，干什么去了？她们说到我家去吃饭了。老师就叫她们三个人每个人站到一个角落里写下吃了哪些菜。夏梦说，我公公正正地写上"荤菜"，另两个人写的却是"素菜"。老师忍住没乐，把三张纸收起来，就把三个同学的家长叫到了学校，对另两个家长说，你们看看你们的孩子都跟什么人玩？她自己吃荤菜，而你们的孩子却吃"素菜"，这样的孩子还值得跟她玩儿吗？夏梦说，我当时就在乐，而我妈妈却满脸羞涩。

高飞是第一次旁听我的课，他也讲了两段自己的故事。他说，小的时候，父母上班总是把自己留在家里，他们刚走不久，就有人敲门，我问谁呀？外面沉默了几秒回答说，我是二楼的，把拖鞋忘在你们家了。我当时很小，就想，你们家住二楼，我们家住四楼，你们家的拖鞋怎么会忘在我们家呢？我们又不认识二楼的，就给妈妈打电话，说了情况。我妈说，千万别给他开门，等着我跟你爸爸回去。这个时候，那个人还在不断地敲门，直到我爸我妈回来才没有敲门声了，以后那人再也没有出现过。

高飞第二个故事讲的是初中军训的事。我们刷厕所，带队的老师对我说，你去找个盆把这个厕所刷刷。我就去找盆，找了半天也找不到。因为，大家的盆都在整齐地摆着，不能拿那些盆。找了一会儿终于在一个角落里看到一个孤零零放在那里的盆，就拿来刷了。刷完后，带队老师看到厕所的盆就问，你在哪儿找到的盆，我说就在那个角落里，带队老师说，那是我的洗脸盆！

宋玉莲是最后一个讲的。她说，我说的是我妈妈的故事。

我妈妈是一位图书馆的馆员。2010 年中图协会年会的时候我跟她一起去的，想随便带我玩玩。在参加会议期间，有一天我妈说她要去听一个专家的讲座，我也跟着去了，可是，她听着听着就泪流满面了。

1989 年，我妈跟当时武汉大学图书馆系的学生会主席等一些人去北京天安门广场。当时一些餐馆看学生们可怜就给学生们免费提供饭菜。有一天我妈跟许多人一起排队吃面条，因为学生们都好几天没吃饭了。学生们得到的面条很多，而我妈偏偏饭量小，吃不了这么多。她看到旁边有一个长得又高又大的男生津津有味地在吃面条，就对他说，哎，你的面条不够吧，我吃不了，分给你一些吧。于是，我妈就把一半儿面条都挑给了他。这事就这样过去了，一直到2010年，21年之后，我妈妈去参加这次大会，听这位专家的讲座，他现在是一个图书馆的副馆长，那人讲的是"传媒的力量"。演讲的人讲了很多，无意中就讲到1989年时，他在天安门广场上，有一个非常漂亮的女生拨给他面条吃的故事。他说，如果当时传媒技术发达，我也不会像现在这样念念不忘找不到这个人。他做梦都没有想到，那个拨给他面条吃的人就坐在台下。我妈当时就泪流满面。那天我们回到宾馆之后我妈一直就沉默着，我妈不是一个沉默的人，她喜欢说，那天晚上，她却看着窗外，一直都没跟我说话。

宋玉莲说，我的意思不是说传媒的力量，而是说，某个你念念不忘的人和事可能在冥冥之中就会来到你身边，这可能就是信念的力量。我就觉得人与人之间或许就有那么一个轮回的过程。

宋玉莲讲完，我深有感触，因为那一年正好是我毕业的时间，那段生活的确是我们那一代人青春的梦与现实。如此巧合如此难忘的事还是很多的。想一想，世界好像很大，却好像也没有那么大。

夜深沉

声音的捕捉与描写是作家感官训练的重要内容。我想最绝妙的对于声音的描写当属白居易《琵琶行》了，他把声音写得如此生动而形象：

浔阳江头夜送客，枫叶荻花秋瑟瑟。

主人下马客在船，举酒欲饮无管弦。

醉不成欢惨将别，别时茫茫江浸月。

忽闻水上琵琶声，主人忘归客不发。

寻声暗问弹者谁？琵琶声停欲语迟。

移船相近邀相见，添酒回灯重开宴。

千呼万唤始出来，犹抱琵琶半遮面。

转轴拨弦三两声，未成曲调先有情。

弦弦掩抑声声思，似诉平生不得志。

低眉信手续续弹，说尽心中无限事。

轻拢慢捻抹复挑，初为霓裳后六幺。

大弦嘈嘈如急雨，小弦切切如私语。

嘈嘈切切错杂弹，大珠小珠落玉盘。

间关莺语花底滑，幽咽泉流冰下难。

冰泉冷涩弦凝绝，凝绝不通声暂歇。

别有幽愁暗恨生，此时无声胜有声。

银瓶乍破水浆迸，铁骑突出刀枪鸣。

曲终收拨当心画，四弦一声如裂帛。

东船西舫悄无言，唯见江心秋月白。

沉吟放拨插弦中，整顿衣裳起敛容。

听觉给了作家种种想象的空间，有时会制造出超乎想象的叙事效果。印度作家拉斯金·邦德《车上遇到的姑娘》讲到了一个乘坐火车的盲人的艳遇。一位盲人上了火车，而这时上来了一位姑娘，作品用第一人称说：

"我是个盲人，所以不知道姑娘长得如何，但从她脚后跟发出的'啪嗒啪嗒'的声音，我知道她穿了双拖鞋。她说话的声音是多么清脆甜润！"盲人通过女孩父母的叮嘱声、鞋发出的声音来判断这位姑娘一定很美。他想跟姑娘亲近一点，又不想让她知道自己是个盲人，他通过对周围的听觉来交流。

其实让他想不到的是，这位声音甜美的姑娘也是位盲人。男盲人问，天气怎么样，女盲人就说："你干吗不自己看看窗外？"男盲人说："好像我们的车没有动，是外面的树在动。"他听到了树动的声音。心想"我却乐意照这样在这里一直坐下去，只要我能听见她说话。她的声音就像山涧淙淙的流水。她也许一下车就会忘记我们这次短暂的相遇，然而对于我来说，接下去的旅途中我会一直想着这事，甚至在以后的一段时间里也难忘怀"。

"山涧淙淙的流水"声音是盲人说出的最美词语了。盲人通过声音："车外，脚夫的吆喝声、小贩的叫卖声响成一片。车门附近传来一位妇女的尖嗓音，那想必是姑娘的姨妈了。"判断着火车慢慢地驶进站了。

男盲人判断着"列车慢慢加快速度，飞滚的车轮唱起了一支歌。车厢在轻轻晃动，发出'嘎吱嘎吱'的声音。我摸到窗口，脸朝外坐了下来。外面分明是光天化日，可我的眼前却是一片漆黑！"

声音的描写在这篇小说中起到了绝对的支配作用，让这篇淡淡的小说具有神奇的力量。

我们就来进行声音的训练吧。

打开夏梦帮我准备好的音乐文件，我先讲了声音描写练习的基本要求。这次的要求是仔细倾听京剧曲牌《夜深沉》音乐，体会、联想然后将自己的感受写出来。

京剧中有许多"曲牌"，如"风入松""江儿水""公尺上""春日景和""山坡羊""柳青娘""海青歌""哪吒令"，等等，"夜深沉"是其中最著名的曲牌之一。

京剧中的曲牌通常是固定应用于特定场景的。比如，悲伤、凄楚的扫墓、祭祀场面用的是"哭皇天"；"小开门"用于皇帝、王后出场、行路、写信、拜贺、打扫、更衣等场面；"大开门"用于升帐、升堂场面；"万年欢"一般用于喜庆、宴席、迎亲等场面；"傍妆台"用于气派较大的摆宴场面，等等。"夜深沉"则是表现那种郁闷、愤恨、悲壮、凄凉心境的。

"夜深沉"这个曲牌是根据昆曲《孽海缘·思凡》中的"风吹荷叶煞"唱腔演变而来。原曲有唱词："夜深沉，独自卧，起来时，独自坐，有谁人孤凄似我，似这等削发缘何？恨只恨说谎的僧和佛。"曲牌正是取自唱词的第一句"夜深沉"。这个曲牌在京剧《霸王别姬》《击鼓骂曹》中都有精彩的运用。《霸王别姬》里虞姬自刎前舞剑时的伴奏，乐曲极好地配合了虞姬的幽怨、悲愤与柔美。《击鼓骂曹》中的"夜深沉"是用在祢衡被举荐给曹操，曹操不仅不用他反对其羞辱时，祢衡当众击鼓发泄心中愤怒，音乐也是很好地配合了人物的行为。后来在现代京剧《杜鹃山》（第七场）也有运用。

现在让同学们听的曲牌是由著名演奏家闵惠芬演奏的经典曲目，乐曲深沉有力，节奏明快，激情震撼。我强调，我们听乐曲描写它，并非从专业角度描写，而是从感受的角度，你从音乐中捕捉到的那些情感的、联想的东西。

乐曲一放，可以感觉到同学们对音乐的那种投入的倾听感受的状态。听完，他们就开始描写刚刚在音乐中得到的感受。

人对于音乐的感受与理解是有巨大差异性的。前面我们在训练对自然声音的描写时就已经显现出来了。那个训练中，让大家倾听周围的声音进行描写，都听到了音乐教室里传来的唢呐练习声，大部分人都从中听出了欢快与喜庆，可是，有人就不喜欢，觉得刺耳。这次对于《夜深沉》的描写更可谓千差万别了。

李媛是如此描写这段音乐的：

细碎而欢快的乐曲声撞进了我的耳膜，一听便辨认出了是民乐声，带有中国民间传统的特色。乍一听仿佛有好几种乐器发出的声音相互碰撞在一起，擦出火花，但十分清晰，丝毫不乱，却实在分不清到底有几种以及是什么乐器。乐曲逐渐地加快，声音慢慢扩大，音符连贯地跳跃起来，这一定是一首喜庆的曲子，不禁让我的心跳也随着节奏打起了拍子，心情顿时飞扬起来。

她在音乐中寻找的是演奏工具，并没有体会到我希望他们捕捉的那种音乐对他们的触动，那种京胡、鼓声对人的影响，反而是对乐器的种类发生了兴趣。虽然她后面也谈到了对乐曲的感受，但是，她的判断却是"一首喜庆的曲子"，并没有体验到那种悲壮、激愤之感、忧思不平之情。

而刘娜则尽其感官的触摸联想出了一台戏的舞台场景：

加紧着步子左转右折弯过这条胡同，京胡有板有眼的调子愈演愈烈，两根紧绷的弦在毛鬃拉弓的牵引下发出令人兴奋的声音。京板长长的吟唱里，着粉色套裙，浓妆吊眼的青衣与着黑色夹裤的叮当大眼武生在台上小步圆场打转。突然京胡的弦被左右拉着，戏子一个媚眼，引得台下一片满堂彩。掌声震得戏班门口的大顶红灯笼也摇晃了。

这台戏在她的想象中具体而微，她深深沉浸其中，很是投入。她听到了"热闹"与剧场的喧哗，这大概跟她所了解的电影里的那些场面有关吧。

吴娅芬听到了一种老北京的胡同生活。

高亢的京胡声在耳畔乍响，瞬间将我拉回到一百多年前的老北京胡同，汉人、回民推着木车在胡同里冒着的水雾中穿梭。激昂繁杂的吆喝声，混合着泥土的味道，在迷宫里折转不停。八旗子弟带着骄傲羽毛乌黑锃亮的红冠公鸡聚在一片尘土飞扬的空地上。公鸡咕咕地叫着，说着晦涩难懂的语言，扑在一起，上下扑棱着翅膀。人渐渐聚集起来，随着它们，或喜或怒，直到胜负已定，各自嘟囔着转身离去。

这个联想又让倾听者回到了旧京城的日常中。是什么东西触动了她的这个联想？与她所了解的那些京城的知识与文化有关吧。

央金感受的是音乐背后的舞台表演，由音乐而舞台这是常常让人进入的情景。写的是舞台上的那些表演者。

两声短促的鼓响后，京胡幽怨哀伤的声音带着一种老北京特有的韵味钻入我的耳蜗。我仿佛能看到戏台上有位浓妆艳抹的戏子正随着曲调起舞。一招一式，一颦一笑，伴着调子的高潮与舒缓，她时而双目圆睁，时而眉眼中流露出妩媚与柔情，引得台下看客打起节奏，点头微笑。曲罢，掌声雷鸣，满堂叫好。

不过，这里面的"戏子"一词很是欠妥。由舞台想到了观众，她也是在构想着一个戏园子里的场景。这基本上也是由音乐引发的联想，而不是音乐本身。

张木铎想得更远一些，他听到的也是一种喜庆之乐，甚至是娶亲场景。

四个青年壮汉穿着喜庆的粗麻布衣，肩上扛着喜气洋洋的大花轿。伴着二胡声，唢呐声，鼓声的交响，轿子一下一下地颠簸前进。曲末渐渐舒缓，仿佛有情人终成眷属。

铿锵有力的鼓点在他的耳朵里变成了颠簸前行的抬轿人的步伐。这个联想恐怕跟某个他所熟悉的电影或者场景有关吧。

谢勇是从对音乐的直感启动联想的，他看到了"低沉与悠远""繁荣与不安分"，这是很贴近音乐本体的感受。由此，他看到了更为辽远的空间。

夜并不深沉，京胡特有的紧促与古韵，鼓点特有的低沉与悠远，分明在言说着华灯初上或是十里霓虹的繁荣与不安分。因了这京胡，我猜测它倾诉的该是某座古城的夜。是长安？洛阳？北京？连续不断的京胡分明是街上来往的游人，抑或是护城河浅浅一弯。晨钟暮鼓，不停的鼓点报着不同的时辰，只是这时辰不定，变幻不定，时辰越来越深，夜却未深。游人如织，河水泛泛，加以点点渔火，夜并不深沉。

更为广阔的联想来自于音乐的鼓声和京胡清脆有力的节奏，干净而纯美的曲调。这个曲子的确让人陶醉，但兴奋点却是如此不同。

练过多年小提琴的佟伟对音乐的感受似乎与他人有所不同。

夜深沉高亢的曲调和嘹亮的乐音似乎与其名字不太相称。然而，细听下去便会发现端倪。在高昂的京胡主旋律下总有一线低沉宛转的琵琶低语，在悄悄抚慰人们的心灵。喧闹中暗藏着宁静，纷乱的音符中隐含着作者对深沉夜色的别样表达。

如果这是一次音乐专业分析课，显然他们所有人的分析都不妥，甚至

"驴唇不对马嘴"。但是，对于文学感受训练来说却不然。正如我在开场时讲到的那样，我们不是进行专业分析，甚至都不是一次音乐知识的"正确"分析，而是一种感受。也就是说，在放松自然状态下，你听到了什么就是什么，你想到什么就是什么，你想说什么就是什么，这与专业与知识，甚至常识都无关。感受是第一位的，哪怕与常识与专业不符。这里没有对与错，就是一次感受的描写。

檀香缭绕

朱自清在他那篇著名的散文《歌声》里，写过嗅觉："大约也因那蒙蒙的雨，园里没了浓郁的香气。涓涓的东风只吹来一缕缕饿了似的花香，夹带着些潮湿的草丛的气息和泥土的滋味。园外田亩和沼泽里，又时时送过些新插的秧，少壮的麦，和成荫的柳树的清新的蒸气。这些虽非甜美，却能强烈地刺激我的鼻观，使我有愉快的倦怠之感。"他偏偏躲开能够直接表现的视觉描写，而使用了嗅觉，精妙的嗅觉让文章熠熠生辉。

嗅觉在作家的感知世界里，是奇妙的，有着巨大想象空间的知觉体系。莫言的小说《蛙》里面充分使用这个奇妙的工具，他写道："我们不约而同地抽鼻子，因为我们嗅到了一种奇异的香味。仿佛是燃烧松香的味儿，又仿佛是烧烤土豆的味儿。我们的嗅觉把我们的目光吸引到那一堆亮晶晶的煤块上。"

我说，我们开始嗅觉描写训练。就在这个教室里，有一种你们已经闻到了半天的特殊的味道，请把它描写出来，这种感觉是你们一走进教室的那一刻就开始的，现在它已经开始消散了，你们就根据从感知到它存在的时候写起。

我所说的飘散在教室里的味道是在上课前我在教室的角落里早已点燃的檀香味。点燃的那一刻学生们还没有到。当学生们纷纷走进教室时，他们就闻到了这种气味，有人还在调侃，我怎么觉得我来到了佛寺？而开始练习的时候，檀香正在渐渐熄灭，味道也正在散去。

李媛有些为难地说，老师，我有鼻炎闻不到气味。我说，那就把闻不到气味的感觉写一写。她笑了，后来我从她的练习本上看到了这样的文字："虽然老师说屋子里始终弥漫着一种味道，但事实上我什么都闻不到。虽然长久以来一直如此的我早已习惯了这种感觉，但此刻的我真的十分好奇，实在想知道到底是什么味道呢，又是从哪里发出来的，别的同学闻到时心里有什么变化，真的想知道。心开始蠢蠢欲动起来，天哪，这是一种怎样的感受啊！"

刘娜把气味与自己的想象联系在一起，她的眼前甚至还出现了一个人物。

一缕灰色的烟雾在我的鼻尖打着转儿，用嘴轻轻一吹散成了细丝飘进面前的素色纱帐里，窗外竹林一阵摇摆。风挤过竹林吹开纱帐，一位发髻高盘的白色少侠正用他的指尖轻轻地摩擦推操着颤抖的琴弦，香气像是悬空在窜，被竹叶尖托着，清泉水推着。

不仅从气味中想象出了人物，还有声音。从缥缈的淡淡的檀香气里，人物连同她头脑中的琴声一起出现在画面中。这是一种很好的统觉，它打通了感知器官对于事物的不同解释。

从味道中吴娅芬看到的是宗教。

氤氲着，像一朵花，飘落到每个人的鼻翼。我仿佛看到了金光佛像身侧点起的红色圆蜡烛，听到了嗡嗡难辨的老和尚的诵经声，触到了松软微涩的蒲垫。我环顾四周，栗木长桌桌角的地面上，摆着一个圆盘，几根线香插在上面，火光点点。

　　她在檀香中"看到"的东西，既是常识带给她的，也有气味刺激带来的感觉。由气味自然调动起了记忆。

　　央金遇到的麻烦与李媛有点类似，她感冒了，鼻塞。而这时我们却恰恰要进行气味描写训练。不过，央金的鼻塞比李媛要轻得多，所以，她是能闻到气味的，虽然不是那么通畅。

　　一走进教室，便淡淡地嗅到一股寺庙香火的味道。在座位上坐下后，这味道愈来愈烈。虽然我感冒鼻塞，但这股香火味却顺着缝隙挤进我的鼻孔，像是有无数蚂蚁钻进来，让我不由地怀疑是否在教室某个地方供着一尊佛，还是有位僧侣在喃喃地念着经文。

　　那种有蚂蚁爬进鼻孔的感觉真是贴切的，那种联想也真是独特。从檀香的气味中她想到了佛或者僧侣，想到了寺庙。这或许与她的经历有某种连带关系。

　　张木铎很有趣，他没有往宗教、寺庙处想，他想的是这种味与父亲身上的烟的关系。他能想到父亲和母亲的那种吸烟家庭里常有的矛盾，而这种矛盾与对立恰恰是温暖而美好的"故乡"的味道：

　　我努力地嗅着他口中所说的味道，直到闻得自己头疼。这是一股刺鼻的烧焦味，好像有哪个透明人在抽烟似的，让我想起吸烟的爸爸。哦，这就是爸爸身上的味道，烟酒味掺杂着的总令妈妈嫌弃的味道。想到这，我不禁陶醉其中，让我倍感亲切。

这样的描写是与记忆和事件连接着的。在张木铎的想象与回忆里，一定与某个场景连着。在这个场景里，他甜蜜地想起了已经多日不见的他们，"想到这，我不禁陶醉其中，让我倍感亲切。"

谢勇的片段如此描写对于味道的认知：

香点燃时还带着片片火苗，随即火苗褪下去，升上来阵阵青烟。初燃的香气味是最浓的，却并不美好，熏得人脑子发麻。等到烟散了，才隐隐有些幽香，不过最近鼻子不好，只感觉到呛，无福享受那香味了。

在上课前谢勇帮助我点燃了这些"秘密的香"，因此只有谢勇经历了点燃摆放檀香的过程。刚点燃的时候，同学们还没有到，因为有些同学去商店买零食，只有谢勇一个人是在前一天准备好了食物，早早就到了。我请他帮我把檀香点燃，告诉他摆放在哪里。其他同学进来时闻到了浓浓的味道，就问，是什么味，我笑而不答，谢勇也微笑着说不知道。因此，他感觉到了香味的整个变化过程，所以才有"初燃的香气味是最浓的，却并不美好，熏得人脑子发麻""只感觉到呛，无福享受那香味了"的描写。

课代表佟伟的感觉就不同了：

不觉香木已点完了一半，整个教室中都氤氲着这种平常又奇特的香味。说它平常，因为它在我来北京上学前是家里的常客，在无数个日日夜夜里陪伴我看书、练琴。然而，它又是奇特的，香木燃烧后释放的略带香甜的味道使得原本略显生硬古板的教室变得柔软。面前的木质课桌仿佛成了柔软的枕头，让人有昏昏欲睡的感觉。

佟伟把檀香的味道与这味道给教室带来的变化联系起来，"香木燃烧后释放的略带香甜的味道使得原本略显生硬古板的教室变得柔软"。这种香气与他的记忆相联系，一下就让他回到了那些美好的时光，因为他的家也常常燃香，香气"是家里的常客，在无数个日日夜夜里陪伴我看书、练琴。"味道与记忆深深地联系在一起。特别是那持久的，对感官有着特别影响的味道，都是记忆的重要方面。

触摸的感受

英国作家 D.H. 劳伦斯在《劳伦斯论触觉》中说过："人只有在触摸到血肉之躯的时候，才会深深感悟真实的自我与生命世界的存在。"劳伦斯甚至在《小说为何重要》中写道："我的手是活的，它闪耀着自身的生命。它遇上整个陌生的宇宙，在接触中懂得了许许多多的事物，认识了许许多多的事物。我的手就像我一样，是我的大脑，我的心脏，我的灵魂。"劳伦斯认为，触觉描写是"最娇嫩的艺术"，因此每个作家都应当有敏感的触觉。

鲁迅在小说《明天》中写蓝皮阿五替单四嫂子抱孩子："伸开臂膊，从单四嫂子的乳房和孩子中间，直伸下去，抱去了孩子。"写的也是触觉，单四嫂子"便觉乳房上发了一条热，刹时间直热到脸和耳根"。触觉让人物具有了某种神性。

接下来的训练项目是触觉训练。

我把那些带来的用于这项训练的物品分发给大家，每人一件，先触摸感受 5 分钟，再把触摸和联想的感觉写下来。

李媛第一个举手表示要朗读自己的作品：

刚一触到它就感觉好沉，拿在手里半天后手腕都酸了。听说它叫砭石，是用来治病的，让我不禁想到了"针砭时弊"这个词。它乍一看上去就像个南瓜，但不是平常见的普通的南瓜，是那种在国画里用墨色勾勒出的写意南瓜。它周身是漆黑的，上面星星点缀着几个白色小圆点。最顶端是南瓜的把，由上至下延伸着一道道丝线，有几条将小白点串了起来，将南瓜分成一格一格的，摸上去凹凸不平。但凉凉的很光滑，手感很好，能降温。整体看简直像刚把它从水墨画里拿出来似的，使我忍不住想咬一口。

她直接写物品的外在触摸感，没有进一步的联想。忠实于原物，缺乏了一点触摸的延展与描写。

刘娜拿到手上的是花椒木做的手把件。

深褐色的小木块上不规则地突出一些小尖角，闻上去散发着木质特有的味道，拿在手里把玩、转动。小尖角不停地点着我的手掌，如同托着手心的小仓鼠不停地乱爬，小鼠再怎么跳也脱不出手掌心。像是超大号的巧克力球，每一个突出的小尖角下面一定裹着饱满清脆的果仁，它们在里面膨胀变大，外层的巧克力快包不住了，我想立刻把它吃掉。

由具体的物品引发出种种联想。从触摸到的尖锐感，一下就想到仓鼠、巧克力球，还想到了果仁，"像是超大号的巧克力球，每一个突出的小尖角下面一定裹着饱满清脆的果仁，它们在里面膨胀变大，外层的巧克力快包不住了，我想立刻把它吃掉。"这种联想很新鲜，那句"我想立刻把它吃掉"的描绘最有力量。

吴娅芬写的也是一块木制品。

凹凸不平的涩感配上几块玉一般的滑腻，攥在手里，好像处在阴阳的两极。这是一只貔貅，刻在球状的檀木上，眼睛瞪得溜圆，牙齿龇向外，好一副凶神恶煞的面孔。似是过于精致的雕刻让它的面部很不讨巧，没有凹痕的头部倒深得主人欢心，早已被摩擦成另一个颜色。拇指划过，犹如跨过丝滑的巧克力，油油的柔光也一点点显露出来。

她也用巧克力来形容这种触摸感："拇指划过，犹如跨过丝滑的巧克力，油油的柔光也一点点显露出来。"真是奇特。她的描写既有物理性的感觉，也有想象的参与，很有趣味。

央金拿到的也是一件花椒木的手把件。

这块花椒木散发着浓烈的牛粪味道，再加上这棕褐色的外表，真不敢想象它是从哪里来的。它体积不大，表面疙疙瘩瘩，要是加条链子，绝对是个微版的流星锤。我触摸着它全身突出来的小尖丘，觉得它里面也许住着一个长着鸟嘴的怪物，不停地用它尖长的嘴巴啄着这层外壳，仿佛想努力挣脱束缚与黑暗，重获光明与自由。

她的描写与刘娜有很大的区别。我相信，这几位学生中，可能只有央金见到过真实的牛和牛粪，所以，她用了"浓烈的牛粪味道"来形容一块从未见过的木制品。她的想象力在这里很突出，从疙疙瘩瘩的外表，想象出"要是加条链子，绝对是个微版的流星锤"。这个玩意儿在她的手里"动"了起来。她甚至"觉得它里面也许住着一个长着鸟嘴的怪物，不停地用它尖长的嘴巴啄着这层外壳"。写得很生动。

张木铎的片段描写具有男孩特有的简单明了。

黑溜溜的石头调皮地躺在我的手心里，它像个发了霉的核桃，散发着腐烂的气味。换个角度观察，它又像个熟透了的无花果。表皮被人抚摸得凸凹不平，却又磨去了棱角，十分有质感。

很简单、直接，用了几个形象代表他手里的那块砭石，"发了霉的核桃""熟透了的无花果"，像李媛的描写一样，明了却缺乏更丰富的想象。李媛的那篇写得更多一些，而张木铎的这篇就过于简化了。

谢勇也是个男生，他的感觉却细腻得多。

起初我觉得这木貔貅该是个不倒翁，可以直直立着，至少也能单脚站着，可是立不住。将其放入手中，拳握不满，留出道空隙。摸上去也不算光滑，或许是有了纹饰的缘故。从平等的几道纹前将手指划过去，几道槽却拦不住手指头，也感觉不到那槽的深度。两只眼刻得是最好的，极深邃，看不见底。我用笔尖划了划却能碰到里面。并不算深。

他真实地体验到了手中物的独特，一遍一遍地抚摸和划画，使我们对这个物品有了很真切的形象感。写得不错。

佟伟是最后一个读作品的。

看了半天，我还是最喜欢手中的貔貅。之前家里有一件相似的瓷器。那里面貔貅拖着一条长长的身体，面目可憎地在我家茶几上，张牙舞爪地盘着。而眼前的这家伙却换了一个模样，老老实实地像娃娃一样缩在那里，瞪大了双眼，咧着大嘴，仿佛有无限的委屈要去告状。背面，身体部分被设计成向上弯曲，紧贴着身体直到头顶。它没有肛门，奇怪之处显得十分自然。

他在众多的物件中，选择了那个木质貔貅。大概因为貔貅是个吉祥物吧，同学们都喜欢它。貔貅有"大肚无肛"之说，这个动物形象是"只进不出"，有不漏财的喻义，在民间是很受欢迎的形象。佟伟与谢勇所写的不同，他从自家的那座有些"张牙舞爪地盘着"的形象，看到了手中这件物品的委屈状，写得很生动，也很准确，他找到了这个物件独特的地方。

在课堂上公开吃

后来，寒院长跟我说，我最轰动的一次训练就是这次在课堂上公开吃东西了。

他说，就在我们上课的时候，他就被主抓教学的黄副校长紧急叫到教学值班室，黄副校长指着监视器屏幕恼怒地对寒院长说，你看看，这就是你念念叨叨欣赏的大将江南的课！他居然让学生们在上课的时间吃东西，也不制止！还有没有规矩了？这可是重大的教学事件！

寒院长跟我说，他当时就哈哈大笑。他说别大惊小怪了，他这是在做创作训练！寒院长了解我的课程内容，很得意地跟黄副校长解释，这是一种知觉训练课，这是咱们诸多有特色的训练手段之一，全国独一份。他们不仅要吃，还要写呢。很快他们就在监视器上看到了同学们真的放下手中没有吃完的食物，开始闷头写了。

寒院长是个大大咧咧的人，说话从来不顾忌对象。他才不管你是校长还是副校长，他很得意地说，黄副校长，你刚来，有些事了解清楚了再指责。要更多地从正面给老师们支持，别总从负面想他们，别总是带着放大镜找他们的问题。我相信老师们每个人都是从建设的角度努力工作。您想想，要是学生们公然在课堂上吃喝，对他也是不尊重嘛。他们也不容易，常年战斗在教学一线，别说没问题，就是有问题，也要保护他们啊。说得黄副校长脸色青一块紫一块的。

我听了这幕后的戏码也哈哈大笑。这就是我们的创意写作训练教学，可能不符合那些管理者的规矩，但却符合教学的规矩。

好了，该说说黄校长和寒院长共同关心的味觉训练的结果了。

还是由李媛读她的作品，她写的食物是"奶棍"，一种柱状的饼干类的食物。

乍一看上去被吓了一跳，因为它实在是有点长，像个缩小版的棍子。将它折成两段，其中一段放进了嘴里。一口下去，没咬动，加大了力度，还是没咬动。把它放在后槽牙上，狠狠咬了下去，"咔"一声，是断裂的声音。一股淡淡的牛奶香在嘴里化开，牙有点疼。使劲地启动着上下牙齿将它粉碎在我的口腔里，牛奶的香甜不断蔓延，越来越浓。随着大力地咀嚼，"咔咔"的声音通过骨传导刺激着我的膈膜。这种感觉，只有经历过的人才懂啊。

当时，看到李媛那种费劲的样子觉得很夸张，我也要了一条，放在嘴里咬，跟她作品中写的一模一样，真那么硬。这种感觉奇妙极了，越是硬越想把它吃下去，越想吃下去越是咬不动。她这段描写很真实，经过三次努力才将此物嚼碎，随后我们读到的是"一股淡淡的牛奶香在嘴里化开"，味道飘散出来，让努力有了回报。

可能是这种食物的外形欺骗了同学们，刘娜居然也买了这种硬邦邦的"牛奶棒"。

大概有30厘米长的牛奶棒拿出，塑料盒发出了吱啦的声音，想必它一定是像木块一样硬的。和同桌两只手十指全握住一用力才"嘎嘣"一声折断。

我试图用门牙轻松的咬下一块儿，结果却是像啃甘蔗一样的费力，牛奶棒一折又是一声巨响，随着咀嚼的继续，牛奶的香味充盈在唇齿之间，这香味从咽喉又流入了脾胃，面包棒也慢慢变软，变成一团糊。

感觉刘娜的牙齿似乎比李媛和我的都好，在她的文字里虽然也有坚硬之感，却没有像李媛写得那么费劲。从文字的表面又能感觉到她是满意的，是肯定这种食物的。所以才有"牛奶的香味充盈在唇齿之间"的话。她不仅感受到了食物的香味，也感觉到了那种由坚硬到柔软的变化。

吴娅芬的食物与她们两个的不同。

狭长的椭圆形黄色薄片在糖分的作用下粘在一起，形成一个坨。抻出一片，牙齿轻咬，它像是极不情愿离开自己的母体，微向后拽，才将它分开。舌尖好似被一双粗糙的大手拂过，酸甜的口感弥漫在味蕾间，咀嚼的细屑粘在后槽牙上，舌尖轻舔，那份酸甜再次迸射而出。黏黏的，似乎被口水泡大，比第一口软了许多。

因为跟李媛和刘娜他们在努力与坚硬的"牛奶棒"战斗，没有注意到吴娅芬的食物是什么。可是这段描写让我清楚地知道，她在写一块软软的面包状物，是那种夹心的。这段文字也很明确，抓住了物品的"黏"和"甜"这两个明显的外在特征。用"极不情愿离开"这样的词语写食物，用"酸甜的口感弥漫在味蕾间"这样的文字来描绘味觉的反应实在是精确而新鲜。

央金那天早晨没吃饭，我估计就等着在这次训练课上大快朵颐。

一早上没吃东西，肚子早已"咕咕"叫了，好像胃里住着只嗷嗷待哺的雏鸟，在等待着我给它喂食。我撕开面包的包装，咬下一大口，表层的肉松像是毛毯上柔软的绒毛，触碰到我的舌头，便化开了。我咀嚼了一下，面包包裹着牙齿发出柔和的声响，里面的奶油像是饱含着果浆的野果在口中溅开，满嘴都是浓郁的奶香。我大口大口地吃着，没想到三块五一个的面包，在饥饿时吃起来竟这么香，一种幸福的满足感即刻包围着我。

从一个饿着肚子的人嘴里说出对食物的感觉基本上不可能是负面的，她的文字里包含着对食物的赞美和恭维，这里我们能感觉到她对食物的某种敬意。用这么感觉强烈的语言来对一块面包下手，是不是已经超出对一块食物的感觉范围？并且她还提高到幸福的高度，这实在有点夸张。不过，写得好。

张木铎肯定吃了早饭，从他客观而冷静的语言中，我甚至能猜出他当时吃东西时挑剔的表情。

倒入口中，一股白砂糖味漫在舌尖上。咀嚼它，就像在吃一碗加糖的面粉。栗子没有了它原来的清香，仿佛被其他食品添加剂浸染似的。使我的舌头上布满了厚厚的一层东西，又酸又甜，难受极了。

他对这块食物的厌恶之感来自几个词语："没有了它原来的清香""被其他食品添加剂浸染似的""难受极了"。他甚至与央金的感觉正好相反，他对这块食物大不敬，也是一种真实的体验。

谢勇的描写比较谨慎，因为他面对的是一块被女生超级喜欢的巧克力。

平常不太吃巧克力，因为右边牙不好。今天买了块尝尝味道。先是一点点地吃，咬了一口，感觉有些沙土气，就含着，让其一点点化开到舌苔处，有一丝香苦味。再咬了一大块，用两边的牙齿嚼。开始觉得柔软的巧克力却很有硬度，一分为几之后包住了右槽牙，麻痹了其中几颗，酸麻酸麻的，使得我没再关心那巧克力的味道，只停留在沙土气的层面了。

不好也不坏，因为我的身体不爽，这就是谢勇的态度。这种感觉描写是真实的，有鲜明的感受，态度却是模糊的，好像不愿意得罪谁。

课代表佟伟又是最后一个读自己的作品，他把味觉这件事编成了段很有味道的故事。

上火车时已经九点多了，粗略一算我已经 8 个小时没有进食了。这时的我胃里有一把火。足以烧毁一切的饿火。我匆匆摆放好行李，开始觅食，像一只雪地中的野兽一样四处摇晃着脑袋。忽然，不远处出现了手推车的声音，我像发现羊群的狼一样扑了上去，手下意识地紧紧抓住车把手，以免它逃走。我用指甲划过玻璃般尖利的音调急切地说："红烧牛肉面加个火腿和蛋。"列车员仿佛也被我吓到了，慌慌张张地把食物塞给我便急匆匆地推走了。我用力撕开包装袋，挤上调料，兑上热水，将面放在小桌板上。热腾腾的蒸气混合着味精与胡椒的甜香钻进我的鼻子，这让我抓狂。我不自觉地踱步，眼睛始终没有离开过面，生怕它被人抢走。终于，面泡软了，我"刺啦"一声撕开盖子，一叉将三分之一的面全部挑起，我的嘴费力地吸吮着面条，牙齿疯狂地咀嚼着它，汤水糊在我的脸上，但我浑然不觉。

写得很精彩，饥饿中那种对于食物的渴望，得到食物后的那种迫不及待真是传神！相信没有这种体验的人很难有这么真切的文字。可惜的是，虽然精彩却不是此时现场品尝体验，是一种较远的经历的回忆。当然，创作作品时，这种感觉是可以用的，但今天是进行现场的体验训练，凭记忆的感觉来写，就显得有些不对题了。

课外训练

今天留给同学们的作业是这次感知训练的扩大。课堂练习量显然不够。

1. 完成四篇（听、嗅、味、触）感知能力描写。

2. 以"味道"为题创作一篇作品（不少于 2000 字）。

动物观察

训练内容：动物观察描写

1. 观察活体动物（白兔）描写

2. 观察四只灾难中的狗新闻图片描写

北艺的校园里生存着许多动物，各种种类的鸟、昆虫，还有许多流浪猫。几个爱好动物、昆虫的小学生经常在北艺的校园里寻找那些动物们。他们手里拿着瓶子，去翻拣潮湿的地砖，或者观望捕捉树上的知了，他们还会专门捕捉不同种类的蜘蛛、蝎子、蜈蚣等小昆虫，养起来。而他们对那些流浪猫同样不放过，经常统计和寻找流浪猫的住所和数量。不过，流浪猫已经不太好统计了，那些流浪猫因为缺少有效的节育手段，数量很多，一到叫春的季节满院子都是像小孩子叫的声音，在空旷的夜晚显得很突出。

流浪猫在北艺校园里生活得很好，甚至还有些奢侈。因为每天都会有充满同情心又有时间的老太太们在固定的时间给这些猫送食物、送水。有些不知情的人士也偶尔加入到这个队伍中来。它们不愁吃不愁喝，养得健健康康，肥肥大大，子孙满堂，生活安适从容，幸福快乐。一点都不像我们这些整天为事业为生活奔忙的人类。

我今天要做的课堂训练正是动物观察，我琢磨着让同学们出来观察这些流浪猫，写一写它们。因此，不到七点就下楼去踩点，到北艺教学区寻找那群猫。

一下楼就遇到了大雾霾。天气异常阴沉，对面十几米都见不着人。曾经有人说遇到这样的天躲在家里最好，可是躲在家里就安全了吗？我愿意把这些雾霾想象成雾气。一个浪漫的世界，在这个充满诗意的世界里走走，也算作一种挑战吧。

早就对学生们说了，叫他们有空的时候来观察这些猫，在动物观察描写时，会让他们去观察并且描写这些流浪猫，写写它们的故事。

我目睹了这群猫家族的形成与壮大。这群猫原本是家猫，北艺后来改善生活，给教职员工们盖新房，先把原住房腾退出来，学校给补贴，住户到外面租用周转房。搬家的时候，有些住户因为租住条件较差，没有条件继续养猫，就把自家的猫丢弃于此。本来被丢弃的猫并不多，就几只，后来经过几年的繁殖成了一群。一群无家可归的流浪猫得到了爱心人士的关怀，越来越多，就成了一个猫的社会。

正是猫的早餐时间，大雾中，有位老太太佝偻着身子一面跟流浪猫们语重心长地谈心，一边给它们放食。我站在一旁，老太太可能没有发现，跟猫说，说你们就是不听！大晚上的把大家都吵得睡不着，你们就不能小点声吗？或者你们出去呀，到街上去叫完了再回来呀。你们知道这有多危险吗？要是告到家委会去，他们肯定会采取措施的，你们的小命就麻烦了。别再叫了，我的小祖宗们！

我不由地说了句，它们听得懂您的话吗？

显然老太太被惊吓了，她有些惊慌地回头看了我一眼，愣了一会儿才说，我还以为这么早，又下这么大的雾，不会有人呢。然后，老太太就把地上的一个袋子拿起来，又对津津有味吃早餐的流浪猫们说，你们先吃着，过一会儿我再来取，给你们换新鲜的水。

老太太没再理我，她迟缓地消失在浓雾中。我站在那里看了一会儿流浪猫的早餐，可真是丰富，有荤有素，有汤有水。流浪猫似乎很挑剔，有的东西连看都不看，吃东西也没有那么迫切，只是慢悠悠地咬着，不争不抢。

离开这个地点，又去别的地方转了转，看了几个猫窝，准备让同学们看这些流浪猫。

阴差阳错

回到家里，就准备出发了。不过，看了看地上的大笼子有些畏难，这么大的一个家伙我怎么带到教室去？我指的是我的"秘密武器"兔笼子，我想给同学们一个惊喜，在他们尚不知情的时候，突然出现这么一只兔子，他们该有多意外！可是，要保密就不能请同学们来帮我抬它们，我想了几个办法，最终还是决定自己来干。

被当作秘密武器的动物就是一只雪白的兔子。它曾经是一只"小白兔"。在六七月份的时候我就在策划这堂课。当时就想，怎么能让同学们不出教室就能够观察一个活体动物？去花鸟市场上转，看能不能找一个既能在家里当宠物养，又能很容易地拿到教室去的动物。最早选的是青蛙，带着女儿去的，她比较喜欢青蛙，就买了。她还喜欢一只像鹦鹉一样的满身都是彩色羽毛的大鸟，也买了，根本就没有想到要买一只兔子。那只青蛙只在家里养了一个白天就不见了，因为我们把它放在一个笼子里，里面放上食物和水。白天那只青蛙很老实，不怎么动，可是到了晚上，不知怎么的，它却逃出了笼子。早晨起来后，女儿就发现不见了，我们翻遍了房间的每一个角落就是没找到。我跟女儿说，等它饿了就会跑出来了。可是，它一直没有出来，一直到八月底快开学的时候，我们大扫除，才在沙发底下发现了已经变成干尸的青蛙。那只红嘴蓝羽的南美鸟，也过了没多久，因为感冒死了。女儿不知哭了多少回，说它多可怜呀，才在咱们家生活了不到一个月就死了。我们一起在小区里给大鸟挖了一个土坑，把它埋葬了。晚上的时候，女儿还点起了蜡烛给大鸟举行了葬礼。看到女儿悲伤的样子，我心想，不能再养宠物了，受不了刺激。

可是，我还在策划着描写动物，还是需要一个活体动物。于是，又想带着女儿去花鸟市场转转。女儿说什么也不去，说再也不买动物了。我说，你不去我去，我买回来你可不能霸占啊。女儿不屑地说，我才不要呢。

我在市场上转了好久才找到一家卖兔子的商店，我说我就买那种长不大的"小白兔"。商家就指着笼子里的兔子说，这个就很好，不会长大的，就是这个品种，像小荷兰猪一样，总是那么小的个头儿。说得我动心了，还砍了价，要了一个笼子把兔子带回了家。我把小白兔摆在厨房的一个背阴的角落里，我想除了给它买兔粮外，做饭时剩下的菜帮菜叶都给它吃，也挺好的。每天定时让兔子到楼下的草坪上跑跑。女儿一见这只小白兔就反悔了，赖着要自己养。我说你不是说了不要的吗？她就说，那个时候人家心情不好，现在见了小白兔心情一下就好了，我喜欢它。

买回来差不多一个月内，这个大概刚出生不久的"小白兔"还是很小的，小小的一点点儿，甚是可爱。那是六月份，小白兔很乖巧，把它放出来，它就在屋子里到处跑，到处都是它的粪便，不得不把它拿到楼下的草坪上玩。每天晚饭后遛兔子成了全家项目，边散步边遛兔子。女儿不知道我的用意，还以为我真的想养宠物呢。我是想，反正我上课的时候她正在幼儿园，她发现不了这只兔子是为我的教学做贡献的。

　　可是，这兔子眼看着越来越大，那个小笼子根本放不下它了。我想，我可能被卖兔子的人给骗了，把家兔卖给我了。就去市场找那位卖我兔子的人，到了市场哪里还找得到他，问邻近的人，没一个知道他的。我想，算了吧，我们跟这只兔子都有感情了，还是给它换个大笼子继续养着吧。这样，我在市场上买了个特大号的兔笼子回来了。

　　很多人都跟我讲过，说是兔子不好养，我最担心的是这只兔子在我动物观察描写课之前突然死去，那可就麻烦了。费了几个月的感情，计划破产，那才倒霉呢。因此，就更加精心饲养。幸运的是，它居然好好地愉快地长到了我可以拎着它去教室的这一天——我想，这与我们全家的关爱是分不开的。

小儿科

　　我背着电脑，两手搬着用布严丝合缝包裹着的兔笼下楼去。电梯下到第9层的时候，音乐系的著名钢琴家殷海涛上来了，他也是去上课。他见我脚下有个大笼子围着布就问，这是什么东西？我说是只大白兔，让学生们观察描写它。大音家撇撇嘴，斜斜眼说，这不是小儿科吗？我不想跟他解释实体观察的重要性，就说，是啊，有些事就得从基础做。下电梯的时候，殷老师慷慨地帮我抬起了兔笼子，因为我们都在教学大楼里上课，顺路。

　　可是，到了教学大楼时却意外地被保安给拦住了，问我这是什么？我说是教具，他说打开看看，我说好不容易系上的，不能打开。我几乎天天来上课，你不认识我吗？保安死活就是不让我进。殷海涛老师急了，大声地训斥保安，耽误了课你负责呀，你负责得起吗？外面来的什么人都能到教室来，蹭我们的练功房，免费使用我们的钢琴，你们怎么不拦啊，不就是给你们点好处吗？太势利了吧？江老师在北艺辛辛苦苦、任劳任怨给自己的学生上课，你们还敢拦，胆子不小！

保安怕了，就不耐烦地说，进吧进吧。我说，其实我们这些人没什么危险，我要是对教学大楼不满，就换个教室了，不用拿这么大的一个家伙危害安全。放心！我们都是老革命，不会对党对社会有意见的。

殷海涛哈哈大笑。就这样，我才进了大楼。

胆怯的大白兔

训练开始了，我说，今天观察大白兔。一会儿，我把兔子放出来，你们要调动所有的知觉去感受这只大白兔。仔细地观察它，你们去抚摸它，抱一抱它，跟它玩一玩。然后把观察和体验到的东西写下来。

在美国创意写作中，也有这种对动物观察的描写训练。比如伊莱恩·沃尔克所写的《创意写作教学》一书，第二节就是训练动物描写。不过，那本书里的方法主要是依赖于想象和经验，与我们的实物观察法有所不同。这个方法也很有用，我想同学们依然可以以此来训练。特别是回去以后在课外训练时，要多做这种练习。

这个方法是这样的：受训者闭上眼睛，按照训练者的如下口令进行：

1. 触摸

闭上眼睛，想象你在触摸自己最喜欢的动物时是什么感觉。想象用不同的身体部位去触碰它，如指尖、脸颊、鼻子、嘴唇或腿，并想象触碰到动物身上的不同部位所带来的不同感受。

先摸皮毛、羽毛、鳞片、胡须、牙齿、爪子或蹄子。然后是皮肤下的肌肉群——想象其形状、长度和体积。接着是四肢和尾巴部位的肌肉、肌腱和关节。

接下来是坚硬的部位——骨骼和软骨，包括头颅、肋骨、耳骨、后臀、爪子和膝盖，还有柔软的部位——比如腹部和脚掌。

睁开眼睛，用一串精练的词语记下你在不同触摸点跟动物接触时的感觉，如"脸颊"——光滑的、丝绸般的、柔滑的、有线条感的、柔嫩的。"唇部"——干裂的、天鹅绒般的、扎人的、长着胡须的。"爪子"——坚韧的、温暖的、粗糙的、翎毛般的、齐整的、让人发痒的、羽毛似的、裸露的、骄傲的、梳齿状的。

2. 听觉

再次闭上眼睛，想象你的这个动物通过其喉咙和身体所发出的各种声音：悠长的嚎叫，尖厉的啼吠，爪子划过地毯，马儿重重地躺下，一条金鱼在寂静地吞咽，嘶嘶嘶，嘘嘘嘘，嘎嘎嘎，喵喵喵……所有这些词语都是给这些动物发出的声音命名，它们自己当然不会去描述。将你的耳朵调整到最佳状态，仔细辨别这些声音的高低、长短、情感色彩和发声的目的。

睁开眼睛，开始描绘这些声音。想象着，你会使用什么样的词语来表现你所听到的声音？

3. 嗅觉

这一次，当你闭上眼睛时，请你留意你的动物在某些特定时刻散发气味的不同情状，如行走之后、湿的时候、睡觉的时候或者刚吃过东西时。注意你是去闻它的呼吸、它的皮毛和它的脚掌心。

睁开眼睛，请用酿酒师般细腻的语言，编织词句去形容动物身上的各种气味。比如："湿乎乎的，浑身散发着浓烈的马粪味儿，同时充满了夏日青草与尘土的气息。"

4. 品尝

闭上眼睛，现在想象一下你和你的动物发生亲吻的时刻。也许是你的狗用舌头舔到了你，或者是你吻到了马的鼻子，更或者是你一不小心吸入了猫咪的唾液。还有，要是你最喜欢的动物恰恰是你养来吃的。这种体验带给你的会是一种什么滋味？

然后，睁开眼睛，用两行并排的单词记下你所品尝到的质感及其气味。现在将两排单词随机组合，形成短语，如"一阵阵的臭味""黏糊糊的腐肉"。

5. 视觉

睁大眼睛，从你已经写下的素材中选出那些最能表现你的动物的词或短语。把它们组织起来，写一首诗或一个文字片段，为你的动物勾勒一个最为直观的色彩。

这个训练方法很有效，但是，更有效的方法是我们真的去接触一个实际的动物，去触摸、倾听、嗅闻、品尝、观看一只真实的动物。因此，实际的接触就成了我们这次训练的主要方法。

讲完基本要领后，我请佟伟、赵蓬勃等几个男生把罩在兔笼上的布揭开，然后把兔子放出来。

大白兔可能不太适应突然出现的光线，老老实实地躲在角落里不敢动，它有些害怕，浑身抖动。兔笼的门打开，它也不敢出来。我说，让它平静一下，然后，你们把它弄出来，让它在教室里跑一跑，你们随便跟它玩。我上面讲的伊莱恩·沃尔克闭着眼睛的方法，你们都可以用。触摸、倾听、嗅闻、品尝、观看一只真实的动物再去写。

兔子被弄出了笼子，它一出来就不是它了。开始在桌子底下跑来跑去，同学们就笑嘻嘻地追逐它，抱它，抚摸它。没有接触过兔子的女生，开始还有些害怕，渐渐地也能摸它，胆大的同学还把手塞进兔子的嘴里。

同学们开心极了。我想，可能监控教室的那些值班员们也看到了这一幕，还不知道他们如何总结上报，大惊小怪呢。

过了大约20多分钟，同学们观察抚摸完了，男生们重新把兔子抓到笼子里。他们问我，用不用把那块厚布罩上？我说，不用了，下课的时候再罩。于是，同学们坐下来安静地开始了他们的描写。

佟伟描写的兔子是这样的：

今天，我们教室来了一位小客人——兔子小朋友，他乘着一辆以人力为动力的，饰以丹宁色白花纹的车窗帘的加长板礼宾车来到我们面前，派头还挺足。随着车窗帘缓缓揭开，兔子小朋友裹着一件纯白的毛皮大衣进入我们的视线，那件衣服真漂亮，简直比雪还要白。兔子小朋友第一次来到北艺，第一次见到这么多大哥哥大姐姐，似乎有些紧张，趴在礼宾车里不肯出来，只是俏皮地摆了几下粉嫩嫩的耳朵算是打过了招呼。

写得很俏皮有趣，把兔子当人来写，兔子的那种神态出来了。可惜的是，他没有具体地写兔子的触感和其他的感觉，显得有些单薄油滑。

谢勇的感觉就要深入一些了。

没见过这么大的兔子，大得已经不太像兔子而像条狗了。不知道是否因为怕生，整个身子不停地哆嗦，尤其是鼻子，一上一下地颤，带着两边的胡子一起动弹。耳朵怕是发育的不怎么成熟吧，一只竖着，另一只耷拉着，软绵绵的，呈九十度角。卧着的时候尾巴就缩成一个小疙瘩，可把身子伸开，尾巴就延展成一条线，只是微向外张罢了。刚把它揪出笼子时挺费劲的，所以我从下面试着托住它，因为原先就是这样抓兔子的，谁知道兔子的力气出奇的大，直接从我手里蹬开，还踹了我一脚，钩状的指甲从手背划过去，挺锋利，露出两道血痕。刚落到地上又往笼里跑，后来又一度出来，可没几步又回去了。看来真是只恋家的兔子，管你外头再怎么精彩，我自有我的一亩三分地，自在着呢。

他写兔子的外形写得很不错，兔子的形态生动而准确。看来，他还是有些养兔经验的，还写了兔子的心理活动，当然是想象的。这就比单一地闭上眼睛凭空想象要好得多。

张木铎使用了触觉去感受这只兔子，他恰好用了一个形容词"柔软的像朵云"，同时把自己的这种感受推及至两种动物：酣睡的乳猪、兔八哥。这是一次比较贴近的真实感觉实验。他捉住了一种独特的回忆来弥补对于这只兔子不太丰富的描写。

隔着一道铁丝网，亮红的兔眼像两颗硕大而精致的石榴石似的熠熠发光。它仿佛被身边围成一圈的人吓坏了，蜷缩着发福的肉体。远望过去，像极了一只酣睡的乳猪。我小心翼翼地伸手抚摸它的皮毛，柔软的像朵云。瞧，它独一无二的造型便是那粉嫩粉嫩的耳朵，一只耳朵直愣愣的朝天戳着，另一只则呈九十度角，向下耷拉着，像故意摆出的造型，俏皮极了，使我想起童年的回忆——兔八哥。

不错，抓住了动物的主要外形特征，以及那种瞬间的恐惧与随后的外形描写，"亮红的兔眼像两颗硕大而精致的石榴石似的熠熠发光""像故意摆出的造型，俏皮极了。"都很形象，也很生动。

央金喜欢动物，写得很精微。

这个关在笼子中的白色小生命，一时间吸引了我们所有人的目光。它的体型看起来比一般兔子都大，肥大的身子蜷成一团肉球趴在笼子里，脖子上突出来一圈赘肉，像是围着一条厚实的白色围巾。最有趣的是它的耳朵，稀疏的毛色下显露出粉嫩的肉，甚至能看到耳朵上的血管。一只高高竖在头顶，另一只耷拉下来，样子像极了大写的英文字母"L"在流动。

这个纯白色的毛茸茸的家伙，开始就像一只老鼠一样朝着各个方向不停地嗅来嗅去，鼻子灵敏地一抽一抽，像是想尽快适应这个陌生的环境。

也许是这熟悉的、小小的笼子将它束缚得太久，它机警地、惊恐地盯着周围陌生的笑脸，陌生的环境，始终不敢踏出，每一次出来，都是狼狈地逃回牢笼。但是，最终还是勇敢地迈步而出，在一个陌生的世界欢快地乱窜起来。

她写得比较多，是因为这些活体观察让她开心。她找到了在别的课上很难找到的快乐和放松。这段文字自然也就写得很放松，很自然，也很透彻。把自己对兔子的外形与其想象的兔子的心理刻画得有新鲜感。

李媛也很喜欢这只大白兔。

这是一只大白兔，浑身的毛是雪白雪白的，体积庞大，是我迄今为止见过的最大号的兔子。它被安置在一个巨大的笼子里，安安静静地用那双血红色的眼睛望着我们。两只耳朵十分奇怪，一只直直地竖着，怎么压都压不下去，一只耳朵软绵绵地耷拉着，怎么抚都挺不起来。这种奇怪的现象令人忍不住猜想它之前的神经是否受过什么刺激……毛是软软的，摸上去手感很好，仿佛摸上了一团棉花。兔子很乖很温顺，随着我们的不断抚摸，它圆滚滚的身体止不住地轻颤，脖子处那一团毛和两只有趣的耳朵一晃一晃的，红红的眼睛迷茫地望着面前的陌生人，无论如何都不愿踏出笼子半步，真是可爱又任性。

她使用的几组词语描写都很有质感："毛是软软的，摸上去手感很好，仿佛摸上了一团棉花""随着我们的不断抚摸，它圆滚滚的身体止不住地轻颤"。她还夹杂着一些有趣的个性评价，这只兔子在她心里似乎有了某种地位。

吴娅芬写的是一只恐惧胆小的兔子。

随着幕布揭开，一只硕大的白兔映入眼帘。它盘踞在铁笼的一隅，红眼珠无神地审视着我们，淡粉色的耳朵一只直立冲天，一只却病恹恹水平耷拉着，像是对这个新环境极不满意。小心翼翼地将一根手指穿过栅栏的缝隙搭在它身上，柔顺？不，震颤。我的心也随之震颤，唯恐这温顺的食草动物本是凶邪猛兽的化身。仓皇后退几步，才发现，它正像一团洁白的棉堆。机械，毫无意识地发抖，也许是害怕的缘故，连那些它平时最爱的食物也失去了吸引力。

看来，她也不会有太多的机会接触动物，她试图亲近这只对她来说很陌生的动物，却又不敢太接近。她此时的心境或许和这只兔子差不多，她看着它恐惧，它看着她也恐惧。

刘娜看到了可爱。从一个女生的角度看这只白兔，要是从前没有接触过动物，通常都会对这一身的雪白和巨大的体型有感觉。刘娜就看到了这只兔子的可爱。她用形象的描写准确地写了一只动物的情态。

当笼子的罩布被掀起来时，我被这只白兔的体格的巨大给吓到了。通体雪白的皮毛呈现着纯洁的光泽，红色的两个眼睛和粉红色的耳蜗让它看起来可爱而又喜人。它的耳朵是一前一后，像是 play boy 标志上的那只兔头。它趴在笼子里，又不时探出头来吃食物，站立起来看外面的世界。手指抚过它的皮毛，温顺平滑的同时感受到它体内的温度。发现我们都离开笼子时，害羞的它爬出笼子，在光滑的木地板上滑稽地走着，小爪子发出"啪嗒啪嗒"的声响，可爱极了。

夏梦的《白兔》

听完了同学们的作品，我提议，读一读你们的师姐夏梦的《白兔》。她的这篇作品写于这个创作练习之前，我觉得与今天的练习恰好合拍，就选作例文与大家共享。我说，之所以选择这篇作品，原因是写得非常生动有趣，文中带着那么一些淡淡的怀念与思考。

白 兔

那年在读高三，正是极其紧张的时候。成绩好的、刻苦用功的同学一天下来白花花的卷子能写上一摞，一根水性笔的笔芯只够一天半。可我不是那样的同学，于是，发下来的白花花的卷子依旧是白的。而我也总觉得那卷子的白是苍白，因为那时候，我最爱的是：白兔的白。

现在说起来都骄傲，我和同样不思学习的伙伴在高三的教室里养了一只兔子，活的。那天我的好伙伴过生日，收到了这么一个礼物——紫蓝色的笼子，笼子里有只白兔。这白兔是很普通的，是在街边的小贩手里买的。但这兔子在高三同学的眼里可是件新奇物，因为学生们每个月只能放两天假，且大多是寄宿生。能见着宠物当然很兴奋了。

同学们趁老师不在教室里，便和白兔一样蹲在被书本占满了的过道里，用课桌椅作掩护，窃窃地伸了脖子，把眼睛凑到那小白兔的跟前。同学们用疲惫的戴了近视眼镜的眼睛看那白兔的圆溜溜的红眼。特别是有几个刻苦用功的同学，放下了笔，用写字写得酸痛的手去摸白兔温热的身子，放松放松。那是怎样的感受呐，肉肉的，柔柔的，软软的。此时，那小兔子的身子也会轻微地颤抖，温柔地缩了自己的头，埋在略厚的白毛中。就这样悄悄地把自己缩成一个团，更或是一个秘密。幸而，兔子确实很适合在教室里养，它不会像小猫小狗那样乱跑，也不会大叫；不会像仓鼠那样不停地磨牙，发出令人焦躁的声音；还不会像金鱼那样，必须要用个玻璃缸正儿八经地摆在某处。所以，好伙伴收到这个一双手就能捧住的礼物后，思考了不很久，就决定让这白兔在教室里安家了。

我们好不容易腾出了一个装书的大盒子，把盒子壁钻了几个通气的小孔，连着笼子把白兔放在里面，然后用两本薄书盖住箱子口，以作掩护。白兔到箱子里很是乖巧，不吵不闹，只是偶尔会用自己的爪子扒拉盒子，发出摩擦声。但幸好，这样的摩擦声并不刺耳，也能轻易地被同学们背历史、地理的书声掩过。所以，这装了白兔的纸盒子，自然会成为香饽饽。我们这一群不思学习的同学就都想把白兔放在自己的课桌椅下面，过过干瘾。哪怕课桌椅下面已经摆了一大一小的装书的箱子，再放一个箱子就不能放腿了。可是，这并不打紧。

那次，我把装了白兔的盒子放在了我的课桌椅的侧下方，又把腿直接踩在装了书的箱子上。上课的时候，我会像个老鼠，趁老师转身在黑板上写字的时候，猥琐地瞄一眼兔子。有时候兔子的几根胡子和爪子的小头头会从出气孔中露出来，惹得我一阵激动。老师有时也会花个三四分钟在讲台上帮某个好学生专门讲题，趁那个绝好的时机，我就能在课桌里掰一小片白菜，把手伸进箱子里，喂兔子。哪怕我并不能有太大的动作，不能全程低下头看，不能清楚地知道那白菜叶是否准确地送到了白兔的口边。可我也会尽力的像探宝一样，把那叶子尽力地往我估计的方向轻轻地戳。当我明显感到兔子的嘴巴咬住白菜的那一瞬间，我便会在心里不由自主地升腾出一种兴奋。我觉得那是一种母爱的泛滥，就像是把幼小的，要吃奶的孩子安稳地抱住。即使，喂兔子的我不能把这种兴奋当场用尖叫的方式发泄出来，可我还是会活跃地，像吃了兴奋剂一样地，使我的全身高频率地晃动起来。

　　有几次，我没忍住，不由自主地抓住我同桌的胳膊，雀跃而小声地说："诶诶诶，吃了它吃了诶。"可撞在了老师的眼神上，老师便说："你是在抽筋吗？你不搞学习，不要打扰别人搞学习！"老师话音刚落，同学们就哈哈大笑起来。同桌也接过老师的话茬儿，小声地说："不打扰不打扰，我也不搞学习。"于是，我和同桌意味深长地对视一下，也随大家一起笑了。

　　但是，白兔总吃一个月前带来的那个大白菜也不是办法，我们就想方设法为它改善伙食。开始，我们在食堂并不丰盛的饭菜中为兔子挑选了炒熟的胡萝卜片儿，兴冲冲地端着自己的饭碗到教室里，认真地把胡萝卜片挑出来。有几个性子急的同学，恨不得就让兔子就着自己的碗吃。可是，兔子对此并无太大兴趣。

　　不过好在我们班有个同学是我们政治老师的女儿，她每天中午都会回到离教室不过十分钟路程的家里，在家里吃午饭睡午觉。有一次，她发现自己家里的砧板上还有个没切完的胡萝卜头儿，便趁自己的父亲不注意，迅速把那胡萝卜头装进了校服口袋里。午饭吃完，就以写作业为幌子，不在家里睡午觉。转而，迫不及待地攥着口袋里的胡萝卜头，飞奔回了教室。

　　当蒂把泛了翠绿色的胡萝卜，以橙黄的、鲜艳的模样出现在白色兔子的三瓣嘴旁的时候，白兔一下子就用两只爪子抱住了它。脆生生地嚼了起来，那声音里溢满了汁水，是比咀嚼软耷耷的白菜叶声更加悦耳的啊。我们就这样听着兔子吃胡萝卜的声音，目不转睛地看着它吃。这简直比我们自己吃菜还高兴，甚至就像是我们自己吃到了人间美味一样。

　　自打那次后，我们政治老师的女儿给兔子带胡萝卜的重大行动就这样开始了。她开始关心起自家的菜谱，三天两头问自己的母亲，有没有胡萝卜。与此同时，还不能让自己的父亲有所怀疑。那兔子似乎也因为尝到了胡萝卜的鲜，而对白菜叶子兴趣不很大了。

　　有一次，政治老师的女儿回家吃午饭，先是在餐桌上吃到了胡萝卜，心下还兴奋，盘算着待会儿就去厨房拿胡萝卜头。可是，一到厨房却没在砧板上看到胡萝卜头。四下一看，只发现角落处有一个完整的胡萝卜。那胡萝卜很长，校服口袋不能完全遮住它。但是，她也顾不得那么多，把那胡萝卜装进口袋，再用袖子和手打掩护。找了最好的，经久耐用的理由——作业没完成。就不等她父亲再询问什么，侧着身子一溜烟儿地跑到了家门口。那装了胡萝卜的口袋离门最近，最先出门，却也让她的行为显得很不自然。

吃晚饭的时候，政治老师的女儿也是忐忑极了，她的母亲在餐桌上不住地嘀咕："哎？我今天中午到底是切了一个胡萝卜还是两个？我今天到底买了几个胡萝卜？一个？两个？"这细碎的话让政治老师的女儿不敢看政治老师的眼睛。政治老师也会朝女儿看几眼，并不言语。直到现在，我们也不知道，那时候的政治老师是否知道我们在教室里养了兔子。可我们总觉得他上课的眼神意味深长，像是知道什么，故意不说呢。可是，他明明在上课、考试的时候那么严厉的啊。

其实，这兔子在教室里不光是吃到了新鲜的胡萝卜，它还跟着我们"放风"，吃到了"新鲜出炉"的草。对于当时读高三的学生而言，上体育课就是相当于"犯人放风"。但却没有犯人放风那样有规律，有保证。虽说一周有两节体育课，可是很多时候都会被别的任课老师占去，真正能上到的体育课也没有几节，那真是"死里逃生"的珍贵的体育课哟。体育课也是自由活动课，一个班级的学生们在操场上排了队，老师一声令下"解散"，同学们也就能各自干各自的事儿去了。

课前排队的时候，那只兔子也跟着我们排队，它被放在同学衣服帽子里的。而那位帽子中被放了兔子的同学也就格外紧张了，老师站在队伍正前方的时候，她不能动。老师站在队伍侧面，踱着步子的时候，她要像个探照灯一样随老师而转动，这样体育老师才会看不见帽子里的白兔。并且帽子后面站着的同学要随时注意兔子的动向，绝不能让兔子摔下来。

总算解散后，兔子就会被我们放到学校操场旁边的一块长了杂草的地上，我们到底还是懂得节约，没让兔子吃操场上要钱的草皮。我们五六个同学在那杂草堆里围成一个圈儿，遮住不远处体育老师的视线，保护着那只兔子吃青草。兔子吃得肆意，我们也就高兴。兔子一边吃，我们就一边抚摸它。我们一边抚摸它，也一边聊天。某个男生好像对某个女生有意思，某个女生前不久又收到了礼物，谁的鞋子好看，谁的校服上面涂了鸦被教务处的人抓住了。当然，也会聊聊想考的大学，也会想想高考之后去哪里玩……这似乎什么都聊了，但好像也没聊什么。不过，很多时候，我们也会羡慕眼前正在津津有味的兔子，发出"如果我也是只兔子就好了"的感慨，到底这兔子不用写作业，不用考试，不用早上五点半就起床。它就是被我们养着，能吃能睡，什么都不用干，快活极了。

就这样的，在教室里养兔子的日子持续了三个月。最终，我们却因为作业、考试越来越多而不得不把它送走。

那天，下了晚自习，我在半透明的深蓝的月光下，从伙伴的手中郑重地接过装了兔子的方方正正的纸盒，下了保证："我的外婆一定会把它养好的。我外婆原来养过兔子，有经验！"于是，那天晚上，我就把那只兔子抱回了我自己的家。可是，那只搬离了教室的兔子显然是有些受惊，不太适应。它把身子立起来，两只前腿搭在盒子上，双耳竖起，显出很谨慎的样子，任何一点儿响动都会让它哆嗦一下。我在它的面前摆了一碗水和一个红苹果，但是它对此没什么兴趣。

见此，我在家里跟我的母亲交代了很久："你明天早上就把它抱到外婆家去，让她好好养啊！不要把它弄死了……"我母亲很好说话，满口答应。于是，这只兔子就去了我的外婆家。幸好，我妈妈每天都要去一趟外婆家，妈妈会经常用手机给兔子拍照、录像。每次下了晚自习，回到家里，我就会捧着手机看个半天，这可不仅是欣赏，还是新闻，是需要我第二天在伙伴中间播报的。

"昨儿兔子吃了莴笋叶。"

"那可好，在你家过小姐日子去了。"

"兔子又长大了。"

"不会变成大白兔——奶糖吧！"

"兔子竟然会吃我外婆掰给它的馒头。"

"你外婆竟然把它喂成了杂食动物！"

"昨天我妈妈给它喂了月饼，还给它起了名字。"

"叫什么？"

"小月饼。"

"小月饼吃月饼，哈哈。"

刚开始，这样的短新闻隔三岔五就会被我播报一次。这小月饼也真是魅力无限，虽然不在教室里，可我和伙伴们的心无时无刻不在挂念着它。但是，日子久了，我们渐渐地被沉重的课业压得不得不暂时忘却它。

一个月过去了，又一个月过去了。放了月假，我去了外婆家，大吃一惊，许久不见的兔子长大了！完全没有了以前玲珑的姿态，它似乎是"成熟"了许多，可爱的气质不见了。它在那绿色的菜叶子里也白得不那么耀眼了，一切都有些怪异，我有些慌。跟伙伴打了电话，便决定，把兔子接回教室，再做打算。

"天要下雨，娘要嫁人"，兔子也确实是要长大的啊！此时，兔子在那只紫蓝色的笼子里，已经很拥挤了，我们只得把它直接放进盒子。且它似乎在我外婆家吃了很多韭菜，周身都散发出一股并不好闻的韭菜味儿。而那个盒子也已经因为菜汁而有些发霉，发软，明显不像是放书本的盒子。

不仅如此，长大了的兔子劲儿也增了不少，扒拉起纸盒子来能发出较明显的声音，且它越来越不老实。上课的时候，伙伴们就会担心它跃出盒子。这只兔子的人气也没有以前的旺了，虽说也有同学来看看它，但话语间皆是无语甚至是嘲笑:"我的天,长这么大了,老了吧。""哎呀,咋成这样了!"不过两三天,在这样的压力和学业的压力下,伙伴对一切都已经招架不住,便又寻了一户人家,送走了小月饼。

小月饼被送到了原来买了它的同学的手中,虽说也不算是退礼,但也实在是无奈之举。事到如今,只能依靠那位同学的母亲了。因为,这位同学的母亲在学校附近陪读,过几天就要回乡下老家,这大兔子或许养在乡下比较合适。

就这样,小月饼就和我们断了联系。于是乎,伙伴新找了个放书的箱子,我们的书本也都归到原位。大家的课桌里不再有生白菜了,政治老师的女儿中午到教室里来的时候,也真是写作业,却不会再举着一根胡萝卜,或者胡萝卜头。上体育课的时候,不再有人有兴趣去那个长满野草的地方,甚至,也不会有同学故意在校服里面穿带帽子的衣服了,因为都不需要了。

种种的一切都有所改变,但似乎也没改变什么。课照样得上,书照样得背,卷子也是要继续写的。

不知过了多久,久得我们都快忘了那只兔子。一天,同学又重新带来了小月饼的消息:小月饼在乡下,被土狗咬死了。

对,咬死了。那只我们认为长得很大,爪子很有劲的兔子被狗咬死了,而我们都不在它的身边。我难以想象那只白色的小月饼被黑色的土狗咬死后,鲜红的血是怎样流的。它被我们赞许过的红眼睛是如何变成了灰色,它那个短短的绒球般的小尾巴在狗的牙缝间以怎样的姿态被粉碎。它那双薄的,在阳光下看得出粉血管的耳朵再也不会竖起,嘟嘟的三瓣嘴不能再脆生生地咀嚼任何一根胡萝卜。它那被我们抚摸过无数遍的白毛开始腐烂发霉。从来不叫唤的、安静的它,会因为疼痛而尖叫吗?那一瞬间,它是否会想到我们?我不知道,我只晓得我和同学们顾不得大哭一场,或是深深地伤心。我连看手机视频的时间也没有了。

高考之后,我和伙伴们到每个同学家里玩,也包括那个送兔子的同学的家里——那是死亡现场。可我们都没有提起那只小月饼，不是不愿意，而是连想都没想。我不知道这样的举动和感觉，是一件好事儿还是一件坏事儿。

而我，也只是在今天，突然想起那只兔子，谈不上什么具体的感觉。只是希望：写下的黑色文字是白兔的白。

灾难中的狗

我们的训练可不止这只活生生的兔子。兔子的观察结束后，我们进行的是狗的训练。

我给大家看了几张狗的照片，不是普通的狗，而是处于灾难中的狗的照片。一张是汶川大地震发生后，一只疲倦的狗趴卧在一间屋子里睡着了，它面前摆着两双少数民族穿的靴子。我们可以想象，那两双靴子的主人已经死去，狗就守着这两双靴子，等待着主人来穿它们。

另一张照片是在墓地，一条狗躺在长方形的石棺上。可以看出，这是一只特别忠诚的狗，猜测，它可能是因为主人下葬了，依旧守在墓地。

还有一张照片，是上海的一场大火过后，消防队员们正在紧张地救火，一条狗趴在街道上，它的身上盖着一条毛毯，光线昏暗，透出一种悲伤的气息。另一张照片也是上海的这场大火，一条狗焦急地站在人群前面，身上挂满了雨水，跟人一样向火灾现场张望着，它前面拉着警戒线。

要求是，充分观看这四张照片，选择一张，进行描写练习。

刘娜选的是火灾照片。

它从消防队水龙头迎面冲来的巨大水柱里跳了出来，身体经历了烧灼的焦痛感而到冰凉的水将它的皮毛淋湿的极大反差。被这凉水一激，它忽然回想起自己的主人还困在火海之中。于是它回头，可是原本只有灰黑的世界却只剩下了漆黑色，它的双眼在大火中烧伤致盲。耳边，嘈杂的脚步声一串又一串，大人小孩的呼喊声一声接一声。大火烧起来呼呼的声音，物品燃烧嗞啦的焦灼声让它感到无措。随着人流，它被隔离到路对面的人行道上。在它漆黑的世界里，它触到了曾经经常"光顾"的那棵树，于是它瞬间找准了家的方向。在这团红火又凶残的大火面前，它内心也像大火一样焦灼，一样忧虑。它夹紧了尾巴，竖起耳朵。漆黑色的世界里浮现出主人的面庞，它似乎听到了那熟悉的喘息声，它看到了它听到了，它嗖的一下蹿出了那警戒线。

她制造了一个非常紧张而热闹的火灾场景，聚焦在一只受伤的狗身上，通过它来写这场本不该发生的灾难。灾难中有时狗比人还要痛苦，看看那只焦急地等待的狗就知道，这个世界并不冷漠。

吴娅芬写的是那只汶川灾区的狗。

眼皮好沉，似是那块平时依着撒尿的土墙，四只鞋空落落地摆在那儿，五天？十天？头昏沉沉的，反正记不清了终究趴在地上，耻辱地四腿着地。瘪瘪的肚子朝着侧面。眼睛依旧在黑白的人群中搜寻那两个熟悉的身影。你们在哪儿？真的要抛弃？不，不会，你们的鞋还没有穿走，胶鞋的臭气还在不断扑打着鼻翼，可为什么看不到你们？那熟悉的气息也在一点点消失。

照片唤醒了温情。等待，对于人和狗都是不容易的。吴娅芬就用这些忧伤而沉重的文字写出了这种凝重感。她关心的是人与狗之间的真情，和等待所唤醒的期望。写得很好。

李媛写的是墓地上守候的狗。

一片绿绿的草地上，整齐排列着一个黑色的大理石墓碑。在其中一个放满鲜花的最显眼的墓碑上，一只全身白色的狗孤零零地躺在上面。身上的毛有些脏，看来已经守望了好些时日了。听说，这个墓属于一个战死的军人。还好，在他战死殉国后，他生前最爱的狗能一直守在他的碑旁，不离不弃。就像现在，这位忠诚的伙伴陪在已失去了灵魂的主人旁边，身上的白毛与身下黑色墓碑以及旁边的鲜花共同构成了一幅凄美的画，在默默地感动着人们。

依然复现了一幅伤感的画面。一条狗的主人离开了，是什么原因或许它并不知晓，可是，它就知道身下的墓碑中就有那位它曾经热爱着的人。李媛的描写很细，也充满了情感，很投入。

央金同样写了这只让人心疼的狗。

在这片杂草丛生的草地中央，一只白色的狗安静地躺在主人黑色的大理石墓碑上。它的四肢舒适地展开，大腿根部显露出一块淡褐色的暗斑，它静静地躺在那里，不发出丝毫响声，连呼吸甚至都变得轻微起来。它睁开眼，望着墓前那束鲜花，想象着主人如鲜花般灿烂的微笑。它闭上眼，回想着主人轻抚它的头，轻挠它的背，那关于主人的温柔的触感仿佛还萦绕在自己身上。它不相信主人死了，它忠诚地躺在那里，像是靠在主人身上，陪伴着主人直到自己生命的尽头。

看来这只狗给大家的触动很大，主人的灵魂已经进入天堂，他的墓碑就躺在那里。忠实的狗哪儿都不去，守卫在陵墓上。画面是安静的，给人的震撼却是巨大的。央金的那几句写得好："它睁开眼，望着墓前那束鲜花，想象着主人如鲜花般灿烂的微笑。它闭上眼，回想着主人轻抚它的头，轻挠它的背。"

张木铎写的是大火中的狗。

曾经繁华喧闹的街道此刻正在经受着大火的吞噬。路旁堆满了人，他们焦急地等待着亲人被成功营救，他们哭喊，他们流泪。可是你若低头一看，人群里藏了一只仿佛刚经历火灾的狗，它直直地站在大火前，被人群挤来挤去，直勾勾地望着主人的方向，流下焦急的泪水。它仿佛看到了和蔼可亲的主人奔跑在烈火中的画面，却依旧没有等到主人。深夜，火已经被扑灭，整条街都静下来了，它还在，坚信主人还会像往常一样将它抱在怀中，亲吻它的鼻子。

片段复现了灾难的可能现场，用想象构想了灾难中和灾难后的情景。最后一句还是挺打动人的。"坚信主人还会像往常一样将它抱在怀中，亲吻它的鼻子。"

谢勇写的是汶川大地震中的那条疲惫的狗。

汶川有户人家，养了条狗。家里小孩六七岁了，最喜欢逗那狗玩，常做的一件事情就是把自己的一双鞋套在狗的四条腿上，看它动不了站不稳的样子。可时间一久，那狗也就习惯了穿鞋，还能跑几步，踏得地面"咯噔咯噔"地响。那小孩也就时常带着穿鞋的狗到处跑，展示自己了不起的驯兽能力，狗也乐意跟着，各种笑与无节奏的踏地声就充满了一条条小巷。有天午后，全家都在睡梦中，狗也靠在两双鞋旁打瞌睡。此时，地面摇动起来，也就十几秒，整个家庭就被埋在瓦砾之下，等到救援队扒开瓦砾时，发现那一家人已经死了，狗却还活着，奄奄一息，却被砸得变了形，身下压着两双鞋子。身子一弓恰好抱住，把狗和鞋子一同运出来。等那狗渐渐康复些许，便天天围着两双鞋打转，时不时把腿伸进那鞋里，要人给它穿戴起来。还总是往回跑，像是在找过去的巷子。

他的想象丰富而且情节化，他在试图还原灾难到来前的幸福场景，而这个被谢勇描绘的幸福场景却突然在一个中午结束了。这是一个十分伤感的段落，很生动鲜活，也很让人心动。

佟伟的作品很独特，还给自己的作品起了名字《独白》。

独 白

"主人，你在哪里？"

"虽然，之前几个穿着卡其布衣服的奇怪的人流着泪跟我说，我身下这块冰冷的石板下面就是你，但我仍然无法相信。"

"我不相信一个健壮，有爱心，偶尔喝点威士忌的人会变成这块石板下的一盆灰土。那灰土看上去那么羸弱，那么冷淡。我一个喷嚏会将它吹散，我对它的呼唤永远得不到回应。"

"我仍然记得你离开家时对我说你热爱你的国家，但你讨厌战争。"

"哦，战争是什么，国家又是什么？当时我没有听懂，只是认为你要出一趟远门，并且无法带着我们。"

"但是现在，我想也许战争是将你变成一撮灰土的凶手，国家是你甘愿受战争摆布的原因。"

"好吧，虽然仍然不是很明白，但我想我痛恨战争，因为是他让你成了现在的样子——我不喜欢的样子。"

"石板前的花朵的香气有些刺鼻，但是透过它我依稀能分辨出你身体的气息。我们狗的世界里，当我决定要离开这个世界时，我不会以这么一堆毫无意义的灰土的形式离开。也许你也一样，只是身体被火药与钢铁共同施放的魔法改变了形象，但你的灵魂仍然与我在一起。"

"既然这样，那我会等待，走到你像以前一样用真实的，带着体温的手臂抱着我，或者到我决定离开这个世界，用灵魂与你相聚。"

对话，让人更感震撼而伤痛。他写的是墓碑下的灵魂。和谢勇一样他试图用场景的方式来还原事件，他的文字让人感到震惊。对话还有回忆性的内容。站在一条狗的角度看战争与人，这是不错的思路。

流浪猫

北艺院子里的流浪猫是一定要写的，这个任务想留给他们在课后做。

许多作家都写过猫，有的是不断地在作品里写到猫，有的直接以猫为主角写猫。比如老舍就写过《猫城记》那个非凡想象的作品。马克·吐温的《迪克·贝克和他的猫》、爱伦坡的《黑猫》、巴尔扎克的《一只英国猫的苦恼》，日本作家夏目漱石写过《我是猫》，德国作家君特·格拉斯写过《猫与鼠》。大诗人艾略特在 1939 年还写过一本关于猫的诗集《老负鼠的猫经》，1981 年由作曲家安德鲁·韦伯谱曲，制作成百老汇最成功的音乐剧之一《猫》，风靡全世界。

很多作家与猫都有着非同一般的关系。他们观察猫，写猫，与猫生活在一起。美国作家海明威给自己有六个脚趾的猫取名"雪球"。法国作家萨特的猫叫"虚无"（Nothing），他认为"所有的猫都是存在主义者"。写过《疯癫与文明》的福柯把他的猫叫"疯癫"（Insanity）。村上春树的两只猫一只叫索玛，一只叫阿扬。

我特别推荐了英国大作家麦克尤恩的短篇小说《猫》。那篇作品写得很绝。

《猫》描述的是一个 10 岁半的小男孩彼得在冬天里不愿意从被窝里爬出来去上学，他羡慕家里的那只叫威廉的老猫。老猫可以不按照起床——吃饭——上学这样的毫无变化的节奏过日子，它可以想怎么着就怎么着。其实威廉猫也在羡慕那个彼得男孩，它羡慕他的年轻。

因为威廉已经老了，老得让这只昔日的猫王被其他的猫欺侮却没有还手的力气了，老得不能再打架了，更不能再自豪地捍卫自己的地盘。邻居有一只年轻的公猫占据了院子，老威廉对此却无能为力。有时，那只年轻的公猫从彼得家门上的猫洞钻进他们家的厨房，大摇大摆地去吃威廉的食物，威廉也只能无可奈何地看着。可是，要知道，仅仅在几年之前，没有哪个脑子清醒的猫胆敢往这儿的草坪上踏上一只爪子。它多么希望自己能像小男孩一样的灵活，跟那些侵占它地盘的狂妄的猫们打上一架，出出气呢。

事情在一个安静的周二傍晚发生了变化。老猫威廉引导着彼得打开了自己的身体，让灵魂跑了出来。而那个猫的灵魂飘到彼得的身后也打开了彼得的身体，将彼得的灵魂放了出来。然后，猫的灵魂钻进彼得的身体，彼得的灵魂进入到了猫的体内，他们交换了灵魂。于是，第二天，他们各自去扮演对方的角色：装着猫灵魂的彼得肉体去上学了，那仅仅是彼得的肉体而已，而装着彼得灵魂的猫也要去巡视自己的地盘了，虽然外表看上去依然是那只老猫，但灵魂与精神却是彼得的。老猫报了仇、彼得得到了一次神奇的历险。

同学们对这篇小说充满着好奇，我觉得会给他们带来创作的灵感。

课外训练

1. 以"灾难""动物""人"为关键词写一篇作品。

2. 写四篇小动物的片段练习。

3. 以流浪猫为主题，创作一篇作品。

被肢解的人体

训练内容：人的观察

1. 手的观察描写

2. 眼睛的观察描写

3. 脸的观察描写

风大，天寒。真冷！幸亏有厚厚的羽绒服。

跑到教学楼时，就想，下次上课要是这么冷，计划就要改变。

下次？对，我的设计是，下次要带同学们到街上观察那些乞丐。如果他们愿意也可以随意采访。观察人物的练习不能总坐在教室里看 PPT 上的照片，要有真的人物在眼前，要有行为，有偶然性，要有突发事件，要有真实的现场。教室里提供不了足够的观察环境，也不能使他们真正地感受复杂的真实。但，要是像今天这样刮起大风，天又冷，可能就成行不了。倒不是怕学生们冻着，怕的是那些乞丐们不出来，看不到他们当然也可以使用预案，就是让他们观察行人、报亭的卖报人。理想的状态就是在设计中出现的人都该在那天出来。

教室的电脑又出了点问题，鼓捣了一会儿就好了。同学们帮我把设备调试停当就开始了热身故事讲述。由课代表佟伟主持。

热身故事

佟伟想动员同学们先讲，问谁先讲，大家都看着他，他有些不好意思了，就说，那就我先讲吧。于是他先讲了自己的故事。

他讲的是有一次去打球，路过一个荒僻的地方，看见几只布谷鸟在草丛上捉虫子。这时就看见两只猫悄悄地接近布谷鸟，它们离那只鸟越来越近，越来越轻。我这才明白，猫在捕食的时候是任何声音都不发出来的，像幽灵一样。我就盯着看，两只猫的颜色都不太好看，灰灰的，身体很瘦，但很轻巧。在离布谷鸟有五六米的地方，一只猫突然跃起扑向鸟，布谷鸟惊恐地飞起。不过已经晚了，只跃起不到半米高，猫一伸爪子就把鸟的翅膀给抓住，把鸟薅了下来。布谷鸟奋力挣扎，挣脱了，另一只猫又扑上去，把鸟抓住了，猫和鸟折腾了几番才结束这场战斗。猫胜了。布谷鸟死前不是发出那种"布谷布谷"的声音，而是凄惨的"叽叽叽"的声音。猫在这个过程中一直就没有什么声音，一只爪子按着鸟，嘴咬住鸟的脖子。过了一两分钟布谷鸟不动了，猫才开始吃它。两只猫中，一只猫捕猎这只鸟，另一只在一旁看着，并警觉地盯着我。那只捕猎的猫把鸟咬死后开始吃，吃得一脸血，很脏。它吃完了，那只放哨的猫才过去吃。其实猫也吃不了多少东西，把鸟开膛破肚之后，只是把那些柔软的东西吃了，那些骨架根本就不吃。布谷鸟死得很惨。这是我第一次看到捕猎与被捕猎的场景。

谢勇讲的是小时候过年，跟两个哥哥去放爆竹。对面四楼上有两个孩子朝我们扔东西，开始扔的是两头大蒜，后来扔下来爆竹炸了，把我二哥吓得够呛，我大哥就说要教训教训他们。我们的鞭炮是那种挺长的，有四十多发的，我们一人拿一个对着小孩打，还打中了，小孩就往家里跑。我大哥一看，小孩肯定回家去叫大人去了，就告诉我们跑，我们就跑了。可是，我二哥还在那儿打，这时，人家的家长出来了，就看到了我二哥。我二哥这才跑，我们都是往别处跑，他却往自己楼里跑，被人家大人给抓住了，骂了一顿。我二哥觉得自己特别委屈，认为我和大哥不够意思，把他甩了。我大哥不哄他，给他爆竹放，给他窜天猴放。可是，他把窜天猴给放歪了，打向我们，我们就跑。后来就再也不敢放了。

张木铎讲自己艺考之后想逃课。他和自己的同学观察班主任一般都是一三五值班，就利用他不在的时候逃课……

一边听他们讲故事，一边想，他们现在还没有到山穷水尽的时候，他们还能讲出生活积累中那些留下印象的事，等到了他们不得不去编故事的时候他们可能才真正进入创造故事的习惯中。

等他们的故事讲完了，我也讲了一个故事，是北艺一位大画家的后悔之事。

有位大画家已经七十多岁了，三十年前与他相识，前日在散步的时候与他相遇。聊天问候，在嗟吁慨叹时光流逝时，就讲到了他比较后悔的一件事。他说，他有一次带着学生们去农村写生，他们在傍晚的时候坐着大巴车行驶，汽车迎着火红的落日走。灿烂的晚霞让大画家激动不已，迅速拿出画笔就在车上作画，他投入地画完了那张后来引起很大影响的作品《落日》。但是，他画完之后发现，他的那些学生们却对满天彩霞无动于衷，视而不见，学生们的漠然冰冷使他感到十分惊讶，他当场就怒斥学生们的麻木愚钝。他说，作为一个艺术家，你们怎么能对这样的自然没有感觉呢？你们为什么不激动，你们哪怕盯着看它们一会儿也好啊。你们居然低着头玩着手机，互相闲聊，闭目养神，你们对摆在你们面前的美不去感受与触摸，这样你们怎么能成为艺术家呢？

后来，大画家跟我说，当时他很生气，也很不理智。他说，现在想起来，学生们没有养成一种对生活对艺术的本能感知习惯，原因有学生的，但更重要的责任在于老师，我们是无法摆脱干系的。是我们这些做老师的没有告诉他们如何感受生活与生命，如何养成一种对生活与周围的敏感性，没有养成良好的感受习惯。

我们也一样，其实，文学创作训练的重要目的就是让大家养成一种对事物敏感的捕捉与感受的习惯，看到什么都有一种想把其写到作品中的冲动，这才是训练的主要目的。那些作业当然是重要的，其目的也是在每天的练习中养成一种捕捉生活的敏感度与习惯性。

习惯是一种自觉的下意识的行为，而自觉的行为是由主动性造成的。也就是说，你得愿意做，并且以此为乐，才可能养成习惯。如果每次观察写作都是一种很不情愿，甚至是被迫的，挤压出来的，那就不可能产生良好的效果。

我在前面写到过："要说，这次课我的最大收获，还不是学员们表现出得越来越优秀的文字能力，而是我看到了他们的笑容。"看到同学们的笑容，说明他们在这种训练中得到了乐趣，这样的训练吸引了他们，让他们觉得快乐。由快乐就可能让他们爱上这种训练，由爱而引发他们持久的兴趣，进而会让他们在观察与练习中养成良好的习惯。

热爱是最好的老师。笑脸、乐趣、习惯，这就是简单的职业养成的过程。

如果在做一件事的过程中都是愁眉苦脸的难受表情，这事儿大体上可以断定很难做漂亮，也很难做好，更不用说养成所谓的习惯。不能从所做的事情中获得快感，在愁眉苦脸中去做，就不可能做好。一个以此为乐的人更能够从做事的过程中获得快感，从做事的快感中才可能激发其创造力。虽然有时形势与逼迫也可能产生灵感，但自发的和主动的行为让事情变得更漂亮。

我说，你们现在已经进入角色，进入到一种习惯养成的阶段，这一点是我很高兴的。昨天文学院开教学例会，总结前一段工作，征求我的意见，我说，我要特别表扬正在受训的创意写作班的学员，他们的状态非常好，跟着我的设计进入很快，都积极主动，并以此为乐，形势很好。

一方面，我对你们主动地跟随着我的节奏进入状态，进步很快而高兴；另一方面，我却在为你们的师哥师姐们担心。特别是某一届学生，从这次期中考试的作品中就明显地感觉到他们的被动处境。他们并不是以创作为乐，而是以此为自己的义务，是"例行公事"似的创作，这样的状态造成了他们不能积极主动地去写，积极主动地去发现可写的题材。写作这件事让他们感受到的不是快乐，可能是一种"不得不"的被动而为。指望在这种状态下出现有趣的、有价值的东西比较难。

我想，这可能与他们已经熟悉了大学的校园生活，大一那种好奇与激情慢慢消减有关。有的人到了大二，特别是大二的下学期便开始想其他的事，比如恋爱、玩儿、到社会上去混，这些都会影响到状态，使他们不能专一地对待创作。懈怠被动，写作成为一种累赘。

我想提醒在座的各位好学生们，你们也会面临着这样一个时刻，这也不全是你们的原因，这与心理成长和人的天性有关。我希望各位不仅是感觉世界的能手，也是理性世界的智者。你们要自己把握自己的生活，自己控制自己的情绪和心理，度过大二那段情绪低潮期。虽然你们还没有到大二，可是，现在给你们打预防针也不算早。

手

我们开始进入到"人"的观察训练。老话说，文学就是人学，文学创作的核心是人，是围绕着人来写，围绕着人来设计情节的。即使动物小说也都是从人可以理解的角度进行创作的。因此，对于人的观察训练尤其重要。

人的观察方法有多种，但总的来说，是从人的具体细部去捕捉人的本质。我们把人"分割"开来，从一个个的局部来观察写作。

先进行手部的观察训练。莫言写过一篇比较有意思的小说《手》，他从手这一人体局部写人性：

她伸出一只手，让我们轮流握过，然后幽幽地说："我的手，原来很好看的。我的手好看的时候，连我自己都看不够。那时候没有手套，村子里的人谁也没有手套。我用羊毛线给自己织了一副。我的男人很生气，说，你的手，有那么娇贵吗？他把我的手套扔到火塘里烧了。但很快我就又织了一副。我对他说，如果你把这副烧了，我就会离开你。"

"我的手，是全世界最好看的手，这不是我自吹，这是马司令说的。马司令有很多女人，见过很多女人的手，他的话有分量，你们应该相信。我五十多岁时，身上的皮肤都起了皱，变粗了，变柴了，但我的手还是那样细嫩，村子里那些大闺女的手，摸起来也不如我的手好。我丈夫后来到山外边当了官，折腾得不行了，回来找我，我摸摸他，他就好了。他嘴巴碎，出去胡乱说，就传开了。他带着一个比他大很多级的官来找我摸，我不摸。丈夫打我。我说，你杀了我我也不摸。他摇摇头，说，你是对的，我们不摸，如果你摸了，我就是畜生了。于是他就辞官回了家，一直到死也没离开……"

俄国作家尤莉娅·基辛娜写过一篇《立陶宛的手》，通过手来写战争的残酷。作品描写的是那些在市场上通过贩卖战争中死者的手来维持生活的人们的生存状态。作品并没有直接谴责什么，就是写那些推销死者手的商贩们如何推销手：

我来到一个女贩跟前，她坐在木箱子上，卖女人的手。手安装在木板上，手腕上精心绣着一颗心，心上有一个十字架。

"买吧，这是立陶宛的手，是我亲自制作，绣出的，她在教堂祝圣过。姑娘，便宜一点卖给你，总共十五卢布。"她说。

我们的第一个训练项目也是观察并描写手。

PPT 上展示了一组手的照片，第一只手是一个成年人的手里轻轻地握着一只婴儿的手。那只小手在那只大手的衬托下，显得如此纯洁而细嫩。这张照片是一张黑白片。第二张照片是那只婴儿手的正反两面的彩色照片，那种饱满的、光滑的、嫩嫩的皮肤色彩更加鲜明，会让人浮想联翩。第三双手是一个少年的手，洁白中露出了力量感，能够从手的肤色中感觉到手的主人在向独立不依他的那种时刻发育。第四双手是一个老年人的手，粗糙、皲裂，皱纹纵横，手旁立着一只拐棍。第五双手还是一个老年人的手，依旧是粗糙的，皱纹纵横的，手很脏，布满了泥土，手旁是一个装着野菜的篮子，野菜上放着一把剪刀，那双手正在劳作。

要求有两个：一是任选一只手进行观察描写。二是婴儿、少年、成年、老年四个不同时期的手放在一起进行联想，以"一生"为主题，创作一篇作品。第二个任务是在课外完成的。第一个在课堂上进行。

同学们专注地看着屏幕上的那些照片，他们正在选择与推测着自己描写的对象。

如果我是一位心理学家，会在同学们对手的选择上推测出这位同学的心理活动、他的家庭背景、他的成长，甚至他的性格来。我们这个练习只是一个训练，我们暂且把对同学们的心理分析抛在一旁，看看这些文字我们就会明显地感受到他们对于手的描写的那种独特的发现。

因为我们今天要完成的训练项目是三项，因此，没有时间让他们去朗读他们的作品。所以，当我回到自己的书房去看他们在课堂上写下的这些练习的时候，我读得也很新奇。

第一篇作品是央金的。我刚读过她写的课外作业的一篇稿子，觉得不错，再看这篇课堂内的练习也觉得沿袭了她一贯的风格。

两张深褐色的树皮包裹着消瘦的骨头，伪装成一双手的模样。之所以说是伪装，是因为我不敢相信这双看起来将要枯死的手，会真的长在哪个历经磨难的老妇人的手腕上。那突起来的关节、变形的手指，隔着一层皮都能看到的骨骼不知被多少时光打磨得粗糙的皮肤，像是蒙上层层尘土的肤色，这是一双将要离世之人的手啊！这手好像躺在病床上的姥爷，向我伸出的那只手啊。一样的肤色、一样的枯瘦、一样的将要离世。任凭我在他手上滴落多少泪水也湿润不了那即将离别的干涸的生命。

她的描写总和自己的记忆联系着，而在她的记忆里，爷爷、奶奶这辈人是她常常想起的主要对象。她写的这双老妇人的手，是我在 PPT 上展示的那双最老的手。她的描写很准确，同时，把这双手与自己长辈的手联系起来，进行对比，让人感觉到的不仅是手的沧桑与人世的无常，还有那些流动在文字中的亲情与怀念。央金是一个念家的人。很感人。

张木铎的文字也同时写到了祖辈。

八十岁时手将会变成什么样子？我盯着自己细嫩的手想着，脑海里浮现出奶奶的那双饱含沧桑的手。奶奶的手胖嘟嘟的，但早已失去曾经的光滑细腻，无数根纵横交错的纹路像刀割似的藏在奶奶的手上。记忆中奶奶的手总是蜷着的，像时刻握着个热乎乎的鸡蛋。她的手指关节肿得像充了气，因关节炎的折磨变得弯曲，似乎像个佝偻的老头儿。她的手仿佛就在我眼前，深埋在手纹里的黑垢，变形的笨拙的指头，厚厚的残缺的指甲盖……它们都存在于那双劳动了八十年的奶奶的手上。

　　她写到的是奶奶那双胖嘟嘟的手。这双手写得很细腻，那双变了形，带着岁月痕迹的手，给她留下如此清晰而深刻的印象。她写它，就像写自己的手。她熟悉它，这正是一种亲情与真情的流露。

　　离现实比较近的描写是刘娜。她写的是一双婴儿的手。

　　当我轻轻地走近，缓缓地掀开他的小薄被子，一只蜷起来胖乎乎的小手，搭在他的胸前。我轻轻地拿起来，放到掌心捏了捏，那藕节一般的胳膊和手指关节处挤出了褶子，摸起来那皮肤如同牛奶般的光滑，又如膏脂般的柔嫩，肤色白得几乎透明。他手指自然弯曲合拢，粉红的指甲盖，小葱般白细的手指，让我忍不住想要握住。我拿起他的小手贴在我的脸颊上，似乎突然间就感到自己浸泡在了牛乳般的细滑柔嫩中。

　　这双手似乎攥在她的手里，写得很真切细腻。她用全身心感受着一双婴儿嫩滑湿润的手，用了全身的爱意来理解这双手，很让人感动。

　　李媛也喜欢那双婴儿的手。

　　这是一双婴儿的手，很明显，一双刚成型的手。浑圆粉藕似的手臂下端，连接着一双白白嫩嫩的，肉嘟嘟的小胖手，四指微微曲着，总感觉伸不直似的，又不忍心扳开那小手，生怕稍微一用力就断了。两只小手就如同两个小肉球一样，上面还有四个小坑，像极了一个小馒头上点了四个点似的。这让我不禁想起了邻居家的小婴儿来。那个小家伙拥有一双软软的，嫩嫩的，像奶油蛋糕的小胖手。而且他总爱把小手攥成拳头整个塞进嘴里，估计是面对这样诱人的"美味"自己也忍不住想要咬一口了。

她的描写与刘娜不同，她写得客观。从外形写起，写到她的推测，总感觉伸不直，想掰开又怕掰坏，爱意自然地流露出来。女孩天生的母性从这样的文字里已经流露出来。

佟伟从男性的视角来看那双婴儿的手。

投影在我面前的那双婴儿的小手，吸引了我的注意。周围都陷在黑暗中，唯一的光源从正面打来，让人觉得也许这是发生在母体子宫里的一幕，仅仅隔着一些脆弱的皮脂和隔膜，婴儿与外界完美地隔绝了。他被浸泡在温暖的羊水里，靠着脐带汲取营养。这双小手还未曾在外面的世界存在过哪怕一秒，它是那么纯净，那么充满生机。自然蜷握的手指上的指甲反射出晶莹的光芒。伸直的双臂似乎想拥抱什么。富于想象的作家也许会认为他在渴望拥抱外面的世界。

而我想得却恰恰相反。古人有胎狱之说，婴儿在母体中的十月是受苦的过程，试想，母亲稍一动作，子宫便如翻江倒海。母亲的每一点情绪波动，紧张，抑或是愤怒，在婴儿的世界里都会是暴风骤雨，岩浆火海倾泻在婴儿毫无保护的身体上，这伸直的双臂是对解脱的渴望。

他把这双手推到了原始状态，他描写的是这双手在子宫里的情景。在一个与世隔绝的地方，这双手会怎样？写它的是纯之又纯的生存与成长。他还用了"胎狱"的古训来写这双手其实也经历了无数的磨难逐步成型，逐步完善的。写得好。

吴娅芬这样写那只中年人的手，那只手手心朝上，向前伸出。

"来吧。"他站在一片迷雾之中，黑色的长袍包住身体，唯独露出那只伸向我的左手。我小心翼翼地将指尖探入他的掌心上，一股温暖的能量似电流般穿过我的身体，我惊异地看向他，渐渐大胆地将右手手心贴了上去。他那厚实的手掌足足是我的两倍，嫩嫩的，软软的，像是雪花牛肉的大切片的口感。略带潮湿的手心，像提溜的一堆呈现五指状的嫩肉。我的手分开着，在上面转了个圈，指尖轻松地穿过他的指缝，十指扣合，没有一丝负重的感觉，唯像被一层丝棉包裹，轻盈而带着温度。

谢勇创作了一段故事，写得很有意思。

又和家里吵架了。成绩，报考还是这些俗套到不能再俗套的事情。父母的所谓心血，所谓渴望都不过是其一厢情愿而已。我只得再一次离开家，到没人认识我的地方去。两天后的夜晚，身上的钱花光了，一天水米未进。回家？没那个勇气。晚风冷冷的，透着十五的月亮格外发凉。我靠了墙角坐下，心里盘算着今晚的去留。月光下有人走过来，起初未在意，走得近了才发现是父亲。我愕然了，不知道该走该留，身上却已然没有站起来的气力。父亲不算高大，不过他有双大手，儿时常抚弄我的脸，温暖、厚实。他走得再近些，又一次把手伸到我面前，我借了月光看，那手确乎有着敞亮的光泽，指肚鼓鼓的，发软，映出鲜明的血色来。虎口处的皮肤已然发皱，显出一二个小圆斑，是磨出的老茧，与指肚的光泽比起来黯淡许多，幽幽的凸起如同要塞的地堡。手掌上的纹路细细如同猫须，痒痒的，如今看时却显得那么深邃，并且纹路比先前密集得多了。越向外，纹路也越短越浅。我最爱看他手腕处凸出来的关节，平滑结实，一如过往，显出那手的粗壮来。

他写的是那双中年人的手，这双手可能引发了谢勇的某种回忆，或情感的波动。这是不是他亲身经历的一幕不得而知，但这段描写却是相当生动。对父亲那双手的描写充满着爱，细腻得出乎意料，这是不是又让我们隐约地感受到谢勇所描述的这段与他经历的某种契合？

一　生

接下来的训练课提供了两组照片，一组照片是普通人的手：婴儿、少年、成年、老年的手。另一组是一组军人的手：新兵训练时的手，救灾时几双在泥浆里挖掘的手，还有几双女兵被冻出冻疮的手，还有一双很脏的士兵的手。

第一组照片是一个人四个不同时期的手。从一个人在不同时期的手可以看到他的一生，人的一生就是这样度过的。它是人的指纹与生命的微观表现。我请同学们根据这四个不同时期的手来描写"一生"这个主题。

第二组照片与第一组性质是一样的。一个人从走入军营时那双手就带着故事，入伍、救灾、成长。不同时间、不同地点、不同的军旅生涯。四双手，也是一个人军旅生涯的历程，我请同学们作为一个选项来选作这个题目。而且，我告诉他们，这个选题我曾在一次会议上讲过，有一个杂志社的编辑就特别感兴趣。她说，这组"军旅"主题的文章，杂志很感兴趣，想登一组，也是非常有创意的文章。但是，我对同学们说，我并不强迫大家来写这组能发的文章，而是希望把前一组写好，而"军旅"这一组可以作为选择备用。

我还特别强调，如果有同学感兴趣，两组都可以写，也是非常有意思的写作训练。大家都有跃跃欲试的感觉。

后来，这个主题被写成了完整的作品，有小说有散文。8个人写了近两万字，限于篇幅，我们这里只选择其中的一篇。

擎

何小荷的手要不会动了。

她龇牙咧嘴地从热水里拎出肿得像馒头一样的手，塌扁的水泡冻疮在肆意扩散，钻心的痛楚在咯咯作响。手背高耸像两块通红的驼峰，除了被磕青的瘀血，还红波掠掠。那被何小荷专业性的医者双眼一看便识——那是密密的水肿性红斑。在这个让她的鼻毛都能结霜的北山，用南方的碧池暖水灌洗而出的何小荷，把日子过得不无纠结。

何小荷是一名年轻的军医，在对雪乡充满梦幻与想象的年纪来到祖国大兴安岭参加任务。飞雪劲松，晨霜雾凇的古典美意她没有感到，取而代之的只是让她忽忽如狂的冷，冷得她的手脚此时已彻骨麻木。

屋顶的小黄灯泡蜷缩着倒悬，何小荷在点名结束的入睡前夕，先仔细整理好医药箱，然后满足地把脚伸进冷硬的军被里，细细的胳膊从前运包里够出一本厚书，这是她的再一次赴约。无论是在学校，在任务地，还是在寒冷的北方，她总喜欢寂静的深夜，在无人旁观打扰的时候，与她的挚友在书里相见，然后再去往梦里，看她，听她，望她，永无止境地念她。

书页在静谧的空气中姗姗而动，何小荷在朦朦胧胧的睡眼里感觉似幻似真。小灯泡在值班员也发抖的哨音里迅捷而灭。

何小荷恍恍惚惚，终于看到了她。在章节的余温里，好似是在她日日都能见到的漫天风雪的催扬下，她瘦黄尖尖的脸埋在雪里，沙沙的散雪边缘露着浅蓝色的八角野战帽，和细颈旁两枚红红的领章，在静白的雪上就像丹顶鹤头顶的朱红。淡蓝色的军帽被雪浣洗得澄澈而透远，她就像一只碧蓝天空下孑立的小丹顶鹤。

何小荷就叫她小鹤，是在叫一个无比亲密的朋友。何小荷常常羡慕地看着她，小鹤是多么天生丽质，她因饥饿而塌陷的双颊勾勒出她近乎完美的脸型，笑容于军帽下熠熠生辉，被严寒凝固的小鼻子在巴掌脸里翘翘的，睫毛像刚出鞘的冰凌，晶晶然遮于雪亮的双眸，肌白若腊雪，被厉风磨得透明。

她看见小鹤用颤抖的细臂杵地站起，那双手从雪地里拔起的时候，片片冰雪敷在她的伤口上，血与雪掺揉。凉意止住血流，苦难压抑创痛。

何小荷的目光在小鹤的手上定住，她开始在梦里驰思。想起了自己的那双手，不过不是今日的手，独自的疮口不足以让"久经沙场"的她触目惊心。去年的初夏，她在军用卡车的车斗里摇摇晃晃，短发油腻而蓬乱，眼神黯淡，像每一位调往灾区战友的眼神。抬起一只手接住疲惫的目光，五指轻瘦，无力地散下垂着，手掌上铺着一层土与灰。其间是被砾石戳出的口子，掌上的血痕仍未干，除了有她自己的，还有伤者的，有她的战友们的。只因军医一双手在受灾现场，四处沾染悲哀的生命，于支离的血伤中奔忙。她的血在她的手上，和群众与战友们的血，一起相流相覆。医者手上常沾的鲜血让她在某种意义里，与灾民和战友能时时血脉相通。让她在此时抬起这只沾血的手时，有必然的心痛。

记忆模糊迷离，何小荷很快又把目光投向小鹤。雪实在是大，在她还没有看清她的脸时，何小荷想，如此动人的小鹤若是生于现世，岂不是倾国倾城，笑靥如画吗？可这一念想在她今日看到小鹤时把她的心重重一击，因为当她从雪里抬起那张熟悉的脸庞时，何小荷清晰地看到，她的脸流血了！

她的脸上不知何时被冰砾沙石磨刺出了细长的口子，零零落落，撕扯在她的脸上，飘洒于她的容颜。又或者，这样的伤痛日日都有，只不过是由撕心裂肺的隐痛染至面容，被这个生于当代社会的何小荷敏感察觉，并在心上为她而痛。站起的小鹤只有疲惫，从最深处的心脏跃跳，起伏的胸膛和呼动的气喉里纯然而生的一种疲惫。沧桑的疲惫，至极的疲惫，却奇迹般永不绝望的疲惫。

小鹤在狂雪中站定后，开始疯狂地在苍茫的白色里寻找着她的战友，寻找着能在她眼里闪出光来的红领章。鲜红的领章无论在哪里都一如既往的灼灼，在软湿的草地上，在凛怖的悬崖边，在风里，在此时肆意震荡奔洒的暴雪里。刚才是敌人的炮击轰然而过，是又一场生死的拼搏。小鹤仍头脑昏昏，她踉跄在无垠的白漠。饥与寒，这两种为一个当代大学生所闻之色变的苦难，在与他们同龄的女红军战士身上，正前所未有地激烈上演。

何小荷的心跟着揪着，她不可阻挡地热血翻涌。她一直看着小鹤忍痛行走，直到她们的队伍又踏上了征程。千磨万击的顿挫之后，这支队伍犹如朝阳，永远地聚集精神气魄而昂扬前行。这一点，与她们能心心相通的何小荷必信不渝。

小鹤又往前走了，只是在那场轰炸之后，队伍里的伤员又再次增多，小鹤和女战友们熟练地从紧缺的药箱里翻取，上药，包扎……进行着，何小荷无比熟稔的动作，无论是在她与小鹤的交会里，还是在学校的理论课与实践上，那些在教员们惊心动魄的描述里，于枪林弹雨、血肉横飞中悲壮的一门课程，在此时的何小荷眼里无比真实。

何小荷的心与小鹤的心紧紧连着，但她渐渐看不清她了，眼前只有混沌的雪雾和连绵的雪山，耳边只有尖啸的冰风和渺渺的红旗呼卷。何小荷必须用她与小鹤的心犀相通去寻找她，直到她把目光锁定在了天地间一个红点上，她看见一行碧线于冰崖峭壁间蜿蜒而上，小小的小鹤是其中一个。

何小荷一辈子也忘不了小鹤当时的样子，她双膝跪在坚硬的冻雪上，一步一步，以让何小荷能潸然落泪的方式，通红的手腕抬着担架的前端，稚嫩的血肉淋漓，剐蹭在无情的山路上，一路鲜雪绽红，小鹤的双膝白骨若隐若现。她的口里咬着掩饰不住的低呻，被心痛的何小荷尽然捕捉，梦中的眼早已泪水涔涔而不清。何小荷兀自心疼，血丝与雪丝绞然相牵，一片茫茫。

队宿舍外银雪飘扬，和往常一模一样，入梦的何小荷已觉悲上心头，小鹤鲜血的殷红混着刺白的雪幕给她震撼的冲击。她就这样默默无言，对小鹤的钦佩与心痛是两种复杂交织的情感，肉体的刚强超越她的年龄，她瞬时认为小鹤是多么伟大的人，是让她多么骄傲的朋友！

直到何小荷看到接下的一幕。

在凄险的山路上，和何小荷一样痛之的，还有那简陋担架上奄奄一息的伤员。他们面对战友们，也是姑娘们鲜血淋漓的膝盖，谁都不能不触目惊心。少年们朴素单纯的心在这一刻是无论如何也不能忍受了。于是，风继续野，雪继续狂，担架上年轻的战士们，带着一身何小荷无法想象的烈伤，在血腥味儿和游丝般的呼吸里，用最后的温情与留恋，携着对小鹤们和对信仰的炽火热爱，从深渊的上空，翻身而下。

何小荷目睹壮烈，小鹤感到腕间凄然一轻，热泪滚滚而出。

无愕然，无疑惊，小鹤的眼神在那一秒空澈如镜，渺远如空。她的一路所忧，在那猝不及防的一轻里，闸放了千丈河，让她在心海里撕心裂肺地悲鸣，在风雪中痛哭失声。

何小荷毕竟还是一个旁观者，她不是小鹤，不是淬炼后的红军战士，不能在瞬间熟悉并习惯这种比火还烈的被救与相救。一切的帧帧幕幕就像火焰，何小荷凭着这烈火的光热感受力量，而小鹤就生在火中。

起床的号声在微光出现的时分吹响。何小荷睁开双眼，手边一本《长征》书页微掀，她把双掌覆于温热的床单上，远离血腥与悲哀，踏踏实实。这种感觉让她在号声里再次泪目。

这号声意味着又一天新的工作生活。何小荷迅速爬下了床，用军人的手扎好迷彩服的裤腿，系紧作战靴的鞋带，拉上大衣拉链，她从未如此感到光荣与神圣。她早已记不清与小鹤有过多少次梦中相遇，这让她在随军拉练的树林里，想起小鹤迈动的双脚而继续咬牙；让她在理发店被剪下的柔黑长发边，为小鹤空无一发的光洁头顶而感动；让她在溢满阳光的医务室里为每一位战友倾尽全智全力时，也能想见小鹤"三军过后尽开颜"的泯然一笑……让她时时刻刻都感恩着，她与他们从未因时代而分离。她脚下正在走的光明之路，是她的先人曾走过的道路。而她，是何其幸运，能沿着这样一串足迹砥砺前行。

正如此时，何小荷望着大兴安岭的皑皑白雪，仿佛又能看见那支队伍。永不磨灭的威武之师，无数双坚毅的手相掺相扶，涌动着无数只淡蓝色的野战帽和红红的领章。他们是成群的小丹顶鹤，以一种不可名状的豪志与力量，向前，向前……

眼　睛

我们总是说"眼睛是心灵的窗口"，的确，透过眼睛可以看到人的内心，一双澄明的双眸是心地纯洁的象征，一双躲躲闪闪的眼睛表明人物内心的不安与奸诈。眼睛能够传达的内容是无限的，眼睛里显现着太多的暗示。

法国作家波特莱尔的《穷人的眼》中写道：

他们都穿着破衣，三个脸都非常严肃，六只眼睛注视着新咖啡店，一样的惊奇，但应了年纪显出不同的印象。那父亲的眼睛说道："这多么美，这多么美呵！人家几乎要想，所有穷人们的金子都走到这屋里去了。"小孩的眼睛说道："这多么美，这多么美呵！但这屋里，只有不是像我们这样的人，才能进去的。"

至于那最小的小孩的眼睛，它们是太入迷了，除了蠢笨而深厚的喜悦外，没有别的表示了。

　　卡尔维诺的短篇小说《敌人的眼睛》，说的是主人公在经历了"二战"疯狂的被监视的人人自危的生活后，心理产生了巨大的阴影，过上正常人的生活后依然总觉得有一双眼睛在盯着他。"彼得罗在路上走着，忽然觉得有什么东西在烦扰他。这种感觉持续了一会儿，不过他也吃不准到底是怎么回事——就好像是有人在他后面盯他的梢，可他看不见。"这种感觉令人毛骨悚然。可是，他猛回过头看去，却什么也没有，"临近的几条街上人倒是不少，可他所在的这条街上却只有大门和围墙"，但是，那种被一双眼睛盯着的感觉总也抹不掉，"有一阵他觉得这种不安感就聚集在他的脖子上、背上、肩膀上，就像他永远躲不开的目光，如同某种充满敌意的东西在慢慢地逼近他。"

　　为了摆脱那双神秘的无所不在的眼睛，他需要走进人群。街上有的是人，却不能解决问题，而且他的眼睛对上了另一个男人的眼睛，那人同时也在转过头去。两个男人都同时迅速地把视线从对方身上移开，似乎彼此都在寻找另外的东西。彼得罗想："也许那人会以为我在看他。也许我不是唯一的在这个早晨为感觉变得可恶的尖锐所苦恼的人。也许是因为天气，这日子，让我们都变得神经兮兮的了。"

　　此后，他到了电车站，但那双眼睛也出现在车站，他使劲地踢踏着脚，想把那种恐惧感赶走。可是，他发现当他踢踏脚的时候，其他等车人也同样在踢踏着他们的脚。他上了电车，那双眼睛也跟着上了电车。由于紧张害怕，售票员出了错，他和售票员发了脾气，驾驶员向行人和骑车的拼命按喇叭；乘客的手紧紧地抓住栏杆，就仿佛沉船上的海员似的。世界因为一双无形的眼睛乱了。终于，他在车上发现了朋友考拉多，他正在心神不宁地朝窗外打量着。他们俩开始对话：

　　"你看上去很紧张。"彼得罗说，然后他意识到自己不过是想在别人身上发现和自己同样的状态。他说："我自己今天也相当紧张。"

"谁不是呢？"考拉多说，他脸上那种耐心而嘲讽似的微笑让人愿意听他讲述，并信任他。

"你知道我的感觉吗？"彼得罗说："我觉得就像是有双眼睛在盯着我看。"

"眼睛，你这是什么意思？"

"某个我遇到过的人的眼睛，可我记不得了。冷冷的眼睛，敌意的……"

"那种眼睛是不值得你看的，不过，你倒千万不可大意才是。"

"是……那眼睛像……"

"像是德国人的？"考拉多问。

"对对，像是德国人的眼睛。"

"那么，很明显了。"考拉多边说边打开了他的报纸，"比如这条新闻……"他指着标题：凯瑟林被特赦……SS 重整旗鼓……美国资助新纳粹……"不奇怪他们又出现在我们背后了。"

"哦，那么……你认为那是……但为什么我们现在才觉得呢？凯瑟林和SS 的存在都很有些年头了，一年，甚至两年。可能那时他们还在监狱里，但我们很清楚地知道他们在那儿，我们从来没有忘记过他们……"

"那眼睛，"考拉多说，"你说你感觉到有眼睛在盯着你。至今为止他们还没敢怎么盯人：他们眼睛下垂，而我们也不再习惯他们了……他们是过去的敌人，我们恨他们过去所做的，不是现在的他们。不过，现在他们发现了他们过去盯人的……他们八年前盯人的方式……我们是记得的，开始感到他们的眼睛又在盯着我们了……"

在过去，彼得罗和考拉多，他们之间有很多共同的记忆。而且他们，一如从前，不是什么幸福的人。

一双无所不在的眼睛让所有的人都感到不安，这个世界因这双眼睛而紧张。这双眼睛写得如此惊心动魄，通过那双眼睛人们感知到了重压下的不自由和莫名的恐惧。

我在 PPT 上展示的是四双眼睛：第一双是老人的眼睛，经历了沧桑岁月，满含着渴望。第二双眼睛是躲在一个洞眼背后的窥视着的眼睛。第三双眼是"9·11"事件中，一个年老的保安一双欲哭无泪的眼，他一手敬礼，一脸的极度痛苦相。第四双眼是"9·11"灾难中一位健壮的男子，是位救援者，满脸都是灰尘，眼睛是无望的恐惧。

谢勇选择的是"9·11"灾难中的那双眼睛，他把这双眼写成一段想象的情节。

"九一一"汤姆的战友去世了。曾经，自己总是站在他眼前，与他对视，敬礼，还礼，目送着他去往一个又一个目的地，执行一次又一次任务。只是，今天自己面对的却是一具冷冰冰的遗体，闭着眼睛。汤姆颤抖着举右手，敬了一个不大标准的军礼，只是这次他无法得到战友的还礼。他注视着战友，想用眼睛送他最后一程。那双黑眼睛隐于凹陷的眼圈之中却因泪光而显出强烈的亮色。眼皮把眼睛遮住了一半，使那晶莹黯淡了，消退了。他的眼睛不停地忽闪着，让泪珠慢慢泛着，却迟迟未掉下来，就那么悬着，挂着。渐渐地那眼睛不再左右忽闪了，伴着高举着的右手，久久盯着眼前的遗体。

他的描写还原了一个令世界震撼的现场，那些无辜的人们，那些在灾难中幸存的人们的痛苦。一双眼睛看懂了一个世界，盼望和平，期待着平安。

佟伟同样描绘了一段想象中的情节。

我在这张纸墙上戳了一个洞。

这不是普通的纸墙，就像窗上的砂纸一样，纸的外面是一个新的世界，一个也挺无聊的世界。

虽然每天纸墙外都会传来不同的声音，有时是欢声笑语，有时是哀乐齐鸣，有时又会是一个足音，渐行渐近又渐行渐远。我想纸墙外一定住着许多人，他们在进行着自己的生活，享受欢乐，承受痛苦。无论怎样，都比我现在的生活有趣得多。但是，我却没有勇气去看，去窥视一个全新的世界。我没有勇气。

终于有一天，纸墙上投射出一个人形的黑影，久久不愿离去。我终于下定决心，将我的眼睛，这只墨绿色的眼睛，不带眼影，没有美瞳的眼睛，贴在小洞上。

墙洞里赫然是一只眼睛，与我的眼睛一模一样。

他描写的是一双躲在墙后的眼睛，那双眼睛对外面世界是向往的，他想象着外面世界的种种可能性，渴望着与他人的交往，但却没有勇气。于是，他犹豫、徘徊、试探，探讨陌生的世界，如此艰难。他是谁？为什么？充满了悬念与生动的气息。

李媛写的是老人的眼睛。

这是一张饱经沧桑的脸，干枯，衰老，上面布满了皱纹。在正中间，点缀着一双苍老无神又绝望的眼睛，这是一双老人的眼睛，是一双大地震中失去亲人的悲伤老人的眼睛。我们能清晰地看见那盈满眼眶的泪和那悲痛至极的眼神。在紧锁的眉和眼袋的衬托下，老人的眼睛混浊不堪，那悲哀中仿佛透着一丝挣扎。天色暗黑，她在用那双眼睛无声地传递着此刻的心痛到底……

　　她的描写惊心动魄，通过灾难中的那双备受煎熬的双眸，她看到了那种大悲无声的感受。她的用语很精确，也很形象，让一双眼睛成就了个悲凉而又充满浓郁亲情的世界。

　　吴娅芬把那双窥视的眼睛想象成自己的。

　　原来……我趴在墙上的孔隙，鼻子顶着坚硬的墙，眼一眨不眨。一样的房间设计，却是不一样的布局。东南房的特有明媚阳光让早已适应幽暗的瞳孔无意识地眨了一下。他穿着一条宽松的黑色大短裤，上身赤裸沐浴在朝阳里，坚实的肌肉随着哑铃的一上一下和谐地扭曲着，一条蓝色毛巾令人美慕地搭在他的脖颈上，随着汗水不断滴落，拂过宽阔的胸膛。我的瞳孔像是被卡在孔洞里，无论如何也移不开目光。

　　她描绘的是画面之外没有表现的画面。那双眼睛究竟看到了什么，有无数可能，而她却单单看到了一个具体的人，一个她眼中可能的形象。

　　刘娜描绘的是"9·11"灾难现场的照片。

　　在这片混沌里，我看到了他的眼睛。在褐色的肤色里含着几朵泪花，他的瞳孔里散出极度的哀伤感，从中好像看到了整齐的楼房，亲人健康的笑脸和堆了满院的红色辣子。而这痛苦的眼眸里映出的只有苍夷的废墟，猩红的鲜血，以及哀号着匆匆而过的人群。

　　世界塌了，"9·11"是世界的伤痛。不仅是美国人，每当想到那灾难场景全世界都会心痛。刘娜从那张布满灰尘的现场照片中读到了更为细腻的情感世界。

张木铎感兴趣的是那双窥视的眼睛。

如果它不眨，那就是一幅画。一只眼在一个被手指戳穿的纸洞里无限放大，它在盯着你看，目光呆滞地想要看穿你的灵魂。它镇静自若地扇动浓密的睫毛，仿佛忘了自己正偷窥的行为。你凑过去，像发现新大陆似的研究这只眼，它却在一瞬间消失不见了。

这种观察和联想与经验相连，是对生活经验的一种投射。窥视与被窥视是一对矛盾，所有的窥视其实都是怕被发现的，而所有被窥视者大概也都是不舒服的。但是这双眼睛的世界却在观察者视野里出现了一点点不同，"你凑过去，像发现新大陆似的研究这只眼，它却在一瞬间消失不见了。"被窥视者想与窥视者互看，却吓跑了那双眼睛。有趣。

央金写的是那双饱经沧桑的眼睛。

这浑浊的双眼中透出一种深深的绝望。暗灰色的眼白仿佛被内心的痛苦浸泡，将眼中的光泽一点点吞没。在他的双眼中看不出任何影像，只有一片黑色笼罩着眼球，把他拉入无助的深渊。那仿佛混杂在污浊中的泪水将要滴落在那臃肿的眼袋上，落在堆积的皱纹上，落在那颗已空洞的苍老的心上。

这个世界或许是央金也见过的，她写得那么真实。这也是与生活相联系着的，她能够读懂那双眼睛所映射的世界，是因为她从双眼中读懂了她的渴盼与愿望。

脸

四副面孔：第一副是一个藏族姑娘凝视前方，充满对外面世界的渴望。第二副是罗中立的名画《父亲》，父亲那张沟壑纵横的面颊是岁月留下的车辙。第三副是"9·11"中一位救援人员的脸，他的脸上是厚厚的一层灰尘，双眼是绝望的表情。第四副是一个少年脏兮兮的脸，一双亮亮的大眼睛回头望着我们。

我的要求是，选择一张脸，观察描写。

央金选择的是那张少年的脸。

这是一张稚嫩的脸庞，两团红晕在脸颊上慢慢散开，标致的鼻子和嘴巴。如果脸上没有这层层的泥土和污垢一定能看出是个长相清秀的孩子。可能是命运的不公，让他降生在一个贫困的土地。他浅蓝色的眼白，是纯净的孩童才有的眼神。不论他的外表多么肮脏，但他的内心一定无比纯净。

这张面孔让人想起了贫穷，想到了山区。的确，正如央金说的那样"如果脸上没有这层层的泥土和污垢一定能看出是个长相清秀的孩子"，有时我们还不得不承认有命运这类东西。这段描写很客观，也有基本的评判，写得不错。

张木铎写的是《父亲》那张画。

再看到这张黝黑的脸，感觉完全不一样了。我看到了沟壑纵横的纹路印在他的油光发亮的脸上，就像被流水侵蚀后形成的黄土高坡，只不过他是被生存的压力侵蚀罢了。他的眼袋像贴上去的肉团，多余的挂在深邃的眼眸下，他的嘴唇也像极了刚被烘焙过的香肠，完全烧焦了似的，没有一丝水分。

　　这张风雨沧桑的老脸，这张我们再熟悉不过的画面曾经并正在震撼着每一个中国人。两只有些呆滞的眼，一双苍老的手捧着一只大碗，纵横交错的皱纹显现的不仅是岁月，还有岁月的曲折坎坷。张木铎的捕捉是准确的："他的眼袋像贴上去的肉团，多余的挂在深邃的眼眸下，他的嘴唇也像极了刚被烘焙过的香肠，完全烧焦了似的，没有一丝水分。"这种客观而带着某种怜悯之意的文字，让我们看到了真实的父亲。

　　刘娜也对小男孩的脸产生了兴趣。

　　或许那是一个冬天，小男孩的脸上还挂着北风吹过的红色，以及它轻咬一口留下的冻疮。他抬起头来，瓦蓝瓦蓝的大眼睛黑眼珠天真地望着我。他的嘴巴紧紧地闭着，脸上露出了新奇而又腼腆的神情，而似乎又因我这个陌生的人而感到紧张和不好意思。

　　与央金不同的是，刘娜用情节描绘了男孩的脸，"它轻咬一口留下的冻疮。他抬起头来，瓦蓝瓦蓝的大眼睛黑眼珠天真地望着我。"那种被男孩注视的感觉很奇妙，她看到了男孩"脸上露出了新奇而又腼腆的神情"，这里面有好奇，有习惯，也有一种紧张感，"似乎又因我这个陌生的人而感到紧张和不好意思"。我们生活在同一个世界，同一个国家，差别如此之大。如果不是因为地域的不同，被观察的或许就是观察者。

　　吴娅芬也选择了"9·11"那张图片。

　　昔日宏伟的建筑此刻正像一片飘忽不定的沙漠，随着救援人员的脚步扬起层层尘土。目之所及是一具具鲜血淋漓的尸体，垒成山，有的像肉串一样插在金属杆里。还有没有人活着？他的眉头紧锁，像个近视患者一般，盯着我，生怕漏掉一丝生命迹象。尘土如飘雨，落满他的脸颊，玻璃碎片急速从上面掉落，似是兴奋地向他透露幸存者的消息，却又绝望地幻灭成一片寒冰，死尸一般坠落划破他的鼻尖，留下一道血迹。

　　从眼睛写到脸，都非常清楚地表明这个世界的危机，种族、宗教、资源，但是对于普通的人来说，和平才是最重要的。她所描述的救援者的形象："他的眉头紧锁，像个近视患者一般，盯着我，生怕漏掉一丝生命迹象。"在这个废墟上，救援者看到的地狱般的恐怖世界，他觉得人的力量是微小的，也是无奈的。她看到的是一个无法拯救世界的拯救者。

　　李媛观察的是《父亲》。

　　这是一张父亲的脸，不难看出这是一位饱经风霜的父亲。他的脸上刻满了岁月的痕迹，时间的刻刀在他脸上无情地划上一道道印记，使他的脸布满了皱纹，沟壑纵横。干枯，衰老是给我最直观的印象，他的肤色就如同非洲的难民，我甚至看不出他的表情，到底是在笑，还是在哭？他的五官纠结在一起，远看就像一截粗糙的老树干，想必是经过生活的磨难及岁月的洗礼才会如此震撼人心吧。

　　岁月沧桑，饱经风霜，沟壑纵横是每个看到这张面孔的人都能得到的印象，但李媛进一步看到了衰老与苦难，因为"我甚至看不出他的表情，到底是在笑，还是在哭"而感到时间的残忍所造成的震撼。这段文字写得比较感性有力。

佟伟看中了那张藏族姑娘的脸。

无论我哪次去见这位高贵的藏族姑娘，她都是这副淡漠的表情。舒展着眉头仿佛黑夜一样包纳一切。下垂的眼睛仿佛深不可测的那措，无论什么都掀不起任何波澜。

我问她，什么时候想找个人家？

她仿佛大梦初醒一样，困惑地轻轻抓了抓脑袋。然后重新陷入沉寂。

看来佟伟对这位藏族姑娘很动情，他写到了面孔的淡漠与理性，也写到了对这张面孔的感受，甚至想更进一步地去接触她。把自己融入了情景之中，有真情实感，角度也好。

谢勇像佟伟一样，喜欢藏族姑娘的面孔。

藏地的苦寒让这张脸变得红堂堂的，有血有肉失去了江南如水般的白得透彻。可那张脸水红中却不失光泽，映着神州最矮的太阳、雪山、云彩和鹰隼绽放出青稞酒与酥油茶的亮光。时至黄昏，孔状的窗户漏进太多阳光，少女看着面前的一尊佛像，把头垂至桌上注视着，宁静，安详。

谢勇从黑色的背景中看到了安静与详和，其实还有神秘。藏地姑娘的面孔与雪山高原有着密不可分的关联，表现出一种自然的高贵与神圣。

第三个练习写完的时候，我说，下次我们要到街上去，你们得穿厚一点的衣服，外面很冷。要是在外面待得时间长会更冷。从同学们的表情上可以看出他们想去街上观察，他们很兴奋。

课外训练

这次训练的作业如下：

1. 观察六双手（或眼睛、脸皆可），写他们。

2. 以四双不同时期的手为观察对象，以"一生"为主题，创作一篇作品。

3. 自选：以四双战士的手为观察对象，以"军旅"为主题，创作一篇作品。

12 课

街上的课堂

训练内容：行为观察与描写

1. 观察乞丐

2. 观察报亭售卖人

3. 观察路口行人过路

　　教室外遇到佟伟和谢勇去水房接水，两个人跟我打招呼。佟伟笑眯眯地问，今天还去外面观察吗？从两个人表情上看得出来，他们很期待到街上去。我说，当然了，不过，现在有些早，等我们把前面的任务完成了，暖和了，可能街上的行人和各种做买卖的人也都出来了，那个时候去会比较合适。

　　来到教室的时候，大部分同学都已经到了。女生们也问我，今天还去街上吗？我说，去。你们都穿厚衣服了吧？外面很冷。女生们都很高兴。

　　打完水回来，佟伟说，老师，刘娜今天发烧了，烧到 40 多度，来不了了，跟您请个假。一个女生嗔怪地说，哪有 40 多度，是 39 度多，佟伟憨厚地笑了。我说，让她养病吧，代我向她问好，好好地休息，你们也要注意，现在天气干燥寒冷，你们不要传染上。

李媛说，我也感冒了，也发烧。我说，要不你去休息吧。她很坚决地说，我要上课。我说，你要是感觉不舒服，就跟我说。一会儿我们还要到街上去，你若是不舒服，就留在教室里。李媛腼腆地说，没事，我也要跟大家一起去。

我说，我们还得一会儿才能出去，现在街上没什么人，出去也是看不到更多的东西。同时，我还要在你们出去之前讲一讲观察的基本要求和目的，你们出去以后要有目的性地去看。

我说，你们可以准备一些零钱，可以在乞丐前的茶缸里放上点儿钱，可以借此跟他们聊聊，这也是培养你们采访能力和社交能力的一种方法。但，我们的主要目的还不是采访，是观察，采访的训练在后面有。到时候，你们的主要目的就是采访，就是要想办法让被采访对象开口说话。但是，我们这次的主要目的是观察，观察这些人的行为。可以是远距离的，也可以是近距离的，对其行为进行关注，去推测他们的行为背后的心理和背景。当然，要是通过观察并与之对话而了解了他们的一些情况，对你们同样是重要的。因此，希望你们准备好能够拍照、录音的工具，如果有机会就拍一些照片、录一些与他们谈话的声音回来。

热身故事

今天的热身故事很有趣，不知是相约而为呢，还是巧合，有两个同学不约而同地讲起北艺门口的保安。

开头的是张木铎。他说，有一天他要去门口取快递，"学兄"要去门口火车订票处取票，顺便到干洗店取干洗的衣服。到门口后，年轻的保安就问，你们要干什么去？学兄说，去取干洗的衣服，很快就会回来，你看就在那里。保安说，那不行，你要出去必须把你的证件压到这儿。学兄说，取火车票是需要身份证和学生证的，否则取不了。保安还自作聪明地说，我给你出个主意，你先去取火车票，然后回来把学生证压到这里，再去干别的。你们把学生证压到这里后，我给你们计时……他们就问，计什么时？保安说，我给你们限定 5 分钟之内必须回来。

张木铎说，我们都快气死了，这不是故意刁难吗。可是，我们有求于他，还得按照他说的办。我们回来的时候，保安就说我们超时了。这下可把学兄惹急了，跟他吵了起来，那个年轻的保安坚决不让我们进来，他说这是规定。最终，另一个年长一些的保安过来把这个保安拉走，给我们开了门。

谢勇讲的是自己和师兄去取啤酒的事。事情的缘由是一位师兄的家长给师兄邮寄来 20 箱青岛啤酒，师兄就请谢勇帮助去门口抬啤酒。说出去的时候老远就看到了那位很"轴"的保安。师兄说他有办法。两个人借了辆小车就来到了门口。师兄对保安说，哥，我们出去一下，给系里运点东西。保安犹豫了一下还是放他们出去了，然后他们就把车上的啤酒卸到小三轮车上向学校里推，到了门口那位保安似乎醒过味来了，觉得不对劲，就说，你们系为什么要买这么多的啤酒？师兄就说，这里面不是啤酒。保安就问，那这里是什么？师兄就说，我也不知道，反正是系里叫来运的，可能是没有箱子，用的是青岛啤酒的纸箱子装的吧？保安不相信，非要打开箱子验货。保安看了半天，也看出来就是啤酒，正要处理我们的时候，另一个保安跟他来换班了，他走回去跟那人交接的时候，我们骑上车子就猛蹬，冲进了校园。那保安一看就想追，新来的保安一把把那人拉住了。就这样我们混进了学校。

一个女生就说，学校不让喝酒，你们还拉啤酒，保安做得对，就是不应该让你们进。

谢勇狡猾地说，放心吧，我们把啤酒藏得很隐秘，没人能找到，改天请你们喝个痛快。

该央金讲的时候，她先笑了，她说，我接着"黑"我爸吧。

我高中的时候觉多，特别困。每天起得又早，起来后刷牙洗脸完了，也不吃早饭，把早饭放到书包里，准备到学校去吃。一看时间还剩那么五六分钟的样子，我就倒在沙发上想再眯一会儿，睡个回笼睡。这个时候，我爸就穿着睡衣，头发乱蓬蓬地，拖着个拖鞋，打着哈欠，睡眼惺忪地走出来。走到我身边迷迷糊糊地问，带饭了吗？我回答带了，然后就想继续眯一会儿。我爸就去上厕所，上完厕所出来又走到我身边问，你吃的拿了吗？我睁开眼看了眼爸爸回答"拿了"，然后就又睡过去了。爸爸就回房间了，过了有那么两三分钟，我爸又走出来，走到我身边问，你吃的拿了没？我说，我拿了！就这样，他又回去了，过了一会儿又出来问我，你饭拿了没？折腾好几次。觉也没睡成，到了学校把我困得呀。

然后，央金笑着说，我现在就知道了，我记性不好是遗传谁了。

接下来，李媛讲述了自己与物理老师的关系。

李媛说，我们高中的时候学物理，就是"加速度"那个单元，每次物理老师都要留一些加速度的公式什么的。老师说了，我让你们默公式，谁要是默错了，我就让你们抄，我让你们抄多少遍就抄多少遍。我就在前一天晚上特别认真默，默了很多遍。到了第二天上课的时候，我很有把握地默了，我觉得我不会错的。可是第一节课下了之后，物理课代表就找我说，物理老师找你，看上去挺生气的，你快去吧。我跑去办公室时，我们的物理老师正在判我们默写的公式，也不理我。然后她瞟了我一眼说，你过来！你看，你第一个公式就默错了。这么简单，你怎么能默错了呢？我一看，天哪，真的默错了！物理老师就说，你说，这么简单的东西都默错了，我还能说你什么？行了，你走吧！我不想再看见你了！老师顺手把本子扔给我，我拿起来就走了。出了办公室，我觉得很庆幸，她居然没让我抄！我就向我们班走，差一点就要踏进我们班了，这个时候，物理老师突然从走廊的一头办公室里探出头来，大叫道，李媛！你给我站住！你把第一个公式给我抄100遍！那个声音特别大。那时候刚刚下课，她在走廊的那头，我在走廊的这头，我背对着她。我感觉那一瞬间整个世界都静止了。那条走廊一共有 8 个班，我们班在这头，我回头看到每个班都有好多脑袋探出来。我特别特别的后悔，我想，要是我稍微走快那么一点儿就好了。

吴娅芬讲的是自己与大学新进老师的巧合。

她说几个月前王莹老师来试讲，而后她写了一篇"人物练习"作品。那时，她只当作是一次练习而已，她可能也没有想到那个试讲的人真的会成为她的老师。因此，写得非常放松。在作品里还对王莹老师作出了种种猜测。吴娅芬笑嘻嘻地说，有的我猜对了，但也有猜错的。比如，我说她是一个温柔的女孩，王莹老师来了后告诉我，她属于"女汉子"型的女孩，很泼辣。

行为观察

热身故事结束以后，我开始给大家讲观察人的行为的基本方法。

对于人的行为的观察是个长期而持久的活动，对于作家来说，是终生都要从事的工作。观察人、研究人、写人，这是作家的职业。观察是有方法的，自然，经过长期的磨炼，每个作家的观察形式和方法是不同的，但是却有一些共同的经验性的东西需要学习。

首先是观察顺序。通常观察要讲究一个大体的顺序，这样才能使观察有效而清晰。有三种基本的次序：

1. 由上至下，或由下至上（鞋、裤子、衣服、脸、饰物、体格），一边观察一边给出初步的评价。次序与我们的记忆有关，混乱是无法记忆的，只有规律和次序才能造成记忆的基本条件，而读者也是根据记忆的线索进行阅读的。所以观察的顺序是重要的，是必须注意的一个方面。

2. 从外到内。从外表行为逐步推测到内在心理的观察，从外形到内心，这是判断一个人的重要手段。由明显的带有特殊指向的行为，可以判断他内心的想法。比如，观察公交车乘客时，身体语言会明显地提醒我们他是即将下车还是长久乘坐。急匆匆和慢悠悠地走路显然表明两种心理状态。

3. 从表象到实质。有时人的外表与内心并不一致，有些人外在表现出来的行为与真实有着较大的不同，这就需要本质性的认识。不仅要认识他外在的表象行为，还要深入到他的内心，推测他的外表与内心的一致或不一致性。古语云"物极必反"，有时一个极端的行为可能会通过另一种极端的行为表现出来，如果仅仅从外表来判断可能会出现严重的错误。

其次，人的行为具有某种职业性，这需要观察者有所了解。

传统的心理学和行为科学对于各种人的行为都有过归纳，我们将这些已经成熟的判断人的经验也罗列于下：

1. 教师：儒雅，指甲缝残留白色粉末；衣袖，裤腿褶皱中也带有白色粉末；大拇指与食指（拿粉笔的部分）的茧子略厚。

2. 厨师：脸部皮肤较差，肤色也不好；体型略肥厚；头发和脸较油腻；左手较右手大（因为大多厨师为右撇子，则右手灵活性高，所以右手拿铲左手拿锅）；手臂和手背可能有细小烫痕；身上可能会有油烟味。

3. 接待员：有咬指甲的习惯，臀部相对宽大些。

4. 旧式的火车司机：右脚鞋底的磨损会相对比左脚多得多，而且脸部皮肤不佳。

5. 出租车司机：长年的出租车司机，一般都有不同程度的胃和脊椎方面的病症。

6. 货运车司机：脊椎方面的病症比较突出；臀部相对宽大；体形也根据地方的不同会有不同程度的肥胖；脸部皮肤不好；手上拇指食指内侧有老茧。

7. 外科医生：食指上部内侧有一条斜向印痕。

8. 木匠：吸烟时，有长时间把烟叼在嘴巴上的习惯。

9. 经常用笔的文职：食指和中指关节有突起。

10. 军人：吃饭快，走路快，性格内向的多，不善言谈，具有顺从倾向。

11. 运动员：游泳的人，肩特别宽，上身基本呈倒三角，身材匀称；而打澳式橄榄球的人肩膀就没有那么宽，身材也较匀称；踢足球的人腿部肌肉特别发达，视力较好，空间感很好；体操运动员基本上个子都不是很高，身材极其健美；跳水运动员个子一般不高，有较好的弹跳能力；打乒乓球的运动员有些驼背，视力好；网球选手，手臂力量足，体力好，胸脯大。

12. 艺术家：如果是搞乐器的，手指粗些的演奏弹拨类乐器，比如古筝、箜篌、竖琴等，因为有些曲子演奏起来需要一定的力度。手指修长、跨度大（尤其是拇指跟食指）的演奏键盘乐器；至于演奏弦乐器的人，比如二胡、大中小提琴，左手食指、中指跟无名指的指腹会有茧，在琴弦上磨出来的；拉小提琴的人，他的头可能会稍微左边偏，因为要夹住琴身。

了解这些行为特征，对于识别人物和描写人物都有很大的帮助，通过不同的、独特的行为会很快判断人物的职业，从而尽快进入交流的状态。

我们今天要做的观察训练，有多项，比如观察报亭卖报人、观察乞丐、观察各种人的行为，等等。这里举一篇比较优秀的卖报人的作品，供大家参考。

母亲的伙伴

［澳］亨利·劳森/佚名译

电灯光下，剧院门口的台阶上坐着一位面容憔悴的妇女。她手里抱着一个孩子，身旁站着两个，膝盖上放着一叠报纸。紧挨着脚边的一个雪茄烟盒搁在人行道上，里面装满了火柴、靴带和骨领扣。

一位绅士模样的人从对面的"大理石酒吧间"走了出来。他在人行道上站立片刻，看了看表，又看着对面的剧院。他穿过大街，在走近人行道的时候，把手伸进了衣袋里。

"买报，先生？"一个报童叫道，"来哟，先生，有《新闻》，还有《星》。"

但那位"先生"已经注意到了台阶上的妇人，并朝她走去。

"买报吧，先生！这里有《星》。"孩子嚷道，一下子闪到他跟前，目光很快地从"先生"脸上转向卖报的女人，他说：

"没关系，先生！都是一样的——她是我的母亲……谢谢！"

还有一些肢体语言需要我们了解，心理学上已经作出过一些总结。当然，这些总结未必就十分准确，但却也大体为我们推测一个人的行为意义提供了基本的参考。

眯着眼——不同意，厌恶，发怒或不欣赏。

走动——发脾气或受挫。

扭绞双手——紧张，不安或害怕。

向前倾——注意或感兴趣。

懒散地坐在椅中——无聊或轻松一下。

抬头挺胸——自信，果断。

坐在椅子边上——不安，厌烦或提高警觉。

坐不安稳——不安，厌烦，紧张或者是提高警觉。

正视对方——友善，诚恳，外向，有安全感，自信，笃定等。

避免目光接触——冷漠，逃避，不关心，没有安全感，消极，恐惧或紧张等。

晃动拳头——愤怒或富攻击性。

打哈欠——厌烦。

手指交叉——好运。

轻拍肩背——鼓励，恭喜或安慰。

搔头——迷惑或不相信。

咬嘴唇——紧张，害怕或焦虑。

抖脚——紧张。

双手放在背后——愤怒，不欣赏，不同意，防御或攻击。

环抱双臂——愤怒，不欣赏，不同意，防御或攻击。

眉毛上扬——不相信或惊讶。

进一步的总结，如下的行为有着比较鲜明的意义：

1. 边说边笑：这种人与你交谈时你会觉得非常轻松愉快。他们大都性格开朗，对生活要求从不苛刻，很注意"知足常乐"，富有人情味。感情专一，对友情、亲情特别珍惜。人缘较好，喜爱平静的生活。

2. 掰手指节：这种人习惯于把自己的手指掰得咯嗒咯嗒地响。他们通常精力旺盛，非常健谈，喜欢钻"牛角尖"。对事业、工作环境比较挑剔，如果是他喜欢干的事，他会不计任何代价而踏实努力地去干。

3. 腿脚抖动：这类人总是喜欢用脚或脚尖使整个腿部抖动；最明显的表现是自私，很少考虑别人，凡事从利己出发，对别人很吝啬，对自己却很知足。但是很善于思考，能经常提出一些意想不到的问题。

4. 拍打头部：这个动作是表示懊悔和自我谴责。这种人对人苛刻，但对事业有一种开拓进取的精神。他们一般心直口快，为人真诚，富有同情心，愿意帮助他人，但守不住秘密。

5. 摆弄饰物：这种人多为女性，一般都比较内向，不轻易使感情外露。她们的另一个特点是做事认真踏实，大凡有座谈会、晚会或舞会，人们都散了，但最后收拾打扫会场的总是她们。

6. 耸肩摊手：这种动作是表示自己无所谓。这类人大都为人热情，而且诚恳，富有想象力，会创造生活，也会享受生活，他们追求的最大幸福是生活在和睦、舒畅的环境中。

7. 抹嘴捏鼻：习惯于抹嘴捏鼻的人，大都喜欢捉弄别人，却又不敢"敢做敢当"，爱好哗众取宠。这种人最终是被人支配的人，别人要他做什么，他就可能做什么，购物时常拿不定主意。

8. 常常低头：慎重派。讨厌过分激烈、轻浮的事，孜孜勤劳，交朋友也很慎重。

9. 托腮：服务精神旺盛，讨厌错误的事情，工作时对松懈型的合作对象会很反感。

10. 两手腕交叉：对事情保持着独特的看法，常给人冷漠的感觉，属于易吃亏型的人，稍微有些自我主义。

11. 摸弄头发：这是一个情绪化的，常常感到郁闷焦躁的人物。对流行很敏感，但忽冷忽热。

12. 把手放在嘴上：属于敏感型，是秘密主义者，常常嘴上逞强，但内心却很温柔。

13. 手握着手臂：保守派非理性的人，因为不太拒绝别人。

14. 看某样物体：冷酷的性格，有责任感和韧性，属独自奋斗型。

15. 到处张望：具有社交性格的乐天派，有顺应性，对什么事都有兴趣，对人有明显的好恶感。

16. 摇头晃脑：这种人特别自信，以至于唯我独尊。他们在社交场合很会表现自己，对事业一往无前的精神常受人赞叹。

街上观察项目：

1. 观察并描写报亭。

2. 观察并描写乞丐。

3. 观察描写周围人的行为，特别是异常行为。

街上的观察课

出发的时候，旁听的高年级学生宋玉莲说感冒了，她请个假。我说，今天特别冷，你在教室里留守，我们去。又对李媛说，你若是不舒服也留在教室里吧。李媛却坚持说，我很想去街上走走。

连我一共 8 个人——夏梦也跟着我们一起到街上去。在过大门的时候，保安见我们这么一群都要出去，就走上前来盘问。还没等他们开口，我就主动地说，我是老师，我要带着学生们到街上去进行一次观察训练，保安就让在一边，给我们开门，我们就这么出来了。

走到门外，一个女生就感叹地说，就这么简单出来了？！我还以为很难呢？我笑着说，你们平时出不来吧？她们就说，没门！

出了学校的大门，我跟佟伟说，咱们分成两组，你带着一组往右边，我带着一组向左边，一个小时后在大门口集合。于是佟伟带着四个人向北面去，我和夏梦、张木铎、央金三个人向南边走。

我在出发前说，我们今天的重点是观察乞丐，既然是观察就不一定要采访。但是，如果你们能够与行人、商贩和乞丐们搭上话当然更好，可以充分补充你们观察不到的内容。因此，他们的目光一直寻找着平日到处都有的乞丐。

但是，当我们登上天桥的时候发现，日常聚集了很多商贩的天桥上却冷冷清清，没有人。两边有流动的治安助理们在巡视，我对身边的同学们说，看来咱们今天找到乞丐的可能性很小，政府清理街面，小商贩、乞丐都被赶走了。我们就根据自己看到的、感兴趣的目标进行观察吧。重点是行人。

　　站在一旁的夏梦说，在医院外经常聚集着一批黄牛党，他们每天傍晚就到，组织纪律性很强，有点黑社会性质。天天在那里嘀嘀咕咕地交代任务，分配责任，还发小票。她说，前一段她就在那里观察了他们两个小时，还跟他们聊了很多，建议可以接触一下这些人，是一个很特殊的群体。

　　因为经常看到这些人，特别是晚饭后散步路过时我也时常跟他们搭讪几句。有一次系里开例会，一位老师发议论说，现在看病真是难呀，你们看医院前，每天晚上都有那么长的队伍，前一天晚上就排队，为了看一个牙就这么辛苦。我当时跟她说，我说，你看到的那些人其实根本不是看病的。那位老师吃惊地问，他们不看病还排队呀？另一个老师就说，这只是个表面现象，那些人都是黄牛党，并非什么病人。我也应和说，是，他们就是一群靠倒专家号生存的号贩子，排队的人都是他们雇来的。那位老师惊叹，原来是这样呀！另一位老师调侃地说，看来你对这个社会了解得太少了。那位老师转而说，可是，他们也够辛苦的了，就说是倒票吧，这么冷的天，一晚上一晚上地站着，也挺不容易的。我说，其实他们就跟我们工作一样，是倒班制的，也并非一夜一夜地站。多穿上些，两三个小时一过，就会有人接班来。更何况，他们有非常"科学"的办法，比如，一入夜，他们就无须再站队，而是已经发了排队的号码，根本就不是时时刻刻都要站的。真正在那里排一夜队的大都是不明真相的外地患者，他们不知道这些人其实都不是看病的，以为他们也和自己一样在那里排队只是为了看个病。所以，自己就在那里站着，吃多大的苦也愿意。可是，熬了一宿，到医院开门真正开始挂号时，他们却发现，他们即使排到第一个也不能挂上号，因为，那些人手里都攥着序列号，外地患者根本就不在这个队伍里。要是较真，还真没有什么好结果。所以，最终要想看上病，还得从这些黄牛党手里高价买排队号。这就是江湖。那位老师听了大惊小怪地惊呼。

　　夏梦的建议很好，可惜，另外两个女生似乎对此并无兴趣，我们也就沿着天桥走下去了。

下了天桥，在天桥底下的报亭那里站下了，两个女生在看里面卖报刊的女人。那女人是个中老年的样子，见我们四个穿着差不多的黑色厚棉衣同时站在她的报亭前，有些紧张，可能怕是政府人员检查。从表情上看，她们可能真有什么问题。我低声对几位同学说，我们得分散开，要不然，任谁都会紧张的，我们不但达不到观察的目的，而且还可能引来麻烦。

一个女生说，我们这样的衣服不是到处都有人穿吗？我说，偶尔一两个不会引起注意，可是，我们一群人，都穿着差不多的衣服就不一样了。现在又是到处设岗巡逻的时候，我们很容易引来关注。我说，我们至少分成两组吧。两个人一组，大家分开后散去了。

我和夏梦就在后面慢慢地走，等前两个人向胡同里走的时候，我们便直着行走。刚走了没多久，就与佟伟带着的那一组走了个对面。我问他们看到乞丐了吗？他们说没有，街上很干净，没有那些人。我就说，那你们就沿着邮局那条街走，一直走下去，那里有各种做买卖的人和一些闲散之人，可以观察他们，写一写。我决定跟着这组同学一起走这条路，我们三三两两地走进了这条买卖街。

街上行人很多，都是匆匆忙忙的。在著名的"三角地"那个地方，刚刚装修好一家饭馆，而这个饭馆在装修之前是个废品收购站。我在介绍这间店铺的时候，有的同学点头，看来他们见到过那个废品收购站。我又问，你们知道在废品收购站之前这个店是什么吗？他们都摇头。我说，在废品收购站前是被你们毕业的师哥们津津乐道的咖啡馆"七点半"。那个时候，那个咖啡馆很时尚，有一群"艺术家"经常聚集在那里谈艺术、聊大天。咱们北艺的那些作家们很热衷于参与这件事，也是他们那时社交的一个著名地点，一说"七点半"大家都心领神会，几乎成了他们的暗号。

我还记得那时一位来自农村的学员，开始不敢去，怕消费不起。但是，那个时候，他特别热衷于后现代文艺理论，知道那里有些"后现代"艺术家们天天在谈后现代什么的，很想参与，羡慕中带着向往。有个去过的同学说，没你想象的那么贵，我请客，拉着那位农村学生就去了。这成了这位学员后来一直念念不忘的事，甚至影响了他创作。从那时起，他对过去的创作进行了清算，觉得过去什么都不是，形式、内容都是落后的，没有出息的。他经常谈到那次偶然的"七点半"，以至于后来再也没见到他创作什么东西。自卑感让他轻易地被那种对现代与后现代理论半吊子的浅薄的理解与影响给毁了。

其实，据我所知，在那里聚集的一些人，根本就不是真正搞艺术的，而是一些善于作出艺术家姿态的江湖人士。以我们那位学员的家庭与学养背景到那里只能扮演观众和粉丝的角色，这里绝不是真正的"文艺沙龙"，充其量是个"文艺江湖"。

我讲这些话的时候，大家就已经走近了一群晒太阳下棋的小商贩。他们正在下一盘可能是很有趣的棋，因为许多人围在那里专注地盯着棋盘。佟伟说，这群人很好玩，几个同学就围了上去。不过，回到学校后，我只看到了谢勇一位同学写了这盘棋局。他的那篇练习是这样写的：

棋　者

下棋的双方一个是配钥匙的，另一个不知道，不过从打扮上看也该算是外来民工吧。不说那配钥匙的，跟你说那民工，头戴线织小帽，一件棉袄，牛仔裤。看那棋盘的阵势，他这方怕是处于下风——老将只有双士与一炮保着，可对方一马一车已经兵临城下，而他双手交叉紧紧握着，右手夹了支烟，全然不似对方后知后觉插着口袋悠然自得。烟只抽了一半，他又抽一口就往边上一扔，然后大口把烟吐出来，接着两手又一交叉反复揉搓，怕是天冷的。可动作做了一堆，棋局倒不见他上心多少。按理说，对方要么马踩过来，要么车走过来，这边一将都是个死，没翻盘的机会了。虽有炮横着，可零零星星支不起个架子，即使借着士把马打了，将还是得被车碾死？旁边的人催着他快下，他左右看看，抄起炮对着马就砸了下去，捡起那牺牲的马往棋盒里一扔了事。然后一手插着口袋一手指着棋盘似笑非笑地说，即使输了也得风光一把，惹得周围哄笑起来。我看棋局已定，脚也冻得冷，就把手抄进口袋里走了。

　　这群下棋人也是我经常见到的，跟他们微笑着点点头，就和夏梦等人向胡同深处走去。刚走了几步看了一下表，我说，咱们不能再走了，时间到了，等他们看完了那盘棋，我们就得返回了。

　　站在路旁，夏梦指着面前的"高尚小区"的高高居民楼快到顶端的一间问我，您知道那间房是干什么的吗？我看那间房子的阳台上有彩色的装饰布，围在护栏上，色彩艳丽，我心里想的是，这家差不多是个有小孩子的家庭。我摇摇头说，猜不出来。夏梦分析，我想可能不是个艺术家的家，就是一个儿童工作者，或者是个心理学家。她还讲了自己判断的理由。站在一旁的"师妹"们很佩服。她很心细，注意到了许多有趣的细节。

　　这个胡同离北艺很近，又有菜市场，我经常光顾这里。这是一个老住宅区，正在面临着被改造。这里有一处非常著名的景点，就是齐白石墓。不过，齐白石墓已经被迫迁移，现在的墓地被一圈蓝色的建筑物遮挡着，破破烂烂的被遗弃在那里，已经一年多了，就这么围着，没人管了。繁华的闹市区很扎眼地围着这么个荒凉的废墟，很突兀。

　　这块墓地也曾是创意写作系的学员们经常光顾的地方，因为在创作练习课中就有一项是参观这块墓地写一篇散文。在他们曾经的作品中，就有写得很漂亮的有关齐白石墓的文章。现在，这块墓地被拆了，据说已经迁到了香山的某个地方。

根据资料记载，这块墓地是齐白石生前自己选定购买的。也就是说，这本来是块私人地皮，任何人在没有得到齐白石家人的同意并获得相应补偿的情况下，是不能够搬迁的。更何况，这块墓地早就被北京市海淀区划定为重点文物保护单位。但是，去年上半年忽然间就被现在这些建筑遮挡物给围了起来。那时，我从这里走过还在想，政府这是要出钱修缮齐白石墓了，谁知道是搬迁。

其实有关齐白石墓的搬迁有过几次，在这片墓地上建居民小区的时候，就曾经遭到社会上一些文化界人士和齐白石后人的坚决反对。那时，还算给面子，紧挨着齐白石墓的这幢楼房少建了一个单元，给齐白石墓地留下了一块空间，甚至还留了八九棵树。后来，那些树被莫名其妙地伐了，伐树肯定不是一般的人能干得了的，目的很简单，就是想挤走这块墓地。

现在的拆迁借口是"由于处于繁华市区，墓地周围环境嘈杂且屡遭不文明行为破坏，齐白石后人决定将其移迁至金山陵园"。其实谁都知道这完全经不起一驳，给商业开发让路是根本，不知哪位有背景的爷看上了这里。只要有背景什么文物不文物，哪管文化不文化，爷要是要，你就得滚蛋，即使齐白石。新闻里还说是齐白石的后人们"自愿迁移"，原因是有人在这里撒尿。但是，要是新迁的地方也有人大小便呢？是不是也要再迁？完全是胡扯。

齐白石生前，这一带大部分地区都是坟地，是北京的郊区。虽然现在是繁华的居民小区，但是，那时却是松柏成林，风景极佳的北京郊区。这块墓地在"文革"的时候遭到过破坏，但还没有真正的毁了。在一个文化昌明的时代我们自己却要亲手将这块地给拔除了，这不是有些奇怪吗？虽然迁到了另外的地方，但是，作为有着文化传统的中国人，哪个想迁坟？动迁祖坟对于中国家庭来说是件天大的事，没有一个人"自愿"去迁移的，这是常识。但是，迁坟的理由却恰恰是齐白石的后人"自愿"，如果他们真是自愿，这事情可就变得不妙了。既然这块墓地已经成了海淀区的"重点文物"，那么，墓地就不仅仅是齐白石后人完全能做主的，它属于全社会，要听听民众的意见。

齐白石墓，原来有两块墓碑，一块是白石老人的，另一块是他的夫人的。在特定的日子里经常会有人来凭吊祭奠献花，成为一些人装在心里的精神仪式。现在这块地方没了。两块碑是 1982 年重修的，碑文为李苦禅所书，也是有一定价值的。

我们扒在那些建筑遮挡外利用空隙向里面张望，看到被挖得破破烂烂的坟土堆着，旁边是几十辆被抛弃的旧自行车横七竖八地堆在那里，显得凄凉。

我对同学们讲了他们之前那些届学生写墓地的事，夏梦跟我说，我要写一篇前后对比的散文。我说，你会写出很好的文章来的，显然这个地方给我们的思考很多。我们从中也能够感受到精神与现实那种交集和对抗。

回到学校门口时，那组的两个女生已经等在那里了。

这次观察活动虽然没有按照我的设想找到被观察的对象，但是收获也颇多。变化是现实的一种，这也可以写到作品里去。

行为观察作品

回到教室，宋玉莲还老老实实地坐在教室里看书，我说，让你久等了。她乐了。回到教室的同学们立即动笔写自己的这次观察练习。我说，今天我们只做这一个练习，大家可以写得稍长一点，把你们看到的想到的都写下来。

于是，我见到了这几位同学各不相同的文字。

吴娅芬在十字路口发现了自己的描写对象。

十字路口的绿灯拼命地闪个不停，似乎从它亮起的一刻便如一个被催命的少年。阳光洒在白得晃眼的斑马线上，却又被高大的灰色建筑物夺去了大部分领地。来往的人或急或徐地跨过阳光与阴影的交界线，长靴、短靴、运动鞋、帆布鞋，黑的、棕的、花的……一半阴郁，一半明媚，不作任何犹豫的投降于交点的一方。我注意到了她。黑皮靴的脚尖僵硬地向外分开着，像是被上了发条，粗壮不高的鞋跟坚实自信地踩在柏油马路上，咯噔咯噔也是和上了绿灯的频率，两条粗壮的腿在嫩粉色点缀的、一楞一楞的白棉袄里彰显着它们的稳健。没有上衣摆的遮挡直直地暴露在阳光下。蓝色短款的绒服发出沙沙的声响，行动不便的左臂拼命地挥舞，淹没了周遭引擎的躁动。如泡面般蜷曲的头发凌乱地粘在她的嘴角，右手中的咖啡瓶依旧尽力上扬，将最后半瓶棕色液体灌入口中，像一阵旋风般消失在熙熙攘攘的人流中。

李媛对在邮局前看到的那些邮政工人们产生了自己的联想。

这是一片绿色的世界，绿色的楼房，绿色的车子以及穿绿色制服的人们。弯弯曲曲的绿色大楼上用黄色的字体书着"中国邮政储蓄银行"几个大字。三辆绿色的车上，穿绿色衣服的人们背上都印有"中国邮政"的字样。仔细看去，他们一共有三个人，全部穿着清一色的制服，这抹绿倒给这萧条的季节平添了一份生机。离我们最近的那个人理着平头，背着手来回踱着步，肥大的裤子盖住了脚面，他边走边说着什么，口中念念有词。旁边那个人戴着脏兮兮的手套裤腿卷了起来，一边随声附和着一边把一袋袋白色的包裹搬进那辆绿皮车内，十分忙碌，但脸上却一直堆着笑容。最后一个人骑在一辆自行车上，头上扣了一面绿色的鸭舌帽，在扭着头和那两个人说着什么。待我们走远，身后早已没了动静，再一扭头，什么都不见了，就像一阵寒风把他们一下子都吹走了似的。再仔细寻觅，啊，原来那辆印有"中国邮政"的绿皮汽车已经开到我们学校门口了。

张木铎观察的是下棋人旁边的修车人。

修车汉像个调皮的小丑似的头顶一个黑色毛线帽子，着一浅灰色的棉服，略显臃肿。衣袖处还套有一副深蓝色的工作袖，上面车油斑斑。他依靠着一个草绿色的皮质沙发，两只粗糙且干裂的大手交叉放在胸口。大拇指还时刻打着，消磨着时间，不禁让人联想到那些放荡的富家子弟。他翘着二郎腿，脱线的鞋带像打结的风筝线似的飘在空中。半眯着眼睛的他看上去六十有余，油润的鼻头硕大的立在脸上，两边嘴角像故意似的朝下耷拉着，时不时哼着不知名的小调，快乐得像个孩子。

离他不远处的石凳上摆着一个盛水的盆，一个老绿色的鼓鼓囊囊的铁皮箱，还有一个复古式的棕色皮包，这大概就是他全部的家当吧。每当有行人走过，他都会不自觉地张开一只细小的眼瞥一下他所有的家当。

央金的描写对象是某个对象触发的联想。

要是走得再快一点，再粗心一点，我绝对会忽略掉这家门窗上贴满广告的小店。这家店门竟是老旧的日式推拉门，木制的门框中镶着一块浑浊的玻璃，使劲推开还发出"吱吱呀呀"的响声。店内仅能摆下三张桌子，我看了眼菜单便冲店主说"一碗香菇排骨汤"。女店主头也不抬，站在一个阴暗狭小的过道上，熟练地拨弄着锅里的鸡腿。她脚上穿着一双紫色的棉拖鞋，是能包住脚跟的那种鞋，更显得她大腿的结实。上身又是一件黑色的宽大毛衣，像件孕妇装似的套在她身上，外面又穿了一件小碎花样式的围裙，上面满是油点。马尾辫梳在头后，扎着一个紫色的简易头绳，再没有多余的装饰，一缕发丝耷拉在眼前，显得有些凌乱。她敦实的身体把过道遮得严严实实，持着一口江西话"嗯"了一句，一个瘦小的男人便不知从哪里钻出来，跑到锅边给我盛汤。那女店主又紧闭着嘴唇，双眼认真地盯着锅里，突然眼神一亮，拿着筷子的那只微胖的手向锅中一探，便准确地夹起一颗熟透的丸子。

佟伟再次使用了他的设计意向，为自己的人物行为加上了许多故事的外衣。

我注意她已经很久了。

每天做一样的事，我是一个普普通通的上班族，每年涨固定的工资。

我每天乘9路汽车在单位前五百米的站台下车，然后步行到单位，一周五次。每天在我身边，有无数行人匆匆在我身旁走过，如同滔滔的江河，再也不会回来。但是，不知道是从哪一天开始她走进了我的视线。

她第一次给我的印象是穿着一条红裙子，紧紧的包臀裙将她丰满而健康的下身展现出来。我的目光不禁多扫了两眼。第二天她穿着一条纯白的连衣裙，我回头仔细地看看她，阻挡后面行人前进的脚步。这抹白色让我想起了初恋时树上的白栀子花。

第三天，她一身黑色套装，鼻梁上架着的无框眼镜，让我开始猜测她的职业，白领？老师？还是素人模特？我的思绪飘得很远，踩到了前面人的高档皮靴，引起了一场争吵。

第四天……第五天……

我开始渴望与她相见，在上班时，我忍不住在脑海里回放关于她的一切。她今天的妆容过重，她昨天的表情有点不高兴，她明天会看我吗？哪怕一眼也好。在这种幻想下，时间过得飞快，上班不再那么枯燥乏味了。我发现她每天都会在八点二十到八点二十五这段时间里与我相遇，她掠过我的肩以后会去干什么？会想起我吗？会想起这个迷恋她的，穿着俗套黑色西装，白衬衫，蓝领带的男人吗？我时常这么问自己。

今天，我一如既往地遇见了她，她穿着一身宝蓝色的衣裙，空气中弥漫着海水的芬芳。当我们即将再次擦肩而过的时候，她说话了。

"不好意思，请等一下。"

我不禁愣住了，忽然觉得这是一场梦。虽然我觉得很突兀，但我还是义无反顾地转向了她。

"请问您有时间吗？"

我的喉咙瞬间堵了沙子，"额，有啊……"难道，她？

"您听说过安利吗？"

他的文字里有自己的个性，有设计，系了一个扣子在里面，意外。虽然司空见惯，却也有自己独特的地方。

齐白石墓的忧思

我们在齐白石墓地的时候，夏梦说她想写写，我鼓励她，现在写这个墓地有一个对比，可以产生更多的思考，文化的、人性的，联想到历史与现实有太多的话要说，若是写成一篇散文，可能还真是不错的。她很认真地点头。

下课大家都在收拾东西的时候，我叮嘱夏梦，你那篇齐白石墓的文章要写啊，我可等着看呢。她说，一定。

这的确是可以做篇大文章的内容，正好，我也要写一部散文集，写北京文化的，就从这篇写起，从一座墓地展开这个地区的文化之旅。

课外训练

这个单元的课外训练项目如下：

1. 完成四篇人物观察描写。

2. 以"行为"为主题创作一篇完整的作品。

故事观念

我们已经进行完了最基础的创作训练。从这一课起，我们开始进入到故事的创作规律和方法、原则的讲述之中。此前我们所做的训练是作为一个写作者必须经历的重要的技术方法练习。这相当于"分解动作"，后面要进行的是"连续动作"，也就是说利用前面训练的成果来进行完整故事的创作训练，因此我们的方法和手段也将有所调整。

热身故事

也是从这一课开始，后面的三课我们将要采取一期讲述一个完整的主题，后把讲述的故事完整呈现的方式进行故事热身。

今天的主题是"离别"，选择的是李媛的作品《离别》。

离 别

当我也快要走到生命的终点时，我突然想起他们。人生，也不过就是无数的离别。可是，这最可怕的却不是死别或是离开，最怕啊，是积年累月的不肯相见，那才是最恐怖的离开。

现在想起来，老张把他的一辈子都耗在了这片土地上。在这儿耕种生养，抚育了一双儿女，也是在这儿他尝尽了生命中的百般滋味，结果却没落得半点好，如果有一点，怕也是和他同病相怜、相依为命的它了。老张这辈子，好不容易和老伴一起把这一双儿女拉扯大，等到儿女各自成家，他们的家却空了。自从老伴在三年前离开他，他的一双儿女回家的次数用一只手就能数得清楚。他害怕儿女忙，不敢打电话，只能每天守候在家门前，生怕错过儿女回家，生怕他们进不了家门。

我和老张是同一个时期的人，从小就住在老张家对面，看遍了老张这一路的辛酸。看着他天天拿个小板凳坐在家门前等着，我心里也不是个滋味，打小一起长大，可到老了他却成了一个人。老张要强，所有委屈都一个人憋在心底，别看他平时对谁都笑呵呵的，像是什么都不明白一样，可是他心里其实都明白，他等不回来的。甚至有好几次，中秋节、国庆节都是老张一个人过的。即便是明知道孩子们不会回家，老张每次都还是兴奋得像个小孩儿般彻夜难眠，总是起个大早，走到村口，乘最早一班的公交车去市集上，买最新鲜的材料，做上一桌最丰盛的食物，然后一个人守在桌前等着孩子们回家。没有什么意料之外的惊喜，老张每次都是一个人看太阳西落，红霞映满了天空，把人的眼睛照得生疼，老张一个人在那个土墙围成的四合院里坐着，只留给我们一个孤独落寞的背影。我好几次看不下去，想叫上老张和我们一起吃吃饭，热闹热闹，可老张从来就没在这件事儿上点过头。自从他老伴走了之后，他是越发孤独了。

现在该是去给它送饭的时候了。自从老张走了之后，这房子也空了，里边的东西早已经被搬空，地面上也积满了灰尘，唯一的生气，便是它了。

它没名字，也不知道从哪儿来的，我们都只当它有一个和老张一样的灵魂，飘荡在这个世界里，徘徊不定，没地方愿意接纳。当它到来的时候，老张正坐在小板凳上，看着那条公路，期盼有人到来，没想到的是盼来了它。它极其瘦弱，肚子已经饿得瘪下去了，那两条肋骨透过皮毛清楚地呈现，它走路也不稳，偏偏倒倒的，像是一阵风吹来它就能倒下，更吓人的是它走路的时候还会呻吟，也不知道是饿的还是病的。老张看它可怜，给了它两口饭吃，从此以后，不管是老张去哪儿它都跟着，就撵着老张跑。老张也曾经想过摆脱它，甚至到后来，他们俩之间的斗争都演变得让老张狠下心来不给它吃的了，它还是跟着老张。老张是多心软的人呐，过了大半辈子，我还不知道他吗，一准第二天就服软了，可事实的结果却来得比我想象中快。那天晚上，它在房间里抢了猫的工作，它给老张叼了只老鼠，然后又离开。都说啊，猫叼老鼠是为了邀功，它也不邀功，就这样陪在老张身边，老张心一软就留下了它。

可能老张发现了，也可能没发现，反正从它和他斗智斗勇开始，他的小板凳不见了踪影，他们俩开始形影不离，好得就像一个人。

我把手中的碗放下，看着它出现，就在我面前开始吃饭，明明之前那段时间老张把它养得白白胖胖的，现在又回到了它最初的病态。好像自从老张走了，连它也变得沉默，不再像以前那样，懂得讨人欢喜了。说起来，这项技能还多亏得老张帮它发现。去年过年，老张的一双儿女带着孩子回家，两个孩子都很喜欢这只狗，和它嬉闹了一整天，那大概是他的一双儿女在这里待过时间最长的一次了。后来有一次，小女儿竟然抱着孩子回家，在家门外等了他老半天。见了面，女儿才说出原因，自己的孩子喜欢这只狗，吵着要和它玩儿，没办法只能带着孩子赶过来。她脸上还挂着尴尬的笑容，好像自己也意识到了，她与父亲之间少了些什么。可老张这人觉得儿女回家就够了，于是他开始折磨这只狗，教它用两条腿走路，讨人欢喜，果然女儿回家的次数变得更多了。可是一段时间之后，女儿不来了，他有些失落，他也猜到了大概是怎么回事儿，可依旧不死心，打电话到女儿那儿证实。"喂，爸啊。""最近忙没时间回去，我给她买了一条狗。""嗯，先不说了爸，忙。"草草几句结束了这个电话，老张心里大概是落寞的吧。夕阳的余晖把他的影子拉得老长，行走得愈发缓慢，那条狗跑过来，老张的脚步顿了顿，又走了两三步，老张又顿了顿，那条狗也亦步亦趋地跟着老张，始终保持着两三步的距离。老张蹲下身子，摸了摸它的头，一人一狗就这样，像是同一个画框在慢慢移动。

它吃饱了，又回到了那个窝里，盯着对面空荡荡的墙。那里本来有一张床，是老张睡觉的地方，现在只剩下它了。它保持这个姿势大概是从老张去世的前三个月开始，老张身边也只有它了。我去看过老张好几次，说要给他的儿女打电话，老张这辈子太倔，太要强，愣是不肯，生怕麻烦了谁，给子女添麻烦。到最后一个月的时候，老张连门也不出，成天把自己锁在房间里，和它为伴。我看事态不对，给他那双儿女打了电话，通知他们老张的病情。他们是两天后赶回来的，进屋的时候老张躺在床上，那只狗就守在他的床角，蜷缩成一个圈，一个瘦得只剩下皮包骨的人，躺在床上，一条残喘的狗，不均匀地呼吸，一间昏暗的屋子，透过几点斑驳的光线。我不知道我当时是怎样的心情，看着老朋友，有一种生命一点一点在流逝的感觉。老张没对儿女说一句话，大概也是没力气再说了吧。小女儿怪大儿子不多回来看看老人，大儿子也有理由质问她回家的次数，无休止的争吵。质问中老张离开了，在临了的关头陪着他的，竟也只是那个和他相依的灵魂而已。

老张走了这么些年，这房子里就再也没来过人，倒也难为了它，日夜守候在这里。

我端起碗，朝外面走出去。透过玻璃窗，还能看见那条狗望着那个方向。这条狗，这座房子，像极了当年搬个小板凳坐在自家门前的老张。人活到这个年纪，才明白世间很多说不清道不明的东西，他走了也好，省得遭一遍这份罪。

老张，走好。

故　事

有位夫人养了一条杜宾犬。杜宾犬是那种特别忠诚，又特别凶猛的狗，为了主人它会不顾一切。这一天夫人要外出，便把爱犬留在家里锁上门走了，等她办完事归来时，发现杜宾犬被噎住了。狗不停地咳着，而且脸涨得通红。夫人很焦急就把狗送去兽医院，请医生检查治疗。医生说，看样子还得需要一些时间，就请夫人回家等着，这里治疗好后，他会打电话给她。于是，这位夫人就离开兽医院回家了。

还没等夫人回到家，医生就打来电话，声音很低沉地问，您到家没有？夫人说，到了，还没有进房间。医生就对她说，您千万不要回家，马上到邻居家躲一躲，什么都不要问，警车马上就到，我也马上到。夫人莫名其妙，但从医生的口气中她听出来，医生并没有跟她开玩笑，于是她就躲在邻居家。一会儿警车呼啸而至。夫人走出来，警察请她打开自家的门，几个持枪警察冲入屋内，很快一位手上流着血的人被警察带出。

这时，医生也赶到了。医生就解释了事件的原委。原来，在给杜宾犬检查的时候，发现狗的喉咙被两根人的手指头给卡住了。取出两根手指后，狗没事了。但是这两根手指立即让医生得出一个判断，就是狗主人家进去了陌生人。狗在与其搏斗的时候咬下了陌生人的手指，并且，根据手指尚没完全僵硬的情况看，陌生人很有可能仍在室内。趁别人家里无人非法进入的人，不是小偷就是抢劫犯，因此，医生立即报警，并通知狗主人千万不要回家，否则与陌生人发生冲突凶多吉少。

这是美国作家詹·哈罗德·布鲁范德的小说《噎住的杜宾犬》（又译《失踪的搭车人》，诺顿出版社出版）中的情节。这是一个典型的故事，这个故事具有时间、地点、人物、情节、结构、悬念，完整的故事框架和叙事策略。但是，是不是所有具有这些要素的作品都是故事呢？

大鸨遭遇鹰追狗咬！蠡县村民紧急救援

全保定网　2017-11-21

昨日上午，蠡县滑岗村村民孟帅、孟丽友救助一只受伤的大鸟。经专业人员鉴定，此鸟为国家一级保护动物——大鸨。

据介绍，20日上午，正在地里刨麻山药的滑岗村村民孟帅、孟丽友，看到不远处一只老鹰和一条狗正在追赶一只大鸟，大鸟连飞带跳，情形十分危险。见此情况后，两人急忙跑过去将老鹰和狗赶走，并救下了这只麻灰色的大鸟。两人发现大鸟翅膀已经被咬伤，在野外生存困难。随后，两人将大鸟带回家，并与该县林业局取得联系。很快，蠡县林业局相关人员赶到现场，经鉴定此鸟名叫大鸨，属稀有鸟类，已列入国家一级重点保护动物。

据该县林业局工作人员介绍，受伤的这只大鸨身长约30厘米，体重约2千克，头呈灰色，腹部为白色，两只翅膀为棕褐色。县林业局工作人员将大鸨带回后，与保定市林业局取得联系。目前，这只受伤的大鸨已送到保定市动物园野生动物救护中心进行救治。

据悉，大鸨是世界上最大的飞行鸟类之一，属国家一级保护动物，列入中国濒危动物红皮书易危等级。大鸨在我国的种群数量曾经是相当丰富的，经常可见到数十只的大群，但近年来数量已经变得相当稀少，估计目前总数仅有 300—400 只。

　　这段报道同样把时间、地点、人物、主要情节都交代得很清楚，完整的事件，完满的结局，但这一段是故事吗？或者说，这一段能称为叙事吗？

　　我们的问题相同，在大作家卡夫卡《变形记》里开篇就有一段这样的叙事：

　　一天早晨，格里高尔·萨姆沙从不安的睡梦中醒来，发现自己躺在床上变成了一只巨大的甲虫。他仰卧着，那坚硬得像铁甲一般的背贴着床，他稍稍抬了抬头，便看见自己那穹顶似的棕色肚子分成了像多块弧形的硬片，被子几乎盖不住肚子尖，都快滑下来了。比起偌大的身躯来，他那许多只腿真是细得可怜，都在眼前无可奈何地舞着。

　　这段描写一样具有时间：一天早晨；具有地点：格里高尔·萨姆沙的家；也具有人物：格里高尔·萨姆沙；有事件：格里高尔·萨姆沙由人变成了一只巨大的甲虫。再加上卡夫卡是个知名的作家，《变形记》是篇世界有名的小说这样的背景，那么，就上面我们引用的这一段描写来说，它能不能构成一个典型的故事呢？

　　显然，上述三段描写文字，只有我们叙述的《噎住的杜宾犬》是故事，其他两篇都不能称为"故事"，虽然它们都具有了叙事的某些共性特征，如时间、地点、人物、情节等，但它们却不完全相同。或者说，后两篇只是描写了叙事的一种状态，描写中没有发生事件的转折等叙事的基本条件，即使卡夫卡《变形记》，如果没有原作后面事件的接续讲述，情节的展开，仅有我们引用的这段描写也一样不具备叙事的基本要件。因此，除《噎住的杜宾犬》之外，其他两段都不是故事，都不是典型的故事形态。

这样说来，故事是有基本原则和基本条件的，正如美国学者杰克·哈特在《故事技巧》一书中指出的："很显然，故事就是故事，不管你在哪里叙述故事，故事的基本原则都是不变的。"每一位作者都应当遵守这些原则，而不是违背它，突破它。

在《故事技巧》这本书里，杰克·哈特还说："任何一个想充分挖掘故事叙述潜力的人，都需要发现这些普遍原则。一个成功的故事叙述者应该充分了解故事的基本理论和框架。忽视它们，就是在和人性进行一场注定失败的斗争。而掌握它们，你将在任何媒体中赢得广泛而热情的听众。"

这里就提出了一个很具体的问题，那就是故事的普遍性原则到底是什么？一个作家或者叙事者如何坚持这些基本原则？

关于"故事"的概念，有过许多解释，我们选列几个：

第一种解释：故事，可以解释为旧事、旧业、先例、典故等含义，同时，也是文学体裁的一种，侧重于事情过程的描述，强调情节跌宕起伏，从而阐发道理或者价值观。故事并不是一种文体，它是通过叙述的方式讲一个带有寓意的事件。它对于研究历史上文化的传播与分布具有很大作用。

第二种解释：故事是文学体裁的一种，属于口头文学，侧重于事件过程的描述。强调情节的生动性和连贯性，较适于口头讲述。

第三种解释：用一句话概括来讲，故事，就是以前的事，这个事可能是真实的事，也可能是虚构的事。

这三个定义的关键词是旧事、连续、完整、口头、文学、事件，也就是说，故事是已经发生的事，是连续的事件，具有开头、中段、高潮、结尾的完整事件，故事通常是以口口相传的方式存在，被记录以后成为一种文学的形式。

我们可以给故事下这样一个较为全面的定义：故事（叙事），是对已经发生、正在发生、可能发生和虚拟发生事件的重述、再现与描写。故事事件具有连贯性和完整性的特征。

高尔基的《我的大学》《在人间》《童年》《母亲》等就是对已经发生经历的记叙，是对个人生命中出现过的事件的再现。高尔基的作品是对自己所经历的社会这所大学里发生的种种曲曲折折坎坎坷坷的事件的回顾性描写。这是典型的故事。

而果戈理的《鼻子》却是虚拟事件，作品中所描写的事件根本就不可能发生，现象却可能存在。通过对事件的描写叙述，表达了对官僚机构的嘲讽。也就是说，作品的"本质真实"超越了生活的真实，具有对现实惊人的镜像作用。

法国作家罗曼·罗兰的《约翰·克利斯朵夫》这样的人物传记就是对人物一生的记载，完整地记载了人物从出生、家庭，到成长的全过程。有选择地讲述了人物一生经历中的重大而有意义的事件，这也是一个典型的传记式的故事。

法国作家儒勒·凡尔纳的《海底两万里》，美国作家菲茨杰拉德的《本杰明的奇幻旅行》、意大利作家卡尔维诺的《宇宙奇趣》这样的作品就是想象的产物，他们讲述的并非是现实或者科学已经证实的世界存在形式，而是一种幻想。

《海底两万里》讲述的是 1866 年，法国博物学家阿龙纳斯教授在海洋深处旅行的故事。作品叙述海上发现了一只被断定为独角鲸的大怪物，阿龙纳斯教授接受邀请参加追捕怪物的行动。在追捕过程中不幸落水，泅到怪物的脊背上。他发现这个所谓的"怪物"并非"独角鲸"，而是一艘构造奇妙的潜水艇"鹦鹉螺号"。潜水艇是船长尼莫在大洋中的一座荒岛上秘密建造的，船身坚固，利用海洋发电。尼莫船长邀请阿龙纳斯去海底旅行。他们从太平洋出发，经过珊瑚岛、印度洋、红海、地中海，进入大西洋，看到许多罕见的海生动植物和水中的奇异景象，又经历了搁浅、土著人围攻、同鲨鱼搏斗、冰山封路、章鱼袭击等许多险情。最后，当潜艇到达挪威海岸时，阿龙纳斯不辞而别，把他所知道的海底秘密公布于世。

美国作家菲茨杰拉德的《本杰明的奇幻旅行》写的是一个一出生就是70多岁，长着胡须、会说话的老年人本杰明"倒着成长"的故事。这个故事讲述的是一种想象的人生，人的"倒装生命"的体验过程。他拄着拐杖出生了，然后，他逐渐变成中年，再变成青年，再变成少年，随后成为婴儿，成为母亲子宫中的液体。这样的一个生长过程是奇特的、有意味的、有暗示性的，讲述了人性本质的东西。从现实层面上说是根本不可能发生的，但是，从故事的层面就可能发生，故事是作品华丽的外衣，骨子里讲述的却是真实的人的本质。或者说，作品用寓言式的描写显示了人类的普遍性，深刻而具有深度。这也是一个典型的故事结构。

意大利作家卡尔维诺的《宇宙奇趣》讲述的也是幻想的宇宙，与现实的宇宙是大不一样的。他写的是奇特想象力下的宇宙，他写的月亮与地球的距离很短，踩着梯子从地球上就能爬到月亮上去。他写的是宇宙从一点向四面八方的延展，彗星拖着明亮的尾焰划过茫茫的黑暗空间，星球震颤着喷吐出炽热的岩浆，染色体在细胞核内快乐地翻转，世界的历史在一只鹦鹉螺的贝壳中显现，而概率波在虚空中轻轻飘荡，准备向着无尽的可能性伸缩。作品用丰富的想象，描写了丰富的宇宙，用多变的文字与情节构想了一个真实世界无从依靠的宇宙。这不可能是现实的或者科学的，预测式的世界，而是作家头脑中天马行空的宇宙和物质生存的短暂一瞬间。

这都是故事，因为它们具有了故事的固有本性与特征。人类从语言产生之初就开始叙事并利用故事的本性表达自我，讲述世界的。因此，从某种角度说，世界是由于语言的建构而存在的，你讲述，因此你存在，犹太谚语"比事实更为真实的是故事"说的也是这个道理。

这里就涉及叙事的本质问题，叙事和故事两者是什么关系？

从本质上来说，叙事，就是讲故事。

人类从原始社会就开始叙事，语言发明之前，人类的交流是通过肢体、手势、表情等方式进行的。所谓"交流"就是在叙事，讲述自我的需求、恐惧与情绪，人类借助动作和表情表达自己的各种意愿。

所谓"煽动"就是通过语言和动作进行叙事。政治家是最擅长讲故事的，西方选举从某种意义上来说就是一种叙事的表演。看谁能说，看谁能把民众的眼睛吸引住，看谁至少能把民众"懵住"。所谓"选举政治"从某种角度说就是口才的艺术，也就是"叙事的艺术"，你讲述所以你存在。看谁会说，看谁至少能在选举期间把老百姓给"骗"住。用理性的语言、动情的演讲许诺、描绘如果他能够执政，他会给民众带来的种种好处，种种改变与美好的未来图景，等等。

专制国家是通过允许一部分人自由专断地说话，而禁止其他人讲话的政治，也就是"独白政治"。自说自话，自我表功，自我称赞，掩盖对自己不利的事实，不允许其他人发表意见，更不准许"说三道四"，是专断的，也是对表达自由的强权控制的政治。这种政治是它可以随便说，即使撒谎造谣也不惜，但是别人却不能。民主政治与专制政治的区别在于，民主政治是"我撒谎，也允许你撒谎"，专制政治是"我撒谎，你不能说我在撒谎"。

人类不仅用语言叙事，身体也在讲故事。著名的"葛优躺"大家都是熟悉的，那种赖皮相，那种赖在沙发上就不动，少气无力的动作就已经讲述了他自己的形象和需要，甚至他的教养。为什么有喜悦、愤怒、哭泣、兴奋的情绪，这也是一种叙事的表现。人类通过这些情绪的变化讲述内心的感受，一切都是叙事（讲故事）。特朗普的张扬性格，也是在叙事，他向世界表明他的活力，他向全世界表明，虽然我已经年过 70 岁，却比你们年轻人都清醒，我有足够的智慧和精力控制国家和世界。我们还记得王毅那令世界都敬畏的"王之蔑视"的目光，那具有震慑力的"傲慢眼光"让他国觉得中国人真的"今非昔比"。

不仅人类，动物也会用身体语言叙事，如大猩猩、黑猩猩等。当他们明白了某种身体动作是某些欲求暗示的时候，他们会使用这些动作去表达需要与情绪。当他们愤怒的时候，也会大叫大跳，也会使用身体语言加表情加动作的方式综合地表达自己。换句话说，叙事是世界存在的方式，现实世界的存在就是一种叙事。

叙事（讲故事）是人的本能，是人类生命中最普遍和最具有个性化的功能。它时时刻刻都在我们的生活中出现。叙事在我们的生活中扮演着极为常见也极为重要的角色。我们缺少不了它。叙事恰如人类对于食物、水、空气、阳光的需求那样，是一种必需品。

历史因叙事而存在，如果我们不去说，就没人知道人类的存在，虽然它存在，但如果不被讲述就不存在。因为讲述者不同，世界的存在方式和状态也就不同，从不同的角度或者不同的利益出发，其呈现的世界样态也是不同的。我们常说历史是由胜利者书写的，如果由失败者来叙述呢，历史可能是另一种样子。但是，失败者是没有资格说话的，因此，世界也就是胜利者的世界。

罗兰·巴特说："故事与人类历史同其久远。没有任何民族是没有或从来没有故事的。一切阶级、一切人类集团都有自己的故事，而且这些故事往往为不同文化甚至是对立文化中的不同人士所共同欣赏：故事并不在意文学的好与坏，故事跨越国度、历史、文化而到处存在，正像生活本身一样。"

这话说到了根本上，不仅是任何民族、任何阶级、任何人类集团，就是每一个个体也都是因叙事而存在的。无论艺术的形势如何，任何艺术都是一种叙事，都是在向世界呈现外在的或内心的状态。艺术因此而生命常青。人类是孤独的生命体，人类需要不断地表达——互相的表达，或独立的表达，才能展现存在的价值与意义，艺术因此而成为人类不可缺少的形式。

美国叙事学家阿瑟·阿萨·伯格在《通俗文化、媒介和日常生活中的叙事》中对叙事的定义是："叙事即故事，而故事讲述的是人、动物、宇宙空间的异类生命、昆虫等身上曾经发生或正在发生的事情。也就是说，故事中包括一系列按时间顺序发生的事件，即叙述在一段时间之内，或者更确切地说，在一段时间发生的事件。这段时间可能很短，如童谣，也可能很长，如某些长篇小说和叙事诗。"

在这里，阿萨·伯格给出了一个故事的基本条件，即"故事中包括一系列按时间顺序发生的事件，即叙述在一段时间之内"，这指的是故事是个时间的艺术，而时间包含着时序、跨度和频率三个基本要素。也就是说，作为故事应当呈现时间的基本流向。

阿萨·伯格还指出了叙事的普遍性，他说："我们的一生都被叙事所包围着，尽管我们很少想到这一点。我们听到、读到或看到（或兼而有之）各种传闻和故事，我们就在这些传闻和故事的海洋之中漂游，从生到死，日日如是，而死亡也被记录在叙事之中——讣告不就是一种叙事吗？正如彼德·布鲁克斯所指出的那样：'我们的生活不停地和叙事，和讲述的故事交织在一起，所有这些都在我们向自己叙述的有关我们自己生活的故事中重述一遍……我们被包围在叙事之中。'"

的确，人不可能离开叙事而存在，人是叙事的产物，人也是被讲述的产物。每个个体不仅在叙事他人，也在自述与自我呈现。自述是表达个体价值的手段，没有自述个体也就不具有价值。虽然自述的方式有所不同，但本质是一样的。你是通过公开的表达，还是通过沉默，还是通过反讽或者极端的行为表达，都是在叙事。那些不同的表现方式只是手段不同而已，并非是你不说话，你就不在叙事，你拒绝交流也是在表达一种状态，这是毫无疑义的。

法国叙事学家罗兰·巴特在《符号学历险》中也同样阐述了故事的普遍性："世界上的故事无穷无尽。首先有众多惊人的样式分布于不同的内容之中，似乎任何材料都适合人类用来表达故事。支撑故事的可以是口头的或书写的分节语言，固定的或流动的形象、姿态，以及包含所有这些内容的有组织的混合体。"

这种普遍性是叙事的基本特性，我们是被"套"在话语圈里的动物，表达不表达都是表达。《圣经》上说，人类一思考上帝就发笑。其实，人类不思考都是在叙事。但是，思考本身就是偏见，任何思考与叙事都会发生偏差，这是因为个体的偏差造成的。每个个体都不可能没有"偏见"，也就是语言本身就有虚伪性。说出来就是"不对的"，因为"说"就是站在某种角度上说的，任何一个角度都不会是全局。

非叙事

知道什么是叙事很重要，但是，从创作实践中我们会发现，知道什么"不是叙事"似乎更具有意义。因为，许多所谓"作品"就不具有叙事性，但我们却按照叙事性作品谈论、评价。

1944 年前后，美国飞虎队为了支援中国人民的抗战，在桂林建立起了一个飞行基地，帮助中国人轰炸被日本人占领的香港启德机场。当年，一位叫唐纳德·克尔的飞虎队中尉带着飞行队去执行任务，结果被启德机场的日军击中。正在向启德机场坠落的克尔突然被一阵风吹来，把他吹到了临近机场的山里，而此时恰巧有一位游击队情报员 12 岁的男孩李石从此路过，把克尔救起，并迅速通知港九大队。港九大队一路护送着克尔转移到了大陆，使克尔获救。这个过程被克尔一路上通过几幅画在烟盒上的漫画的形式记录了下来。当我们连续地讲述这个故事的时候，这当然是一个曲折而生动的故事，但是，当我们用克尔所画的某一幅画面来讲述的时候，是不能称作叙事的。因为除一个画面所表现的内容外，其他的内容是由讲述者补充叙述的，一幅画不能提供连续的叙事内容，也就不能构成一个叙事。

因此，单一的画面与单一的行动不是叙事。正如阿瑟·阿萨·伯格在《通俗文化、媒介和日常生活中的叙事》一书中所说："一般认为，素描、绘画、照片——任何单幅的图画都不是叙事，尽管它们可能是我们都知道和熟悉的叙事的组成部分。""虽然有些画包含足够多的信息，观察者先看画的一部分再移到另一部分，因此可以把这些画看作是叙事，但一般来说，人们并不认为单幅的画包含叙事内容。"

这个观点很重要，因为很多作品将一个状态或一个画面叙述得十分精确生动，却缺乏必要的连续描述，因此不能构成一篇完整的作品。虽然有的作品较长，但是却只是在一个画面上精雕细刻，同样有的作品虽然文字较短，却超出了一个固定的叙事单元，因而构成了叙事。也就是说，一个作品是不是叙事文学，这要看它是不是只在一个状态下进行讲述。

我们看下面这篇短小的作品《眼泪》：

死亡来临前，他在一片红彤彤的天空中，看到了妈妈。

妈妈围着沾满了面粉的旧围裙在厨房里揉面，面粉的香气柔和得像一条河，缓缓地流进他的鼻子。妈妈垂下的眼睛旁鱼尾样的纹络，像是刺一样的扎进他的心中。这不怪他们，他们谁也没想到，这平凡的一刻就是永恒。

炸弹炸在他身旁，他感觉四肢百骸都像散了架似的在天上飞，头埋在了地里，腿挂在了树上，身子溺水而亡。他已经死了，可是他依旧能感觉到血腥的泥土像摇篮一样摆动着，凝土粒子里散落着妈妈面粉的香气。炸弹声像是蚂蚁哼哼不足一提，但是他那孤独的头颅还是痛苦得抖动起来，抖出一颗浑浊的、硕大的眼泪。

因为他知道他死了，而他死的地方，就叫作死亡葬身之地。

　　这段文字写得很生动、形象，也很鲜活。但是，这段细腻地表现死亡的文字却只是描写了死亡的状态，它是对单一的画面和单一事件的描绘，还不能构成一个完整的叙事单元。

　　单一的事件与单幅的画面一样，它们所提供的是一种叙事的"味道"而不是叙事本身。对于单一故事与单幅画面所产生的种种叙事阐释是由单一事件与单幅画面所散发出的"体味"诱发的叙事联想，而不是叙事事实。

　　其次，对于一种状态事实的描述不是叙事。也就是说，像卡夫卡《变形记》的那一段经典的开头："一天早晨，格里高尔·萨姆沙从不安的睡梦中醒来，发现自己躺在床上变成了一支巨大的甲虫。"接下来，他详细地描写了格里高尔·萨姆沙变成大甲虫之后的种种心理和生理的变化，他痛苦地挣扎和渴望，如果没有后面他的父母叫他起床，叫他吃饭，以及发现格里高尔·萨姆沙变成大甲虫之后的种种行为，即使再精彩也是不能构成一个完整叙事的。因为，这仅仅是对一个事实和状态的描述，是不能构成完整的叙事系列的。

　　莫言的《红高粱》的开头有这样一段描写：

　　秋天的一个早晨，潮气很重，杂草上、瓦片上都凝结着一层透明的露水。槐树上已经有了浅黄色的叶片，挂在槐树上的红锈斑斑的铁钟也被露水打得湿漉漉的。队长披着夹袄，一手里抓着一块高粱面饼子，一手里捏着一棵剥皮的大葱，慢吞吞地朝着钟下走。走到钟下时，手里的东西全没了，只有两个腮帮子像秋田里搬运粮草的老田鼠一样饱满地鼓着。

　　这仅仅是队长行走状态的一个描写，不是叙事，因为缺乏必要的第二个状态描写。因此，作品再加上这一段才是一个完整的叙事段落：

他拉动钟绳，钟锤撞击钟壁，"喤喤喤"响成一片。老老少少的人从胡同里涌出来，汇集到钟下，眼巴巴地望着队长，像一群木偶。队长用力把食物吞咽下去，抬起袖子擦擦被络腮胡子包围着的嘴。人们一齐瞅着队长的嘴，只听到那张嘴一张开——那张嘴一张开就骂："他娘的腿！公社里这些狗娘养的，今日抽两个瓦工，明日调两个木工，几个劳力全被他们给零打碎敲了。小石匠，公社要加宽村后的滞洪闸，每个生产队里抽调一个石匠，一个小工，只好你去了。"队长对着一个高个子宽肩膀的小伙子说。

这就是说，仅仅对一个状态的描述是不行的。有些作家常常不能够认识到叙事与非叙事的区别，一些作品，特别是一些短篇作品，对于叙事与非叙事的界限的认识是模糊的，从而以非叙事代替叙事。甚至一些长篇作品，其叙事特征也不充分，因而，使其叙事效果大打折扣。

托多罗夫认为，一个文本是不是能够形成叙事"并不取决于文本长短"，而是看它是否符合基本的叙事条件。当一个长篇作品仅仅停留在一个不鲜明和不完整的叙事体内，越长的篇幅可能会带来越困难的阅读。

故事要素

叙事有哪些条件？从柏拉图、亚里士多德以来，人们一直在探寻这个问题的答案。从《理想国》《诗学》到现代以叙事学理论为叙事的标准与条件已经作出了种种规范。叙事，大体上必须具备三个要件，或曰三把"尺子"，我们以此来判断叙事作品的"叙事性"问题。

第一，具有一定长度的完整事件。

长度既是对叙事时间概念而言，又是对叙事空间概念而言的。从时间上来讲，任何一个故事都会占有时间，而时间是具有长度特性的。从空间角度看，任何故事都会在一定的空间范围内展开，因而也就具有空间意义上的距离长度感。

亚里士多德在《诗学》中提出："悲剧是对一个完整划一，且具有一定长度的行动的摹仿，因为有的事物虽然可能完整，却没有足够的长度。一个完整的事物由起始、中段和结尾组成。"[1]

因此，一个典型的叙事文本从一般意义上来讲，应当具有叙事文学的基本规则，即开始、中段、结尾，也就是通过一定的长度来达到叙事的目的。

我们看下面这篇作品：

士兵·军号

鸭绿江的夜漫长凄寒，带毛军帽挂着冰霜罩在战士小雷的头上，鼻孔里喷涌的白气让他的脸如刚从冰窖里取出的羊肉片。如果能吃上热腾腾的火锅就好了。小雷踩踩脚，浸了雪水的战靴让他的脚几乎冻僵。他早已无心站岗，四面寂静无声，冰面也无亮光，便躲进不远处的破屋里，睡意随即将他吞噬。"滴——"小雷猛然惊醒，军号声被震天的枪声掩盖，却格外清晰尖利。战斗的号角伴随着火药味十足的朔风撞开房门，小雷匆忙背上枪，朝着黄光一亮一灭的方向奔去。

这个片段具有完整的叙事结构，虽然文字不长，却是个典型的叙事。

第二，连续（具有长度）的事件。

连续是指两个以上的事件。因为"每一个故事都是旅行故事——一种空间实践"。连续就是从一个空间点至另一个空间点的运动，也是从一个时间

---

[1] 〔古希腊〕亚里士多德：《诗学》，陈中梅译，商务印书馆，1996年7月，第74页。

点到另一个时间点的行为，具有空间与时间的长度。正如米歇尔·德塞都在《日常生活的实践》中所说，故事"每天都经过若干地点并把它们组织起来；它们选择地点并把它们联结起来；它们从这些地点中建构出句子和路线。它们是空间的轨迹。"

因此，一个典型的故事应具有连续的事件，具有两个以上的状态。爱玛·卡法勒诺斯认为："叙事就是对连续事件的再现。"

契诃夫的小说《变色龙》即是一个典型的范例，小说开头是一个孤立的事件与状态：

警官奥楚美洛夫穿着新的军大衣，手里拿着个小包，穿过市集的广场。他身后跟着个警察，生着棕红色的头发，端着一个粗箩，上面盛着没收来的醋栗，装得满满的。四下里一片寂静。广场上连人影也没有。小铺和酒店敞开大门，无精打采地面对着上帝创造的这个世界，像是一张张饥饿的嘴巴。门店附近连一个乞丐都没有。

如果没有后面事件的发生，这个孤立的事件便是封闭的状态，它不具有叙事性，仅仅是一种状态的呈现。但是，一个声音的出现打破了平静，即叙事从前一个事件跳跃到了另一个事件的叙述中去：

"你竟敢咬人，该死的东西！"奥楚美洛夫忽然听见说话声。"伙计们，别放走它！如今咬人可不行！抓住它！哎哟，哎哟！"

狗的尖叫声响起。奥楚美洛夫往那边一看，瞧见商人彼楚京的木柴场里窜出来一条狗，用三条腿跑路，不住地回头看。在它身后，有一个人追出来，穿着浆硬的花衬衫和敞开怀的坎肩。他紧追那条狗，身子往前一探，扑倒在地，抓住那条狗的后腿。紧跟着又传来狗叫声和人喊声："别放走它！"带着睡意的脸纷纷从小铺里探出来，不久木柴场门口就聚上一群人，像是从地底下钻出来一样。

"仿佛出乱子了，官长！"警察说。

两个本来孤立、无关的事件瞬间发生了联系。前一个事件，即警察在街上的巡视成为狗咬人事件的一个前兆性的描述，而后一个事件的出现使前一个事件发生了转变。前一个事件是平衡的，后一个事件打破了平衡，接下来自然引出了一个恢复平衡的行动。正是这样，平衡—打破平衡—努力恢复平衡—恢复平衡，这是一个基本的叙事逻辑，这之间起作用的是突变和转折。如果没有这种转折的存在，叙事便不存在。

第三，转换的事件。

1905年，俄罗斯伟大作家弗·库·索洛古勃创作了一篇小说《小矮人》。小说叙事了长得矮小的男人如何被异化的过程。

身材矮小瘦弱的机关公务员萨拉宁娶了一位身高体胖的妻子，虽然两个人过得幸福，却常常遭别人的议论与嘲笑。闷闷不乐的萨拉宁就想寻找一种可以使自己变高，或者使妻子变矮的秘方。晚上12点钟他出去了，他在街上找到了一位亚美尼亚人。亚美尼亚人卖给萨拉宁一种可以使人变矮的药水，他如获至宝。过了几天妻子头痛的时候机会来了，萨拉宁给妻子的杯子里滴上变矮的药水充当治疗头痛的药，结果被调皮的妻子调换了杯子，萨拉宁自己把那杯能使人变矮的药水喝了下去。于是，萨拉宁变得越来越小，熟人都感到惊讶，妻子开始嘲笑他的个子越来越小。上司严厉训斥他，并给了萨拉宁四个月的假，让他恢复到原来的个头，否则就不用来上班了。

可是，厄运并没有因此远离他，那种药水继续发挥着作用，他的个头变得越来越小。他已经小到人们要是不小心都会踩死他的地步，他依然在变小。商人从萨拉宁的身上看到了商机，跟他的妻子商量要租用小矮人，把他放在橱窗里，那样可以吸引客人，让生意兴隆。妻子在与商人谈论萨拉宁命运的时候，萨拉宁想极力阻止这笔关系自己未来的交易，却没人理他，他变得越来越无足轻重了。

萨拉宁被租借出去，他站在橱窗里，像动物一样被人观看，他吸引了大批观众，而他自己却还在变小，"一阵微微的过堂风吹过，极小极小的萨拉宁，犹如一粒尘埃，升到空中，开始盘旋起来，同在阳光下飞舞的一大片灰尘混在了一起。"萨拉宁变成了微粒消失得无影无踪了。"后来他被人们遗忘了。""萨拉宁的一生结束了。"

这篇小说极为精彩地表达了人的异化情态。小说用了 11 个段落来描述这个故事。我们可以很清楚地分析出故事的基本事件和状态：萨拉宁为自己是个矮小的男人犯愁——周围的人都嘲笑萨拉宁——萨拉宁要把高大肥胖的妻子变小或者把自己变得高大——萨拉宁在晚上 12 点上街了，他要寻找一种神奇的药品彻底解决自己的烦恼——神秘的亚美尼亚人有使人变高的药水，也有使人变矮的药水，因为萨拉宁没有那么多的钱，就买一瓶能使人变小的药水——萨拉宁的妻子病了，萨拉宁的机会来了——萨拉宁给妻子吃药，妻子却调换了水杯，让萨拉宁把药喝了——喝了使人变矮药水的萨拉宁焦急地寻找亚美尼亚人，他要买一瓶解药，来解除危机，但亚美尼亚人消失了——萨拉宁在变小，他被上司勒令休假——萨拉宁在变小，妻子开始嘲笑他——萨拉宁在变小，商人要租借他去吸引顾客——萨拉宁的妻子跟商人谈判，萨拉宁不能左右自己的命运——萨拉宁被摆放在橱窗里，吸引了大量观众，商店发财了——萨拉宁在不断地变小，身边的人在不断地给他缩小的身体做衣服、造房子——萨拉宁变成了微粒消失了。如此等等，小说的事件一个接着一个，情节不断地发生变化，而这些变化不是由一个状态完成的，是由多个事态的连续演变而形成的。故事因此变得精彩、多变、耐人寻味。

每一个状态的变化都是一次转变，每一次转变都成为叙事的一个阶段。

正是由这些转换才构成了这部精彩小说的基本线索。

正如托多罗夫所说:"叙事并不限于此(状态描写),它需要情节展开,也就是说需要变化、差异。"

再看下面这篇学生的作品。

院 长

我睡眼惺忪地在食堂打早饭。穿着一身橘黄色睡衣,外套一件厚实的迷彩大衣,拖跋着一双胶鞋,微微发红的脚跟露在外面,头发炸得像燃起的火苗,像一个梦游者般漫不经心地点着我钟爱的肉夹馍。不经意间往旁边一瞟,看到那个十分熟悉的背景,便立马转过头,背对着他。心想:就当没看见好了。正刷卡结账时,一只有力的大手拍了拍我的肩膀,我心头一紧,虽明知是他,但还是故作惊讶状地问了声好。他看着我的着装,满脸不悦地说:"谁教你这样穿鞋了,快穿好。"我一心想逃离这个让人尴尬又难受的局面,"嗯啊"地应答了两声,便一溜烟地跑了。吃完早餐刚想离开时,他又走过来,一只手背在身后,一只手指着我,左眼不停地眨动着,带动着面部肌肉,让人觉得仿佛他的整个左脸都在不断抽搐着。他严肃地说:"怎么还没穿好?你这样脚跟露在外面,老了是会得病的。"他的嗓音越来越高,脸颊仿佛抽搐得越来越快,持着那口不标准的普通话继续说,"你这样衣冠不整,让别人拍了照片发到网上,出了事情不就来找我这个院长了吗?"我听着,只觉得头晕目眩,浑身像沾满了虫子难堪。只得躬下身子穿好鞋,站起身在一旁毕恭毕敬地目送他背着手,慢悠悠地远去后,长长吐了一口气。

这也是个典型的叙事,由一个平静的吃早饭的行为,突然转换成"我"

与"院长"的关系。这种关系不仅打破了事件的平衡，而且也造成了叙事连续性和完整性，使一个普通的日常行为变成了叙事事件。

好故事

不是所有具备叙事条件的作品都能构成一篇好故事。"好故事"除必备叙事的基本条件之外，还应当具有更高的要求。

第一，不断行动的人物。

一个人物如果是静止不动的，这个人物就很难有性格。作家在塑造人物时，必须让自己的人物动起来，否则这个人物就不会生动，也立不起来。优秀的作品都是表现不断行动的人物的作品。

《亮剑》中的李云龙，从开篇就在行动，即使在故事中他并不是主要的行动者。比如，开篇的第一个故事"李家坡战斗"，打这仗的部队并不是李云龙的独立团，他的部队仅是一支预备队，主力部队正在打，如果不是一次次地被打下来，是轮不到李云龙的部队的。而且，在故事开始的时候，这个没有太大作用的部队的指挥员也在行动，他在后勤部与张万和软磨硬泡地要土造的手榴弹。张万和说这些土造的东西没什么杀伤力，你要它没用。李云龙说聊胜于无吧。正是这些看上去没有太大用的土造手榴弹在战斗的关键时刻起到了决定性的作用。在《亮剑》43 章的叙事中，每一章都是李云龙的行动场。

不断的动作，而且是主动作，没有被动状态的动作，这就是好故事的标准。一个处于被动行动中的人物是不能塑造性格的，而一个没有鲜明性格的人是不会给人留下深刻印象的。行动，行动，再行动，不断地行动。动作，主动作，使人物处于不断主动行动之中，人物就有了鲜明的个性。

第二，令人同情的人物。

好故事中的人物应当是被人同情的人物，而不是好得让人厌恶，坏得一无是处的人物。为什么我们常常感觉过去的文学作品中的英雄人物假？为什么一些作品中塑造出的正面人物不可信，重要的原因是人物写得好得出奇，坏得透顶，人物超出了人们的理解，不值得同情。一个不值得同情的人物其实就是一个失败的人物。好故事是不能有失败人物存在的。

因为贩毒而被执行安乐死的大学生，人们几乎忘掉了她的罪，而对她充满了怜悯与同情，原因是罪犯的美。在执行注射死刑针的时候，这位美丽的罪犯带有撒娇口气地对执行死刑的警察说"我怕疼"的那一刻，这个人物就是令人同情的。

道格拉斯在《超完美谋杀案》中所扮演的丈夫想尽一切办法要谋杀妻子，可是，我们对影片中的丈夫没有过多的谴责，反而对他的行为有某种同情感。因为丈夫深爱着妻子，妻子却有了外遇，而且那个外遇对象还是个从监狱刚刚放出来的骗子。妻子出轨在先，丈夫的谋杀具有了某种令人同情的一面。其次，丈夫的公司严重亏损，要倒闭，他缺少一大笔钱补亏空，如果他的妻子死亡，他就能够得到保险，事业可以起死回生，这又是一个"合理"的谋杀原因。因此，道格拉斯所扮演的这个事业、爱情都倒霉的男人就有了值得人们同情的一面，因此，他的种种行为就获得了观众心理上的同情怜悯。

《教父》同样是表现坏人的电影，主角不就是一个黑社会老大吗。可是，我们没有从这个人物身上看到那些穷凶极恶的东西，反而从他的身上看到了父爱如山，看到了教父对亲情的珍视，对家人的百般保护，即使遇到生命威胁也在所不惜的精神。教父家族所干的都是非法的事情，都是与社会正义、社会道德格格不入，甚至大逆不道的事情。可是，观众并不恨他，反而同情，站在教父的一边，他身上充满了令人敬佩的东西。这就是一个令人同情的人物，这个人物写成功了，作品也就成功了。

　　因此，我们可以得出这样的结论：宁写一个令人同情的坏人，也不写一个令人怀疑的好人。同情、怜悯是普遍的"人性"，写人性是好故事的基本要求。不要把一个正面人物写得过好，要让好人身上充满着令人不快的缺陷，更不要把一个坏人写得坏透了，要让他身上哪怕有一点点值得人们理解的东西，这个人物立即就会"真实"起来。人是复杂的，再坏的人也有值得同情的东西，再好的人也有缺点。

　　"把好人写坏，把坏人写好"这是好故事的普遍性原则。好人身上的缺点和坏人身上的优点都是丰富而繁杂人性的真实存在。如果我们不顾这个现实就会陷入道德和意识形态的沼泽里不能自拔，更不能说服读者。

　　第三，陷入困境的人物。

　　好故事就是一个令人同情的人物陷入困境，如何挣扎突破困境，得以救赎，或被困境压倒的过程。用大戏剧家洪深的话说就是，好故事就是一个人掉进坑里，如何往外爬，爬出来了就是喜剧，爬不出来就是悲剧。

　　何谓"困境"？困境就是陷阱，它或许是爱情、憎恨、痛苦，也可能是死亡、选择、发展等。爱情的困境是两个人如何突破障碍走到一起，让两个人物陷入想爱又不能爱，想在一起却被迫分开的困境。解决这些困境的过程就是人物成长与发展的过程。两个人无论结局如何，对于困境的突破是最重要的叙事核心。

　　写复仇不要让复仇显得那么容易，要写出复仇的繁杂性，让人物陷入复杂的复仇困境中。想复仇，复仇对象却死了。父债子还，杀仇家的儿子以达到复仇的目的，可是，仇家儿子与自己是兄弟，仇家的儿子是个懦弱无还手之力的人。报仇之后，并没有感到快乐和解脱，反而自杀了（曹禺《原野》）。

　　契诃夫讲过一个突破困境的方法，他说有一个人住在蒙特卡洛，喜欢赌博。有一天晚上，他手气真好，赢了一百万美元，回家之后，他自杀了。一个手气如此之好的人，在赢得了一大把钱之后，却选择了自杀。这个人物我们可以想象，他对金钱的困境是如此刻骨铭心，他没有因发财而更快乐，反而更痛苦。这是绝妙的困境。

正如杰克·哈特在《故事技巧》中所阐释的那样："困境就是欲望。一旦某人意识到他想得到什么，并开始付诸行动，他就开启了一个潜在的故事。"而这个故事的本质就是对这个困境的突破和如何突破。有了欲望就要去实现，是否能够实现就是突破阻力满足欲望的过程。

如何突破困境？有四个解决方法：

第一，靠外力解决困境。要想办法找到能够帮助人物克服困境的人物，借助他的力量满足欲望。人物越是不能战胜困境，越需要另一种力量的参与。因此，当我们写到人物无法解决难题时，我们就可以为他找到一个能够帮助解决问题的人，但是如果想得到帮助就必须付出相应的代价。

鲁迅的小说《铸剑》里写眉间尺16岁了，从母亲那里得到替父报仇的嘱咐，背着父亲干将留下来的天下第一剑要去刺杀国王。但是，他这样一个小人物，甭说是杀国王，就是靠近都是不可能的，如何报仇？于是，这个时候出现了"黑色人"宴之敖，他是一个侠客。他说，他可以替眉间尺杀死国王，但是有两个条件，一个是眉间尺手上的宝剑，另一个是眉间尺的人头。眉间尺毫不犹豫地用手上的剑把头颅割下，人头和宝剑献上，随后就有了黑色人替眉间尺复仇的场景。这就是靠外力来解决人物的困境。

第二，靠内力突破困境。人物的困境靠人物自身并非无法解决，而是必须自我突破。为了解决困境也必须付出相应的代价，这个代价也是巨大的，可能也是很危险的。人物必须克服心理的、身体的、物质的、环境的，等等阻障，才能达到突破困境的目的。

儒勒·凡尔纳的《神秘岛》中五个人从里士满城里逃出，坐着热气球落到一个荒岛上。为了生存，他们必须克服没有食物的困难，要解决没有房屋的困难，还要克服没有工具的困难，要克服长期坚守的困难，必须防御各种自然灾难的来临，他们面临的困难远不止于此。但是在工程师史密斯的智慧下，几个人靠自己的力量一个一个地解决了。解决了物质的，还有精神的，一切都解决了，故事就讲完了。这是一个战胜困难、解决困境的故事。

第三，解决了部分问题。有时，人物并不能完全解决掉面临的困境，但是我们得让人物至少把主要的困境解决，让读者觉得人物的努力并没有白费，获得读者的心理满足。解决主要的核心问题，但还不圆满，不圆满才让人觉得日后有希望不断完善。

第四，困境不一定解决。有时候，故事并不一定给出一个确切的结果，但是我们可以把一个好的结果暗示给读者。让读者"觉得"可能早晚会得到解决，而实际上故事中并没有给出这样的叙事结局。解决不了，是一个悲剧性的结果，但悲剧可能会获得更多的同情和怜悯。

总之，必须让人物陷入困境之中，让他在困境中挣扎痛苦，让人物受尽煎熬磨难，最终让人物获得某种满足。这是好故事的标准之一。

课外训练

以"离别"为主题，创作一篇完整的作品。

故事技术

叙事是有方法的，不同的人不同的文化背景有不同的创作技术和习惯。这一章我们讲述的就是叙事方法与技巧。

热身故事

本期的热身故事主题是"味道"，选登的是吴娅芬的作品《味道》。

味 道

说起味道我便想起家乡。家乡的味道因为掺杂了个人情感，糅进了复杂乡愁，所以它更令我怀念，带着浓浓的温暖的乡土气息。怀念着家乡的味道也怀念着家乡的人和事，更怀念的是生活在家乡的那段时光。时间齿轮从未停止转动，我似乎也乖乖地按照正常的人生轨迹不断前行，但时光溜得越远，带动齿轮的拉条就越紧，我就越想扭头望望之前逝去的东西。我爱回忆，同时也恋旧。不是固执停滞不前，而是我怕路过了美好的日子以后没有温故，它们就真的溜走了。这些财富，只有努力地回忆才会被我所拥有。同样，家乡的味道，奶奶的味道，也需要我努力地回忆咀嚼。我要在千里之外与它们重新认识，像一个很久不见的老朋友，思念，然后相聚。

味道是人的一种感觉，所谓通感即牵一发而动全身。奶奶饭菜的味道，带动我全身的细胞，一起跳动，一起温暖。

孩童之年对味觉初有体会，于是我自然而然地迷恋上了能够直接刺激我味蕾的方便面。我几乎每天早晨上学之前都会让奶奶给我煮一包。我乖乖蹲坐在客厅的小桌子旁，静静地等待着用白色陶瓷碗盛着颜色鲜艳的红色汤面的到来。奶奶怕我吃得快不好消化，总是把面煮得很烂，有时候再磕上一个鸡蛋，放上一根香肠，小碗便满满的。因为有鸡蛋的原因，本来很软的面就更稠了，煮熟鸡蛋的碎屑和汤混在一起，端起来吸溜一口，这时再滑进嘴里几根面条，混着汤嚼一嚼，真是美味！奶奶总是坐在旁边的沙发上静静地看着我，时不时帮我擦擦掉到衣服上的残渣。我咕噜咕噜地喝完汤，身上便充满了能量，鼻子上也冒出了汗珠，身体因为热汤的刺激不断地散发着热气，血液流动的速度加快，我的大脑变得灵活。所以每当我远离家乡感到无助被负能量充斥的时候，我便为自己煮一包最经典的方便面。我焦急地等待那包装上叮嘱的五分钟，然后功利地一口气吞完。身上热了，心却还是凉的。那时我才明白，食物的美味，除了自身的可口，某种程度上还取决于制作的人。一种无形的思恋牵扯了情感与味觉，一种酸楚从胃里直接涌到心口，没了靠山般的安全感，没了港湾般的依赖感的我默默地拨通了奶奶的电话。

"奶奶，我好想你。"

初中时代的我在喧嚣的季节躁动不安，叛逆年龄的我总爱对生活产生新的探测。熬夜打游戏、聊天、看电影，做着让妈妈担心、爸爸无奈的事情。各种杂七杂八的事情充斥了我的脑子，无心学习，变了太多的我甚至也认不清自己了。可能青春狂放，就爱在夜里躁动，疯狂地敲击着键盘，在互联网许多未知的领域留下了自己的足迹，甚至面对着陌生人也会高谈阔论振振有词。有时被某个当红小鲜肉吸引，点开他的微博一翻就到半夜。那一段时间整个人变得浮躁，不知自己在干什么也不知道自己应该干什么，精神头随之降下去。这样恶循环的某一天晚上，我正畅快淋漓于电影里暴力画面，这时面前有人端来一碗挂面，香喷喷的。我扭头一看，是奶奶站在身后，并督促我赶紧趁热吃了，我看了看表，已经凌晨十二点半。奶奶被我赶去睡觉后，我的电影也结束了。我在电脑屏幕微弱的光前端起这碗挂面，拿起筷子挑到嘴里。

四周黑暗，热气在微光下慢慢四散。我随便点开一首歌然后开始慢慢品尝这份美味。奶奶煮的面向来就是很浓稠的，细细滑滑的面条入口即化，咸咸的味道带着香菜的凉爽，让我的心一下沉下来。我慢慢地品着，思考着这一段时间来颓废的日子，是否对得起深夜中奶奶给我做的这碗挂面呢？房间这时好像变小，四周是空洞的，留下的是挂面的香味和电脑里舒缓的纯音乐。我的心此时再静了下来，有了这一段时间以来的第一次思考。是人改变了食物，还是食物改变了人？

我虽没心没肺大大咧咧，但每次品尝奶奶为我做的菜肴，都能感觉到她的关心。这也是我最值得骄傲的地方：能够发现爱，并且接受爱，最后感恩爱。

十六岁的我踏上外出求学的道路。一月一次假，每次放假只有十几个小时，不管时间有多紧张，奶奶总是起个大早给我包饺子。三年以来，每次放假都是如此。有同学问我，不烦吗？一开始我也是抵触的，因为回一趟家都想吃点大鱼大肉饱饱口福，但最常见的饺子却从不缺席。我又觉得奶奶那么辛苦没有必要，直到后来我禁不住重复的"接待"，问了奶奶每次包饺子的原因。奶奶回答道：饺子象征着团圆。我听到顿住了，扭过身去努力抑制住没出息的眼泪，揉揉眼睛，扭过身来夹起一个饺子往嘴里塞。

我又尝到了小时候的那种温暖。一口下去，我的牙齿穿破了光滑的饺子皮，触到了韭菜肉的硬馅，吸干净里面的油，嚼几下细细品味。味道和之前的相比似乎发生了不同，更香，更满。这一个饺子更实在，皮是皮，馅是馅，我吃得到，感觉得到，奶奶也在我身边。之后的放假，我再没有阻止过奶奶包饺子，反而吃得一次比一次香，我开心，奶奶也开心。

中国人善于用食物来缩短他乡与故乡的距离，懂得用五味杂陈形容人生，因为懂得味道是每个人心中固守的乡愁。血浓于水的亲情至高无上，融于味蕾，绽放于心间；真真切切地思乡敲打心扉，集于脑海，渲染于纸上。不管是否情愿，生活总在催促我们迈步向前。我整装，启程，跋涉，落脚，停在哪里，哪里都会燃起家乡的味道。

人和食物，比任何时候走得都快。无论我脚步有多么匆忙，不管聚散和悲欢，来得多么不由自主，总有一种味道，以独有的方式提醒着我，认清明天的去向，不忘昨日的来处。

发现故事

年轻漂亮的女人在街上遛狗，吸引路人的眼光，这个司空见惯的场景，在哪里都可能出现。通常会一闪而过，顶多是多看上两眼，而后就会"过目就忘""视而不见"，对周围的人和事可能已经麻木而习惯了。但是在作家眼里呢？

女人遛狗的场景在契诃夫的眼里就变成了人物与事件。在雅尔塔就有这样一个叫古罗夫的男人，他看到在他休假的驻地，经常有一位年轻漂亮的女人在河堤上遛狗，他的心就动了。他想，要是能够和这个陌生女人亲近一点多好。可是，他又不能直接跟这个陌生女人搭讪。他想了一个办法，那天，他正在公园的餐厅里吃饭，那个女人出现了，于是他就逗那条狗，让那条狗过来。狗对着他吠叫，他依然向狗友好地挥着手指头。那女人羞涩地一笑，说了声"它不咬人"。古罗夫就请求，能不能给这条狗一块骨头吃？于是两个人就搭上了话。古罗夫问女人来这里多久了？女人回答了他，他说我来这里已经一周了。两个人你一言我一语地聊了起来，一对无聊而闲散的男女就联系在了一起。后来我们看到河堤上出现了古罗夫陪着女人遛狗的场景，再以后，古罗夫邀请女人到住处，古罗夫跟女人上床，两个人相恋，女人回到莫斯科，古罗夫追到那里，等等。这一系列的发展源自一个被人们忽略或习以为常的小小的细节：女人遛狗。这就是契诃夫的小说《带小狗的女人》展现给我们的魅力。

作家应当与常人有不同的眼光，作家眼中的世界应该是独特的，从生活中发现叙事的对象，又以异常的方式把两个无关的事物建立起联系。

以色列作家奥兹在《故事开始了》里谈道："开始讲一个故事就像是在餐馆和一个素昧平生的人调情。还记得契诃夫的小说《带小狗的女人》里的古罗夫吗？古罗夫向那只小狗一次又一次晃动手指，示意它过来，直到那女人脸一红，说'它不咬人'，于是古罗夫就请求她准许他给那条狗一根骨头，这就给古罗夫和契诃夫他们两个人一条可以遵循的思路：他们开始眉目传情，故事也就开始了。"

是的，"其实，几乎每个故事的开头都是一根骨头，用这根骨头来吸引女人的狗，而那条狗又使你接近那个女人。"那根骨头就在那里，在大多数人都视而不见的时候，作家却见到了，把这个平常的事件变成了精彩的作品中的事件。

因此，作家是以其独特而敏感的身心在感受与发现世界的。如果一个作家没有这样的敏锐性，那就需要训练，让自己的感官敏感起来，练就这样的从日常生活中发现故事的素质。

要有一双善于发现的眼睛，一颗敏感的心。在日常中发现生活，在生活中发现素材与积累素材。在作家的眼里没有不能用的素材，只是没有找到合适的角度而已。把那些捕捉到的瞬间、细节储备起来，早晚有一天它们会让你的作品发出光来。把观察所得与积累的知识相碰撞，撞出火花，撞出精彩来。养成勤于记录的习惯。把那些感悟和发现记录在案，寻找时机加以利用。

在《毛姆的创作笔记》里记载了一个故事：两个年轻的英国人在印度一个隔离的茶园工作，一个叫克里夫，一个叫杰弗里。克里夫经常收到信件，而杰弗里却从未收到过信。有一天杰弗里提出用五英镑向克里夫买一封信，克里夫答应了。杰弗里仔细地看了那些信，挑了一封。那天晚上吃饭的时候，克里夫问杰弗里，那封信里写了什么？杰弗里说"这不关你的事"。克里夫说"至少告诉我是谁写的吧？"杰弗里就是不告诉他。两个人大吵一架。一周后，克里夫提出花两倍的价钱把信买回来。"休想！"

这个故事，一直就存放在毛姆的笔记里，他把它记下来了，但是没有用。原因是他没有找到合适的方法来写它。毛姆说："要是我属于现代派故事作者的话，我就会这样写，不管它。可是，这有违我的原则，我认为故事要有自己的形式，除非你能给故事一个令人信服的结局，否则你就没办法赋予它形式。"

这个故事大概可以是这样一个结局：克里夫去偷信，杰弗里杀死他。而那封信的结局可能是：一、讽刺的转折，克里夫的服装商的信，衣服做好了。二、杰弗里的女友写给克里夫的，请克里夫安排一个特别会面。

什么样的故事素材能进入我们的作品，我们当然会选择那些有用、实用的材料，我们应当使我们的"武器库"充满丰富的储备，不断地发现、捡拾、充盈。因此有效而准确地选择材料就有一些方法。我将这种方法总结为这样几句话：

要矛盾冲突，不要和气服从。

要逆境苦难，不要顺遂美满。

要挣扎痛苦，不要安逸舒服。

我们选择素材应当选择那些充满矛盾和变化的东西，冲突越激烈越尖锐越有张力。不选择那些和气的、服从的材料。克里夫和杰弗里这两个人物本来是和谐友好的一对，在毛姆的记载里，这两个人从平和走向了对立，甚至最后还要你死我活，因为一封信带来了人的关系的变化。如果他们的关系一直很好，一个问，信里写了什么？另一个就告诉他写了什么，这个故事就很无趣，可是，当一个人问，另一个人不回答，或者给予令人沮丧的回答时，故事就有了。不要去运用那些没有冲突的情节，而是要给人物制造各种麻烦冲突，让他们的关系不要太好，让他们打起来，冲突起来。

一个有妻子和孩子的男人，在妻子不在时，与另一个女人相遇，互有好感，进而上床。当男人以为这只是一次偶遇而离开的时候，女人却割腕自杀，以此威胁男人继续跟自己来往。接下来，女人采取各种极端的行为干扰男人的生活，打电话，不期而遇地拜访。男人继续向外推女人，女人的行为升级，杀死男人家的兔子，男人意识到女人威胁到了自己的婚姻和家人。女人的行为继续升级，女人绑架男人的孩子，而妻子被惊吓出了车祸。种种行为表明，这个女人的不正常已经严重到了不得不以生命结束这场游戏的地步。显然，这个故事的结局只有一个，疯狂的女人必须死去。但是怎么死却是一个问题了。是由男人自己把女人杀死，还是女人自杀。这是由阿德里安·莱恩导演，道格拉斯主演的美国影片《致命的诱惑》的情节。

事实上，我们的生活只是故事，并非情节。生活通常是由一系列松散的事件、巧和偶然组合在一起的。而我们的作品需要的是情节。那就把故事变成情节，把松散的事件有机地组织在一起。

最精彩的故事不是善对恶的对抗，而是善对善，体现善对善的诀窍就在于对立观点的质量。

安德烈·纪德说："艺术的首要条件是，它不包含任何不重要的事物，一本紧凑的书直奔主题并且切合题旨。"

海明威也说："先去写，然后把所有的好东西（好东西指的是作者情有独钟的所有材料）——不是适合拿来写的故事的每份材料都去掉，剩下的就是故事。"

聚焦人物

文学作品的核心是写人，是人的行为，人的性格打动读者的。选择什么样的人物或者塑造什么样的人物决定了作品的成败。因此，选择人物是有技巧的。

首先，能够进入我们作品中的人物应当是具有"突出特征的人物"，我们也可以称之为"怪异人物"。一个没有突出特征的人物是不能引起关注的，只有人物身上外在或内在表现出的某种"怪异"才能让我们关注并且产生兴奋点。

想一想，我们是对一个衣着正常，走路正常，说话正常，一切都正常的人感兴趣，还是对一个衣着破旧，灰头土脸，走路一瘸一拐，说话口吃的人感兴趣呢？"不正常"是所有作品引人瞩目的诀窍。不正常刺激了人们的好奇心，让我们站下来，仔细地看他，而后会有进一步的期待。

马尔克斯在《百年孤独》中所描述的布恩迪亚家族七代人个个都是怪异的；海伦·凯勒的《假如给我三天光明》写的是盲人的生活，也是一种"异"；汤姆·霍珀执导的电影《国王的演讲》讲的是患有严重口吃的艾伯特王子，一个靠嘴皮子演讲的国王，恰恰是口吃，怪异。这些作品中的人物、情节之所以给我们留下印象，重要的是人物的行为、性格的"不正常""怪异"。正常的，我们会自然地忽略掉，恰恰是种种"不正常"把我们引入到了叙事的城堡。

英国小说家罗伯特·路易斯·史蒂文森的长篇小说《金银岛》讲述的是，18 世纪中期英国少年吉姆从垂危水手彭斯手中得到传说中的藏宝图，在当地乡绅支援下组织探险队前往金银岛，智斗海盗，最终平息了叛变并成功取得宝藏的故事。我们看到这部小说中的人物"独腿水手""黑狗"、瞎子等人物，几乎个个都很"怪异"，恰恰是因为人物的怪异长相、怪异行为给我们留下了深刻的印象。

《百年孤独》写的是何塞·阿尔卡蒂奥·布恩迪亚家族七代人在马孔多镇的历史。可以说，七代布恩迪亚人都是"怪异"的。长尾巴的孩子，经常出现的死者鬼魂，在娘肚里就会哭的婴儿，每日炼金做小金鱼，做完了熔化，重新再做。姑姑和刚刚成年的侄儿厮混，终日关在房中缝制殓衣，缝了拆，拆了缝，直至生命的最后一刻。儿子狂热地爱上自己的生母，不穿衣服的女孩抓着雪白的床单乘风而去。与情妇同居，牲畜迅速地繁殖，长着猪尾巴的男孩刚出生就被一群蚂蚁吃掉，等等。都是异常而新奇的，构成了魔幻与现实的奇特交错。

其次，我们要将具有"异常习惯的人物"纳入写作的对象。异常也可以称为"反常"，如上面所说的道理一样，一切都是正常的没人关注，而反常的让我们诧异、疑虑，进而产生好奇。

果戈理的小说《鼻子》的叙事就是从种种"反常"事件写起的。在家里吃早餐，再讲究的人也不会穿上燕尾服，但是小说中的理发师起床后，就是这样干的。这预示了一个不正常事件的开始。接下来的事更为反常，早餐吃面包，通常的顺序是：切面包、放葱头、撒上盐。但是，在小说中理发师伊凡·雅可夫列维奇这顿早餐的吃法却是相反的："为了体面起见，在衬衫外面穿上一件燕尾服，坐到餐桌前，撒上点盐，准备好两个葱头，拿起刀子，装出一副耐人寻味的表情，动手切面包。"这个反常的动作，暗示着不同寻常事件的发生。

果然，"他把面包切成两半，瞧瞧里面，不禁大为惊讶：里面有一个发白的东西。"于是，这个反常动作之后，小说的情节发生了有趣的变化。当理发匠明白了这只鼻子的主人是八等文官柯瓦廖夫的时候，他是何等的诚惶诚恐。于是，他的反应就是尽快摆脱掉这只鼻子，以免惹上麻烦。他想扔掉这个不祥之物，但是并不容易，他想尽了办法都没有成功，甚至遭到了警察的盯梢。围绕着鼻子的讽刺喜剧便上演了。小说的叙事效果是通过一些反常行为，反常现象达到的。

第三，要捕捉描写那些"极端行为的人物"。也就是走极端的人物，或者愤怒，或者喜悦，或者爱哭或者爱笑，或者生或者死。极端的行为造就了极端的形象，有如漫画，具有符号化的特征。一个爱发怒的人，是个极端性格的人，他的动作具有强烈的刺激性。一个酷爱干净的男人，每天都自己带着餐具到固定的餐厅、固定的位置吃饭，一旦这种极端的干净固执的习惯被打破，故事就开始了。

卡尔维诺《我们的祖先三部曲》中的《分成两半的子爵》写的是一个完整的人被炸弹分成了两半，一半善，一半恶。善的一半总是做善事，而恶的一边总是做残忍无道的事。把人类的两个极端本性写绝了，用两种极端对比的行为把人类身上的对抗、统一的基因表现得淋漓尽致。

第四，有特殊嗜好的人物。明代大学者张岱曾说"无嗜不交，无癖不交"，有癖好的人是情感专注的人，懂得爱的人，是值得一交的人。同时我们的人物也应当是一些这样的具有鲜明性格和特殊行为的人物。一个人如果有一些特殊的偏爱，比如特别喜欢收藏某种东西，特别爱吃某种食物，特别喜欢某种味道，特别喜爱某种动物或植物，等等，这样的人值得去写。

特别的嗜好就是特殊的性格，而性格具有了符号化特征，这个人物就是个"尖型人物"，是个独特而有魅力的人物。卡尔维诺《我们的祖先三部曲》中的《树上的男爵》讲的就是一个喜欢住在树上的男子。小时候因为跟父亲赌气上了树，就再也没下来过，他在树上经历了成长，也经历了社会与历史的变迁。他在上面目睹了战争，水灾，也经历了学习，恋爱，成家，一切都是在树上完成的。这个人物很独特，可以说过目不忘，原因就是这个人物的独特生活方式。

叙事文学从根本上来说，就是为读者提供那些新颖的，他们不可能看到想到的事件与人物。而具有"特殊嗜好的人物"恰恰是新颖、奇特的技巧。

立意与主题

"我想写一位持枪逃走的士兵的故事"只是一个想法，还达不到立意的程度。但想法是立意的基础，任何立意都是从一个具体的"想法"开始的。但是不能仅仅停留在想法上，还要上升为立意。

毛姆创作笔记上的两个绅士的故事很有趣，也很生动，他之所以没有把这个故事变成一篇小说，就是他找不到恰当的立意：写这样一个故事要干什么？会达到什么效果？如果回答不了这样的问题，那就只是个想法而已。想法不是作品。因此，许多作家可能比较容易找到故事，甚至有的人还自信自己的故事是"别人没有写过"的原创性的，但是他却没有为这个故事找到一个好的立意。即使是个好故事，如果没有恰当的立意依附，这个故事也是不能讲的。否则就是浪费素材，浪费好故事。必须为故事"穿衣戴帽"，也就是找到立意。

什么是"立意"？

如果说"我想写一位持枪逃走的士兵的故事"是个想法的话，那么"假如我写一个逃兵的故事会如何呢？"就是立意了。立意就是故事的价值，或者说故事的普遍性。为故事找到具有价值的内涵，故事才具有了普遍性。或者是被多数人接受，具有了某种思想的时候，想法就变成了立意。立意是想法的升华与提纯，是故事创造的核心意图。

我们可以为索洛古勃的《小矮人》清晰地归纳出立意，或者作家本人的原创意图是，通过写一个身材矮小的人的遭遇能够看到人性的本质。我们还可以归纳出这个故事的其他立意。比如小矮人的故事讲的是改变与渴望，改变有时会让人陷入更大的麻烦。还可以归纳出，所谓的爱是不可靠的。还可以归纳出商业化对人性的改变，也可以归纳出"人言可畏"这样的普遍立意，等等。这个故事有多种立意，而作家心里应当而且必须有一个清晰的明确的立意，或者是通过讲故事要达到的企图。

作品有了立意，就有了叙事基础，但这仍然不够，还要为故事寻找到主题。主题是什么？主题是立意的升华。"我想写一位持枪逃走的士兵的故事"是个想法，"假如我写一个逃兵的故事会如何呢？"是立意，而在立意的基础上，提出更深入的思考，就是主题。也就是"假如我写一个持枪逃走的士兵故事"会有什么结果：

（1）故事对我及他人有什么意义？

（2）故事对现实世界和生活有什么启发？

（3）这个故事让你产生了怎样的联想与感觉？等等。

从故事中，可以寻找到更为广泛的可能性、思想性及哲学意义。也就是说主题是抽象的，是从立意中升华、分解并且被提纯的意义。

好作品的主题不是单一的，而是多解的。意义在读者那里，有多少个读者就会有多少个对作品主题的理解。

但是，正像立意一样，作家创作时的倾向性却是比较明确的，他用诱导的方式引导着读者走向对单一意义的理解，但他的努力常常是无力的。因为读者有时并不按照作家的引导进入作品，而是有自己的一套。事实上"理想的读者"听话的阅读者常常是不存在的。所以，作品如果把读者的思想和认识统一起来了，这种作品恰恰不是好作品。

建立结构

正如建筑物要有框架、有正面、有侧面、有顶端，有各种实用或装饰的构架一样，作品被成功树立起来，也需要一个合适、恰当的结构。

无论短篇还是中长篇，作品的结构都是重要的。作家首先要有一个基本设想。这又像建筑物一样，任何一个有个性的建筑物都应当是从基础和结构开始，根据建筑物的用途和美学思想，在设想时，必须首先要考虑一下基础和结构，这是作品能否成功的关键。想象一下，若是一个不合理、不稳定的结构，建立起来的大厦也将是不稳定和危险的，而一个不牢靠的大厦又如何让人信任？

在研究了众多叙事文学作品后，我们可以将作品的结构归纳为以下几条：

一波有三折，顺利埋着祸。

有起也有伏，倒抠反写活。

开头一杆枪，必须让它响。

虎背配熊腰，豹子尾巴牢。

中国古人简明扼要地为我们归纳出故事结构的基本技巧就是"一波三折"，一唱三叹，一步三摇，三翻四抖，这讲的都是结构。

一个完整的故事应当有三次反复，要告诉我们故事的开始是什么，然后如何进入高潮的，最后又是如何结束的。在传统的叙事文学中，最讲究的是"系扣子""解扣子"，也就是经过一个设置悬念的开端，再经历一个破解矛盾的过程，最终达到揭开谜底的目的。

我们常常说"重要的事情说三遍"。也就是一个故事叙事应当告诉读者，他原来是什么，现在是什么，未来会成为什么，这是故事的基本规则。叙事作品应当按照平衡—打破平衡—恢复平衡这样一种叙事逻辑推进，这说的也是结构。

而这里的技巧性问题是，每一个矛盾的解决都要把新的矛盾扣子暗中埋设下，为下一个矛盾冲突与困境做准备。也就是通常不去写顺利成功，而是艰难成功，挣扎努力。每一次问题的解决或者平衡都埋着新的矛盾与冲突，即"顺利埋着祸"。在看似平衡中，埋下了不平衡的种子。

在叙事文学创作中，要有矛盾意识、悬念意识和冲突意识，让故事起伏跌宕，有起也有伏。在写法上，一些有经验的作家会从故事的结尾处开始"倒抠反写"。想出一个结尾来，从结尾向前推：一个这样的结尾会有一个那样的原因，那样的原因来自一个怎样的开头或者起始呢。因为我们知道了结尾，心里就装着一个目标，所有的叙事都是奔着那个既定的目标走的，叙事就有动力。当然，也会出现在反抠的过程中改变目标的可能性，但那也是在稳定的结构下的改变。

契诃夫在创作谈中讲到了小说的结构问题，他说，"要是您在头一章里提到墙上挂着枪，那么在第二章或者第三章里就一定得开枪，如果不开枪，那管枪就不必挂在那儿。"这说的也是结构技巧。也就是在结构中的叙事点是不能随意地，应当是有意而为之。也就是作家心里要有结构意识，每一个情节点，甚至是道具的设置都要"有用"，无用的东西在结构里就是多余的。

典型的叙事结构就是"虎背、熊腰、豹子尾"。也就是开头强烈，中间结实，结尾有力。我们常常看到的是"虎头蛇尾"，开始写得虎虎有生气，可是写着写着就泄气了，到最后是个软塌塌的收束。这是叙事文学要避讳的。

举一篇学员的作品，说明结构的重要性。

安静的医院走廊在一声拖长的哭喊后变得喧闹不已。老宋用颤抖的双手摆晃着从抢救室走出的面色凝重的医生，"求求你了，医生，救救我的儿子吧——啊——我已经失去一个女儿了啊！"老宋拽着医生的工作服慢慢地跪在地上，仿佛他已经没有多余的力气再站起来似的。"节哀吧——"医生摇了摇头，逃离了这个悲伤的地方。走廊旁的两排座椅上，坐满了许多老宋并不认识的陌生人。他们有的低着头，有的喘着气抹眼泪。倒有一个人，老宋曾经见过。一个蹲坐在角落的瘦弱女孩，满脸泪水地跪到老宋身边。"对不起，叔叔，我不是故意的，不是故意的——是你儿子让我推他的——唔。"女孩近乎语塞地硬是憋出了一句话，她又接着哭喊起来了。老宋两眼通红地抬起头，死死地盯着眼前这个害死儿子的女孩，他失控地拎起女孩的衣领，两手掐着纤瘦的脖子，发疯似的怒吼。

这个片段的结构比较完整，开头就是一个悬念，死人了。老宋和他的家人在哭泣，中间是一个女孩承担责任，结束是老宋失控要打女孩。完整的叙事单元完成了，虽然短，结构却是完整而有力的。

作品的结构是叙事文学最基础的工作。基础牢靠，叙事才能有力而结实。

找到视角

结构确立后，就要找到进入这个结构的"入口"，也就是找到叙事的视角。站在不同的角度讲故事，结果是不同的。因此，一个合适的恰当的角度在叙事文学中也是重要的一环。

叙事视角有两种基本的形式：非限制性视角、限制性视角。采取哪种方式是根据作品的结构和作品的叙事立意确立的。

非限制性视角指的是"无所不知"的视角，也就是"上帝视角"。没有限制、没有障碍，可以自由出入于人物与事件内外的视角。视角的承担者无所不能、无所不知，他可以从外部、客观的角度讲述事件的外在状态与人物表面行为、物体的现存状况，也可以从内部、较为主观的角度深入人物的内心、梦境、想象与潜意识。只要需要，非限制性视角的承担者可以从任何一个角度进入任何想要进入的事件。

通常采用第三人称叙事的属于非限制性视角。但不是所有的第三人称都是非限制性的。如《第22条军规》：

这可是实实在在的一见钟情。

初次相见，约塞连便狂热地恋上了随军牧师。

约塞连因肝痛住在医院，不过，他这肝痛还不是黄疸病的征兆，正因如此，医生们才是伤透了脑筋。如果它转成黄疸病，他们就有办法对症下药；如果它没有转成黄疸病而且症状又消失了，那么他们就可以让他出院。可是他这肝痛老是拖着，怎么也变不了黄疸病，实在让他们不知所措。

这个角度虽然是第三人称，但却聚焦在一个人身上，叙事口吻与第一人称相似，这实际上是用第三人称的形式把视角限制在一个可控的范围内，成为第一人称了。

莫言的《红高粱》相反，叙事者是第一人称，却起到了第三人称"上帝视角"的作用：

一九三九年古历八月初九，我父亲这个土匪种十四岁多一点。他跟着后来名满天下的传奇英雄余占鳌司令的队伍去胶平公路伏击日本人的汽车队。奶奶披着夹袄，送他们到村头。余司令说："立住吧。"奶奶就立住了。奶奶对我父亲说："豆官，听你干爹的话。"父亲没吱声，他看着奶奶高大的身躯，嗅着奶奶的夹袄里散出的热烘烘的香味，突然感到凉气逼人，他打了一个战。肚子咕噜噜响一阵。余司令拍了一下父亲的头。说："走，干儿。"

这个段落讲的是"我爷爷""我奶奶"的事。但是故事所涉及的那个时间叙事者的父亲还是个没长大的孩子，而叙事者更没有出生，他不可能"看到"他爷爷奶奶的事情，他只是从一个旁观者的角度，第三人称的角度讲述故事的。这个角度虽然是第一人称的，却是个非限制性的角度。

第二种视角就是限制性视角。

限制性视角指的是视角被限定在一定的范围内，不能超出一定的区域，只能讲有限范围内的事情，不能讲超出这个视野之外的任何事情。也就是说，叙事者有所不知，而不是无所不知。

裴指海《亡灵的歌唱》采取的就是限制性视角：

我在上军校时，一位知识渊博的老教授突然抛开课本，给我们讲起了新物理学的时间。他说，时间从来都不会流逝，过去和将来的一切都在那儿。他的这种说法把我们都镇住了，但他接着说，这不是他说的，这是一个叫爱因斯坦的科学家说的。

我看着这位老教授，有点发愣。那一会儿，正好有阳光照在讲台上，空气中微小的灰尘在光线下舞动着，那些粉笔末像面粉一样落在他的白头发上。我呆呆地看着他那满头白发，很激动地想，我如果拥有每秒几万英里的速度，我向前跑，就可以赶去参加他年轻时的婚礼，如果我向后跑，那我就可以在几分钟后看到他的葬礼。

显然，从一个亡灵的角度回顾那段生活，我们在故事里看到的这场烈士闹剧更具有亲近感。这个故事因为限制了叙事者的角度，把故事的焦点集中在一个亡灵身上，便具有了可靠性。

卡尔维诺《寒冬夜行人》用第二人称的方式叙事，也是限制视角。第二人称与第一人称的最大区别是，第一人称的"隐含读者"有很多人，或者一个人，而第二人称的"隐含读者"只是一个人，是用对一个人讲述的方式叙事：

你即将开始阅读伊塔洛·卡尔维诺《寒冬夜行人》了。请你先放松一下，然后再集中注意力。把一切无关的想法都从你的头脑中驱逐出去，让周围的一切变成看不见听不着的东西，不再干扰你。门最好关起来。那边老开着电视机，立即告诉他们："不，我不要看电视！"如果他们没听见，你再大点声音："我在看书！请不要打扰我！"也许那边噪音太大，他们没听见你的话，你再大点声音，怒吼道："我要开始看伊塔洛·卡尔维诺的新小说了！"哦！你要是不愿意说，也可以不说，但愿他们不来干扰你。

我们看到，《寒冬夜行人》因为把视角放在一个人身上，并且只对一个隐含的读者讲述，使叙事者与隐含读者的距离缩短了。叙事也就更加专一，并且更具有针对性，这对故事的叙述产生了更为真切神奇的变化。

视角涉及叙事作品的人物、叙事声音、叙事的客观与主观等诸多问题，因此，选择一个恰当的叙事视角对于创作来说也是极为重要的问题。

设置空间

叙事空间对于叙事文学创作来说是个重大问题。上述视角，其实本质上讲的也是空间视角，也就是指叙事者站在某一个空间位置的角度。当然也同时包含着时间问题，但重要的是时间可以模糊，空间却是一个具体的可感的概念。

按照杰拉德·普林斯的界定，空间是"描绘情境与事件和发生叙述事例的某一地方或数个地方"。

空间指的是叙事者或人物所处的物理区域，也指叙事者或人物所在的人文环境、感知距离、心理预设。空间既是一个实指的、在叙事文本中被描述的地理场所，也指被明显感知，却未在叙事文本中描述出的阅读想象与心理创造的形式。特别需要指出的是，空间是动态的，是从一个地点到另一个地点所构成的区域，单一的孤立的一个地点不能构成叙事空间。

通常我们用"环境""背景""场景""地点"等词语指称"空间"的概念，这些概念大体上相当于空间的基本"单位"。通常在叙事文本中，空间的概念更为准确。

一个故事通常是由一系列周密、巧妙相连的空间所构成的。不同的空间对叙事会有不同的作用。一个北方人（空间性的）与一个南方人（空间性的）是不同的，因为空间差异而造成了这两个不同空间人的性格、习惯、语言、宗教的不同。如果我们塑造的是一个有着鲜明性格的北方大汉，在没有充分的理由前就不能使用南方人的性格。"南"或者"北"指的是空间。一个常年在野外活动的地质工作者和一个常年在教室里教课的老师是不同的，因为他们活动的空间有区别。可能这两个人一起长大，一起读书，但是，由于空间的变化造成了其习惯、信仰和生活方式的不同。或者说，空间是可以塑造人物的，独特的空间对人物形象的塑造，对情节的推动会起到重要作用。一部小说或影视剧本通常是由 40—70 个空间场景构成，每个场景都如同一个独幕剧，有开头、中段、结尾。空间设置是作品创作要考虑并且要实际设置的重要问题。

即使一篇短篇故事也应当具有独特的空间场景设置。如果我们寻找到了相应的独特空间，那么，叙事就具有了成功的基础。

课外训练

以"味道"为主题创作一篇完整的作品。

第 15 课

故事规则

　　我们可以把故事叙述的基本方法和原则归纳为 12 条。"12 条原则"是无数作家创作经验的积累与总结，这些原则是：

　　一人事，立主脑。

　　要晚进，及早出。

　　舍近路，求远途。

　　有需求，设障碍。

　　主动作，反动作。

　　重此在，避交代。

　　摆事实，少说理。

　　多行程，少地图。

　　多写动，少写静。

　　多人格，少物化。

　　坏好人，好坏人。

　　大背景，小切口。

一人事，立主脑

　　"一人一事，立主脑"是明代戏剧家李渔在《闲情偶记》中提出的创作原则。这个原则强调的是对人物的描写和塑造要集中而专注。一个作品是对一个人物的完整行为的描写，是对完整事件的再现，无须过多的铺张和繁复。所谓"主脑"就是表达的核心，是主题、主旨，是作品的灵魂。一个主题、一个人物、一个事件只要写得完满即可。

　　李渔的观点与亚里士多德的戏剧理论相似。在亚里士多德的创作观念中，也认为一部好的作品，要表现一个具有完整情节的一人一事。在《诗学》里亚里士多德说："正如在其他摹仿艺术里一部作品只摹仿一个事物，在诗里，情节既然是对行动的摹仿，就必须摹仿一个单一而完整的行动。事件的结合要严密到这样一种程度，以至若是挪动或删减其中的任何一部分就会使整体松裂和脱节。如果一个事物在整体中的出现与否都不会引起显著的差异，那么，它就不是这个整体的一部分。"①

　　亚里士多德进一步提出："有人认为，只要写一个人的事，情节就会整一，其实不然。在一个人所经历的许多，或者说无数事件中，有的缺乏整一性。同样，一个人可以经历许多行动，但这些并不组成一个完整的行动。"②

　　我们还记得莫泊桑的两篇有关珠宝首饰的短篇小说，一篇是《项链》，另一篇是《珠宝》。

　　《项链》讲的是小公务员的美丽妻子玛蒂尔德有一些虚荣心，她喜欢热闹，喜欢奢华的生活，但丈夫却是一个普通的小职员，没那么多钱。一次偶

---

① 〔古希腊〕亚里士多德：《诗学》，陈中梅译，商务印书馆，1996 年 7 月，第 78 页。
② 〔古希腊〕亚里士多德：《诗学》，陈中梅译，商务印书馆，1996 年 7 月，第 78 页。

然的机会，丈夫得到了参加晚会的机会。为了参加这次聚会，丈夫把积攒下的 400 法郎让她做了一件礼服。但是光有礼服还不行，还得有漂亮的首饰。于是，玛蒂尔德从自己的好友那里借来一串美丽的项链。因为漂亮的礼服和项链她在晚会上出尽了风头，她满足高兴。可是，在回家的路上不慎把借来的项链弄丢了。她只好借钱去买了与那条项链一样的还给了好友。买项链的钱却让他们夫妇用了 10 年的时间去偿还。他们节衣缩食，为了多挣些钱，受尽了生活磨难。美丽的玛蒂尔德也在还债的 10 年里变成地地道道的普通劳动妇女，手变得粗糙了，容颜也衰老了。当她偶然在街上遇到当年借给她项链的女友时，女友都认不出她了，问她何以落得这样？她才坦诚地告诉女友，这都是为了还她当年丢失的项链所致，女友听后惊得目瞪口呆，她告诉她，那条项链是假的，不值钱。

故事就是围绕着"借项链—丢项链—还项链"这样一个情节线展开，一人：玛蒂尔德；一事：项链；一个主题：虚荣心造成的苦难。集中地讲述了一个人围绕一个物品发生的故事。

《项链》讲的是"真项链"变成假项链的故事，而莫泊桑的《珠宝》讲的却是一个相反的故事，讲的是"假珠宝"变成真珠宝的故事。《项链》主角是美丽的妻子玛蒂尔德，而《珠宝》的主角却是小公务员朗丹。

这篇小说讲的是一个公务员朗丹，挣得不多，却有个美丽的妻子。朗丹太太也是好热闹，喜欢社交，特别喜欢看戏，喜欢买假珠宝。朗丹觉得很对不起太太，自己不能够为她提供更为舒适的生活，连看戏这种活动也不能够经常陪着她去。眼看着妻子只能买一些假的珠宝首饰聊以自慰，有着深深的歉疚。后来，朗丹太太因为患了肺炎去世了。朗丹生活更陷入了困境，有时甚至连一顿可口的饭都吃不上。就想，妻子买了那么多假珠宝，可以拿出来多少换点钱，吃上一顿饭。于是，他先是拿出一条项链去珠宝店，结果，发现项链是真的，以至于他把家里的全部"假珠宝"都拿到珠宝店，结果全部都是真的，并且就在同一家店里买的，价值不菲。这一方面让他惊喜，另一方面又感到了妻子的背叛。因为，他没有钱给妻子买，而妻子却有如此之多的真货，这说明肯定有人送给妻子，这是多么令人伤心的事。但生活还要继续，他因妻子的去世意外得到了这么一大笔遗产而有些膨胀了。在把全部珠宝卖了 20 万法郎之后，先去吃了一顿大餐，他忍不住地告诉邻桌的陌生人自己得到了"30 万法郎"的遗产，而后到单位辞职，告诉领导得到了"40 万法郎"的遗产。从此他到处炫耀自己的财富，享受生活，挥霍遗产。他已经忘记了妻子的背叛。后来，他发现在享受富豪生活的时候却缺少一个妻子，于是，他娶了一个太太，而这个太太很厉害，最终朗丹死于这位严格的太太手上。

　　小公务员的命运因意外之财而转折，一人一事，一个主题，集中而有序。如果我们仔细推敲就会发现，一个好的作品往往是人物集中、情节完整的叙事链，不分岔，不分心，故事就集中表述一个人物的行为。

要晚进，及早出

　　所谓"晚进"指的是故事从事件发展的关键之处开始叙述，而不是从事件的酝酿铺垫之初、有点苗头的地方讲。叙述一进入就已经是一个高潮，或者是事件发展到了一定阶段。而"早出"指的是事件还没有完全出现结局的时候就结束，在高潮处戛然而止。为什么有的作品读上去啰啰唆唆，没完没了？问题正是出现在不懂得"晚进早出"这样一个基本的叙事文学技巧上，或者说没有关注到这样一个经验性的创作方法。

　　我们从无数部经典文学作品中都能看到这种"晚进早出"的创作。玛格丽特·米切尔《飘》的开篇就是："斯佳丽·奥哈拉长得并不漂亮，但是男人一旦像塔尔顿家孪生兄弟那样被她的魅力迷住往往就不大理会这点。"小说并没有从斯佳丽·奥哈拉这个人物如何出身，在什么样的家庭教育下成长，有什么样的魅力，干了什么讲起，开篇就在讲男人对这个其貌不扬女孩的迷恋。女孩斯佳丽·奥哈拉的所有魅力是通过后面的叙述展开的，而不是在一开始就交代她的魅力。这就是"晚进"，事件已经发生了，而且已经成熟到了一定阶段，不"从头讲起"，而是从中间，从高潮处进行叙述。

加西亚·马尔克斯《百年孤独》那句著名的开头："多年以后，当奥雷连诺上校站在行刑队前，准会想起父亲带他去参观冰块的那个遥远的下午。"这是一个典型的"晚进早出"。"多年以后"讲的是未来"将要发生"的事件，"父亲带他去参观冰块的那个遥远的下午"指向了过去，而叙事时间在"当下"。我们可以称之为"站在中间看两边"。这个令人叫绝的开头，省略了过去与历史。但是，马孔多镇是有过去的，而且奥雷连诺家族七代人的繁衍都是在这里。从创建马孔多，到发展，到旺盛，衰落，马孔多造就了奥雷连诺家族七代人的延续和命运，这是个百年孤独的小镇。但作品并没有从开始创建马孔多讲，而是"站在中间"讲述，已经是"多年以后"的事了。当然，这七代人的故事是要从第一代讲起的，但是打开故事之门的，却是"现在"。

艾米莉·勃朗特《呼啸山庄》的开头也是："1801 年。我刚刚拜访过我的房东回来——就是那个将要给我惹麻烦的孤独的邻居。"这是在拜访事件发生之后讲述的事实，而不是拜访的过程。帕斯捷尔纳克的《日瓦戈医生》的开头："他们走着，不停地走，一面唱着《永志不忘》，歌声休止的时候，人们的脚步、马蹄和微风仿佛接替着唱起这支哀悼的歌。"谁在走？为什么在走，为何要唱歌？这样一个悲伤的场景由何而来？这一切都是在后面的叙述当中逐步丰富和弥补出来的。讲述从事件已经发生的某个高潮，或事件造成的某个结果处开始了故事的讲述。

毛姆晚年的战争小说力作《没有被征服的女人》讲述了一个颇具争议的

故事。作为占领者的德国士兵汉斯和威利，骑行在法国乡间，向人问路，被占领者故意给他们指一条错误的路。他们走到了一条不该走的路上，正是在这条路上，当他们再次向一家法国人问路的时候，他们遇到了更为直接的拒绝。安内特这个有个性的法国女孩明确告诉威利和汉斯这两个德国兵，说她不知道。这让他们很恼火，虽然随后安内特的父母想尽快把两个德国兵打发走，告诉了他们正确的路，但是他们还是在她们家强行喝了酒，并且与女孩安内特发生了严重冲突，汉斯强奸了安内特，然后他们扬长而去。当然，这个故事后来的发展出乎意料，安内特由于这次强奸案而怀孕。汉斯从德国法西斯侵略者的角度看到，这一切似乎具有"合理"性，他爱上了受害者。当他得知安内特因他而怀孕时，他甚至像所有爱孩子的父亲一样，欢呼雀跃，想跟安内特成为一家人。汉斯就一直以为，这个世界早晚都是德国的，等德国把法国占领了他也可以回自己的农场去种地孝敬父母了。好在汉斯还不是那种灭绝人性的侵略者，他多少对自己酒后做出的事情，包括强奸安内特、殴打安内特的父亲，等等，有些后悔和歉意。所以才有了下面的故事。

命运的巧合让汉斯后来被派往离安内特所在的村子不太远的地方驻守，他有了一次向安内特全家表示歉意的机会。于是汉斯拿着干酪、肉食等物品去看望正在饥饿中的安内特一家。极端的饥饿让这一家人正处于虚弱状态，食物对于他们来说是有巨大诱惑力的。从汉斯的这一行动可以看出，汉斯的确是真心的，真心为自己的行为后悔。但同时，他也认为作为一个德国军人他的行为从某种角度上看也可以被认为是"正常"的。因为，他那时喝了酒，大脑昏迷、犯着糊涂。他并没有做出某些更为恶劣的德国兵做过的杀人放火的行为。

但是，没想到，安内特却对他恨之入骨。他不理解的是，从一个德国兵的角度看，他还没有杀她，也没有杀她全家，并且还拿着食物来道歉，哪个德国军人如此"善良"？

　　汉斯想通过自己的行动缓解与安内特的关系，虽然安内特的父母在食物的诱惑下态度在改变，也在食用汉斯送来的食物，甚至父亲还请汉斯代买香烟之类的东西，母亲的态度变化得更快一些。但是汉斯不明白的是安内特的态度强硬而且仇恨似乎更加深刻。安内特表现出仇恨的原因有三个，第一，安内特的弟弟在前线被德国兵打死了；第二，安内特的男友被德国人关在集中营里；第三，更为严重的是，安内特发现自己怀上了汉斯这个德国兵的孩子。

　　这样的仇恨是不共戴天的，汉斯的智力是不能够理解的。当汉斯得知安内特怀上自己的孩子的时候，欣喜若狂，他甚至觉得自己爱上了这个倔强的女孩。很快，安内特接到一个消息，她的男友在集中营里死了，安内特内心的痛苦又增加了一层。汉斯从安内特的母亲那里得知，安内特的父母本来就反对安内特和那个男人来往，对他不满意。汉斯出现以后，安内特的父母逐渐对这个德国兵产生了好感，并且汉斯的外貌要比安内特的男友漂亮得多，体格也好得多。所以，当得知安内特的男友死去之后，汉斯以为他与安内特结婚是水到渠成的事。他给在德国农村的父母写信说自己要娶一个法国姑娘，让弟弟回去孝敬父母。

　　尤其汉斯进一步说服了安内特的父母让他们首先接受了他。他的理由就是，安内特的弟弟死在了战场上，他们家这么大的一个农场就没有一个能够干体力活的人了，农场就只能被卖掉，那是安内特的父母所不愿意的。要是汉斯与安内特结婚，那么汉斯就可以在他们家里干活，农场也就保住了。并且在安内特的父亲看来，既然法国被打败了，德国早晚是这个国家的统治者，还不如就承认这个现实，接纳汉斯为自己的女婿。

　　安内特在一个晚上把孩子生下来。第二天汉斯来到安内特的家，得知安内特为他生下一个男孩的时候，他如此兴奋，要看看安内特和自己的儿子。但是房间里没有安内特，他们到处去找，最后在河边看到了安内特。她说，要是现在不下手，再过一两天就下不去手了，她亲手将孩子放在河里淹死了。

毛姆在这篇小说里寄托了许多深刻的想法，战争与人性问题，仇恨与和解问题，生与死的问题，等等。

这是一个复杂而曲折的故事。但是，我们同时也可以看到，这个作品并没有像我们在叙述中补充的信息那样复杂，而是以"晚进早出"的方式，把故事放置在一个已经发生过的现场中进行叙述。

小说一开始，并没有描写汉斯与安内特发生的那场冲突，而是直接进入到事情已经发生过，叙事是从一个较晚的时间点进入的：

《没有被征服的女人》（开头）

汉斯回到了厨房里。被他打倒的那个人还躺在原地。满脸是血，仍在呻吟。那个女人依墙站着，以恐惧的眼光注视着他的朋友威利。当他走进来时她喘了一口气，突然大声哭泣了起来。威利坐在桌旁，手里拿着一把手枪，身边有一个空酒杯。汉斯来到桌旁，把酒杯斟满，一口喝干。

而小说的结尾也没有表现安内特将自己的孩子淹死后，汉斯如何处理，父母又如何对待的问题，"一死即了"：

《没有被征服的女人》（结尾）

"你来得正好，你。"

"娃娃呢？"贝利埃大娘喊。

"我必须马上下手。我怕再等下去我就没有这勇气了。"

"安内特，你干了什么事呀？"

"我干了我不得不干的事。我把他送到河里，把他放在水里直到他死去。"

汉斯大嚎了起来，就像兽类受伤临死时那样。他用手捂住脸，像一个醉人那样蹒跚地走出门去。安内特倒在椅子上，把她的前额倚在自己的手上痛哭起来。

这就是"晚进早出"的典型案例。我们在阅读文学经典作品时，常常会看到作家们正是以这样的方式进行叙事的。

舍近路，求远途

在故事叙事中，我们要善于给自己的故事和故事中的人物制造麻烦。

作家刘震云说自己："我不聪明但也不笨，所以我一辈子就干一件事情，'编瞎话'。"所谓"编瞎话"就是把一个简单的事情说复杂了，把一个能够通过直线就可以到达的近路，改变成一个曲曲折折、坎坎坷坷的远途，也就是舍近求远。

（奥）斯蒂芬·茨威格的小说《恐惧》写的是一位深爱妻子的男人如何拯救家庭的故事。表面上，夫妻两个感情依然如故，事实上，已经出轨的妻子也不愿意离开丈夫，她爱这个富裕美满的家，爱自己的孩子们，对现有的生活充满了感激。但是一个偶然的机会让她与另一个年轻的钢琴家发生了关系，而且这种关系还在继续着。

小说一开始就是伊雷妮太太从情人家里出来，因为是偷情，她慌慌张张地跑下楼梯。在楼梯口与一个陌生女人相撞，女人不让她走，要求赔偿。她不得不赔，她把身上值钱的东西都给了她，她依然不满足。更为可怕的是这只是开始，接下来，那个陌生女人不断地找到伊雷妮，索要各种财物，并且威胁说，伊雷妮抢走了自己的丈夫，她要把这件事告诉伊雷妮的丈夫，如果不想事情败露就要按照她的意图去做，这成了伊雷妮的噩梦。

伊雷妮的丈夫是有名的律师，富有、能干，对伊雷妮非常好，而她对丈夫也很满意。结婚八年了，生活舒适富足，宁静幸福，有两个可爱的孩子，一切都是美好的。但安定的生活却因危险的婚外恋而处于恐惧与威胁之中。那个陌生女人把敲诈信寄到她家里。伊雷妮生活在极度恐惧中，后来甚至去药店买药想了断自己。在她生命垂危之际，丈夫说出了实情，那个陌生的女人是自己雇请的演员，他早就知道妻子的出轨，但是他又不希望失去心爱的女人，"我真希望你能回到我身边……我步步紧逼地监督你，只是为了孩子们……但是现在一切都过去了，现在一切又会好起来的。"

一个丈夫要把妻子拉回到正常生活轨道来的简单故事，在作家手里成了一环套一环的叙事迷宫。一桩悬念丛生的案件，一件意外频发、曲折坎坷的叙事艺术品。

茨威格的另一篇著名小说《象棋的故事》的主要叙事内容是对于"B博士"的下棋能力和他遭受法西斯精神折磨导致其高度紧张病态的描写。小说的核心也是围绕着B博士的遭遇进行的。但是，茨威格在讲述这个故事的时候，并没有直接去描写这些，而是从另一个大才的国际象棋大师琴多维奇写起：

一艘定于午夜时分从纽约开往布宜诺斯艾利斯去的远洋客轮上，正呈现着解缆起航前惯有的繁忙景象。岸上来送客的人挤来挤去给远航的朋友送行；电报局的投递员歪戴制帽，在各个休息室里大声呼喊着旅客的姓名；有人拿着行李和鲜花匆匆而过；孩子们好奇地沿着梯子上下奔忙，在甲板上演出的船上乐队一直不停地在演奏着。我和我的朋友避开这吵吵嚷嚷拥挤不堪的人群，站在供散步用的甲板上聊天。忽然，在我们近旁，镁光灯闪了两三下：大概在旅客中有什么名人，记者在起航前最后一刻还赶来采访，给他拍照。我的朋友向那边看了一眼，微笑着说："您这船上可有个罕见的怪物——

琴多维奇。"

　　我听了他这句话，脸上显然露出一副相当莫名其妙的神情，他就接着解释了几句："米尔柯·琴多维奇，象棋世界冠军。他刚在一连串的比赛中从东到西征服了整个美国，现在乘船到阿根廷去夺取新的胜利。"

　　接着，作品详细地描写了琴多维奇不凡的成长史，他的家事，他偶然被发现的象棋天赋，以及他成长为国际象棋大师的经历，他的智力残缺，他只认钱的品性，等等。在这艘客轮上，有人出钱设下棋局，请他摆擂台与客轮上的象棋高手们较量，一盘又一盘，对手们盘盘皆输，他如此不可战胜。小说花费大量的篇幅去写琴多维奇与全客轮上的象棋高手下棋而不可战胜的奇迹：

　　不言而喻，它像预料的那样，以我们的彻底失败而告终，而且一共只走了 24 步棋。世界冠军轻而易举地击溃了半打平平常常或者十分差劲的棋手，这件事本身并不足为奇，但是使我们大家十分反感的是琴多维奇的倨傲态度，他明显地让我们感到，他对付我们，不费吹灰之力。他每一次走到桌边，都是不予理睬，好像我们也是没有生命的木头棋子似的。他的态度就像人们把一块骨头扔给一只癞皮狗，连看也懒得看它一眼。我觉得他要是稍微地周到一点，知道一点儿分寸，他完全可以指出我们的错误，或者说些友好的话来鼓励鼓励我们。可是，即使下完了这盘棋，这个没有人性的象棋机器人也没有吭一声。他说了一声"将死了"就一动不动地站在桌旁，显然是想知道我们还要不要再下一盘。碰到这种迟钝粗鲁的人，你是毫无办法的，我已经从位子上站了起来，准备离开这里，至少对我来说这笔美金交易一了结，我们愉快的相识就此终结。

小说本可以直接去写 B 博士的经历的，但是，就是这样用了大量的篇幅绕了一个大圈子，才写到 B 博士的出现。自然写琴多维奇的傲慢与不可战胜，也是为 B 博士的出场做铺垫，当他一出现，琴多维奇的神话就破灭了，他的奇特出场就有了某种神奇色彩和悬念。当"有个人轻轻地，但是激烈地说道'千万别那么走！'"的时候，引而不发的 B 博士终于隆重出场了。

这是故事叙事中非常重要的原则"舍近求远"，不去直接地写要描写的目标，而是"绕"那么一下，这一绕就使得故事的叙事具有了某种克制、尺度和技术性。

有需求，设障碍

捷克作家哈谢克的《得救》写的是一个死刑犯巴贾尔即将被执行死刑了，狱卒给他端来被处绞刑前的最后一顿饭。这顿丰盛的饭菜让巴贾尔开心。狱卒很同情这位即将被处决的死刑犯。巴贾尔提出要抽袋烟，于是他们就给他买来上等的烟叶，让他痛痛快快地抽一次，看守还亲自为巴贾尔擦火柴。巴贾尔进一步请求给他一份火腿、一公升葡萄酒，看守说，"对像您这号人，可以有求必应。"于是巴贾尔更进一步提出："那么，就请再给我添两份肝制的香肠和一份肉冻子吧。另外我还想要一公升黑啤酒。"看守把同情心用到了极致，他说："绝不少您半点，立即送来。""我们干吗不使您高兴呢！人生几何？能吃、能喝，就吃点喝点。"巴贾尔不断提出："我对德布勒森腊肠、意大利干酪、油焖沙丁鱼和另一些美味食品都感到有胃口。"

一个人在死前不断地满足口腹之欲，这说明他是不会在执行死刑前自杀的。执行死刑是目的，而如果犯人在执行死刑前自己了断了生命，这就意味着法律没用了。看守之所以完全满足犯人对于食物的任何要求，一方面是同情心在起作用，另一方面，也是保证犯人在执行死刑前不死。他要像哄孩子一样惯着哄着巴贾尔，一直到他被执行死刑。

但是，事情就在这个时候出现了转折，"突然间，巴贾尔脸色发白，胃里翻腾得厉害，他感到难受极了，想呕吐可又吐不出来。一阵可怖的胃痉挛攫住了他的全身，额头冷汗直冒。"紧急送到医院，医生也直摇头，犯人生命垂危。原来，巴贾尔所吃的食物中有一样肝制香肠，由于温度的影响引起了化学反应，从而产生了剧毒，导致巴贾尔剧烈中毒。

按照规定，病情严重的罪犯是不能执行死刑的。所以，本来在当晚要给巴贾尔搭绞刑架的任务也停了下来，必须先把犯人抢救过来，才能执行死刑。犯人要是死了，这可是不允许的。于是，医生想尽办法把巴贾尔救活，救活他是要绞死他，如果不救活他就不能绞死他。

由于医生的尽职尽责，日夜工作，两周以后，巴贾尔得救了。第二天，巴贾尔就被处死。小说最后说："那位救了巴贾尔的医生却得到了司法部的表扬。"医生救治病人，司法部把医生救的病人弄死，绞死病人的人表扬救了被绞死人的人。

如此荒谬而滑稽的事件就这样被哈谢克精彩地讲述出来了。这个故事就是一个需求与阻碍需求实现的完美结合。

监狱的需求是在处死巴贾尔之前不能让他死，巴贾尔的需求是死前大吃大喝，满足自己的生理需求。但是，双方的需求都遇到了障碍：巴贾尔在得到食物满足之时，中毒了，要死了，需求得到的同时，生命遇到了威胁。狱方的需求：死刑犯要完完全全地活到被处死之时，但是由于过度满足了犯人的需求使得自己的需求受到了威胁——巴贾尔因食用起了化学反应的食物生命受到了威胁。然后，去解决威胁与障碍，完成一个叙事的过程。

这就是需求—阻碍—需求的叙事技巧。需求就是欲望，有了欲望就可以给人物设置障碍，让人物的欲望不能轻易获得满足，如果轻易地满足了他的欲望，那么就给这个顺利实现的欲望设置更为强大的威慑。在我们给人物生命行程设置各种可能性的时候，首先就是要让人物充满了需求、欲望，然后，不让人物得到满足，一旦满足了，故事就结束了。

主动作，反动作

还记得苏联作家左琴科的小说《狗鼻子》吗？小说写的是商人叶列麦伊·巴勃金有件貂皮大衣给人偷了。据他自己说，那是件特别值钱的大衣，因此他非要把大衣找到，把贼抓到不可。于是，警察带着警犬来了，这只狗的鼻子异常灵敏，警察让它去闻了闻脚印，然后去找那个贼。

警犬嗅了嗅，就朝叫费奥克拉的女人奔来，一个劲儿地闻她的裙子下摆。女人往人群里躲，狗一口咬住裙子就是不放。女人扑通一声跪倒在警察面前说，"我犯案啦。我不抵赖。"她说，"有五桶酒曲，这不假。还有酿酒用的全套家什。这也是真的，都藏在浴室里。把我送警察局好了。"但是，她说，她没有偷那件值钱的大衣。警察又让狗去闻脚印，然后，狗便忽地冲着房产管理员跑过去。管理员吓得脸色煞白，不得不承认："我收了大伙的水费，全让我给乱花了。"

然后警犬又转到七号房客跟前，一口咬住他的裤腿，他说："我有罪，我有罪。是我涂改了劳动履历表，瞒了一年。照理，我身强力壮，该去服兵役，保卫国家。可我反倒躲在七号房里，用着电，享受各种公共福利。你们把我逮起来吧！"

这时，丢皮大衣的那位商人叶列麦伊·巴勃金也有些慌了，他甚至掏出钱递给警察请他把狗牵走。正在这时，狗已经站到商人面前不停地摇尾巴。他撒腿就跑，可是狗追着不放，跑到他跟前就闻他那双套鞋。商人吓得脸色苍白："老天有眼，我实说了吧，我自己就是个混账小偷。那件皮大衣，说实话也不是我的，是我哥哥的，我赖着没还。"这只神奇的狗接着就近咬住了两三个人，他们也都不是好人，一个打牌把公款给输了。一个抄起熨斗砸了自己的太太。还有一个，说的那事简直叫人没法言传。

最后，警犬忽然走到警察面前，摇晃着尾巴。警察脸色陡变，一下子跪倒在狗跟前："老弟，要咬你就咬吧。你的狗食费，我领的是三十卢布，可自己私吞了二十卢布……"

这篇讽刺小说有效地使用了叙事文学中的"主动作，反动作"的技术，把一个精彩的故事呈现出来。故事的整体结构就是商人叶列麦伊·巴勃金的貂皮大衣丢了，他要报案，这是个主动作。这个报案动作牵出一系列的反动作，最终大衣他不想找了，他甚至贿赂警察叫那条有着厉害的鼻子的狗赶快离开。还有一个主动作，就是警察，他是个办案人员，他的行为自然是要揪出那个贼来，可是，他的这个抓贼的主动作，却被自己的狗最终带出了丑事。

主动作，反动作，这就是一个完整行动的过程。所谓"主动作"就是由人物自己发出的动作和行为，而不是被动地接受的动作。商人丢了貂皮大衣，他报案是个主动作，他要找出小偷是个主动作。当一个个干了坏事的人被揪出来时，这个由人物自发作出的动作遇到了困境，就是事情涉及了人物自身，这是一个反动作。当人物发出动作的时候，必然会有一个阻碍他的动作的反动作出现，人物就遇到了麻烦。为了解决这个麻烦，故事就出现了新的推进。故事有了动力，就会产生叙事的能量，于是，故事就展开了。

重此在，避交代

我们看到了大量的交代式的作品出现。特别是初入叙事文学创作行当的人，喜欢把人物的背景、事件的历史交代得清清楚楚，然后再去叙述。原因是，作者担心读者看不明白，担心读者猜不出自己的意图。

马烽、西戎的《吕梁英雄传》里有这样的描写："康家寨全村有百十来户人家。村中有一家土老财，名叫康锡雪，年纪五十上下，长的圆头圆脑，脑门心秃得光溜光，酒糟红鼻子，三绺黄胡须，不管冬天夏天，经常戴一顶徽绒瓜皮帽。他有两个儿子，大儿佳玉，在晋绥军里当副官，敌人打来的那年，随着晋绥军逃到陕西去了；二儿佳碧，二十来岁，在家游手好闲，横草不拿，竖草不拈，每天起来嫖破鞋串媳妇，赌博抽洋烟，那颗脑袋瘦的像个干萝卜一样，没有一点血色，外号人叫'康家败'。"这是典型的交代式的写法。交代的问题是，在叙事之前先给人物下一下结论，而不需要读者判断，他是一个好人，或者一个坏人。

传统的权威时代写作者，有许多都是采取这种交代式的写作的。权威写作是不容置疑的写作，也是无须读者思考的写作，作家怎样写，读者就怎么看。拉伯雷的《巨人传》这样开头："要认识高康大出身的谱系和古老的家世，我请你们参看庞大固埃伟大的传记，从那里你们可以详细地看到巨人如何生到这世上来，庞大固埃的父亲高康大又如何是他们的嫡系后裔。我请你们不要怪我暂时先不谈这些，虽然故事的叙述，越是重复一次，越能引起诸位的兴趣，这一点，在柏拉图的《费立布斯篇》和《高吉亚斯篇》，还有弗拉古斯的作品里，都可以找到有力的说明，那里面说有些故事，毫无疑问就像我这些故事一样，越是反复重述，越能引人入胜。"

这是一种权威叙事，无须过多考虑读者的因素。作家几乎不用去说服读者，无须讨好他们阅读作品，因为，一个缺乏认知手段的时代，作家就是真理。那些航海的人，到处游走的骑士们，那些远足的人就是知识。这与世界的闭塞有关，人们看世界的机会不多，能够认识到的世界也有限，而作家却是见多识广，无所不知的先知先觉者，人们崇拜知识，也就尊重作家。

　　但是，随着交通工具的发展，人们的视域扩大了，开始对作家们所描述的世界和真理产生了疑惑，权威叙事受到了挑战。作家高高在上的叙事姿态也被那些平等的对话式的叙述所替代。更进一步，由于互联网时代的到来，人们的知觉范围更加扩大，以至于无所不能。世界上任何一个地方发生的事，只要我们愿意都可以即时得知，所谓的"权威叙事"也就不存在了，文学作品的叙事姿态与叙事声音都发生了根本性的改变。

　　交代成了作家们应当而且必须回避的写法，我们看阿根廷作家博尔赫斯《结局》的叙述是这样的："雷卡瓦伦躺在床上，微微睁开眼，望见了用灯心草编织的倾斜的天花板。从另一个房间里传来一阵阵吉他的弹奏声，那曲调仿佛一座十分简陋的迷宫，曲曲折折，没有尽头……他渐渐回到现实中来，明白日常的事物绝不会被新的事物取代了。"这样的写作已经完全没有了过去那种"说一不二"的权威叙事了。

　　"现场"感，或者现场叙事已经成为作家的习惯。加缪的《局外人》开篇就说："今天，妈妈死了。也许是昨天，我不知道。我收到养老院的一封电报，说：'母死。明日葬。专此通知。'这说明不了什么。可能是昨天死的。"人物处于事件的旋涡中，他得想办法去解决，没有任何背景的交代。卡夫卡的《变形记》更是这样，"一天早晨，格里高尔·萨姆沙从不安的睡梦中醒来，发现自己躺在床上变成了一只巨大的甲虫。"已经发生了，是事件的现场，随后就是事情的进一步发展，这个过程正是现代作家的新的写作特征。

　　当然，如果能够把叙述和交代的文字合适地搭建在一起就更理想。马尔克斯的《百年孤独》的开头就是"多年以后，奥雷连诺上校站在行刑队面前，准会想起父亲带他去参观冰块的那个遥远的下午。当时，马孔多是个二十户人家的村庄，一座座土房都盖在河岸上，河水清澈，沿着遍布石头的河床流去，河里的石头光滑、洁白，活像史前的巨蛋。"这里当然也有交代的成分，但是，他是在现场讲述的同时，对讲述的事件做必要的补充。显然这种补充式的交代也不能过长过多，否则就会失去其意义。

诺贝尔文学奖获得者、加拿大作家艾丽丝·门罗的《逃离》开篇也如此叙事："在汽车还没有翻过小山——附近的人都把这稍稍隆起的土堆称为小山——的顶部时，卡拉就已经听到声音了。那是她呀，她想。是贾米森太太——西尔维亚——从希腊度假回来了。她站在马厩房门的后面——只是在更靠内里一些的地方，这样就不至于一下子让人瞥见——朝贾米森太太驾车必定会经过的那条路望过去，贾米森太太就住在这条路上她和克拉克的家再进去半英里路的地方。"

在现场叙事的同时，穿插着必要的说明文字，使得这段描写清晰明朗。这种叙事点缀交代的方法，就是在呈现事件，而不只是交代过程与背景。

摆事实，少说理

我们经常会看到概念式的叙事，就是一堆道理，加一点小小的叙事，这种写作也是被否定的。我们常常说"摆事实，讲道理"，其实真正的叙事规则应当是"摆事实，不讲理"。也就是说，作家的任务不是说道理，而是讲故事。

世界是丰富的，也是复杂的。作家的观念未必就能涵盖所有，很有可能作家认识到的并非是真理。每个人都是片面的，他不可能是真理的代表。既然如此，作家也就不可能完全讲出真相。作家的任务就是呈现，呈现事实，呈现在作家看来的真相。或者，对世界作出片面的判断和推测，而不直白地讲述自己的观念。即使有结论也是作家单一的个人的判断，至于读者怎么看，是由读者自己去思考。作家永远不要去替读者推测，而把作家自己认为的事实告诉读者，由他们根据他们自身的知识与能力对事实作出评价。

刘震云在《我不是潘金莲》中讲述了李雪莲为了纠正被丈夫污蔑为"潘金莲"的言论，受尽了曲曲折折的磨难，她因此失去了正常的生活，她同时也让这个世界热闹，改变了许多人的命运。一件小事，最基层的人不管，她就找到上一级申诉，上一级也不觉得这件事有什么了不起的，也不认真管，而后，她就找更上一级，继续讨要自己的清白，而更上一级更不觉得这是一件什么了不得的大事。乡里到镇里，镇里到市里，市里到省里，省里到了中央，闹到全国两会上去，事情越滚越大，小事变成了大事。这个过程中，一级压一级，一些官员因处理此事不利被免职。李雪莲在这个事件过程中，既是一个受害者，也是一个害人者。从不具有影响力的一件小事，闹得全国人民都知道的影响巨大的大事。从只是一个小小的家庭纠纷，变成了一个社会的公共事件。这就是这部小说要表现的东西。

但是聪明的作者并没有说任何大道理，他没有告诉我们，如果这件事从一开始就被压下、合理地处理掉，都把这件事当回事，就不至于闹得如此轰动了。小说只是"真实地"讲述了李雪莲事件的前前后后，谁谁如何说的，如何做的。李雪莲本来是个安静老实的农村妇女，如何在这个过程中变成了固执己见的刁民，从一个温柔顾家的女性，变成了可恶的上访者。

我们注意到这部小说的结构。让人惊诧的是，小说 25 章的篇幅，却有24 章都是"序言"，正文却只有第 25 章，而第 25 章的题目就叫"玩呢"。作者也没有说什么，但是，用这样一个"大头沉"的结构，他却表现了什么。表现了什么？整个故事的核心就是"玩呢"。玩什么呢？一件"屁大点的小事"。我们想一想，作者花费了 24 章巨大的篇幅仅仅是在写个"序言"，也就是交代短短的正文的背景，这个背景所说的最终造成重大政治影响的事件就是源自一件小事。这个背景很复杂，也很无奈，用几句话一说也就清楚的事，却闹得满城风雨。作家聪明地用了这样一个令人不可思议的"异形"结构方式，暗示着一个主题：大事都来自小节。

但是，《我不是潘金莲》却没有任何直接的讲道理，就是讲这件事。李雪莲如何假离婚，却成了真事实，她要讨回清白。然后，一级级的"有关部门"推脱、拒绝，随后上升为上访事件。作家在小说中只管讲故事，什么都没说，可是，什么也都说了。道理就埋藏在那些事件中，那些琐碎的细节之中。

好的作家对要表达的"道理"和观念一定是沉默的。绝不说三道四，直接表白，只管讲故事。他在作品里可以有倾向性地引导：说什么，不说什么本身就是一种倾向，而这种倾向性是会影响他人判断的。对人物、事件、情节作出哲学、伦理、道德、社会的肯定或者否定意见的不是靠作家的劝说，也不是靠其"理论"，而是靠事实。也就是说，作家的任务不是"宣教"，是讲故事。至于故事"说了什么"，那不是作家的活儿，而是读者的活儿。

多行程，少地图

在现实中，我们习惯于用动态的话语叙述一个地点。如果你来到一个陌生的地方，向人们打听路，通常会对你说，你应当向前走大约几百米，向左拐，直行就到了。你大体上也不会找不到这个地方。生活中我们常常使用诸如"向前走""向左拐""直行"这类动态的语言，而不喜欢用那种"道路的左侧""前面200米""房子的后面"之类的语言。前者就是行程描述，而后者就是地图。行程是生动的、活的，而地图则是静态的、死的、不动的。

有学者对纽约居民进行过调查，调查的内容是，请他们对自己的公寓进行描述。结果只有3%的人介绍自己的公寓时说："厨房的旁边，是女孩的房子，"而有97%的人说"你往右拐就进了起居室"这样的话。这说明，人们更喜欢那些动态的行程描述而不喜欢那些静态的地图式的描写。

但一部分作家在讲故事的时候却相反，他们习惯于使用静态的词语，进行静态的描述，忽略了人们的动态习惯。因而，作品就显得相当无趣。但优秀的作品常常是在描述这些空间地点时使用那些生动的鲜活的动词。

博尔赫斯在小说《小径分岔的花园》里描写到余准被马登追踪到艾伯特家附近，他从火车上下来，急于找到"小径分岔的花园"向几个孩子打听时，小说中的孩子们是这样告诉余准地点的："他家离这里很远，不过您要是走左边这条路，遇到每个十字路口都向左拐，那是不会迷路的。"我们注意到了这段描写中，博尔赫斯使用了"走左边这条路""遇到每个十字路口都向左拐"这样的词语，这就是动态的描述。而这种动态的描写不仅使得小说中的人物一下就懂了孩子们的意思，而且，作为读者我们也一下子会联想到那条道路的清晰画面。

"写行程，不写地图"是故事讲述中的一条十分有效的描写规则。

多写动，少写静

与上述原则相关，我们在描写静态的事件时，也应当多用动态的词语去表现静态的物品。

菲茨杰拉德的《了不起的盖茨比》写的静物："草坪从海滩起步，直奔大门，足足有四分之一英里，一路跨过日晷、砖径和火红的花园——最后跑到房子跟前，仿佛借助于奔跑的势头，爽性变成绿油油的常春藤，沿着墙往上爬。"草坪是静态的，在没有外力的情况下，它应当是静静地立在那里。可是这里所写的草坪却动了起来，"从海滩起步，直奔大门""一路跨过日晷、砖径和火红的花园""最后跑到房子跟前""爽性变成绿油油的常春藤，沿着墙往上爬。"如此异常的描写，产生了生动鲜活的动态感。

第6届鲁迅文学奖获得者徐则臣的作品《如果大雪封门》：

宝来被打成傻子回了花街，北京的冬天就来了。冷风扒住门框往屋里吹，门后挡风的塑料布裂开细长的口子，像只冻僵的口哨，屁大的风都能把它吹响。行健缩在被窝里说，让它响，我就不信首都的冬天能他妈的冻死人。我就把图钉和马夹袋放下，爬上床。风进屋里吹小口哨，风在屋外吹大口哨，我在被窝里闭上眼，看见黑色的西北风如同洪水卷过屋顶，宝来的小木凳被风拉倒，从屋顶的这头拖到那头，就算在大风里，我也能听见木凳拖地的声音，像一个胖子穿着四十一码的硬跟皮鞋从屋顶上走过。宝来被送回花街那天，我把那双万里牌皮鞋递给他爸，他爸拎着鞋对着行李袋比划一下，准确地扔进门旁的垃圾桶里：都破成了这样。那只小木凳也是宝来的，他走后就一直留在屋顶上，被风从那头刮到这头，再刮回去。

这样生动的描写成为他获奖的重要理由，他用了许多动态的词汇勾画出了一幅风的景象。他还有一篇精彩的《风吹一生》：

天真的冷了，连风也受不了了，半夜三更敲打我的窗户，它们想进来。这种节奏的敲打声我熟悉，这些风一定是从我家乡来的。所有的风都来自北方的野地和村庄，我家在城市的北面。我掀开窗帘，看到风在闪烁不定的霓虹灯里东躲西藏，它们对此十分陌生。风的认识里只有光秃秃的树，野火烧光的草，路边的草堆，孩子们头上的乱发和整个村庄老人的一生。风不认识城市的路，一定是谁告诉了它们我在这里，才会爬到五楼上来找我。

风是有性格的，也是有家乡的，还是老相识，更是动态化的。这样的描写如此生动而精彩。

多写动，少写静，让我们的作品具有了一种生动鲜活的风格。

多人格，少物化

其实，站在人类的角度，一切描写和呈现都应当为人所理解，即使我们描写的是动物也是从人的角度。或者说，从人能够进入的角度去书写，否则，我们的描写都是无用的。因此，对除人类之外的物体进行人格化的表现就成为文学表达的方法之一。

古希腊的神话传说把神的世界刻画成了人的关系。神与人同样具有好色的性本能，他们也偷情，他们也乱伦，他们也嫉妒，他们也有恩怨，他们甚至为了满足某种欲望，像人一样想尽办法，不惜使用贿赂、阴谋、暴力等手段。这样的描写才能使人理解，而且有所倾向。

我们都很清楚，西顿的动物小说虽说是"站在动物的角度"讲述，甚至是用"动物的思维"和"动物的语言"对动物世界进行描摹"还原"。但是，那些作品依然是"人"的作品，用的是人的语言、人的视角、人的感受去"换位思考"进行描写。一切的行为也都是从人可以理解和人可以想象的方式来刻画的。但是，我们不清楚的是，如果真的站在"动物的立场"上，动物果真是那样想的，那样做的吗？我们不是动物，因此，我们无法判断这是不是一种"真实"，这永远是一个谜，不可能让我们得到真相。即使动物们"真的"如此想，那也只能是一种巧合与偶然，绝不可能动物与人同体，同脑，这是一个简单的生物学问题。

所以，人格化是所有作品，无论是写人的，写物的，甚至是议论抒情的，都是必须想到的。许多作家都在试图使用这种人格化的描写方法，用人可以进入的方式描写物与自然。

曹禺先生的重要作品《原野》中对列车的描写是这样的："它们带来人们的痛苦、快乐和希望。有时巨龙似的列车，喧赫地叫嚣了一阵，喷着火星乱窜的黑烟，风驰电掣地飞驶过来。但立刻又被送走了，还带走了人们的笑和眼泪。"一切都被人格化了。看他写云彩：

"在天上，怪相的黑云密匝匝遮满了天，化成各色狰狞可怖的形状，层层低压着地面。""远处天际外逐渐裂成一张血湖似的破口，张着嘴，泼出幽暗的赭红，像噩梦，在乱峰怪石的黑云层堆点染成万千诡异艳怪的色彩。"

看他写原野："地面依然昏暗暗，渐渐升起一层灰雾，是秋暮的原野，远远望见一所孤独的老屋。"

苏联作家叶诺索夫创作的《白鹅》：

要是把军衔授给飞禽的话，那么，这只鹅理当荣膺海军将军衔。它的一切一切——板正的姿势啦，步态啦，还有，和别的农村的鹅攀谈时的腔调啦，全是海军将军派头的。

它走起路来一丝不苟的，前后掂量着每一步。落步以前，白鹅总要先把脚掌朝雪白的制服上抬抬，再合上掌蹼，就像收起张开的扇面一样，然后摆一会儿这姿势，再不慌不忙把脚掌插进泥淖里去。它过车辙凌乱的最泥泞的路时，也那么有办法，身上的任何一根细翎都沾不上一点污泥。

虽然如此"真实"生动，却是作家的想象与描写。站在动物的立场，世界真的是这样的吗？这不具有真理性，这是人格化的描写。

人格化让作品具有了人更容易接近与理解的生动性，是文学作品生动的手段之一。

坏好人，好坏人

有人说，人是由天使和魔鬼构成的，一半善良，一半邪恶，好人身上也会有缺陷，坏人身上也会有好的一面。这得从不同的角度去理解。把好人写"坏"，坏人写"好"恰恰是真实人生的表现。没有一个人坏到了一无是处，即使杀人犯，也有令人同情的一面。即使一个硬汉也会有柔软的地方。人本就是个充满了矛盾与对立的物体，人是受文化背景、社会关系以及情绪、心理等客观、主观因素影响的动物。

要把好人的那些缺点写出来，要把恶人的那些令人同情的地方写出来，人物才可能是真实的。

一个恶人，因其某种看似"值得同情"的因素而使他显现出某种复杂性与真实性。同样，即使一个大善人也会存在让人厌恶的品性，这是真实人生的实存，现实里不可能有完人，作品中就更不可能存在着完美无缺的人。世界是不完美的，人就更不完美。

因此，一个作家宁肯写一个令人同情的坏人，也不要去写一个令人怀疑的好人。这是一条写作的真理。

过去的英雄和正面人物的标准是，苦大仇深，出身贫寒，为报国仇家恨参加革命。身上全是无产阶级朴素的品格，没有缺点没有恶行，一尘不染，忠诚顽强。但是徐怀中的《西线轶事》出现之后，人们才发现，原来英雄也是可以有缺点的。小说中的主角刘毛妹不仅是个爱发牢骚，对过去充满怨怼，对社会和历史充满意见的人。而且，还总是想占女孩的便宜，嘴上不干不净，一身的缺点。但是在关键时刻，他却勇敢地站在最危险的地方，献出了生命。《亮剑》（都梁）中的李云龙，《我是太阳》（邓一光）中的关山林，《历史的天空》（徐贵祥）中的梁大牙，《无家》（雪夜冰河）中的老旦，都从那些"脱离了低级趣味"的过去英雄中走了出来，身上布满了缺陷的疤痕，让英雄回到了地面，成为令人信服的真实的人物。

这就是把一个好人身上的缺点写出来，把一个坏人身上的好处写出来的结果。这是叙事者常常要思考的技术。

大背景，小切口

从"大"背景出发，从一个"小"切口进入，这是叙事文学的另一个技巧。

大背景一方面指重大的历史事件，重要的历史时刻，变动的时代，变动的风云，另一方面也指人生的重要时期，个人、家庭的转折点。而小切口，指的是从一个具体的事件、一个人物的一次行为讲起。个人在改朝换代的时刻要成家立业了，这个历史时刻是对他有着重要影响的，他的命运因为这种变化而发生了重要的转变。

意大利作家薄伽丘的《十日谈》的故事背景是佛罗伦萨发生了重大瘟疫，全城到处都在死人，尸体遍布，病毒肆虐。有七女三男不得不逃到了大山，聚集在一个别墅里，躲避这场毁灭性的灾难。为了打发寂寞时光，解除内心的恐慌，十个人每天每人讲一个故事，十天讲了 100 个故事，这就是《十日谈》所叙述的内容。

一场巨大的灾难成为这部作品的背景，这就是大背景。在死亡威胁面前，讲述者的讲述当然是有所不同的，他们所讲述的内容，他们讲述故事时的心理状态和环境描写也是这个大背景下表现出的独特状态。但是作品的核心并非是这场灾难本身，它的焦点在于被大灾难围困的个人，相较于灾难与不幸而言，这却是一个小事情。虽然是十个人，但是相对整个城市来说，十个人几乎是可以忽略不计的，这群人在"大背景"下的生存，就是"小切口"。

同样，《一千零一夜》也是在一个"大背景"下展开的。国王的妻子与自己的仆人于朝廷淫乱，不仅自己，兄弟两个人的宫廷居然都同时发生了这样的丑闻，对于任何一个王国都是灾难性的。这意味着艰难的选择：杀戮还是容忍？国家因此而陷入重大的转折点。保国还是保家？掩盖还是揭露？这就是严重的时刻，必须作出抉择。于是，国王选择了杀戮，一天娶一位妻子，到了黎明就将其杀死，最终，宰相之女沙赫扎德为了让国王不杀死自己，就一天讲一个故事，故事讲到高潮处扔下不讲了，国王若想听下文，必须留她一条命。故事讲了一千零一夜，最终，国王赦免了沙赫扎德。对于国家命运来说，王后淫乱是涉及生死存亡的大事，而就国王每日所娶妻子来说，这就是一件"小事"，国王有生杀予夺的大权，杀人不是"大事"而是小事。这也是重大背景下的"小切口"。

马尔克斯的《霍乱时期的爱情》同样表现的是重大瘟疫面前两个有情人的处境与关系。霍乱自然是个重大的生死考验的严重时刻。在如此考验面前，两个人生生死死，纯正而又浓烈的爱情成为最为感人的情节。想象一下，如果不是在这场重大灾难面前，他们的爱情还会如此动情而感人吗？是这个重大的灾难背景让我们感受到了这场爱情的至高至上的意义。这场爱情的价值已经远远超越了两个人的关系，而上升到了人性的普遍本质。爱情在哪个时代哪一个社会都是有的，只要有两性存在都会存在爱情。但是，并非所有的爱情都那么感天动地，只有处于国家、社会、家庭、人生的关键与重大时刻的爱情才如此动人。

战争爆发了，两个深爱着的人就要分手了；大学毕业了，两个男女就要去不同的城市或有不同的选择；爸爸、妈妈要去出差了，把孩子留在城市里由老人们照顾；老人要进养老院了，要离开生活了几十年的熟悉环境去接触完全陌生的人群；一个人要远行了，即将走向一条未知之路；等等，这都是"大背景"和重大时刻。对于作家来说，作品就应当是在这样的"严重时刻"进入。

或者说，"大背景"不仅指那些重大的公共事件，也指个人的重大转折时刻。生老病死，爱恨去留，犹豫抉择，困惑领悟，一切客观的、内在的艰难时刻，都是"重大"的。当我们选择这样的"大背景"的时刻，故事就从个人的领地，拓展为公共空间，从偏狭的私人世界，上升到了可以公开的大众视野。

"大背景"提供了书写的平台，"小切口"为我们提供了进入故事世界的阶梯。有平台、有阶梯，使故事生长出了神奇的翅膀。

未完待续

期末了。教学工作都在收尾，学生们进入了复习备考状态。许多科目的学生们都在紧张地借笔记，找参考，差不多只有《创意写作课》这样的课程变得轻松自如。

开教学会议的时候，寒风尽院长请院办主任裴晓华宣读了北艺新出台的若干考试规定。寒院长总结说，这个学期大家都很辛苦，从招生开始大家都基本在忙。忙完招生，忙教学，忙着教学，还要忙着学生们的生活，大家辛苦了！今天的会议只有一个内容，就是期末考试。这学期大家开了个好头，也要来个漂亮的结尾。我们文学院历来都是走在全校的前面，起到榜样的作用，希望大家按照学校的要求保持优势，再接再厉，把期末的考核搞好，筹划好下学期的课程与新的招生工作。请晓华对期末考试提些要求。

裴晓华说，我也没有特别要说的，只是想强调一下，大家一定要抓紧搞好期末的收尾工作。同时希望各专业负责人尽快把考试科目及其出题工作做好。请各专业的负责人们，按照学校新的要求和规定，布置好考务工作，需要院办做的事情，及时联系我们，我们会大力支持。请大家把期末考试工作重视起来，抓好落实。请各专业的负责人把各考试科目和考卷及时报到教务秘书那里。根据大家上报的情况，学校要统一安排考试，安排监考工作，统一印刷考卷。

有教师问，我们都是创作类的科目，没有可以闭卷考核的，也需要交个考卷吗？

裴晓华说，这是学校要求的，全校要在统一的时间，统一安排的教室里考试。要组织全校的老师穿插进行监考，组织纪检部门巡查。每门考试都必须量化，要留痕。

有教师反问，作品也要量化？如何量化？是量化数量，还是质量？又怎么留痕？把考卷交上去了就算留痕了？太机械了吧！

我也呼应道，不是每门课程都需要闭卷考试的。比如我们的《创意写作课》的考核就是在平时进行的，期末只要按照教学计划进行完所有的训练项目即可。把学生们集中到一起按照学校考试的要求出卷，毫无意义。考试的目的是为了检验教学计划的完成情况和学生的学习效果，而不只是考试的形式。我们不考试，也没有考卷要交。

裴晓华有些为难地说，这都是学校统一的要求，我们只是执行这个规定。

院长寒风尽这时说话了，我们文学创作专业的确是有特殊性的。实际上，其他专业，比如舞蹈、表演、音乐、美术学院也存在这个问题，艺术院校是应当考虑到各个专业的特殊性的。艺术教学不能按照普通院校来搞，要有其特别的政策。但是，考试与对高校的评估都是硬性的，是教育管理部门的要求，的确是有量化、留痕的要求的。我们也一直在呼吁要针对不同的专业和不同的教育内容进行评估和考核，不能"一刀切"，要有差异化。但是，上面却一直也没有找到恰当的方式。在没有调整政策之前，我们北艺也不能例外，我们的文学院更不能搞特殊化。可是，我想，政策不灵活，那么我们自己来灵活一下，只要基本不违背上面的要求，我们可以灵活处理。至于怎么灵活，各位大神就各显神通吧。但我有一个要求，就是形式上不能少，内容上如何你们定。

一个老师问，这如何理解啊？

裴晓华替寒风尽解释道，这就是说，学生们还是要坐到教室里，还是要有题目，要有卷子，要有分数，还是要有监考，要有巡视。至于考什么内容，简单还是容易，是提前布置好了到教室里去做，还是出个题目现场做，都由老师们把握就行了。

一个老师不满地说，这不是逼良为娼嘛！

寒风尽瞪了那个老师一眼，没说什么。

最后一堂课，我给同学们做了一次总结，把这一个学期以来所做的训练和重要内容都进行了回顾。我强调的是，我们所做的这一个学期的训练虽然看上去时间很长，却只是引导式的训练。也就是每一种训练都是案例式的，每一种训练项目差不多只能做一次，而不能反复去做，而写作训练是一个反复的熟练过程。虽然你们已经理解了那些要点，也进行了初步的练习，但是离熟练还有相当的距离。这些基本训练，甚至要贯穿一个写作者的一生中，是个不断自我训练自我成熟的过程。只有多练多写才能够写出好作品来。所以，这个课程结束以后，你们依然需要给自己制定一个必要的规划，把这些观察、感觉、描写的元素训练不断地强化，让这些基本的技能成为你们的一种习惯，成为条件反射。对人、事、物都形成敏感的反应。

我还说，在上《创意写作课》的时候是有老师引导着，同学们互相影响着的，但是课程结束以后，就没人监督也没人告诉你该如何了，全靠自己的修行。所以，希望大家还要一如既往地认真对待这个训练，这是关涉到你们写作进步的事。自觉、自律是作家的基本素养，希望大家能明白我的话。这个学期我们就结束了，祝大家期末愉快！

大家鼓掌。

赵蓬勃问，老师，我们还考不考试？别的课程都在布置期末复习，我们该怎样复习？

我笑着问，你们想考吧？

赵蓬勃说，学校组织我们进行了期末考试教育，宣布了许多纪律，全校都要考的，难道我们有其他的选择？

我说，是啊，我们的《创意写作课》重在写，重在平常的训练，如果大家觉得有必要再搞一次闭卷的考试，也是可以的啊。实际上学校是要求我们闭卷考的。在这个问题上，我想听听大家的意见。

张木铎提议，那咱们举手吧，想闭卷考试的举手。

我说，这个提议好，那就举手吧。

没人举手。赵蓬勃说，老师，您看大家都不想考啊。

我说，那就听大家的。不过，学校是有要求的，说是要把期末考试量化，也就是要求有成绩，有考卷，还要有过程，要留痕。

谢勇问，老师，什么叫过程？

我说，按照学校的解释就是要求全校必须在规定的时间，学生们要坐在统一布置的考场上进行笔答。全程录像存档，以备教学评估时提供资料。

佟伟说，这不是把考试搞成形式了吗？

我笑笑说，这个是你说的，我可没这么说。你们怎么理解是你们的事。不过，我得说，既然学校搞了这个规定，我们文学院也召开了专题会议强调要严格执行，那么，我们还要"形式"一下的。

谢勇问，老师，那怎么"形式"啊？

我说，你们都这么聪明，你们提出个方案来，咱们商量一下。

李媛马上说，老师，我们就到学校设置的考场上坐一会儿吧，等过了30分钟准许交卷的时间，我们再离开。

吴娅芬否定，就那么干坐着？教室里也不让看手机，也不准许带电脑，那还不被巡视的人抓个正着，还不是给老师找麻烦？

李媛说，咱们可以拿本书坐着看书呀，也可以整理一下以前的作品呀。

刘娜说，那些监考巡视的人都严格着呢，咱们看书，整理作品那会被视作咱们在抄袭，要是被判为集体作弊那就严重了。

赵蓬勃也说，学校统一安排了考场，也会统一安排监考老师的。那个时候就不是咱们的老师监考了，他们不知道我们的课程是怎么回事，不会允许我们那么自由的。

央金盯着我说，老师，是不是非得笔试不可了？

我笑笑说，你们都是经历了无数次考试过来的人，还怕考试？不过，赵蓬勃说得对，学校对考试很重视，的确也会给咱们安排考场，也会安排监考老师到场的。我的初步想法是，还是按照学校的要求来。我出一个题目，你们在现场做篇文章，也算作是这个学期的一次总结式的作品吧。这样，我们既能完成了学校的"规定"，也可以达到"量化"的要求，为教务部门提供一个"考卷"。你们觉得如何？

大家纷纷点头。

央金说，那老师，您提前把题目告诉我们呗，我们也可以做准备。

谢勇说，那不是"透题"吗，被学校知道了，不得害了老师？

我笑着说，谢勇总是考虑得周全。不过，写作这个东西，会写的临时给你个题目都能写好，不会写的，提前一个月给个题目也不一定能写好。我觉得央金的意思是想节省大家的时间，提前写好了，到考场上去"形式"一下。这也没什么不对的。但是，我们还是按照实际来吧。考试的时候再见题目，不是更能反映你们的真实水平吗？这一个学期你们已经写了那么多的片段与完整的作品了，期末也就是把这当作一次练习而已。无须紧张，也无须准备什么？你们说呢？

央金有点脸红了，她不好意地笑着点头。

我问，同学们还有什么问题吗？

李媛问，老师，下学期您还给我们上课吗？

我笑着说，当然，我要陪着你们走完四年的大学生活呢，这才刚开始。

央金问，那下学期我们上什么课呀？

我答，我们的创作训练课设计是有三门课程的。第一门就是刚刚完成的《创意写作课》，是文学基础性的训练，从元素做起的。第二门课程是《非创造性写作课》，第三门是《创造性写作课》，这三门课都有不同的目的。《创意写作课》是一个基本技能的元素训练，而我们下学期将要开设的新课叫《非创造性写作课》，这门课程是在基本元素训练的基础之上的一门提高课。第三个学期以后开设的《创造性写作课》讲的是各种文体的写作，诗歌、小说、散文、非虚构、影视戏剧这些文体的专门写作课训练。《创造性写作课》从大二开始，要一直延续到大四，也就是六学期的写作，每个学期进行一个文体的写作训练，最终选择一个文体进行毕业作品创作。而《非创造性写作课》的主要内容是模仿经典作家作品的写作模式与方式而进行的训练。

佟伟插话，老师，写作也是可以模仿的吗？不都是强调"原创"吗？

我答，是啊，到了独立创作的时候是要特别强调原创的。但是，在初期写作训练中是要有一个模仿阶段的。这正如练毛笔字的初期要经过相当长的"仿贴""描红"一样，练好字的过程要经历一段相当长的照着经典的笔体模仿训练的时期。文学创作训练也是要经历一个模仿过程的。但是，任何一个作家、艺术家都不可能仅仅停留在模仿阶段，而是经过模仿、吸收以后，创造出自己的写作路数来。但模仿是很重要的训练。因此，我们按照作家成长的基本逻辑关系设置了《非创造性写作课》。

吴娅芬跟着问了一个问题，这是一种什么样的训练？

我说，"非创造性"简单地解释就是"不创造"的写作课程，是模仿经典作品的故事、情节、人物、结构的写作。但是，在"非创造性"的写作中，也并非完全不创造，相反，必须有自己的创造、自己的个性和自我发现。所以，"非创造性"也是含有个性和"创造性"的。

同学们的兴趣似乎被撩起来了，刘娜问，老师，那具体是个什么方法？

我笑了，大家是想让我"剧透"一下啊，那我就简略地提一下，顺便请大家在寒假期间做一些必要的阅读。《非创造性写作课》讲的是仿写、改写、续写、重写、材料写作等等。仿写就是仿照着经典作品的基本模式来写作。我总结出名著中的 36 种"套路"供大家模仿。改写是改变经典名著的叙事路数，从新的角度重新写。"续写"就是从经典作品的结尾处继续写下去。"重写"是保留原作的故事、人物、基本结构，重新布局故事的情节和走向。材料写作是根据我提供的某些现成的材料，进行创作训练。

我这么说，同学们的兴趣热烈起来，刘娜说，那肯定是很有趣的课。

吴娅芬问，老师，那需要我们做什么准备吗？

我说，如果你们愿意，在这个寒假里可以阅读一下三个作家的作品，一是契诃夫，二是莫泊桑，三是欧亨利。他们小说结构的经典意义非常重要。我们的一部分练习是从他们的作品中抽取出来的。

最后一堂课就是在大家的热烈讨论与对《非创造性写作课》的期待中结束了。